REPORT OF CHINA
RURAL FINANCE DEVELOPMENT

中国农村金融

发展报告

2014

张承惠　郑醒尘 等◎编著

中国发展出版社
CHINA DEVELOPMENT PRESS

图书在版编目（CIP）数据

中国农村金融发展报告．2014/张承惠，郑醒尘等编著．—北京：中国发展出版社，2014. 12

ISBN 978 - 7 - 5177 - 0290 - 0

Ⅰ. ①中… Ⅱ. ①张… ②郑… Ⅲ. ①农村金融—研究报告—中国—2014 Ⅳ. ①F832. 35

中国版本图书馆 CIP 数据核字（2014）第 293033 号

书　　名：中国农村金融发展报告．2014
著作责任者：张承惠　郑醒尘 等
出 版 发 行：中国发展出版社
（北京市西城区百万庄大街 16 号 8 层　100037）
标 准 书 号：ISBN 978 - 7 - 5177 - 0290 - 0
经　销　者：各地新华书店
印　刷　者：北京科信印刷有限公司
开　　　本：710mm × 1000mm　1/16
印　　　张：27
字　　　数：438 千字
版　　　次：2014 年 12 月第 1 版
印　　　次：2014 年 12 月第 1 次印刷
定　　　价：88. 00 元

联 系 电 话：（010）68990642　68990692
购 书 热 线：（010）68990682　68990686
网 络 订 购：http：//zgfzcbs. tmall. com//
网 购 电 话：（010）68990639　88333349
本 社 网 址：http：//www. develpress. com. cn
电 子 邮 件：fazhanreader@ 163. com

本书编委会名单

CONTENTS

目　录

PREFACE 序言一

2003年3月~2005年10月，我出任中国银行业监督管理委员会副主席，分管农村金融工作。恰逢农信社第二轮改革启动，这样实施农信社改革的具体任务落到了我这个银监会“新兵”身上。按照2002年12月朱镕基同志主持总理办公会原则通过的农信社改革方案，2003年5月由银监会主持拟定了《国务院深化农村信用改革试点方案》，6月即得到国务院批准并以国发［2003］15号文件下发。在以后两年的时间里，改革试点工作分两批先后在全国8个省份和21个省份（西藏没有农信社，海南未参加试点）展开。农村信用社改革试点方案强调要牢牢把握好“三农”服务的方向，在管理体制、产权体制上下工夫，重在明晰产权关系、增强支农服务功能、落实责任机制、强化约束监管。在这个原则下，当时的改革方案重点抓住增资扩股、建章立制、管理体制改革等问题，通过“花钱买机制”，用中国人民银行发行的专项票据置换信用社的不良贷款，将农信社的机构管理责任明确落实到省级人民政府，从而促进农信社实现建立一个健全、完善的“造血机制”的目标。为此，中央政府通过财政补贴、税收减免、专项票据置换等政策提供资金支持共约2690亿元（远远小于国企改革、国有银行改革的成本），地方政府配套政策支持1227亿元，激发了各方面参与改革的积极性，撬动社会资本投资参股4458亿元。经过两年的艰苦探索和实践，农信社改革取得了突破性进展和阶段性的明显成效，无论是在农村服务功能提升，还是在资本充足率、不良贷款率、经营盈利水平等数据方面，都可谓“山重水复疑无路，柳暗花明又一村”。而

PREFACE 序言二

金融服务“三农”是世界性难题。在党中央、国务院的高度重视下，中国金融业不断探索金融服务“三农”的有效模式，经过几代人的艰辛努力，我国农村金融蓬勃发展，惠及了8亿农民，支持了农村经济和农业产业化发展，走出了一条具有中国特色的农村金融发展道路。

我国作为一个农业大国，中央政府和各级地方政府在发展农业方面投入了大量资金。同时，为支持农业发展，构建了多元化的农村金融组织体系，形成了包括国有大型控股商业银行、邮政储蓄银行、中小股份制银行和农村信用合作社在内遍布城乡的农村金融服务体系。在政策上，出台了一系列包括对农村金融机构存款准备金率、利率、税收等方面的优惠和补贴政策，保证了农村金融机构的商业化运作。中国农业银行作为农村金融的大型骨干银行，成立60多年来，一直视服务“三农”为己任。特别是2007年第三次全国金融工作会议明确了农业银行“面向‘三农’、整体改制、商业运作、择机上市”的改革总原则，作为最后一家实行股份制改造的国有商业银行，农业银行始终改制不改服务“三农”的方向，按照党中央和国务院赋予的神圣使命，把服务“三农”作为永恒主题，积极为现代农业发展、农民增收和社会主义新农村建设，提供优质高效的金融服务，充分发挥在农村金融体系中的骨干和支柱作用。特别是近几年，在服务“三农”的广阔实践中推动科学发展，努力做好服务“三农”这篇大文章，在服务“农民”上，做好“一张卡”的文章；在服务“农业”上，做好“项目农业”的文章；在服务“农村”上，按照城乡一体化发展的方向，做好“个人消费贷款”的文章。初步形成了以县域规模化融资和中小企业服务为基础，以农户为重点，以惠农卡为载体，以农户小额贷款为驱动，以三农金融部为组织保障，服务到位、风险可控、发展可持续、具有农业银行特色的服务“三农”新模式。

党的十八大和十八届三中全会，提出了全面深化改革的方案，将经济工作的着力点放在“三农”。习近平总书记也在不同场合的讲话中，指出“全面建成小康社会，最艰巨最繁重的任务在农村，没有农村的小康，特别是没有贫困地区的小康，就没有全面建成小康社会”。同时指出“中国要强，农业必须强；中国要美，农村必须美；中国要富，农民必须富”。要坚持把解决好“三农”问题作为全党工作重中之重，坚持工业反哺农业、城市支持农村和多予少取放活方针，不断加大加强惠农富农政策力度，始终把“三农”工作牢牢抓住、紧紧抓好。李克强总理在政府工作报告中也指出，“农业是扩大内需调结构的重要领域，更是安天下稳民心的产业。要坚持把解决好‘三农’问题放在全部工作的重中之重，以保障国家粮食安全和促进农民增收为核心，推进农业现代化”。我国农村金融迎来了大有可为、大有作为的新机遇，但机遇与挑战并存、竞争与发展同在。

《中国农村金融发展报告2014》，站在时代的高度、全球的视角，反映了我国农村金融业与中国金融业改革发展共起舞，取得的骄人成绩，也深深地思考了当前农村金融发展中必须面对、不能回避的问题和矛盾，提出了解决的方案和建议，为未来我国农村金融发展指明了方向，有助于政府的政策决策、农村金融机构的转型发展，为广大读者和金融工作者开启了“一扇窗”。

金融服务“三农”是我们金融工作者义不容辞的历史责任和义务，我们要认真贯彻落实党的十八大和十八届三中全会精神，发挥大型国有控股商业银行的资金、技术和人才优势，发挥中小农村股份制商业银行机制灵活优势，齐心协力，做好农村金融工作，为实现“两个100年”的中国梦、实现农业现代化而努力。

车迎新

中国农业银行党委副书记、监事长

2014年11月

PREFACE 前言

近年来在中央政府和各级地方政府的大力推动下，农村金融得到快速发展，不仅提供农村金融服务的市场主体的数量和类型快速增长，农村金融产品的种类也在不断增加。与此同时，在农村金融服务的实践中仍然存在一些体制性、制度性和政策性问题，需要尽快加以解决。

另一方面，随着我国进入“新常态”和经济发展方式转型的关键阶段，农村金融发展的基础和条件也发生了重大变化，迫切需要对现有金融服务进行调整。例如，随着农民收入的增长和农村土地的集中化，过去对农户几万元的小额贷款已经难以满足提升农业生产效率的要求，需要改变金融产品结构；随着农业生产组织化、专业化程度的提高，需要转变传统农村信贷风险的管理模式，并建立银行与保险的联动机制。随着农业规模化经营的发展，引入PE、VC等直接融资方式的条件日趋成熟；随着生态保护、食品安全意识的强化，需要调整政策引导的方向和力度，等等。

有感于农村经济金融形势的新变化，我们认为有必要对中国农村金融发展进行更加全面、深入的探讨。为此，以国务院发展研究中心金融所为主体，组织编写了《中国农村金融发展报告2014》。作者力求通过本书给读者呈现出中国农村金融的全景及其新变化、新特点，并希望能够通过本书给读者带来启迪，帮助有关政府部门和学者深化对农村金融问题的研究。

本书邀请国务院发展研究中心主任李伟先生、中国农业银行监事长车迎新先生担任顾问，两位顾问为本书的编写提供了极有价值的指导和帮助，并亲自撰序。中国银行业协会原副会长、山东农村信用联社理事长宋文瑄先生，宁波余姚农村合作银行董事长沈红波先生、赵海明先生，中国社科院农村发展研究所前书记、副所长、研究员、中国小额信贷联盟理事长杜晓山先生，中国农业大学经济管理学院金融系主任、教授何广文先生为本书的撰写提供了很大支持。在我们调研过程中，中国农业发展银行、中国农业银行、中国邮政储蓄银行、国家统计局住户调查办公室、中华合作时报社等为我们提供了很大帮助，同时我们还得到各地发展研究中心（政府研究室）的积极配合与支持，在此一并表示深深的感谢。

《中国农村金融发展报告 2014》各部分主要执笔人分别为：总报告张承惠、郑醒尘（国务院发展研究中心金融所）；第 1 章陈宁（国务院发展研究中心金融所）；第 2 章朱鸿鸣（国务院发展研究中心金融所）；第 3 章郑醒尘、田辉（国务院发展研究中心金融所）；第 4 章 ~ 第 6 章郑醒尘；第 7 章杜晓山（中国社科院农村发展研究所）；第 8 章何广文（中国农业大学）；第 9 章郑醒尘；第 10 章车迎新（中国农业银行）；第 11 章曹杰存、谢青、梁芸、周婧烨（中国农业银行）；第 12 章陈卫东、罗旭东（山东省农村信用联社）；第 13 章宋毅成、赵海明（首都经贸大学、余姚农村合作银行）；第 14 章郭峰、张鹏、唐瑞（中国农业发展银行）；第 15 章刘小萃、臧洪菊、李博、米雅娜（中华合作时报社《合作金融》周刊）；第 16 章杜京芝、冷晗、李萌、严敏（中国邮政储蓄银行）。国家统计局住户办张毅、吴伟、冯怡琳、邸建亮参与第 5 章研究并提供数据。

本报告由郑醒尘统稿。

张承惠

国务院发展研究中心金融研究所　所长

2014 年 11 月

总 报 告

农村发展是中国现代化进程的支柱和关键组成部分，高效的农村金融服务体系则是推动中国农村经济社会健康发展的重要条件。在中国经济进入“新常态”的大背景下，建设更加稳健和有效率的农村金融服务体系，提升农村金融服务水平，是推动我国农业现代化和城镇化的必要举措。本报告拟通过对中国农村金融发展所面临的新形势、新挑战的综合分析，明确中国农村金融发展所面临的新任务、新要求，并提出相应的发展思路和政策建议。

一、中国农村金融发展面临的新形势

当前，我国发展和改革事业进入历史新阶段，发展方式转型进入推进落实的关键阶段，宏观经济以及农村建设、农业经济发展取得了积极进展，出现新趋势，这意味着农村金融发展的基础和条件正在发生变化。农村金融发展也取得阶段性成就，为深化改革、加快发展奠定了良好基础。与此同时，随着全面贯彻十八届三中全会的《决定》的各项部署，将对中国农村金融改革发展产生重要影响。

（一）农村经济环境和发展模式的新变化

1. 中国经济进入“新常态”

与“旧常态”相比，新常态意味着我国经济发展的条件和环境已经或即将发生诸多重大转变。这种改变突出表现在以下方面。

第一，经济增速由 8% ~10% 的高速增长向 6% ~7% 的中高速回落。改革开放 30 多年来，中国曾经创造了年均增长近 10% 的世界奇迹。特别是入世以后，中国的出口市场被打开，高投资率形成的大量过剩产能得以由国际市场消化。加上 1998 年开始推行的城镇住房分配制度改革，带来了房地产的空前繁荣，给中国带来了一段“高增长、低通胀”的黄金时期。2008 年爆发的国际金融危机，在相当程度上阻塞了中国产品走向国际市场的道路，使进出口增速由 20% 以上回落到 2013 年的 7.6%。2014 年前 8 个月，我国进出口总值比去年同期仅仅增长 0.6%。加上房地产市场进入调整期、人口红利减弱、环保要求提高等因素，导致我国 GDP 增速由 2010 年的 10.50% 逐年回落，2011 年、2012 年和 2013 年分别为 9.30%、7.80% 和 7.70%。

第二，经济增长的动力由主要依靠投资拉动转向投资、消费两驾马车共同拉动。在中国工业化的过程中，主要是依靠高储蓄率和高强度投资支撑着工业体系建设和国民经济发展。随着工业化、城镇化程度的提高，制造业、基础设施投资增速减缓。2012 年，国内消费占 GDP 的比重开始超过投资占比，消费的作用逐步上升。

第三，产业结构发生重大变化。2013 年，第三产业实现增加值 26 万亿元，占 GDP 比重第一次超过第二产业，增速高出 0.5 个百分点。标志着中国经济已经告别工业为主体、制造业率先发展的时代，开始进入服务业主导的新时代。服务经济的发展，成为未来经济增长的主力和动力。

第四，在供求实现基本平衡，部分领域甚至出现供过于求的情况下，未来我国制造业的生产方式将由数量扩张和粗放式经营转向更多地依靠质量提升和精细化经营提升竞争力。

第五，政府宏观调控方式将进行重大调整，宏观调整将不再采取全面放松和大规模刺激的方式，货币政策由相对宽松进入稳健的“新常态”，财政政策将重点关注民生、基础设施、公共服务均等化等方面。

2. “三农”形势的新变化

在经济新常态下，农村经济社会的发展路径也正在发生变化。突出表现在以下方面。

第一，随着工业化、城镇化的推进和人口增长、消费水平的提升，农村劳动人口减少，对农业生产的效率提出了更高要求。当前迫切需要改变农业粗放生产经营的传统方式，加快农业产业化进程，在提高土地产出效率和产出质量上下工夫。特别要发挥农业在生态建设、食品安全方面的独特功能，更加兼顾生态保护和人的发展。近年来，专业合作社在政策支持下迅速发展，已经成为农户应对市场竞争、防范风险的重要依托。而种粮大户的增加，农业生产的组织化程度不断提高，使土地由分散走向集中，由农户自发的生产，走向专业化生产。

第二，在农产品加工和流通领域，要通过进一步完善农业产业组织体系，推进管理创新，提高生产效率，提升农产品品质，切实保证我国的食品安全。同时通过提升农产品流通体系的组织化、标准化程度，降低流通成本，保证农产品价格的稳定。近年来，农业龙头企业的生产规模、核心地位逐步提高，与农户、专业合作社联系加强，已经初步形成农业产业链的整合动力。

第三，需要大力推进新农村建设，提升农村居民的居住、生活水平和质量，以进一步减少城乡差距。近十年来，从推进社会主义新农村建设到开展城乡统筹试点，再到全面推进城乡一体化建设，我国农村建设工作在逐步推进，标准逐步提高。未来随着城镇化的推进，各种高质量“乡村小镇”的数量将不断增加。对传统乡镇来说，也需要加快推进道路、自来水、垃圾和污水处理等农村基础设施的建设。

第四，通过提高素质解决农民增收问题，推动共同富裕。农民增收是全面建设小康社会的关键环节，既涉及农民自身的能力建设，也涉及农业生产的外部环境。除了提升农业生产的专业化、组织化程度以外，农民专业技术能力和基本素质的提升是实现生产方式转型和提高农产品附加值的重要基础和前提。为此，不仅要加强基础教育，更要强化职业技术教育，建立起针对性强、高技术含量的农业生产技术专业培训体系。

（二）对农村金融服务的新要求

随着农业现代化进程逐步推进，“三农”发展出现新变化，对农村金融服务提出了新的更高要求。

1. 农业现代化带来新需求

当前，在农业现代化发展的大背景下，农业生产的规模化、专业化、特色化、产业化趋势明显，农业生产者的融资需求扩大。在微观层面，农业企业的资金、技术投入力度加大，并通过增加农业机器设备投入降低人工成本，传统农业生产方式向设施农业、特色效益农业等方式转型的趋势明显。同时，从农业综合开发的角度看，从土地整理到产业化经营项目，都涉及大量财政资金管理和分配使用；为放大财政投入的杠杆效应，提高项目效益，也需要金融机构参与。

无论是固定资产投资、农业保险、流动资金需求，还是从放大财政资金投入的杠杆效应考虑，都需要金融机构提供支持。如果金融服务不能有效介入，普通农户很难转变传统的生产方式，在设施农业以及市场风险、自然灾害风险较大的领域表现尤为明显。随着农业生产、流通环节标准化、规范化，农业产业链整合、产供销一体化的趋势明显，需要金融行业提供更好的配套服务，包括产业链融资支持。

在此发展新阶段，农村金融服务体系需要改进自身服务模式，拓展服务产品，如针对农户购置农机设备提供融资租赁等服务。

2. 新农村建设

从目前的投入机制看，各级政府负责村外公路、桥梁等公共基础设施的投资建设；兴建村内道路、供水、公共建筑等公益事业则采取政府补助、一事一议①的方式，一些地方试点“一事一议、财政奖补”模式。村级基础设施建设的总投资规模较大，整村推进村容村貌改造的投资规模达数百万元，依靠财政资金则只能选择少数村庄进行启动。对于村级水利设施、饮水工程、道路桥梁、卫生设施、公共建筑等农民需求迫切的公共设施，现有财政投资机制尚力有不逮，需要拓宽融资渠道，完善融资机制。

目前财政支农政策需要解决一些现实问题。农村基础设施建设总体投入大、建设周期长，中西部地区历史欠账多，部分县级财政能力弱。同时财政支出分散重复，缺乏整合，审计监督、考核验收等制度有待完善。要解决上述问题，需要完善财政支农制度，也需要在此基础上引入金融服务支持。

3. 提高劳动力素质

农民发展是农村发展的根本，提高农民技术能力是实现生产方式转型和提高农产品附加值的前提，是推进农业现代化的基础。加强农村劳动力专业技术培训，在本质上属于高回报投资活动。调查发现，有大量农户自行融资参加技术培训。为此，农村金融体系在服务农业生产的同时，也要围绕农民发展需求，改进服务。例如，

---

① 指村级公益事业项目所需资金由村民会议商议筹集的方式。

针对农民技术培训活动，除了改进信贷服务，还需要结合政府财政投入，创新金融服务模式。

4. 进城农民消费

在农村人口向城镇转移过程中，其创业、购房等投资消费需求较大，为金融机构提供了市场机遇，需要金融机构创新服务模式。这是推动农民向市民转型的关键。其中，农户的住房消费支出数额较大，但目前主要靠农户自行筹资，银行贷款所占比重仅为5.2%。

5. 发展农村普惠金融

十八届三中全会强调要发展普惠金融。为此，需要扩大农村基本金融服务的覆盖面，增强可及性。从服务内容看，应提供存取款、转账汇款、信贷、保险等基本服务；从区域覆盖看，应结合服务创新，使服务能延伸到偏远地区基层乡村；从服务对象看，农村金融服务不仅仅要为农村企业、个体户、富裕农户服务，也要为普通农户、中低收入农户提供服务，例如使中低收入农户获得与其还款能力相匹配的信贷服务。

从发展趋势看，发展普惠金融需以完善可持续机制为基础，促使政策激励、金融机构积极性、农户需求得到有机结合，使金融机构总体收入能够在覆盖成本和风险基础上有所盈余。

二、当前农村金融服务的现状和问题

从服务农户的实际效果看，中央对金融机构支农的持续激励政策产生了直接效果。在普惠金融服务方面，根据世界银行对2011年度全球普惠金融服务调查表明，中国农民在银行储蓄比例为27%，银行借记卡普及率为35%，均超过中高收入国家的平均水平；使用电子支付的农户比例也超过中等收入国家平均水平，接近中高收入国家平均水平。考虑到最近三年监管部门大力推动农村的电子银行业务发展，银行系统在积极跟进，相关业务的实际增长速度较快，因而目前实际比重更高。需要关注是获得信用卡或银行贷款的农民比重。2011年有信用卡的农户仅占4.26%，与全球平均水平相差9个百分点。同时，普通农户获得贷款的比重有待提高。为普及农村金融服务，除了加强农村信用环境、征信体系建设，还需要金融机构在成本和进信贷服务规范化、加大创新力度，推进信用体系建设，加大支持农村基础设施建设、农业科技研发运用和县域经济发展的力度。二是加强创新。推动农村金融机构在理念、组织、产品、担保方式、商业模式、业务流程、服务渠道等方面加大创新力度。国办发［2014］17 号文强调优先支持创新农村金融产品和服务方式，包括创新农户信贷管理模式，推广微贷技术和产业链金融模式，发展电子银行业务，创新农村抵押担保方式，简化金融服务方式规范服务收费。三是加强政策激励。通过降低支农服务成本和风险，调动支农积极性。如差别化的准备金制度、支农再贷款制度、财政补贴、税收减免、专项奖励机制等政策。在政策激励下，各类金融机构积极跟进，加强支农服务。

在发展普惠金融方面，除了农信社服务网点，中国农业银行、邮储银行积极拓展农村信贷市场，村镇银行、小贷公司、农村资金互助社结合自身特点，积极探索可持续发展途径。同时，涉农金融机构着力拓展小额信贷业务。一些金融机构借助基层政府和村委会等组织，对农户信息进行批量搜集和甄别，建立档案。银行在一定的风险容忍度之下，以获取农户财务硬信息和个人品行软信息为依据，进行批量操作，降低了信贷业务成本。值得注意的是，我国农村金融信息不对称问题明显，影响金融机构支农。地方政府的协同配合则有助于减少这种不利影响。

在服务农村经济组织方面，针对专业合作社缺乏抵押物问题，各地积极探索，推出政府担保基金担保、农民土地流转集中之后用于抵押、银行与保险公司合作发放贷款、合作社社员提供增信支持、政府协助筛选优质合作社等融资新模式。针对农业龙头企业贷款问题，在财税政策激励基础上，发挥龙头企业在产业链中的优势，整合公司、基地、专业合作社、农户、上下游客户等资源，形成产业链金融服务模式，向龙头企业发放贷款或通过龙头企业担保向上下游客户、农户等发放贷款。针对小微企业贷款缺乏抵押担保问题，通过政府提供风险补偿、组建担保基金、创新抵押质押模式等方式，包括农产品和固定资产抵押、权利质押等，鼓励银行授信。

在服务城乡一体化方面，政策性银行在切实控制风险基础上，创新业务模式。通过与政府部门合作，向农村水利、电网、公路、危房改造、城镇化综合开发、农业示范园区等项目发放贷款。农业银行成为支持农村公路网建设的主要银行；邮储银行针对城镇化和新农村建设推出专项信贷产品。

3. 农业保险发展情况

在农业保险方面，最近十年来全球农业保费增强较快，其中中国、巴西、东欧等发展中国家表现明显。美国等发达国家政府在WTO框架下加强对农业保险的补贴，保费补贴占总保费的比例呈上升趋势。

中国于2007年开始实施政策性农业保险制度。政府扶持政策推动农业保险业务快速发展。最近几年来，我国农业保险的承保品种、承保面积、收益农户的数量增长较快，承包品种超过90个，涉及农林牧渔。2013年我国农业保险保费收入规模仅次于美国。农业保费的补贴力度逐年加大，开展农业保险业务的保险公司数量增加。2013年，中央财政拨付保费补贴资金126.88亿元，是2007年的6倍；相关保险公司数量由6家增至25家。同时，各地也在探索通过保险促进信贷投放的有效机制，包括量身定做特色农产品保险、订单农业保证贷款等业务模式，由政府分担部分风险成本。这类业务对保险公司精算能力有很高要求。

（二）金融支农的服务存在问题

1. 小贷不能满足农民贷款需要，大额贷款则面临抵押担保问题

目前，各地农村金融机构提供的小额贷款一般在3万~5万元以内。从实际调查和统计情况看，其作用相对有限。一方面，金融机构提供农户小额贷款与民间借贷额度的区间相互重叠，银行对农户的小额信贷容易被民间借贷所替代。原因在于亲友之间的民间借贷条件简单、期限灵活，借贷双方情况了解；民间借贷还具有一定的互助性质，即利率比较优惠，甚至免除利率。统计数据也表明民间借贷的发生率高于从银行借贷。

另一方面，农户如购买大型农机具、建（购）房、农业设施建设等，投资额往往超过10万元，通过民间借贷解决的难度较大，同时也很难从银行获得贷款。原因在于普通农户难以达到相应的抵押担保要求，也很难获得高额纯信用贷款。

2. 现有贷款期限与农业生产投资周期不匹配

从涉农小额贷款发放情况看，绝大部分贷款期限在一年以内，以提供流动性资金为主。从农业生产看，高附加值经济作物、养殖业、林果种植业、特种养殖业的生产周期普遍在2年以上。从固定资产投资看，大型农机具、农产品储运业、农产品加工业的投资回收期需要3~5年。因此，现有涉农贷款期限结构难以适应农业发

展方式转型的要求。近期国务院及金融监管部门已经就延长农业贷款期限提出了具体意见，下一步需要金融机构具体落实政策精神。

3. 缺少融资租赁服务

农户需要的大额生产性融资服务，如 10 万元以上融资，靠中短期储蓄积累和亲友融资都不现实，但金融机构的相应服务有限，一方面银行贷款所占比重低，另一方面融资租赁等服务缺乏。从农业现代化发展趋势看，一方面需要促进适度规模经营，另一方面需要通过加大资本投入转变生产方式，提高农业生产效率。如果缺乏必要的资本投入，则生产方式转型很难实现。从发达国家经验看，对于农户的农机设备等投入，农村金融系统普遍以融资租赁等方式予以支持。在我国，融资租赁行业自身处于发展过程中，农村的融资租赁服务更是缺乏。

4. 普惠金融发展存在难点

农村普惠金融要求金融体系为所有农户提供基本金融服务，小额贷款是难点。从统计看，普通农户获得贷款的比例有待提高。相比较而言，东部地区的比例低于中部地区，中部地区的比例低于西部地区。这既是我国发展农村普惠金融的难点问题，也是关键问题。这一方面导致绝大部分农户储蓄资金离开了农户群体，转化为农户生产投入的比例很低；另一方面，加上农户的固定资产投入比例较低，导致了农户的生产投入结构沿袭传统方式，依赖劳动投入，生产方式转型滞后，影响农业生产效益提升。

5. 农业保险存在问题

农业保险的覆盖面、保险水平、管理机制还有待进一步改善。主要表现为：一是农作物没有做到“应保尽保”，特别是最需要农业保险支持的地区参保率反倒偏低。二是保障水平低，补贴品种少。加上农业保险业务运营方式简单，缺少增值服务，使得农业保险对农民的吸引力日趋下降，农民投保远不如“新农合”缴费热情。三是道德风险和逆向选择问题突出。例如，与补贴相关的骗保案件频繁发生；在农村养殖环节领域，少数投保户通过各种途径骗赔；在种植领域存在逆选择问题，部分农户选择风险大的项目投保。四是保险公司经营不够规范，争夺市场的竞争行为普遍扭曲。为了取得中央和省级财政的补贴，保险公司在向农民征收保费困难的情况下，往往采用垫付或挪用资金的方式，不仅扭曲了农业保险机制，也带来一定的经营风险。

（三）农村金融机构自身发展面临挑战

1. 信用风险大，银行不良率上升

从统计看，有相当比例的银行贷款额超出农户年收入。由于银行发放的贷款期间较短，这意味着控制不良率的难度很大。原因在于银行与贷款农户之间存在信息不对称，很难准确掌握客户的还款能力。虽然通过村委会及村内知情人可以掌握一定信息，但不少银行对知情人员的责任和激励机制有待完善，获得的信息受人情影响，导致信息失真。

同时，银行对农户信贷资金的贷后管理难度大，实际效果不理想。除了助学贷款等少数专项贷款，银行要求农户的小额信贷资金用于生产。从调查统计看，农户购买生产性固定资产投资占信贷余额的比重偏低，且呈下降态势，2012 年为 7%，说明信贷资金用途失控问题比较突出。这增大了贷款的潜在风险。

2. 农村小额贷款业务的人力成本偏高

农户贷款业务的小额、分散特点，决定了小额贷款业务需要的银行员工数量多，人力成本相对较高，但涉农贷款的利率受农业生产效益制约，不能定得过高。一些东部地区农商行农业生产季节性强、农业经济比重低，纯“三农”信贷业务养不活支农团队。加之农业生产风险较大、农村小额贷款业务的不良率相对较高，涉农商业银行及其信贷人员积极性受到影响。

3. 普通农户贷款业务的资本回报偏低

普通农户贷款的单笔规模小、成本效率低，导致资本回报明显偏低，但涉农股份制银行股东对资本回报有明确要求，对盈利水平高度关注，这就存在矛盾。通过放宽市场准入虽然可以促进金融机构之间展开竞争，但资本回报预期形成了筛选效果，对从事传统农业生产模式的中低收入农户形成门槛。

4. 涉农中小银行面临的利率市场化压力较大

下一步利率市场化的关键环节是逐步放开存款利率管制。从发展趋势及国际经验看，由于吸收存款竞争激烈，银行的存款利率在一段时期内存在上升压力。由于涉农中小银行的利润绝大部分来自利差，中间业务比重很低，加上中小银行吸收储蓄存款的成本高于大银行，贷款利率定价受制于大银行，因而面临的压力较大。即使是东部地区目前效益较好的农商行、农村合作银行，对存款利率上浮的承受能力

也很有限。考虑到配套的存款保险制度实行限额保障，存款更易流向大银行，中小银行吸收存款所面临的压力更大。

5. 农村金融发展的基础环境有待改善

我国金融基础设施建设有待加强，在征信体系、金融法律及金融司法系统等方面表现明显，在农村金融领域面临的问题更为突出。同时，一些地区信用环境有待改善，道德风险暴露明显。一些基层政府和基层组织对金融支农的协同配合有待加强。

三、农村金融服务的发展新思路

（一）深化金融改革，促使金融机构主动拓展农村市场

1. 放开准入，促进市场竞争

2007 年以来，我国通过试点逐步面向金融机构放宽农村金融市场的准入条件，支持金融机构布局县域市场，客观上增加了农村金融市场的机构数量，促进了机构之间竞争。同时，2007 年以来监管部门大力发展村镇银行、小贷公司、农村资金互助社等新型农村金融组织，也增加了农村金融服务机构数量，发挥了补充作用。

从长远看，我国农村金融服务的机构类别需要增加，服务产品需要更加丰富。为此，既需要推动现有金融机构拓展创新业务，更需要引入更多的民营资本进入农村金融市场，进一步促进农村金融市场竞争。国务院《关于金融支持经济结构调整和转型升级的指导意见》（国发［2013］67 号）提出扩大民间资本进入金融业，尝试由民间资本发起设立自担风险的民营银行、金融租赁公司和消费金融公司等金融机构，已经明确了基本方向。下一步需要扎实推进相关工作。

从具体工作重点看，农村领域对融资租赁等服务存在现实需求，发展农村金融租赁服务是大势所趋，也符合农业发展的内在规律，需要进一步理顺政策机制，完善正向激励和风险控制机制，支持民营资本参与服务。

在引导民营资本进入更多进入金融领域的同时，应着眼于完善商业化可持续机制，在政策机制设计上为民营资本留出一定的投资回报余地，引导民营资本进入金融领域后通过合规经营实现可持续发展。

2. 放松业务管制

在非银行金融服务机构方面，目前民营资本投资较多的小贷公司和融资担保公司所受的管制比较明显。例如，限制小贷公司的融资比例不得超过资本金的50%，对融资担保公司担保额与资本金的比例也有严格限制。在实际操作中的相关限制更加严格，民营小贷公司、融资担保公司与银行合作的难度很大。从长远看，应该通过有效监管机制促使相关机构规范经营，并在此基础上适度放松业务管制，使相关机构实现商业化可持续发展。江苏省在小贷公司监管与发展方面已经走出一条新路，建立了统一的电子化监管和服务平台，值得借鉴。

在小额贷款公司试点推进过程中，各省市区均提高了门槛，并且实行配额制、指标制、审批制，不仅增大了准入的难度，也限制了小额贷款公司数量的增长。在传统农区和欠发达地区，小额贷款公司数量仍然很有限。相关限制应适度予以放松。

在银行机构方面，从目前对各地调研情况看，农村金融业务的管制主要来自系统内部。由于我国东中西地区之间差异较大，全国性银行的农村金融服务产品在农村基层推广过程中，与当地金融机构提供的服务相比缺乏针对性和灵活性、时效性，影响市场推广，在中西部地区表现明显。为此，大型全国性银行应根据我国地区差异，适度放松内部管制，为省级分支机构根据当地实际情况创新金融服务和产品留出余地。

3. 农村土地市场改革

农户从银行获得信贷的主要障碍是抵押担保问题。贷款额度越高，可抵押物不足问题越突出。十八届三中全会已经明确提出要建立城乡统一的建设用地市场。城乡统一的建设用地市场，可以使农村宅基地和集体建设用地内在价值得到充分实现，也可以为银行提供有效的农村土地抵押物处置和变现平台。深化农村土地市场改革，加快城乡统一的建设用地市场，可以为解决农村信贷业务的抵押问题提供有效的途径。

深化农村土地市场改革，还应结合我国对农村土地所有权、承包权、经营权分置的政策创新，为经营权流转和适度集中提供服务平台。目前，国内不少省市已结合农村金融改革试点工作，围绕农村土地经营权的流转机制和服务平台建设进行探索，如通过土地信托服务促进农村土地适度流转、规模经营，组建土地信托服务公司和土地流转服务中心。这些有助于通过土地适度集中经营推进农业现代化，也有助于金融机构更好介入农业产业链并提供专业化服务。

4. 改进政府支持政策，支持中小农村金融服务机构发展

农村信贷业务具有小额、分散特点，因而中小农村金融服务机构在其中具有很大的发展空间。但中小农村金融服务机构与大型金融机构相比，在成本控制、风险管理等方面受规模效应和技术能力影响，存在弱势；同时，农村普惠金融的风险高、利润低。中小农村金融机构的资金和产品投向“三农”，应该得到正向激励。从促进公平竞争的角度考虑，需要以支农业务为依据，对于整合社会资源支农的服务机构根据业务量进行扶持激励，通过财政、税收等途径予以落实，支农业务的统计口径应更具有针对性。

在具体政策方面，首先，需要对现有现有政策进行梳理，对于影响中小金融服务机构可持续发展的政策应进行完善优化，改进风险监测机制，适度放松金融服务环节的限制性措施，如对非存款类机构杠杆率的限制。其次，应加强监管、财税部门政策协同，在农村金融服务机构的法律地位、机构性质等方面统一政策，减轻中小农村金融机构的经营压力。再次，应促使金融机构之间加强跨行业合作和协同，完善合作共赢机制，形成合理分工，避免中小金融机构因缺乏谈判能力而处于不公平地位。例如，多数融资担机构保承担了 100% 的信贷风险，这一状况需要改善。最后，基层政府应发挥自身独特优势，在改善当地诚信环境、促进农村征信体系建设、提高农村客户组织化程度、对金融机构支农业务进行激励等方面发挥积极作用。

同时，建议进一步完善财税［2010］4 号优惠政策，提高小额贷款的免税额度，激励金融机构为农村规模农户、农村小企业、合作组织等提供贷款，将金融保险业收入营业税税率优惠措施，扩展到所有金融服务组织，并且进一步提高优惠的程度。

（二）深化农信社改革

深化农信社改革，关键在于提升系统功能，完善内部治理机制。农村信用社系统在新形势下，要有效应对大中型银行参与竞争的发展新格局，需要通过完善服务能力、优化系统内部的资源配置来强化核心竞争优势，从依靠基层网点优势转向依靠专业服务优势。

1. 提升农信社的农村金融服务功能，增强市场竞争力

农村信用社提升服务功能需要从两方面入手，一是提升农信社系统服务农村市场各类客户的能力，这是稳固市场地位的前提；二是提升省联社服务基层联社的能力，这是保持系统完整性的基础。要提升这两方面服务能力，需要深化改革。

从提升市场服务能力的角度看，省域农信系统组成的体系要缩小与大银行的功能差距。从国际经验看，在农村地区发展较好、维持主导地位的信用合作机制，其金融服务功能在信贷规模、期限、利率以及金融服务范围等方面与其他大中型商业银行相比并无明显不足，反而在利率等方面具有一定优势，具有忠实的客户群体。从中国农村信用社情况看，受制于小银行资本金规模和贷款集中度限制，县级法人很难留住发展壮大的农业企业；同时，受制于资本规模，诸多中间业务也不能开展，与信贷业务相关的租赁等重要业务也难以通过控股公司等途径拓展，这种格局在新形势下对农信社明显不利，影响农信系统发展。

为此，需要缩小与大中型银行的功能差距。从国际通行做法看，一般由上级法人持有金融服务牌照，为基层法人提供功能支持，弥补小型法人功能不足问题。例如，在大额贷款、信用卡发行、中间业务、投资理财服务等方面具有经营许可，并成立租赁、证券、保险等专业服务机构，通过基层法人为农户提供全面服务，形成整体优势。从国内实际情况看，即使从提升省联社服务基层法人能力角度，也有必要发展有关经营功能，为基层法人提供功能支撑，增强系统凝聚力，保持系统的相对完整性。

为此，省联社需要为县级法人机构提供关键支持，以弥补小银行的竞争劣势。具体包括，在 IT 建设方面，应增强系统内部灵活性，为基层法人创新服务提供便利，避免功能僵化；在流动性支持方面，应健全系统内部的流动性保障机制，为出现挤兑的基层法人提供支持，防止因小法人信誉度不足诱发储户挤兑问题；在信用支持方面，省联社应牵头组织县级法人联手，为农户储蓄资金提供第一道安全保障；在金融服务产品线方面，省联社应依托基层法人机构及其客户需求，创新服务模式、拓展服务范围，形成特色和优势，为基层法人拓展市场提供专业化服务的功能支撑。

2. 深化省联社改革

深化改革应以系统治理机制为重点，突出风险防控和合规导向。一是对于拟实行省级机构控股县级机构的改革模式，应重视其控股比例，如控股比例过低则不利于发挥省级机构基本功能。县级农信社理事会负责人的产生应以规范执行选举制度为基础，以发挥股东大会的制衡功能为根本，以省联社监督为保障。二是加强省级机构对县级机构风险防控机制。完善电子化并表管理机制。通过电子化非现场检查和审计，加强风险防控监督机制的动态性、实时性，以此为基础加强现场检查的针对性。三是改进省级机构的管理方式，从风险防控出发，加强规则管理，对日常运作减少行政干预。四是针对管理层剩余权力完善外部制衡机制，完善配套法律法规，通过专业化、全覆盖的财务审计和管理审计完善监督，将责任追究制度作为管人的根本手段。五是加强农信社系统内部的信用联合，建立健全系统内部的存款安全保障机制，提高保障水平，有效防止小银行存款流失。六是顺应市场规律，在总体保持二级法人体制和县级法人稳定的前提下，对于一些经济相对欠发达地区规模不经济、脱困有难度的县级法人，应及时推进资产重组和同级机构兼并，以避免在利率市场化改革推进过程中包袱越滚越大，以致酿成局部风险。

从发展趋势看，在多级法人的框架下，可以包容多种产权模式。例如上层为股份制，在下层为合作制或股份合作制。在产权模式方面，需要通过推进改革，促使农信社系统选择的股份制、股份合作制等治理机制得到规范落实。

就完善股份制而言，一是应重视股东来源和结构。对股份制的农村金融机构而言，如果主要股东来自非农领域，对农业的了解有限，在“三农”的利益有限，则在考虑信贷资金投向等问题上很难专注“三农”；若多数股东属于这类情况，加上农业信贷效益一般，则金融机构本身的支农动力很难维持。二是应促使合理分红。我国现阶段大多数农户的农业生产经营效益并不高，对资金成本的承受能力有限。如果信贷机构追求高分红，势必在服务定位上排除大多数农户。其负面效应在于，一方面难以形成稳定忠诚的“三农”客户，另一方面导致银行经营的逐利倾向增大，潜在风险增大。这些导致银行的顺周期波动明显，抗风险能力减弱。三是应重视利率市场化之后小银行的可持续性。利率市场化推动银行竞争加剧，市场竞争的“马太效应”意味着小银行生存压力增大，社会信誉度、流动性问题、成本效率都与规模有关，应通过联合等方式获得规模效应和外部支持。

就完善股份合作制而言，合作制之所以在多数发达国家的农村金融市场始终占据主导地位，在于合作制模式的与时俱进，股份合作制是合作制实现发展完善的途径之一。在中国，股份合作制模式仍然具有发展活力，符合农村金融需求，但需要得到规范落实。一是针对内部人控制问题，需要通过外部监督对管理层的剩余权力进行制衡，包括通过并表管理、管理审计、违规惩处等途径规范管理层经营行为。

在发达国家有一整套成熟的做法。二是要推动股份合作制银行的投资回报主要途径从分红向股权增值转轨。如果股份合作制银行追求资本高分红，则偏离改革本意，不利于银行发展壮大，也与股份制银行难以区别。为兼顾投资者利益，可考虑通过产权市场进行股份流转。三是股份合作制银行应重视服务普通农户、持续稳健经营的策略定位，避免具体业务因追求高收益而随波逐流，否则将难免在竞争中丧失基本客户，被淘汰的概率提高。

3. 有效化解个别地区的农信社风险

自2003年推进第二轮农信社改革以来，我国农村信用社系统形成了可持续发展机制，建立起以省联社为依托的风险防控机制和支农服务机制，根本扭转了农信系统面临的困难格局。目前，全国农信系统的资产总量与中国工商银行平齐，不少地区农信社的资产总量和业务份额居当地同业首位，支农业务量占绝对多数，发挥了支农主渠道作用。

但需要重视的是，农村信用社在新形势下面临新挑战，市场竞争更加激烈。随着利率市场化改革深入推进，中小银行面临考验，农信社面临的压力会更大。从对各地调研看，农信社系统的整体规模、实力在逐步提升，但农信社之间存在发展差距。受诸多因素影响，目前个别地区农信社出现风险隐患，需要及时加以化解。例如个别省份有一定比例的农信社监管指标较差，不良率较高。为此，应采取有效措施。

从目前实际情况看，导致个别地区农信社资产不良率反弹的主要原因包括：一是有的地区经济发展相对落后，好的信贷项目不多，商业银行入驻较少，投放的信贷资金更少，表现为多数商业银行的存贷比低，而农信系统往往存贷比较高，积极在当地投放信贷资金。经济越是欠发达，这种情况越明显。二是个别地区的基层农信社风险防控制度没有得到有效坚持，也有的地区存在基层政府干预问题，一些地区的农村基层诚信环境不佳，存在道德风险。三是一些基层农信社重分红、轻积累，历史包袱没有得到及时化解，新的包袱又逐步加重，导致诸多问题叠加。

如果不及时化解风险，随着利率市场化改革逐步深化，这些风险隐患有可能集中引发。为此，必须及时采取措施化解风险。

化解基层农信社的风险，需考虑采取以下措施：一是支持实力较强的基层农信社通过参股、控股、接管等方式带动发展较差的基层农信社；二是对于已缺乏可持续发展能力、存在较大风险隐患的基层农信社，应允许由本省的基层农信社及时重组整合，并给予一定的激励政策，避免问题越拖越大，最后导致中央监管部门和地方政府付出过高代价；三是重点地区省联社要形成化解基层农信社风险的计划方案，及时解决问题，落实具体责任，避免与利率市场化改革形成叠加效应。

（三）积极推动农村金融创新

1. 金融与农业组织协同

在现代农业发展过程中，从生产组织角度看，农业产业化已成为重要导向，龙头企业、专业市场、研发机构、生产基地、合作组织、农户等各方力量在逐步整合，农业供应链金融、产业链融资模式有待创新和发展；从产品升级角度看，推广现代适用农业科技已成为重要手段，需要创新相应融资渠道和产品；从优化资源配置角度看，设施农业发展势头方兴未艾，但装备条件有待改善，融资服务有待跟进；从产品定位角度看，发展特色农业成为营造市场竞争优势的重要途径，需要金融机构提供专业化服务；从发展趋势看，生态农业、旅游农业前景良好，需要拓展多种融资方式，引入工商资本。围绕农业现代化发展，需要农村金融体系围绕普通农户需求，完善与农业协同机制，将金融服务有效嵌入农业研发、生产资料采购、生产组织、运输、加工、销售等各个环节。

余姚农村合作银行在这方面积极探索，创新服务产品，走出一条新路。余姚农村合作银行围绕“三农”和中小微企业需求，推出多项特色产品，提供更精准、到位的服务，具有代表性。一是针对不同客户，在挨家挨户上门走访、专人对接基础上，针对农户、种植企业、小企业提供“农机贷款”“农户创业贷款”“小企业保证保险贷款”；针对合作社推出“农户 + 专业合作社”“农户 + 专业合作社 + 龙头企业”等基于产业链金融的多种信贷模式。二是针对农村特点，细分客户群体，量体裁衣提供金融服务。推出“美丽乡村”贷款产品，采用信用、农房抵押、安置房受益权质押、土地预期收益质押等担保方式；推出“幸福家园”贷款产品，农房抵押、村级经济组织保证、农房按揭等担保方式，用于解决农户自有宅基地新建或改造住房、购买、装修农村安置房、公寓房等资金需求；推出“村级集体建设用地及房屋抵押贷款”，向村级组织发放以集体土地使用权、房屋所有权作抵押的贷款。三是加强行业合作。推出信贷保证保险、票据承兑担保、贸易融资担保、项目融资担保、信用证担保等新业务。

针对信息不对称问题，余姚农村合作银行通过完善制度，提高信息收集质量。一是通过信用户、信用村、信用镇建设优化村镇农村信用环境，符合信用条件的优先安排信贷资金。通过信用评级，做到降低信贷门槛的同时，提高对“三农”的金融支持。二是与当地的党委部门共同推进以“文明作担保、诚信作抵押”的道德银行建设工作。截止2013年，已对291户有贷款需求的农户授信2225万元，累放道德银行贷款1392万元，创建道德银行村40个。三是发展支农联络员。聘用具备地缘、血缘、亲缘和人缘优势的村干部或具有一定影响力的当地人员联系基层农户，明确职责，作为风险管理重要一环。四是完善贷后管理。贷款发放后，对道德诚信表现好，创业潜力足的农户和个体工商行，提高其贷款额度；对随意改变贷款用途或出租、出借信贷行为的农户和个体工商行，立即取消其资格，3年内不准向“道德银行”申请贷款。五是银行信贷人员走出办公室、走向基层、走进农村，挨家挨户走访农户、个体工商户和小微企业，开展拉网式调查，了解服务需求、上门送贷款。对梳理出的经营、养殖大户进行重点走访，提供融资服务。

2. 利用现代信息技术和互联网发展小贷微贷

在农村领域，目前还存在大量有效的信贷需求，农户或农村小微企业有还款能力，但由于种种原因未能获得银行贷款。这类需求量很大，有待金融体系创新机制，提供有效服务。

从传统的信贷业务模式看，农户或农村小微企业缺乏抵押担保是主要原因。从发展趋势看，在获得必要的家庭或企业财务信息之后，金融服务机构可以对其还款能力以及经营风险进行综合评价，相应发放贷款。在传统模式下，由于农户以及农村小微企业的财务信息不透明，这种评价工作存在相当难度，人力成本也相当高，因而传统银行机构很少发放纯信用贷款，即使村镇银行也是如此，多数采取联保贷款模式。随着互联网及相关技术的快速发展，金融服务机构利用客户信息的渠道更加多元，也更加有效；与此同时，金融信息技术还越来越多地替代人工服务，提高了业务运行效率。这些为创新农村金融服务模式提供了重要基础。特别是大数据时代的到来，为现代信息技术改造传统金融业务模式提供了契机。

从信息技术发展趋势看，互联网金融将成为服务农村小微企业和普通农户的重要新兴力量，需要促使这股力量健康规范发展，包括促进金融创新与风险防控平衡

贷款”，面向基层普通农户，地方政府提供增信和贴息支持，取得较好效果。从调研情况看，一些银行特别是地方性银行也有参与这类业务的积极性。二是推出配套政策，支持建立大银行与村镇银行、小贷公司等农村小额信贷机构的“批发—零售”关系。大银行、政策性银行的小额贷款业务成本较高，倾向于批发资金；小型信贷机构信贷需求量大，但信贷资金筹资渠道不足，筹资成本高。在有效控制风险的前提下，两方面加强合作有助于降低各自的业务成本。同时，还可具体考虑银行与政府增信平台、农民专业合作社等组织的合作模式，由这些组织提供增信支持。

在创新政策性金融业务、促进各方合作过程中，应推广小额信贷管理技术。小额贷款是农村普惠金融的发展重点。中国农村小型信贷组织量大面广，应针对小额贷款业务的管理难点问题，整合政府系统资源，结合中国实际，促进小额信贷管理技术的应用推广工作。目前，小型金融机构导入小额信贷管理技术的成本较高，应加强政府支持。需要重点做好以下工作：一是促进适合中国国情的农村小额信贷管理技术发展；整合各方优势和经验，通过试点完善，形成切合中国农村特点的小额信贷管理技术框架。二是政府主管部门依托行业协会等组织推动教育和培训工作，推广、普及小额信贷管理技术，降低小型金融组织的技术导入成本。三是完善中介服务体系。完善配套政策，促进为小额贷款业务提供配套服务的征信评级、增信担保、管理技术咨询等行业发展。

5. 加强征信体系建设，改善农村信用环境

在农村金融市场，银行与农户之间的信息不对称问题比较突出，增大了银行风控难度，是导致银行机构放贷难的重要原因之一。在农户抵押、担保问题难以根本解决情况下，降低银行与农户之间的信息不对称是解决放贷难的重要切入点。具体而言，需要从三方面入手。

第一，完善征信系统。加快推进农村征信系统建设。我国农村征信体系建设相对滞后，农户征信信息不全，这种格局亟待改变。为此，应结合国务院颁发的《社会信用体系建设规划纲要（2014－2020）》，加快推进农村征信体系建设。各地应结合当地特点，推进农村信用体系建设。发挥征信系统服务小微企业和农户的作用，扩大信用信息基础数据库的覆盖范围，建立具有较高可用度和可信度的企业和农户的信用评级标准。促使企业和个人信用信息基础数据库征信系统覆盖农村地区。重点做好以下工作：一是基层政府要加强农村地区的诚信意识教育。发挥好村干部示

范作用，推动基层村干部带动相关人员做好表率。二是加强农村征信信息整合管理工作，对金融机构、政府部门、公安司法机构、公用事业单位、公众服务公司等渠道的信息进行整合，完善信贷决策的软信息支持基础。三是应鼓励第三方咨询服务机构发展，为金融机构特别是小型机构的涉农信贷决策提供专业化支持。四是基层政府应该为金融机构提供必要的支持。金融机构发放信贷就必须组织人员到农村基层收集农户信息。各家金融机构的工作存在很大程度的重复。基层政府如通过基层村组织汇集农户基本信息，在上级主管部门的指导下结合信息技术建立健全农户的基本信息档案，定期更新，对金融机构开放，可以为金融机构发放贷款提供便利，也有助于吸引更多金融机构拓展农村信贷市场。

第二，发展农村增信服务，完善农村信用担保体系。加大政府对小微企业、农村新型经营主体和农户的信贷担保体系建设的支持力度，引导和规范各类经济主体投资设立担保机构。设立再担保基金，用于对民营担保机构的资金扶持。创新农村金融担保抵押机制，建立和完善房产、土地经营权、水域、荒山等资产抵押担保制度。从国际经验看，依托基层政府财政支持，通过成立担保基金等方式提供政策性增信服务，是比较成熟的做法。结合中国农村实际，部分地区已探索以下工作：一是由县级财政出资成立政策性担保机构，为农村重点行业的农户或小微企业发展提供增信支持；二是通过产业链融资渠道，龙头企业为配套农户或农民合作社提供增信支持，政府则对龙头企业进行政策激励。三是探索通过多方参与合作，成立村级担保合作社等村级担保机构，为农户融资提供增信支持。

同时，围绕发挥农户动产的抵押功能，完善登记管理服务体系。针对农产品订单、仓单等质押融资服务，通过行业主管部门出面，组织推动标准化、规范化进程，并提高流动性。为避免农户动产重复抵押问题，应建立全国性的统一登记管理系统。在此基础上，完善抵押质押品的二级交易市场，方便银行处置变现，也有助于提高抵押估值。

第三，金融机构应加强和改进自身工作。一是完善信息收集、交叉检验制度。农户的收入水平、项目投资效益是还款能力的重要保障，应重视相关信息的收集、分析、研判。金融机构对信息收集参与方，应形成明确委托关系，完善职责机制，参与方对所提供的信息真实性负责，银行机构提供必要资金奖励。建立不同渠道的信息收集机制，以便于进行交叉检验，避免过于依赖某一方面提供信息。规范落实贷款公示管理等措施，避免流于形式，重视通过多种反馈渠道掌握有效信息。针对当地农户的生产经营特点，重视检验农户的真实还款能力，避免局限于通过抵押担保控制风险。结合农业生产经营，完善配套的专业化服务，如在提供技术、咨询等服务过程中掌握农户的软信息，为信贷服务提供决策依据。二是建立银行与农户之间的长期合作机制。银行需要顺序渐进培育农户。根据农户的资金流和投资效益逐步提高贷款额度，对农户守约行为给予正向激励。围绕农户需求，拓展金融服务产品，成立专业团队，提供特色服务，并依托总部提供农业生产经营的技术、咨询等增值服务，提供一揽子系统化服务，形成竞争优势。

6. 促进专业化分工与合作

随着农村城镇化、农业现代化进程加快，农业生产专业化、规模化和产业化趋势促使农村金融需求大额化、长期化、多元化，与农业产业链形成更多关联，对三农信贷产品的品种和数量提出新要求。为此，需要促进农村金融体系专业化分工，发展多种形式的农村金融服务机构。

第一，促进金融服务机构之间的功能互补。农村金融市场存在大量小型金融机构，需要配套服务和支持，包括技术咨询、后台服务等。实行专业化分工，可以有效降低小型金融组织经营成本和风险，需要统筹规划、整体推进。对于小型金融组织的外部服务，可考虑发展中介机构提供专业化服务；支持金融服务机构之间加强合作，包括跨行业合作，实现功能、优势互补。例如银行与保险、担保行业的合作，银行与租赁、保理等行业的战略性联合。地方政府可以发挥激励促进作用。

第二，发展贫困地区公益性小额信贷组织。在鼓励支持小额信贷和普惠金融的同时，应大力提倡、宣传和支持追求扶贫助弱和自身可持续发展“双底线标准”的社会企业型的公益性制度主义小额信贷。当前应把贫困村互助资金项目转变成在贫困地区的可持续发展的资金互助社。对全国近两万个贫困村互助资金项目应因地制宜、区别对待、分类指导、妥善处置，使之发展成规范可持续的农民资金互助社。通过专业化培训和管理，完善监管管理机制，使之成为服务农民的合作金融机构。对我国贫困地区公益性小额信贷组织，应出台相关的支持性政策法规。

第三，促进小贷公司可持续发展。应将小额贷款公司法律定位从“工商企业”改变为“非存款、非公众”金融机构，拓宽融资渠道，完善管理政策，加快接入征信系统。放宽小贷公司融资比例限制，给评级优秀的小贷公司增加杠杆比例，由银行给小贷公司批发资金，允许发展规范的小贷公司跨区域经营，降低小额贷款公司转制村镇银行的门槛。

第四，鼓励多种类型农村合作金融发展，促进新型合作金融组织规范发展。推动农村社区合作金融组织，包括贫困地区资金互助项目和组织健康可持续发展，促进蓬勃发展的农村资金互助社规范化。目前有地方政府推进的农村资金互助社，也有民间力量自发组建产生的资金互助，满足成员资金需求的绩效显著，但处于非正规化状态，缺乏应有的法律地位。同时，这种自发产生的金融力量，经营上的规范需要一个过程，政府应该及早介入，制订规范，给予其合法地位，以推进其健康发展。

第一篇

理论篇

第1章

国外农村金融理论的发展及实证研究综述

国外关于农村金融的理论经历了较长的演化过程，主要涵盖农村金融的供需特点、政府的作用，以及一些具体领域问题的分析等。本部分国际农村金融的理论综述包括三个子部分：第一部分分析农村金融的特征及主要问题，从农业本身，市场和金融机构，及外部环境三个方面进行阐述。第二部分先从政府与市场的关系角度介绍农村金融主要理论及模式的发展历程，然后讨论从需求导向理论衍生出来的三个热点问题。第三部分从国外农村金融的组织体系出发，分析农村金融领域的一些具体问题。

一、农村金融的特点及主要问题

作为整体金融发展中一个不可缺少的组成部分，以及农村经济发展中重要的资本要素配置制度，国际上认为农村金融的重要目的之一就是满足农村的中低收入者，以及中小涉农企业的融资需求，即对于“贫穷一方”金融需求的关注。农村的金融需求主要源自两个方面：一是有效的存款保证，二是与农业生产相关的，满足农户及企业本身生存发展需要的短期和长期金融支持服务（Egger，2003）。

由于农村金融面向的群体规模往往较小，所以其金融需求往往也存在小额、分散、回报率低、风险高的特点。这些特点也引起了国外众多学者对农村金融需求的长期关注和特点分析。Wenner（2004）列举了农村金融需求方面的特点，包括：由于农村的贫穷，以及生产活动回报较低，导致农村金融市场的有效需求不足；严重的信息不对称；由于客户分散及沟通机制较差导致业务的交易成本过高；合同的执行难以得到保障，监督管理薄弱令金融机构无法有效分散风险；技术支持不足，难以适应不同的需求。Dorward 等（2001）指出农村金融需要的是与需求相契合的贷款产品，而实际的贷款产品往往是结构化及标准化的，并不能根据贷款的特征（如季节性）进行调整，因此农户（或涉农企业，下同）在某些时间段往往需要额外寻求替代性资金。Buchenrieder 和 Heidhues（1998）认为农村金融机构建设面临的具体障碍包括：土地产权不明晰使得信贷担保困难；向小企业提供金融服务的交易成本相对较高；滥用补贴；较差的财政纪律和还款行为。

总的来说，农村金融的需求特点可以归纳为以下三方面①。

（一）农业本身

一方面，农户的实际和预期收入相对较低，且不同农户间的收入差异较大，可使用的抵押担保物较少，信用历史也不充足。这些因素都影响了申请者申请贷款的难度，同时也影响了申请者本身对贷款申请成功的预期。Kon 和 Storey（2003）探讨了由于不同申请者的贷款申请成本不同，以及银行筛选过程上存在缺陷，导致部分较好的中小企业贷款人因预期无法从银行获得贷款而放弃借贷申请。其他学者（Pretrick，2004；Boucher，2008）也发现，在预期贷款申请很可能被拒绝的情况下，农村金融的需求者会降低贷款需求，从而产生了需求抑制。另一方面，农业生产本身也存在连续性差，季节性强等影响因素。例如，天气变化会影响整个地区的农业生产状况。农业部门的周期性和季节性特征会令农户在某些时候甚至难以承担基本的生活需求支出。一般来说，在整个农业生产周期中，当外部因素发生变化的时候，暂时的流动性短缺会令许多农户寻找新增贷款或其他与农业不相关的资金来源。同时，发展中国家也普遍存在农业生产技术有限，农产品同质化的问题。这在很大程度上增加了农业生产和农产品销售中的风险，增加了农户或企业申请贷款的难度。

① 根据 Microfinance Gateway 网站资料整理（http：//www. microfinancegateway. org/p/site/m/template. rc/1. 11. 48254/1. 26. 9212/#5）。

（二）农村金融市场和机构

农村金融市场存在严重的信息不对称现象。在农村地区经营金融活动需要承担更高的交易成本。对银行来说，因为社区和农场之间存在异质性，它们需要投入更多的成本获取必要的信息，且能够承担更高的风险。因此，商业金融机构往往参与农村金融的主动性低，业务也多向城市倾斜。同时，由于信息的不对称，农村金融市场存在着分割且僵化的特点。Hoff 等（1998）认为，在同一个农村金融市场中，不同的企业使用的金融产品会在利率、抵押物数量和种类、合同的监督和执行等方面有很多的不同。Yadav 和 David（1992）通过对尼泊尔的研究发现，农场面积大小与农户从正规金融机构获取资金的多少呈先扬后抑的关系，因此不仅规模较小的农户，部分规模过大的农户也会因为较低的生产效率或管理能力而难以从正规金融机构获取足够的资金。另外，农村金融市场也存在市场风险，即商品价格的风险。农户都受农产品价格变动影响未来收入，或受未来市场价值的不确定性影响。由于多数企业的产品在当地生产，因此产品的主要成本受当地因素制约，但农产品销售则面对不同的目标市场，价格影响因素来自更广泛的区域，甚至全球市场上农产品价格波动的影响，这都令农业生产和农产品销售面临更大的不确定性。

（三）外部环境

农村金融市场的外部环境面临着很多问题。首先，政策法律和监管框架不完善，这是多数发展中国家面临的主要问题之一。Dowla 和 Alamgir（2003）对孟加拉的研究发现，由于法律框架的缺失，导致区域内小额信贷机构从成员和非成员处吸收存款时，面临着多种多样的复杂问题。其次，存在社会风险因素。对某些国家来说，种族、性别和区位的差异在农村地区表现得尤为明显，存在着较严重的社会排斥现象。如在印度，位于山地的部落由于地理原因，其生产力相比平原地区要低，这也降低了他们获取贷款的能力。再次，存在政治干预和挤出效应。一些政客们通常利用农村发展计划来获取政治上的支持，而这些计划往往与农村的实际发展程度和发展需求不相匹配，或者仅仅流于形式。另外，政治干预有时候通过信贷补贴政策实施，例如对某些地方和某些领域的补贴倾斜。但这种做法带来了市场扭曲，影响了当地的金融市场发展，减少了潜在的金融机构和个人参与农村金融领域的意愿。

在上述对农村金融特点分析的基础之上，部分学者也对农村金融需求方的行为本身进行了分析。部分学者认为借贷需求是贷款人根据其自身特点，选择适当的贷款时间和适当的贷款方式的过程，即是一个自身利益最大化的过程。Duong 和 Izumida（2002）对越南 300 个农户进行了调查，发现农户的贷款选择过程是理性的，他们大多数能够选择适合自身的贷款种类以及恰当的资金来源。Pal（2002）和 Gine（2005）等学者则通过建立不同的信贷选择行为模型，研究对贷款者的借款行为产生影响的因素，包括自身风险偏好、收益率、农业技术变化等，并通过数据分析进行相应的实证研究。

二、农村金融的主要理论及其演变

（一）政府与市场的关系

随着对农村金融特点的逐步深入理解，农村金融的理论也随之进化，理论的核心是政府与市场之间的关系。在这个过程中，农村金融理论的关注重点也从单向的供给方研究转到以市场为导向，以及对整体需求的关注上来。

1. 供给驱动理论：农业信贷补贴

战后早期的农村金融理论主导是供给驱动理论。该理论认为，由于农业相关业务存在风险高、回报低的特点，使得商业银行往往拒绝参与农村这个市场，因此农村金融市场面临严重的资金供给不足。这些问题无法通过商业途径得到解决，必须要借助外部的力量，例如政府，通过设立专门的非营利性机构给小型企业或个人直接提供贷款利率优惠或者补贴①。因此，供给驱动理论的核心是农业信贷补贴。它着重强调了政府的干预作用，明确干预的目的是力图通过信贷利率优惠及补贴让农民拥有更多的资本，以购买有效率的新设备，并且为农户提供补偿，以弥补因政府价格和政策变化对其收入产生的影响（Adams 等，1984）。这种“直接补贴信贷”的做法在世界面临严重粮食危机的时候尤其受欢迎。同时，也有学者（Von Pischke 等，1983）表示，由于农村的“不良借款人”会影响农村高利贷的利率，造成农村

① 即普遍存在的政府（或国际组织）的信贷补贴项目。

金融市场的混乱，因此，必须有正规的金融服务介入农村金融市场，并提供更合理的利率。政府被认为负有责任提供这种金融服务。

然而，也有学者对供给驱动理论提出了批判。Penny（1968）通过对印度尼西亚的研究发现，这种直接提供信贷优惠或者补贴的做法只有在农户生产发展到一定水平时才是有效的。供给驱动理论存在的问题包括：首先，由于农户小额贷款的交易成本较高，直接信贷补贴反而会损害部分本来具有信贷获取优势的小农户的信贷获取能力（Gonzalez-Vega，1984）。其次，因难以监督农户在获得补贴后如何使用信贷，提供补贴的一方无法确定资金是否流向了预定的目标人群（Adams 等，1984）。再次，由于直接的信贷补贴省略了信用检查的过程，导致贷款的违约率可能上升（Von Pischke 等，1983）。第四，为农户购买设备工具而提供的资金某些时候被用于购买并不适合该农户的设备工具，信贷补贴有可能无法达到预定的目标效果，甚至产生不必要的浪费。最后，直接信贷补贴忽略了不同农户间的需求差异（Meyer 和 Alicbusan，1984），而即使农户得到了信贷补贴，如果农户不想存款，或者无法存款，储蓄也不会因此而积累起来。反之，即使没有补贴，如果利率合理，一些优质农户仍然可以积累一部分存款。这些问题不是政府（或者国际组织）能够单独解决的，因此单一的补贴方式下的供给驱动理论也一直受到学界的诟病。例如 Gulli（1998）强调了建立可持续发展的金融机制的重要性，而直接的信贷利率优惠和补贴均会损害农村金融市场的可持续发展能力。

2. 市场基础理论：需求分析的开端

由于直接信贷补贴存在上述提到的诸多问题，20 世纪 80 年代之后，学界的关注重点逐渐从单纯的信贷供给转向了较广泛的金融体系整体，并逐步形成了基于新古典主义、以市场导向为核心的新理论方法。随着整体金融市场的发展，市场被越来越多的人看作是能够充分调动人们进行储蓄和投资的有效场所，人们开始关注如何利用市场来配置金融服务资源。市场基础理论因此而产生，其主要观点认为农村金融服务供给上的不足并非源自资金的缺少，而是金融体系的安排中存在不合理的地方，即政府的过度干预导致了金融体系的扭曲，例如利率管制，贷款控制等。因此，该理论强调减少政府的不当干预，增加市场本身的能动性，其中最重要的就是利率由市场决定。相应的调整范围应涉及非正式金融、储蓄动员、扩大金融服务等，并且将金融服务拓展到了农业信贷之外的非农业领域，成为一个更广泛的市场驱动理论。同时，对于非正式金融的看法也有所转变。Hine 和 Thilmany（1998）指出，20 世纪 90 年代开始出现小规模银行的复苏趋势，这些小规模银行关注的是小规模农业生产贷款。而小银行也可能拥有更具竞争力的利率优势。Robinson（2001）认为在一定条件下，非正式金融机构及金融市场能够对农村的贫困人口带来必要的支持，因此不应该将其拒绝在农村金融范畴之外，或给予过多的限制。此外，该理论也相信即使是地方金融市场，也存在着潜在竞争。

在这个过程中，必不可少的是金融中介所发挥的支持作用。Buchenrieder 和 Heidhues（1998）从金融业的职能角度进行分析，认为在经济从中央计划模式转向市场模式转变的过程中，金融业也要从单纯的财政职能（例如发放补贴和支持特定的生产计划）向金融中介职能转移，这就需要宏观层面上的改革和创新，以及微观层面上的组织和管理调整以及金融工具上的创新。金融业需要转变为能够根据情况自主判断并自我决定经营方向和经营模式。通过这一系列调整，农村的金融机构就能够通过有效的市场手段，增强自己的运营能力，减少运营成本，并在农村有效吸收存款，提供资金，形成稳定可持续的经营模式。

然而，市场基础理论也存在一定的局限性，它强调了“政府失灵”，却没有意识到同样存在的“市场失灵”现象。由于农村金融固有的高风险低收益特点，单纯地依靠利率的自由浮动并不能解决小农户因抵押品不足和高风险带来的高成本现象，仍然可能导致一些有发展潜力的农户被排除在信贷的对象范围之外。因此，政府在一定程度上的介入是必要的。在研究如何解决政府失灵和市场失灵的两个问题的过程中，学者们从需求角度分析，逐渐提出了融合供给驱动理论和市场基础理论两者的需求导向新理论。

3. 需求导向理论：基于不完全市场的深入分析

随着 Stigiliz 和 Weiss（1981）等学者开始将信息分析方法引入对农村金融的研究，20 世纪 90 年代理论界在从供给驱动理论向对需求方分析的转变过程中，形成了基于不完全金融市场框架下的，以需求为导向的理论[①]。农村金融市场的失灵除了来自普遍存在的高风险、高交易成本两个因素外，市场的信息不对称也是主要因素之一。这种情况在信息透明度有限及信息共享机制较差的发展中国家尤为突出。

① 也有学者认为市场驱动理论是需求导向理论前期发展的阶段之一。

Wenner 和 Proenza（2001）通过对拉美的情况分析验证了这个结论。Kilkenny 和Jolly（2006）也对美国中西部 12 个州的数据进行了分析，一些指标表明农村信贷市场的竞争程度要小于完全竞争。而农村银行则通过收取更高的贷款利率，支付较低的存款利率，来降低承担的风险。在信息不对称的情况下，道德风险、逆向选择等问题将会导致市场失灵。

因此，部分学者，如 Von Pischke（1991）、Hoff 等（1993）、Benjamin 和 Yaron（1997）等在强调发挥市场作用的同时，呼吁政府对农村金融市场的介入，并成为对市场因素的补充。但他们认为政府介入方式应有所改变，主要应通过对农村金融政策和监管的改革，而不是直接的信贷补贴，来纠正市场的失灵。这样才能增加农村金融市场的有效竞争，使得金融机构能够良好稳定的运行。非洲农村和农业信贷协会（AFRACA）在其 2004 年发布的报告中指出，随着非洲在 20 世纪 80 年代开始推进金融改革，政府和央行在农村金融改革领域中仍然发挥着重要的作用，包括推广和发展农村金融市场，以及制定恰当的政策，推广、监管和监督半正规或非正规金融机构。总的来说，一方面，市场仍然需要起重要作用。无论何种类型的机构，都需要考虑可持续经营的问题。另一方面，政府的作用仍然是必不可少的。政府需要通过框架和制度的建立，创造良好的政策环境，制定恰当的财政和货币政策，减少政策偏见，优化金融市场，完善政策法律和监管框架。政府的资金应该优先应用于金融机构的环境建设，例如管理人员培训，建立起完整的实用的会计、审计和管理体系等。同时，在确定政府干预的收益大于成本，市场作用已经完全失效的情况下，政府可以进行必要的干预。Kotaiah（1995）对印度的农村金融机构的运作环境和业绩进行分析后发现，金融机构倾向支持一些非传统农业中的大农户，而其自身的运作也会受到高成本和高违约率的影响，因此他建议必要的政策干预，比如审慎的指导方针和利率方面的措施。

然而，政府也有其局限。政府相对于金融机构擅长处理更全面的知识信息，但对处理单个地区、单独时间的市场失灵所需要的局部知识信息却并不擅长。因此，政府是否是介入农村金融市场的，最合适的、能够为市场提供有效补充的非市场化要素，也有学者提出了一定的质疑。因此，同样基于需求理论的一些政府之外的非市场化要素分析，逐渐成为近年来农村金融理论发展的方向。

（二）当前主要农村金融相关领域问题研究

从 20 世纪 90 年代中期开始，农村金融理论向需求导向理论发展。而需求导向理论则逐渐偏重于研究在农村金融市场的一些具体问题，关注不同的金融需求，并以满足这些需求为出发点，形成各成一体的理论模式。其中，三个独立但相关的论题尤为受关注，一个主要关注金融系统本身的可持续性及创新在其中的作用；一个是当前很流行且研究较多的小额信贷/微型金融理论；另一个是从 21 世纪开始得到越来越多研究关注的金融可及性和普惠性问题。

1. 金融体制及创新

需求导向理论的研究对象是农户和涉农企业的融资需求，即在获取例如存款、贷款和保险等金融服务的过程中，他们能够承担并且愿意承担的支出。这种需求的满足不应是短期的，而应该是连续可持续的。这就需要通过建立一个可持续的金融体制，可以有针对性的、稳定的满足来自不同方面不同种类的需求。在面对农村市场信息不对称现象的时候，创新的技术和制度成为新理论框架下的关注重点，包括恰当的治理结构和激励机制，以降低金融中介的风险和成本，以拓展金融市场的深度、广度，以及综合程度。在这个过程中，政策的配合也是必要的。Heidhues 等（1997）等在罗马尼亚宏观经济和农业转型的背景下，深入研究了农村金融机制和农村金融市场的未来发展。他们强调如果要建立一个高效的农村金融体系，以解决农业部门的融资需求，必须要有创新的推动。一方面，在金融体系层面需要建立一个有效的监管框架，并且保持央行一定程度上的独立性。另一方面，在金融机构层面，需要完善金融机构的服务管理水平，及新产品设计能力。Hartarska（2002）认为，那些与贷款技术和机制设计相关的创新，在扩大金融领域的覆盖面至贫困人口方面，比专制的监管体制更具有活力。另外，金融体系建立的方式也能够对金融机构及其资金流动产生影响。如果能够建立一个可以自我积累并传播知识的金融体系，就能弥补农村金融市场中存在的信息缺口，处理各种不确定性并有效应对风险。因此，不同的金融机制设置会对金融创新产生影响（Sonne，2010）。Qian 等（2011）根据日韩的经验提出了两点促进农村经济发展的系统性方案：首先，机构制度改革，将分散的农民聚集起来，建立互助性组织以降低交易成本；其次，将金融支持由外生转为内生，提倡发挥市场作用的农村金融模式。

然而在这个过程中，由于深化金融体制以及服务贫困阶层所需的技术创新和制度创新可以很容易地被其他以营利为目的的金融机构复制，可能会产生“搭便车”问题，将会妨碍到私营部门对这些创新投资的积极性。因此，公共部门需要有一定的投入来支持贫困人口（以及支持农村）的金融创新（Zeller，2004）。例如，投入资金支持相关领域的研究；在合理的时间内给予初创企业及成长初期企业以支持，直至他们能够达到一定的金融可持续性；支持新产品、新技术的试验并给予相关的技术支持，例如员工培训。由于建立一个可持续的金融体制需要一个较长的时间，公共部门的投入应具备长远的眼光，制定长期计划，并拥有一定的灵活性。因此，在农村金融领域的创新投资需要大量的人员和知识投入。然而相比早期的供给驱动型理论，该框架下所必须投资的资本相对较少。总的来说，金融体制及创新问题的研究主要从体制上分析如何令农村金融资源有效的流动及运用，另外两个相关的论题则从不同角度阐述了如何满足农村金融的不同需求。

2. 微金融

微金融作为农村金融支持贫困人口中的重要部分之一，已经经过了 20 多年的发展，无论从理论上还是实际操作中均有长足进步，尤其近期在发展中国家的实践成效很大。Gonzalez-Vega（2003）指出，随着政府和公共部门支持的金融机构因支出削减和机构设置等问题减少了在农村的网点数量，微金融在农村的覆盖率呈持续增长的趋势，而一地区的一些微金融机构则已经能够在财务可持续的基础上运营。与此同时，微金融的理论也从基于供给端的信贷补贴理论转向了基于不完全竞争理论的市场导向理论。

微金融的快速发展在一定程度上证明了贫困人口足以成为可信赖的贷款对象，因此，对一些原来曾经被排除在借贷对象之外的人群来说，微金融提供了新的融资渠道。最典型的例子就是某些国家及部分贫困地区的女性，她们能够从微金融机构获取所需的贷款，并成为许多微金融机构主要的客户。微金融对金融业务服务范围拓展的支持主要表现在：首先，微金融机构对待抵押物的方式与一般银行有所不同。微金融机构不再单一依赖传统的担保方式，例如地产和房产，而使用例如个人担保或组合担保作为替代抵押①，并在此基础上辅助以相应的监督措施，这就可以在一

① http：//www. lendwithcare. org/info/little_ or_ no_ collateral. 。

定程度上降低信贷的风险。第二，微金融组织使用的是一个渐进的借贷方式，这已经逐渐成为微金融机构的特点之一。借款者最初得到的是一笔规模较小的贷款，而贷款规模会随着借款者良好的还款行为而增加。Egli（2004）认为，将一个项目分解成几个小项目，可以保持对借款人的还款压力。第三，有些微金融机构在建立起与客户较好的联系后，也帮助他们的客户获取其他额外的服务。例如有些微金融机构也提供非金融的帮助，如商业和会计实践，以及教育和医疗等方面的帮助，同时，也能够因此进一步巩固与客户良好而持续的关系。

Gonzalez-Vega（2003）列举了一些微金融机构成功的基本的原则：并不只贷款给农业领域内的客户，考虑更广阔范围内农户的金融需求；依靠多元化战略应对特殊风险；不将贷款条件与资金用途相关联，而是判断客户的还款能力，包括考虑家庭未来的现金流，并允许贷款人在使用资金方面有一定的自由权；依靠更多的个性化和详细的贷款审查工作，对风险进行相应调整；预测作物的产量和价格；条款和条件更灵活的贷款合同，能够应对特殊情况下的农业生产活动；帮助贷款人以进一步降低交易成本；要求借款人对贷款项目投入更多的权益性投资以减少道德风险；不仅基于历史平均结果进行现金流预测和风险评价，也对未来的最差情况进行预测；更好的理解宏观经济部门的情况，以解决系统性风险的威胁。

然而目前微金融，特别是微信贷对贫困人口的支持上仍存在部分问题。例如，多数从微金融机构获取的信贷规模仍然较小，无法满足小额贷款者的一些需求，如购买一定规模的牲畜作为生产资料。因此，有些以生产为由的借款会被用来满足农户本身的生活性支出，例如房屋的修缮和婚丧事务等（Birdar 和 Jayasheela，2000）。Diagne 和 Zeller（2001）指出，如果小贷公司的机构设计以及产品设计没有能够充分考虑到客户需求上约束，那么这些微金融机构对低收入者的贡献就极为有限。Hasan（2003）则认为，虽然很多贫困人口通过微金融获得了信贷，但目前部分国家的微金融机构的客户覆盖面仍然主要为贫困人口的中上层，没有完全深入到最底层人群。同时，由于系统和业务程序的灵活性不够，微金融的金融服务提供过程也有些僵化，在有些方面不能完全解决贫困人口的不同需求。

展望未来，微金融机构在面临着额外挑战的同时，也拥有相应的机遇。Acha Ikechukwu（2012）研究了尼日利亚的小额贷款银行，其面临的额外挑战包括社会的误解，其他金融机构肆无忌惮的竞争，以及缺少核心功能和人才等。然而，在部分地区也存在一些新的机会，例如越来越多的涉农企业拥有了更多的创业意识，政府增加了对其的支持。作者补充到，如果同时有适当的监管措施，以及其他利益相关者对于支持小额信贷银行业务的承诺，这些机构面临的挑战可以逐步得到解决，其发展前景将更好。

3. 金融可及性及普惠性

学界关于金融可及性和普惠性的研究兴趣源自 2000 年世界银行关于金融体系、结构和发展的项目。2005 年联合国第一次提出“普惠制金融体系（inclusive financial system）”的概念。近几年来，国际上的研究集中在发展中国家贫困人口和企业的金融可及性，不同国家（以发展中国家为主）金融体系的普惠程度反映在以下两个方面。

从金融的需求方来看，金融可及性对于农户或农业企业很重要。Burgess 和Pande（2004）使用印度的历史数据进行分析，肯定了印度的银行在农村扩张网点，能够对降低贫困程度，增加非农产出起到良好作用。有学者（Beckhe 和 de la Torre，2007）认为金融可及性较低主要是较高的交易成本、中介成本以及不确定性造成的，因此在供给—需求模型中也存在一个“金融可及性边界”。在这个新架构的基础上，金融可及性受损的原因包括：经济发展位于可及性边界的下方；与其他国家比本国的可及性边界较低；不审慎的借贷导致信贷规模超出最优边界的约束。而由于规模经济和外部因素的影响，这些问题在较小的企业和金融市场中尤为普遍。Peachey 和 Roe（2006）提出许多发展中国家金融资源稀少的一个主要的原因是金融市场的绝对规模过小，这制约了金融企业获取资金的能力。另外，金融体系的发展也影响到农户和小企业使用外部资源，尤其是银行资源的能力。Beck 等（2004）的观点是，由于小企业对外部正规融资的使用较少，而更多使用非正式金融，所以他们实际也很少从政府和发展性金融机构获取金融资源。因此，小企业面临严重的融资资源获取障碍。这其中，信息不对称也是一个重要的影响因素。

从金融的供给方来看，金融普惠性是整个金融体系重要的组成部分。Lamberte 等（2006）对中亚地区部分国家的农村金融市场现状进行了研究，认为一个坚实的普惠性金融市场能够帮助客户享受经济增长的机会，并帮助其积累资产、管理风险，减少受外部不确定因素的影响，增加他们的福利。因此，国际上，尤其是发展中国家，极为重视对金融普惠性的研究和讨论。有许多文献对不同地区进行数据分析，关注金融机构特别是银行及其提供的服务程度。根据联合国经济与社会事务部（DESA）和资本发展基金（UNCDF）2005 年的报告，从战略的角度来说，普惠性金融可以帮助贫困人口及低收入人群提高其收入，创造新的发展机会。然而，对发展中国家来说，发展普惠金融的成本也是巨大的。在普惠性的基础上，建立合理的金融部门架构，需要政府政策、立法及监管多方的作用，并需要一个能够长期协调多方持续合作的发展战略，将政府部门、金融机构、民间组织和其他发展相关主体均纳入其中。

三、农村金融的具体操作层面的一些问题

（一）农村金融的组织体系

目前，主要的农村金融体系主要包括政策性、合作制和商业化三种。而不同的形式在不同的地区也有不一样的表现。欧洲是主要的合作制金融的发源地，并形成了一套完整的理论体系。在德国、法国和荷兰等国，合作金融机构是农村金融机构主体和农贷资金供给主体，例如法国的农业信贷银行和德国的中央合作银行。商业银行和政策性银行起到一定的补充作用，例如德国的土地信用协会，其为农业生产提供资金。美国的农村金融体系经过长期的发展，已经形成了合作性金融、商业金融、政策性金融的多元混合金融体系。其中，合作金融组织主要包括两类，即信用社和农业信贷系统。美国的政策性金融组织主要由政府部门（如中小企业管理局等）组成，依靠政策为特定领域提供资金，部分机构负责价格和收入相关的管理计划。与上述两种模式略有不同的是，英国的农村金融支持主要来自商业银行。合作制银行在英国金融体系中占比较小，这主要源自英国上世纪奉行的新自由主义，与政府极力推行私有化和股权制有关。

合作制和与商业化的金融机构相比，二者区别不仅体现在股权结构上，也包括运作的理念和具体操作上。Prieg（2013）将合作制和商业化银行做比较，列举了合作制的优势，及当前所面临的批判。合作制的优势包括以下四点。

（1）关注传统银行领域，关注地区的零售业务及网点建设。以德国为例，德国商业银行资产负债表上 28% 为衍生产品，而地区合作银行该比例仅为 14% 。德国合

作制银行资产中有 13% 为海外资产，而商业银行的海外资产为 21%①。从银行网点数来看，欧洲银行在过去 15 年中合作制银行网点数量占比从 25% 增加到了 28%，这是由于商业银行出于成本效率的考虑减少了在地区的网点②。而合作制银行则弥补了那些商业银行没有覆盖的地域，例如在奥地利，33% 的商业银行将网点设在维也纳，而奥地利的两大合作制机构在维也纳的网点数量仅 3% 和 8%，在农村地区的网点数量则接近 1/3。

（2）合作制主要服务于当地小微企业及个人。表 1.1 列举了欧洲部分国家合作制银行总体贷款和对中小企业贷款的市场份额比较。

表 1.1　欧洲部分国家合作制银行总贷款和对中小企业贷款占比

	总贷款占市场规模比（%）	对中小企业贷款占市场规模比（%）
奥地利	33	46
丹　麦	1	1
德　国	17	28
匈牙利	3	8
荷　兰	29	43
葡萄牙	3	5
英　国	2	1

资料来源：欧洲合作银行协会（European Association of Co-operative Banks）。

其中，除了丹麦和英国外，其他国家的合作制银行对中小企业的贷款占市场总规模比例要高于其总贷款占比。另外，合作制银行因为源于地区，更关注地方和民间团体。例如德国的合作制银行提供的贷款占 NGO 资金的来源的 30%，而商业银行仅占 11%（CGAP，2010）。

（3）审慎的管理和稳定的收益。合作制成员不享有剩余收益的收益权，因此不以利益最大化为目标。因此，与商业银行相比，合作制银行的 ROE 和 ROA 通常较低，但是两个指标的波动性也较低，这一点即使在 2007 年危机前也有明显表现。根据 Groeneveld（2011）的统计，在 2002 ~ 2007 年，欧洲 8 国③商业银行和合作制银

---

① Deutsche Bundesbank 网站数据统计。

② 欧洲的合作制银行不是在每个国家都增加，荷兰和德国的网点就有所减少。

③ 奥地利、芬兰、法国、德国、荷兰、意大利、西班牙和瑞士。

行的 ROE 分别为 13.4% 和 9.3%，标准方差为 8.5% 和 4.5%，ROA 分别为 0.5% 和 0.4%，标准方差分别为 0.3% 和 0.2%。

（4）合作制有较强的稳定性，尤其体现在危机时期。Hesse 和Čihák（2007）通过对 29 个 OECD 国家的合作制银行、商业化银行和储蓄银行的分析发现，合作制银行比商业化银行更能提供金融体系的稳定性。这是由于合作制银行虽然收益率较低，但其收益率波动同样较低，并能够使用剩余价值作为对风险的缓冲。在危机中，欧洲的合作制银行仅遭受了 8% 的损失（Groeneveld，2011），而瑞银和汇丰这样的大型银行则遭受了超过 10% 的损失。另外，根据欧洲合作银行机构的数据，危机前的 2002～2007 年，合作制银行的平均一级核心资本率为 9.2%，商业银行为 8.4%（European Association of Co-operative Banks，2010）。

另一方面，合作制也一直被认为与商业机构相比，某些方面表现较差。Prieg（2013）同样列举了对合作制银行的主要批评。

（1）效率低于商业化机构。正如前文提到的，合作制的 ROE 和 ROA 通常低于商业机构，而这并不符合传统的利益最大化理论。而合作制的股东由于缺少对剩余收益的收益权，使得合作制银行的创新动力受到阻碍，资本无法最优化使用。

（2）无法从外部融资，影响其形成一定的规模效应。这也是英国 20 世纪将合作性质的机构进行私有化、自由化的原因之一。

（3）地区合作制银行与中央银行的关系影响了合作制银行的表现。虽然合作制地区银行是中央银行的股东，但随着中央银行的发展，他们参与越来越多的活动，雇佣高水平和拥有金融专业知识的人员，开始发挥中央协调和控制的作用。这就导致对合作制的来自上下两方面的压力①。

（4）难以对效率低下或投机的管理层进行调整。这是由于合作制股票不对外流通且一人一票，过多的股东人数使得对高管的惩罚和监督过程变得复杂。

针对这些批评，Prieg（2013）认为，相比商业化银行，合作制银行的相对效益较低，无法从外部融资的特点，正是来自其审慎且稳定的经营管理，以及谨慎使用

---

① 合作制银行的中央银行模式在不同国家也有所不同，德国的地区银行仍高度自治，中央银行的设立更多地从实现规模经济角度考虑；然而，荷兰合作银行在一个单一的、明确的品牌下经营，整个集团的资产负债表会合并到一个大的合并资产负债表中。

内部资源的特点。而合作制银行不应该过于激进地参与传统业务之外的领域，合作制的模式在营运过程中有利于减少代理问题，更适合直接参与中央银行和区域性银行有共同目标方向的传统零售业务。至于对管理层的监督问题，许多国家已经设立对合作制的管理监督规则。例如，德国要求所有的地区银行需要经过区域审计协会的评估，该审计协会也会对公司的整体财务状况及管理绩效进行评估。

（二）非正规金融机构及与正规金融的联系

非正规金融提供者主要包括一系列存贷款的互助性组织及个人提供者。其中，个人提供者包括第三方个人和零售商等非正规机构以及家庭成员等。Sharma 和 Zeller（2000）总结了农村贫困人口寻求资金来源的非正规金融市场：亲戚、邻居和朋友之间的借贷，信贷和储蓄协会（ROSCAs），私人信贷与捆绑信贷（Tied credit）。非正式金融机构一般由当地人拥有并管理（包括贫困和非贫困人口），一般是自助组织，能够调动自己的资源，可以通过利润覆盖自身成本并支持增长，因此在一定程度上能够适应农村的特殊情况。Aryeetey（2005）就认为非正规金融拥有处理小贷款者的丰富经验和知识。而 Banik（2003）也指出与客户的关系是南亚的非正规金融机构减少其运营成本，降低风险最重要的机制之一。2012 年咨询机构 Kadale Consultants 在非洲马拉维进行了非正规金融为农村贫困家庭提供金融服务的调查。结果显示非正式机构能够提供少量储蓄、信贷和保险机制，满足定期和不定期的家庭支出及企业投资需求。它们在储蓄的基础上提供集中购买和集合投资机会。而大多数需维持生计和缺乏货币收入的农户的资金主要来自当地家庭、邻居和朋友。非正式机构的资金来源被视为重要的日常现金来源之一。

Jain（1998）认为非正规金融机构和正规金融机构之间存在竞争和互补的关系。一方面非正规金融机构能够获取较优先的农户信息，另一方面正规金融机构却能以较低的成本获得资金。正规金融机构会参考非正规金融机构的信贷信息，例如贷款发放对象，利率变化等。而非正规金融机构却能从正规金融机构处获取较为宏观的信息。因此，正规和非正规金融机构之间存在一定程度的互动。Fuentes（1996）提出可以通过代理关系可以将正规与非正规金融联系起来。正规金融机构作为贷出方，选择非正规金融机构成员中的人员作为代理方，代理方协助贷出方完成贷款筛选和还款监督工作，并从贷出方获取相关回报。这可以帮助正规金融机构解决信息不对称等问题。Seibel（2000）认为，随着经济的发展，非正式金融机构在数量、规模和多样性方面有提高。在有利的政策条件下，一些非正式金融机构会逐渐转变成半正式的或正式的微金融机构，并给农村金融市场带来巨大的收益。政府不应该取缔非正规农村金融，而应该通过增加竞争来促使其提高服务质量。可以在此基础上为制度发展提供支持，例如鼓励在缺乏金融服务的领域内建立新的非正式金融机构；将非正式金融机构和银行相联系；在一个非压抑的政策环境中促进适当的法律、审慎监管和委托监理形式。Straub（2005）则通过建立模型研究公司选择正式和非正式金融的环境因素。他发现遵守昂贵的注册程序能够让公司从公共物品、产权和合同执行方面受益，使得公司愿意参与正规信贷市场。而在一个存在道德风险与信贷配给的框架中，公司的决定还受进入非正规市场的相对成本、正式与非正式制度之间的相对效率以及相关的信用机制安排等因素的影响。

（三）农村金融市场的利率

利率是农村金融市场的核心之一。不管是市场基础理论还是需求导向理论都认为，农村金融贷款的利率不应该完全由政府决定，最好还是由市场决定，因为这能够动员储蓄并促进资金融通，完成有效的资源配置，使得农村金融机构能够在财务可持续的基础上运行，以达到农村金融服务于贫困人口的目的。而在一个不完全竞争的市场中，虽然很难建立一个完全由市场决定的利率，但农村金融机构的贷款利率仍然应该反映当地农村金融运行的相关成本，并且力图保持在一定的程度范围之内。有学者指出，实际的相关利率最好保持正数。全球扶贫协助集团（Consultative Group to Assist the Poor，CGAP）针对小额信贷的利率进行了一系列研究（1996，2004，2006，2008，2013）。在 CGAP 于 2013 年发布的报告中，对 2004～2011 年所有可获取的微金融机构的信贷利率相关的信息进行了分析。CGAP 使用如下公式分解微金融机构的贷款收入：贷款收入 = 资金成本 + 违约成本 + 运行成本 + 收益。其中，在报告期内（2004～2011 年），资金成本随着微金融机构使用了更多的商业化资本而上升，运行成本因为微金融机构的营运效率提高而下降。违约成本只在墨西哥和印度两个国家较高，其他国家则较平稳，但总体呈略微上升趋势。相反，微金融机构的收益则出现下降趋势。这些所有的变动，使得报告中涵盖的微金融机构的平均利率在报告期内每年下降了 2.7%，而 2011 年的平均利率水平在 27% 左右。

另外，利率上限被认为是商业机构在农村金融信贷利率较高的情况下仍不愿意进入农村金融市场的原因之一，因为这个限制令银行无法根据每笔贷款的情况将额外的风险因素调整进利率的决策过程，使得利率价格和风险并不匹配（CGAP, 2004, 2006）。因此，微金融机构的高利率并不完全来自于客户的高违约风险，同时也因为每笔小额贷款的发放成本较高，以及替代抵押物的成本较高。同时，利率上限也令会信贷成本变得更加不透明，因为贷款人的利率条款可能与实际利率成本并不相适应，甚至出现欺瞒现象。从另一个角度看，贫困人口也不应该承担因金融机构效率低下而增加的贷款成本，因此，降低利率的方式应该是增加农村金融机构的竞争和创新，提高效率，降低价格。根据 CGAP 对乌干达、玻利维亚和孟加拉的情况分析，竞争程度的增加在一定程度上降低了利率，也令客户更多的关注贷款的质量，因此农村金融机构需要更加关注客户的不同需求，并力图更加积极应对越来越激烈的竞争。另外，持续稳定的政策环境也是维持合理竞争，并实现利率优化的条件之一。

（四）农村金融的绩效评价

通过对农村金融机构及市场的绩效评价，可以衡量农村金融发展的良好程度，对农村贫困人口的满足程度，以及对农村经济发展的支持程度。例如在部分地区，农村金融对农村经济的支持程度仍然十分有限。Qian 等（2011）使用中国 15 年的历史面板数据分析发现，农村金融整体规模的扩张能够促进农村经济的发展，但同时使得金融运行的效率低下，反过来导致农村金融对农村经济的支持程度不足。

外国多数研究者通过设置不同的指标来衡量农村金融机构及农村金融市场的表现。Gurgand（1996）在分析位于撒哈拉以南非洲的六家主要农村金融机构时，采用了两个业绩指标来判断其业绩水平：金融机构服务的覆盖程度，以及金融机构的自我可持续运营及可持续发展程度。金融服务的覆盖程度不是单一指标，它包括多个复合指标，如客户数量（包括账户数量）、贷款余额、营业网点数、服务产品种类、增长率，等等。自我可持续发展程度可以通过利息等收入和资本等成本的测算等方式获得。Pham（2013）在对越南近年来农村金融市场的发展程度进行评价时，将金融机构覆盖的深度和广度、金融机构可持续性和金融服务的质量三个因素作为评估的标准，其中金融服务的质量包括交易费用、产品种类等。Navajas 等（2000）认为衡量农村金融市场的业绩需要再加一个维度，即对社会整体福利的贡献程度，例如贷款余额占当地信贷需求的比例等。Duquet（2006）从多个方面考察农村金融市场环境的情况，包括：竞争的公平性；竞争性利率的有效性；是否能够避免过度借贷；实施政策和法律的恰当性；金融机构的效率。Besely（1994）认为评价农村金融市场是否有效，应该以该市场是否能够让其参与者通过在市场中的交易来实现经济效益作为基本的评判标准。而这样的金融市场则要求具有充分的竞争性，充分的信息可获取性，以及金融体系的完整性。因此，他提出评估农村金融市场是否有效应，该观察农户通过市场获取资源后，是否能够应对收入的波动性，是否能够在收入变化时仍然有持续稳定消费的能力；金融市场是否分割严重，利率是否能够反映金融体系运作的实际成本；农村金融机构是否能在力所能及的范围内满足客户的不同需求等。

第2章

国内农村金融改革与发展文献综述

改革开放以来，特别是近十多年以来，农村金融的改革与发展取得了巨大成就，但是仍不能满足不断发展变化的“三农”的金融需求。为此，需要在妥善处理好政府与市场关系的前提下，持续、全面地推进农村金融改革与创新。本部分从文献综述角度回顾过去十多年来有关农村金融的改革与创新的讨论。

一、农村金融中的政府与市场关系

（一）农村金融理论关于政府与市场关系认识的演进脉络

十八届三中全会“决定”指出，经济体制改革的核心问题在于“处理好政府与市场的关系”，农村金融的改革及发展亦然。现有文献一般认为“二战”后的农村金融理论的演进已经经历了三个主要阶段，分别是20世纪80年代之前的农业信贷补贴论或农业融资论、20世纪80年代以来的农村金融市场论和20世纪90年代以来的不完全竞争市场理论（郭兴平，2012；张伟，2010；曹协和，2008；姚耀军，2005；朱文和王芳，2005）。

农业信贷补贴论也称农业融资论或农村金融管制理论（王曙光和乔郁，2008），强调政府在农村金融中的主导作用。该理论认为，要解决农村金融供给不足问题，就应成立政策性或具有政策性职能的农村金融机构，将外部资金引入农村，为农民提供贷款，甚至为贫苦阶层提供专项贷款；为解决农民融资成本高，促进农业发展，应采用财政补贴的方式降低农民融资成本，同时将高利贷者挤出市场。不过，农业融资理论的实践效果并不理想。比如，由于存在低利率及持续获得廉价资金的预期，农村金融机构并没有培育起储蓄动员能力，农村还是依赖外部资金（Avishay Braverman &Monika Huppi，1991）；低息贷款也并没有使农村穷人受益（速水佑次郎和拉坦，1986）；贷款回收率低，农村金融机构效率低，可持续性差。

农村金融市场论也称农村金融发展理论（王曙光和乔郁，2008），强调充分发挥市场的主导作用。该理论认为，农村金融供给不足等问题的原因在于以政府干预为基本特征的不合理的金融制度安排，为此应减少干预，发挥金融市场的作用。比如，通过推进利率市场化，保持正的实际利率，一方面可以提高农村金融机构的储蓄动员能力，减少对农村外部资金的依赖，另一方面还可以使利率覆盖农村金融的风险和成本，增加农村金融的供给。

不完全竞争市场理论在坚持市场主导作用的同时，也强调政府的补充作用①。该理论认为，农村金融市场特别是发展中国家的农村金融市场是一个不完全竞争市场，信息不对称程度严重，“市场失灵”现象较为普遍。为此，应发挥好政府补充作用和辅助作用。比如，政府应创造一个低通胀的、稳定的宏观经济环境，创造一个实际利率为正的、有合理管制的金融环境，为农村金融市场的市场机制发挥作用创造条件；政府应通过多种方式，如借款人的组织化、担保融资等，解决农村金融中的信息不对称问题；政府还可以在不影响银行基本利润的前提下，通过政策性金融来补充农村金融市场。

农村金融理论的发展脉络显示，政府与市场的关系是农村金融理论演进的主线。可以说，农村金融理论每次演进的背后都是对农村金融中政府与市场关系认识的重大变化。这一变化具有深刻的理论背景。首先是主流经济学对于政府与市场关系认识的演变。林毅夫（2013）认为发展经济学目前经历了三波思潮：第一波思潮为结构主义，在20世纪80年代之前盛行，强调发展中国家政府的经济发展或赶超中的主导作用。第二波思潮为新自由主义，在20世纪80年代以来盛行。该思潮在结构

① 焦瑾璞（2008）认为农村金融理论的演进主要经历了农业信贷补贴论和农村金融市场论两个阶段，他将不完全竞争市场理论作为农村金融市场论的新发展。

主义的普遍失败中产生的，强调消除政府管制，建立完善市场体系，发挥市场的主导作用。可以说，农村金融市场理论就是新自由主义思潮在农村金融理论领域的反映（胡邦勇，2010）。第三波思潮是对新自由主义的反思，从 20 世纪 90 年代开始，最新成果为新结构经济学，在坚持市场主导作用的同时，也注重更好地发挥政府作用。其次是金融学理论对于政府与市场关系认识的演变。关于发展中国家如何发展金融以支撑经济增长这一议题，也先后出现了三种具有代表性的金融发展理论，分别是金融抑制论（Shaw，1973；McKinnon，1973）、金融深化论（Shaw，1973；McKinnon，1973）和金融约束论（Hellmann，Murdock，andStiglitz，1995）。金融抑制论强调压低利率确保产业发展和经济增长。金融深化论强调通过金融自由化特别是利率自由化来提高金融配置资源效率以推动产业发展和经济增长。金融约束论则强调不宜贸然以金融自由化的方式推行金融深化，取而代之的方案是通过维持管制的但实际利率为正的利率和维持一定准入壁垒提升金融机构特许权价值的方式等手段有序推进金融深化。

在中国的农村金融理论与实践中，对政府与市场的关系也经历了类似演进。周小川（2004）认为，2003 年农信社改革之前对于“三农”和农村金融关系的认识主要是支持与被支持关系，希望通过一定程度上的金融压抑来支持“三农”，较少注意农村金融机构的可持续发展；2003 年农信社改革以来的认识则转变为共生、共存关系，除 10% 或稍多一点的地区外，“中国大多数地区有能力也有必要支撑持续增长的、财务上健康的、有活力的商业性金融的发展”。可见，在 2003 年之前对我国农村金融理论认识仍主要处在农业融资论阶段，强调政府的主导作用，但在 2003 年之后则跨入了农村金融市场理论和不完全竞争市场理论阶段，强调市场的主导性作用。

值得说明的是，我国关于农村金融的理论认识与国际上农村金融理论的演进并不是一一对应的。一方面，直到 21 世纪初，农业融资论在中国仍在主导地位，而农业融资论早在 20 世纪 80 年代已经不再是国际上的主流理论。另一方面，农村金融市场理论和不完全竞争市场理论在中国是重合的，甚至可以认为我国从农业融资论直接过渡到了不完全竞争市场理论。理由是，从金融政策来看，2003 年农信社改革以来，我国农村金融政策更符合不完全竞争市场理论的政策主张，比如存款利率管制但维持正利率，维持较高的金融机构准入壁垒等。

（二）农村金融中政府应扮演什么样的角色

政府应扮演什么样的角色这一问题包括以下两个层面的问题。

一是农村金融中政府职能的界定。现有文献均认同政府应在农村金融中发挥重要作用，认为存在在某些情况下进行直接介入的必要性。世界银行（2002）认为，政府需要从三方面着手以建立良好的农村金融市场：创造一个良好的政策环境；完善农村金融市场的法律和监管框架；在某些情况下进行直接干预。朱超（2007）在分析印度政府干预农村金融的经验教训基础上，提出中国政府应扮演“有限直接”的角色，即一方面通过营造有利的宏观环境和提供适宜的市场交易法律框架，另一方面又可以以透明的方式直接向农村金融机构临时提供资本或再融资。胡帮勇（2010）从不完全竞争理论及不完全信息理论，制度经济学等不同视角分析了政府介入的理论基础，认为在中国农村金融中，政府的角色主要是协调推进农村公共财政改革和农村金融改革，通过改革现有金融机构、规范非正规金融、适度放开准入等方式建立竞争性农村金融市场体系，完善农村金融市场的法律和监管框架、优化农村金融生态环境。谢琳（2014）也从不完全竞争理论及不完全信息理论，制度经济学出发，认为政府应在农村金融中扮演三种角色：政策性金融供给者、农村金融机构扶持者和农村金融市场监管者。温湛滨（2005）认为，政府在农村金融中的作用范围和力度应控制在：保证农村金融机构产权的清晰完善；为农村金融市场竞争提供良好的制度环境；发挥政策性金融的作用，既要纠正市场失灵，又要避免政府失效。

二是政府如何干预或介入农村金融。马勇、陈雨露（2009）认为，政府的介入时间、方式和程度受到所在国家或地区农村金融市场制度基础、发展程度和社会传统的影响。对于中国而言，政府的介入方式和路径应围绕农村金融市场的三大基本特征展开，即市场内在结构的不平衡、金融供给和需求的双重不足，以及市场发育和制度规范的双重缺失。政府的干预或介入方式可以分为直接干预和间接干预两类。直接干预一般采用政策性金融的方式。关于农村政策性金融的边界，谢琳（2014）认为，应把政策性金融作为“工业反哺农业”、“城市反哺农村”政策性资金的运用窗口，主要任务包括：为国家农业基础设施融资，降低农村金融供需主体金融风险，促进农村土地有效流转，消除贫苦，平抑主要农产品价格波动，提高农村居民金融交易能力和农村金融交易水平等。间接干预主要是政府通过财政、税收、货币政策等手段间接介入农村金融市场。

政府干预的理论依据是“市场失灵”，但是，“市场失灵”和“政府失灵”同时存在的情况也可能发生（王峰虎和谢小平，2010；王贵和胡朋朋，2011，潘里权、姚先霞和包青，2008）。在这种情况下，如何发展农村金融？矫正“双失灵”关键在于政府（潘里权、姚先霞和包青，2008）。一种方案是在通过优化政府作用减少政府失灵的同时，通过政府作用优化金融生态减少市场失灵（王峰虎和谢小平，2010；王贵和胡朋朋，2011）。

（三）政府与市场职能定位的动态演变

从农村金融理论的演进上看，政府与市场职能定位变化的总体趋势是政府职能范围的缩小和市场范围的扩大。这一趋势的背后有三大驱动因素：一是经济结构的变化或农村经济的发展。二十世纪五六十年代，大多数发展中国家的农业发展水平均较低，农业现代化和产业化水平都较低。而到 20 世纪 80 年代，这一状况已有很大改观，比如农业增加值占 GDP 比重显著下降。根据世界银行数据库的数据，20 世纪 80 年代，主要新兴经济体①农业增加值比重平均值为 15.4%，比 20 世纪 60 年代的平均值下降了 11.5 个百分点。二是金融的发展或金融深化程度提高。20 世纪 80 年代，主要新兴经济体 M2 占 GDP 比重的平均值为 31.93%，比 20 世纪 60 年代的平均值提高了约 10 个百分点。三是技术的进步，既包括信息技术的进步也包括金融风险控制技术的进步。对于农村金融而言，农业的发展和产业化水平的提高降低了农业的风险，优化了农村金融的风险收益结构；金融深化或金融市场的发展则为市场机制发挥作用创造了条件；技术进步既可以减轻农村金融市场的信息不对称性程度，又可以降低农村金融服务成本（郭兴平，2012）。在三者的共同作用下，市场机制可以发挥的领域不断增加，“市场失灵”的情况不断减少，政府和市场的职能定位也相应发生变化。

政府与市场的职能定位的最终体现为金融市场体系的金融结构——商业性金融

① 本文将其界定为 G20 集团中的新兴经济体，包括中国、印度、韩国、印度尼西亚、沙特阿拉伯、土耳其、巴西、墨西哥、阿根廷和南非。

与政策性金融相对地位意义上的金融结构。也有一些文献在考虑金融市场体系时，除了考虑政策性金融和商业性金融外，还将合作金融作为区别于政府与市场的第三类农村金融予以考虑（杜晓山，2004；陆磊，2006）。

政府与市场的职能定位在不同农村金融领域是不同的。在农业保险领域，现有文献的基本共识是需要维持政策性金融的主体地位（李军，1996；庹国柱和王国军，2002；冯文丽和林宝清，2003；冯文丽，2004；杜彦坤，2006），目前的农业保险实践也基本遵循这一共识。而在贷款领域，则应以商业性金融为主，政策性金融为辅（谢平，2001；周小川，2004；杜晓山，2004）。

二、如何推进农村金融改革

农村金融改革有广义和狭义之分。周小川（2004）认为，狭义的农村金融改革指农村信用社改革；广义的农村金融改革则是包括农村政策性金融、商业性金融、国家对资金流动的引导、农村融资媒介的创新和发展、如何为农村金融组织安排连续的正向激励机制使农村金融组织不断向上、农村金融机构的退出机制，以及订单农业、农产品期货市场、农业保险的发展等问题。本报告所讨论的是广义范畴的农村金融改革。

（一）农村信用社改革

1. 农信社产权制度改革：合作制还是股份制

产权制度改革是农信社改革的核心内容。尽管几乎所有文献均认为 21 世纪前后的农村信用社不是真正意义上的合作社，不符合合作制原则规范（杜晓山，2002，2004；谢平，2001；陈雪飞，2003；凌涛，2001），但在合作制的规范化改造是否具备必要性和可行性方面存在较大分歧。基于这些分歧，在 21 世纪初形成了两类基本观点。

第一类观点可称之为“放弃论”，主张放弃合作制，实行股份制改造。首先，“放弃论”认为没有坚持合作制的必要性。周小川（2012）提到，早在 2003 年前，国务院体改办就认为农村合作金融长期看不利于农村信用社的健康发展，建议进行股份制改造。何勇和罗骏（2005）则基于农信社制度变迁的分析，得出合作制不是我国农村信用社的制度均衡模式的结论。其次，放弃论认为按规范合作制对农信社进行改造不具备可行性。比如，谢平（2001）认为合作制需要一系列的前提条件，在当时制度背景下，现有农村信用社体制确实不具备向真正合作制过渡的可能性。周脉伏和稽景涛（2004）则基于博弈分析得出由于缺乏对农信社和农民的激励，在现有基础上对农信社进行合作制规范不可能取得成功的结论。

第二类观点是可称之为“改造论”，主张对农信社按合作制原则进行改造。首先，“改造论”认为合作制具有必要性。杜晓山（2004）认为在商业银行收缩、政策性银行鞭长莫及、民间借贷活跃的背景下有合作金融存在的必要，以使弱势群体之间的互助解决单个社员难以解决的问题。应宜逊（2000）则从农信社在中国金融体系中的定位、农信社自身的生存发展两个方面讨论了合作制的必要性。汲长虹、刘仲生和田国强（2003）认为农信社的商业化无法适应农村金融服务需求，应对农信社按规范合作制进行改造。何广文（1999）认为尽管农信社的管理体制与完善的合作制还是有一定差距，但由于农信社面临大好发展时机，仍应继续按照合作制原则规范农信社。其他文献，如殷孟波和翁舟杰（2007），王雨舟、张翔和徐书杰（2001）也认可合作制的必要性。其次，“改造论”也认为合作制的改造具有可行性。杜晓山（2004）认为中国没有真正意义上合作制并不意味着国际规范的农村信用社在我国无法生存。应宜逊（2000）认为虽然对合作制进行规范面临人们对合作制认识普遍不足、“民主管理”难题，主观意愿与现实存在矛盾等障碍，但仍可以因地制宜，通过开展合作制启蒙教育，积极开展试点，做好发展社员，建立符合合作制的物质利益回报机制，发挥“三会”作用，完善财政补偿机制、清理历史包袱及补充资本金，处理好“合作制”与商业化经营关系，处理好地方政府、人民银行和农信社关系等措施对农信社进行合作制改造。

“改造论”按是否坚持合作制的主导地位又可以分为两种观点：“合作制主导论”和共存论。“合作制主导论”认为应主要坚持合作制导向，代表文献有应宜逊（2000），王雨舟、张翔和徐书杰（2001），匡远配和李瑞芬（2004）等。不过匡远配和李瑞芬（2004）并不强调需要按照规范的合作制进行改革，允许变通合作制原则。“共存论”则不强调合作制的主导型。杜晓山（2004）认为应根据当地经济发展程度和农信社自身实力选择改革和发展的方式。若当地经济发展程度较高且农信社实力较强应进行股份制改造；若经济发展水平一般但农信社实力较强可考虑进行股份制改造；其他情况则考虑转向合作制，特别是股份合作制[①]。何广文（2003）从功能视角出发，得出农信社改革不存在最优模式，可以是合作制、股份制，或是股份合作制，不同模式可以并存的结论。陈雪飞（2003）认为，应根据农信社所处经济环境选择不同的改革发展方向，对于以农户为主要生产单位的农村地区，应对农信社进行合作制改革；对于在不以农户为主要生产单位的非农产业发达的农村地区，必须进行股份制改革。

事实上，从国际农村合作金融组织的发展趋势看，完善对基层合作组织监督机制，完善商业化可持续发展机制，包括引入专业化经营团队，已成为普遍做法，有的甚至引入股份制与合作制的混合架构，并不存在严格按照传统合作模式运作的规范模式。从国内广大农村地区的发展趋势看，农民对合作金融组织存在普遍需求。因此，当前的问题在于围绕广大农户需求，健全完善农村金融服务体系。2014 年的中央一号文件也已经明确了发展新型农村合作金融组织的基本原则。

2. 行业管理体制改革：省联社模式及其发展方向

行业管理体制改革是农信社改革的另一核心内容。相关研究及争论主要围绕以下三个方面展开。

首先，应选择何种行业管理模式？谢平（2001）概括了纵向统一的“供销社合作社模式”、相对松散型的“全国行业协会模式”、具有独立监管机构和独立存款保险基金的“美国模式”和紧密行业型管理的“省联社模式”等四种基本模式。认为若考虑农信社面临的现实条件、行业管理机构的运行绩效、农信社组织体制选择等因素，相对松散型的全国行业协会模式是农信社行业管理模式较为现实的选择。廖文义（2002）的建议是谢平（2001）的全国行业协会模式和省联社模式的综合，即设立全国信用合作协会，作为全国性的行业管理机构协会，对省设立的省联社实行全国统一垂直管理。

其次，关于省联社模式。上一轮农信社改革，各省基本均采用了省联社模式。对此，有关文献对省联社模式进行了分析。一些文献（沈明高，2004；高峰，2006；曹军新，2006）认为，一些省联社存在权限不清、家长制作风、一刀切管理

---

① 一些文献专门讨论了股份合作制，如孙昌兴和温云爱（2007）认为股份合作制是适合大多数农信社的模式。

等问题，基层机构法人治理结构有待进一步完善。另一些文献则肯定省联社基本模式的合理性。祝晓平（2005）论述了省联社模式的合理性，认为它是兼具政治经济学意义和产权意义的制度安排，能通过激励内部人以及对外部人实现反干预，优化当前信用社法人治理。周素彦和周文平（2007）认为选择省联社具有历史必然性。中国人民银行海口中心支行课题组（2008）认为，省联社模式在全国绝大多数省份确立具有“路径依赖”因素和相当程度的合理性，但需要注意产权虚置问题。

最后，关于深化农信社体系改革。不少文献强调了深化改革的必要性（赵明，2005；阮红新，2006；周素彦和周文平，2007；中国人民银行海口中心支行课题组2008；吴盛光，2011）。第四次全国金融工作会议也提出，“省联社要淡出行政管理职能，强化服务职能”。关于省联社改革，赵洁和金晓春（2009）认为，省联社改革需要坚持提高效率，贴近“三农”，政企分开、管理合法，行业管理职责落实到位等四项原则。现有文献主要讨论了六种省联社改革模式：省级农村商业银行模式、省级农村合作银行模式、金融控股公司模式、金融服务公司模式、行业协会模式和农村金融监管机构模式（阮红新，2006；周鸿卫和彭建刚，2008；赵杰和金晓春，2009；吴盛光，2011）。其中，前四种模式曾列为讨论对象。省级农村合作银行模式或联合银行模式是由县联社自下而上入股形成联合银行，省联社具有从事批发性存贷款业务的职能。金融持股公司模式是成立金融持股公司参股或控股县级联社。金融服务公司模式是指县级社自下而上组成联合服务公司，保留二级法人制。与联合银行不同，金融服务公司模式不能提供批发性存贷款业务。行业协会模式是将省联社改造成为全省农村信用社的具有社团法人性质的行业协会。地方金融监管机构模式是将省联社改造为地方监管机构，对农信社进行监管。关于以上六种模式谁是最优模式，不同文献有不同观点。

3. 利率市场化

国内学术界和政策界围绕利率市场化曾有过争论。“放开论”主要基于以下理由认为农村金融改革中应放开利率管制。一是利率管制下扭曲的利率导致农村资金外流和农村信贷供给不足（徐忠和程恩江，2004）。二是利率管制损害农村金融机构的商业可持续性（徐忠和程恩江，2004；周小川，2004；谢平，2006）。三是对“三农”的支持不一定要通过利率限制或优惠利率来体现。徐忠和程恩江（2004）认为金融支农的重点应放在降低农村地区尤其是贫苦地区的信贷风险和交易成本上。

四是优惠利率会降低贷款的可获得性，也不一定就会降低农户的借款成本（任常青，2007）。“放开论”还研究了如何放开利率管制。徐忠和程恩江（2004）认为，打破农村金融市场垄断应作为农村利率市场化的前提，简单放开利率，既可能引发道德风险和逆向选择，从而加剧农村金融机构资产质量的恶化，又可能导致农信社将经营的低效率通过高利率转嫁给客户。孟建华（2006）认为，农村信用社的利率市场化应与其他银行业机构相区别，不能以利润最大化为唯一选择，要建立社区金融机构利率结构与市场化利率结构并行的利率结构。陈鹏和刘锡良（2009）认为，在农村金融机构初步具备财务可持续能力下，进一步放宽利率不应再成为重点，对比农信社利率和民间融资利率，前者并不显著低于后者。

“管制论”则基于以下原因认为应该继续实施管制。一是金融支农的需要。何锦（2008）基于金融约束论认为限制利率和优惠利率仍应是重要的支农手段，至少在中西部农村地区应如此。对于由此可能导致的商业可持续性问题，政府可以考虑增加对相关金融机构的补偿。二是利率的放开并不是解决农村金融高风险的关键。

从现实际阶段看，推进利率市场化已经是大势所趋，中央在十八届三中全会的《决定》中也明确要推进利率市场化改革。

4. 农信社改革的推进机制

关于第二轮农信社改革的推进机制，有一些文献关注到第二轮农信社改革的“花钱买机制”方式（谢平、徐忠和沈明高，2006；杨羽飞和梁山，2005；陈福成等，2005；杨子强，2005）。“花钱买机制”的原理和步骤，关键在于化解历史包袱、实施连续正向激励、规避道德风险（周小川，2004）。

首先是化解历史包袱。历史包袱是农信社改革的主要障碍（王进诚和辛树人，2002）。关于历史包袱的化解又涉及两方面的问题，一是历史包袱形成的原因及化解责任由谁承担。历史包袱的形成既有政策和体制方面的因素，如行政干预、支持乡镇企业的指令性贷款政策等不合理的制度以及国有银行资产剥离过程中形成诸如逃废债之类的借款人道德风险（谢平，2001），也有农信社自身经营不善的原因（周小川，2004）。理论上讲，为了避免道德风险，农信社首先应将自身经营形成的风险予以化解，但由于难以划清历史包袱的责任，这种方法并不可取（周小川，2004）。同时，考虑到要加快推进农村信用社改革且历史包袱的形成有体制原因和政策原因，让政府承担或部分承担化解历史包袱的责任成为共识。二是化解方式。

周小川（2004）讨论了中央银行化解历史包袱的两种方式——低利率再贷款和中央银行票据，其中中央银行票据相对于再贷款而言可部分削弱对货币政策的冲击。

其次是提供连续的正向激励机制。周小川（2004）解释了中央银行专项票据的“台阶式”的激励机制。第一级台阶是地方政府和农信社对改革计划作出承诺。第二级台阶是在农信社通过消化不良资产和增长扩股的办法将资本充足率提升到 0 的前提下，央行通过中央银行专项票据置换不良贷款，同时向农信社支付票据利息。第三级台阶是两年后农信社资本充足率达到 2%，央行验收确认后将票据兑换为现金，使得农信社可以扩大金融业务。

最后是规避农信社及农信社改革过程中的道德风险。谢平（2001）认为破产约束失灵是农信社道德风险的主要原因。在破产约束失灵情况下，严格监管和存款保险制度是解决道德风险的两种可选方案，但对这两种方案均不能寄予太高期望。周小川（2004）认为应通过及时校正措施来解决，并将强化监管，建立有效退出机制和允许设立新金融机构作为配套。

（二）新型农村金融机构

如果将农信社改革称为农村金融存量改革，发展新型农村金融机构便是农村金融的增量改革。

作为农村金融改革重要举措，发展新型农村金融机构具有多方面的意义：既有利于打破农信社垄断，形成竞争性的农村金融市场（徐忠和程恩江，2004），增加农村金融的供给（沈杰和马九杰，2010）；还有利于推动农村金融其他领域改革，比如为农信社改革提供配套以减少农信社改革中的道德风险问题（周小川，2004），为农村金融的利率市场化创造条件（徐忠和程恩江，2004）。不过，一些文献也观测到了新型农村金融机构存在的问题，比如村镇银行机构集中于城镇、服务对象高端化、受信贷资金规模约束，支农效果受到影响（沈杰和马九杰，2010；刘渝阳，2007），可能带来新的金融风险（纪瑞朴，2008）。

在以农信社为主体的农村金融市场中，新型农村金融机构的发展受到多方面因素的制约，比如初期信誉度低、人才不足、汇路不通、网点少且成本高、信贷风险难控制（王曙光，2008；马丽华和宋雅楠，2010），存在制度设计缺陷（年志远和马宁，2009）。村镇银行和贷款公司本身缺乏商业可持续性（洪正，2011）。为此，一些文献认为政府需要扶持新型农村金融机构。比如，王曙光（2008）认为，政府应通过提供批发贷款机制，建立政策性保险体系等方式支持新型农村金融机构的发展。

一些文献还讨论了新型农村金融机构改革的特点及逻辑。洪正（2011）认为，新型农村金融机构改革的显著特点是以现有金融机构为主导，对民间资本进行了审慎限制，存款保险制度缺失下对政府对金融风险的考虑是采取这一改革模式的重要原因。目前来看，这一改革模式也取得了较为显著的效果，截至 2013 年末全国村镇银行已达 987 家。其原因在于经营特许权价值的存在是商业银行宁愿承担短期亏损也要设立村镇银行（洪正，2011）。

（三）其他领域农村金融改革

农村金融改革内容广泛。除农信社改革、发展新型农村金融机构之外，农业银行“三农”金融事业部改革、农业保险改革等值得关注。

1. 农业银行“三农”金融事业部改革

自 2007 年开始的农业银行“三农”金融事业部改革已经取得了一定成效，主要体现为支农的覆盖率提高，服务水平有较为显著的提升（熊远和蒋远胜，2013；叶兵和张艳萍，2011）。不过，改革也存在一些需要深入推进之处，比如产品和服务创新的落实问题（熊远和蒋远胜，2013），提高存贷比问题（叶兵和张艳萍，2011），农户贷款精细化营销有待加强（王成昆，2011）。原因在于改革存在不少内外部制约因素。内部制约因素与风险指标压力（程绍杰，2012）、独立性和灵活性（叶兵和张艳萍，2011）、考核机制（王成昆，2011）等有关。外部制约因素与农村金融生态环境、缺乏专业性担保公司，农业保险覆盖率（叶兵和张艳萍，2011）、金融扶持和财税扶持力度（熊远和蒋远胜，2013）有待提高有关。为此，进一步推动“三农”金融事业部改革，既需要不断完善内部机制，如理顺分支行制和事业部制的关系（胡章灿，2011），以增强“三农”服务动力；也需要从优化农村金融生态环境、加强政策支撑等角度完善外部环境（叶兵和张艳萍，2011；熊远和蒋远胜，2013；胡章灿，2011）。

2. 农业保险改革

农业保险方面的改革主要是政策性农业保险的试点和推广。大多数文献均观测到了农业保险的正外部性、准公共品属性及市场失灵，认可对农业保险进行补贴的合理性（李军，1996；庹国柱和王国军，2002；冯文丽和林宝清，2003；冯文丽，2004；杜彦坤，2006）。现有文献的分歧主要在补贴方式上。比如，关于补贴比例，并不是越高越好（邢鹂和黄昆则，2007），存在一个理论上的适度补贴比例。关于适度补贴比例的确定，有文献认为应主要考虑的因素包括农业保险政策目标（张祖荣，2012），有文献强调应关注财政可承受能力，量力而行（邢鹂和黄昆，2007；孟春和陈昌盛，2006；王海青，2005）。当前的政策性农业保险仍存在的不少问题，其中最引人关注的是其中的道德风险问题。庹国柱（2012）认为目前的政策性农业保险面临投保人、保险人、地方政府的道德风险，需要通过农业保险立法、评估财政补贴效果、实施全面统一的保险监管、发展合作保险等方式解决。

（四）改革的进程

关于农村金融改革绩效，不同文献给出了不同的评判标准。比如，谢平（2004）认为商业化农村金融机构可持续性和治理结构是评价改革成效的主要方面。杨羽飞和梁山（2005）认为农信社改革是否取得成功关键是看花钱是否买到了好的机制，具体为四个标准，即产权是否得到有效明晰，行政干预是否得到有效遏制，约束机制是否得到有效强化，支农服务功能是否得到有效增强。安翔（2007）认为农信社改革的唯一标准在于农村金融需求是否得到了最大程度的满足，正规金融部门较民间金融供给比重是否有增加。洪正（2011）认为，农村金融改革绩效的评判标准在于能否改善农村中小企业或农户融资条件，促进农村融资活动。

梁静雅、王修华和杨刚（2012）认为放宽民间资本准入限制、下放监管权，由省政府负责新型农村金融机构的监管，构建国家层面农村金融改革协调机制，有利于取得更好绩效。洪正（2011）认为农村金融的增量改革强化原有的政府外生主导的存量金融体系，不利于内生增量体系的成长。周小川（2012）认为，第二轮农信社改革取得较大成效，体现为不良资产持续双降、资本实力明显改善、总体实现盈利，坚持服务“三农”。不过也存在不足，体现为进展不均。而进展不均的原因则包括历史原因、地方政府管理方式和管理程度、地区信用环境建设程度等方面的因素。

关于改革经验。地方政府的参与是上一轮农信社改革取得成功的重要原因。谢平（2006）认为上一轮农信社改革的主要特点在于由中央政府推动转换为由地方政府推动，有利于改革方案的因地制宜。郑醒尘（2012）强调了地方政府参与对于农信社改革成功的重要意义。

关于改革方式。谢平和徐忠（2013）认为农村金融改革需要重视自下而上的机制。国务院农村综合改革工作小组办公室课题组（2011）认为单一模式难以解决农村金融问题。

三、农村金融创新

农村金融创新，这里指产品和服务层面的金融创新。对于融资意义上的农村金融而言，基本动因在于通过降低信息不对称程度和交易成本来实现“三农”贷款难和贷款贵的问题。

（一）农村金融抵/质押贷款创新

1. 土地承包经营权抵押贷款

大多数文献均认为土地承包经营权创新面临诸多障碍。左平良和余光辉（2005）认为土地承包经营权抵押面临承包人对承包经营权处分权的有限性，承包经营权价值较低，处置难度大。张庆君（2010）研究了辽宁省法库县基于“农户+合作社+企业”模式的专业合作社的土地抵押贷款案例，认为这一创新面临缺乏法理上的有效支持、处置偿还和风险保障机制不健全、合作社多重而复杂的委托代理关系、合作社内部管理存在问题等方面的挑战。黎翠梅（2008）认为土地的社会保障功能对土地承包经营权抵押贷款构成了现实制约。宋丽萍（2009）认为农村土地承包经营权抵押贷款创新既受到社会舆论压力，在实际操作中也受到缺少法律支持、土地价值评估难、土地处置变现难、贷款风险防控难等因素的制约。针对这些障碍和困难，现有文献也给出了诸多解决措施。左平良和余光辉（2005）建议通过建立土地合作金融机构的方式予以解决。张庆君（2010）认为应明确抵押农户优先承包权，规范合作社管理和建立相应评估体系。林乐芬和赵倩（2009）认为可创设土地承包经营权抵押立法制度，建立土地承包经营权的抵押价值认定、抵押登记和价值评估机构和建立由商业性、政策性和合作性金融组成的土地金融体系。刘贵珍

（2008）基于美国、日本、德国及我国部分试点地区的经验，认为可通过修改《物权法》和《担保法》等法律法规，制定《农地抵押贷款管理办法》，加强政府在土地开发、农村基础设施和承包权处置方面的支持，推行土地证券化等方式推进农村土地承包经营权抵押贷款。黎翠梅（2008）认为，可以选取承载社会保障功能较弱的土地为切入点，即可以选取经济比较发达地区、非农收入高与家庭收入水平高的企业型客户的发展型耕地进行土地抵押贷款创新。

2. 林权抵押贷款

大多数文献认为林权抵押贷款面临较大制约因素。比如，韩立达、王静和李华（2009）认为林权抵押贷款面临抵押对象限制过严、抵押期限短、抵押融资成本过高和抵押程序繁杂等因素制约。李剑平（2007）认为法律依据不充分、林权制度改革尚未真正到位、林权流转不够通畅等因素制约了林权抵押贷款创新。王蓉（2010）认为林权抵押贷款还存在公共财政支持不足，相关法律法规缺失、林权改革配套措施不完善等因素的制约。针对这些制约因素，现有文献也给出了具体建议。比如王蓉（2010）认为应健全林业金融支持制度、健全林业政策性保险、鼓励林业规模化经营等方式解决。李剑平（2007）认为应加强林权抵押贷款宣传，加强林权抵押贷款方面的法制建设，构建林权流转平台和完善林权流转社会化服务体系，建立林权抵押贷款风险保险机制和补偿基金。韩立达、王静和李华（2009）认为应加强法制建设和宣传，构建林权流转平台，设立完善的评估机构和建立林权抵押贷款风险保障和补偿机制等配套机制。

3. 农村居民房屋抵押贷款

王昌林（2014）认为农房抵押贷款在操作中存在抵押物有瑕疵，抵押物变现难，抵押物价值难确定，逆向选择难避免等困难，对此应采取加快相关法规建设，规范执行标准，强化地方政府帮扶，加强配套工程建设等措施。孟全省（2006）认为，农村居民房屋抵押贷款创新需要解决农户房屋产权认证、房屋价值评估和农村不动产交易市场建设等基本问题。刁其怀（2010）以成都市的案例为例，发现农房抵押贷款存在抵押登记基础薄弱，金融机构顾虑重重，集体经济组织虚位，名为抵押实为买卖等问题。认为可通过加强农村保障房建设，加强农房评估，厘清农房流转收益分配机制和加大对金融机构支持等手段予以解决。万伟和郑小丽（2011）认为农房抵押贷款存在法律保障缺失，确权比例低，金融机构支持不力，市场机制缺失等问题，需要通过完善农民资产的产权认证、农房抵押价值评估机制，加大对金融机构支持等手段予以解决。

4. 其他抵质押贷款创新

杜静粉和吕德宏（2013）、高文丽（2013）和湖北荆门银监分局调研组（2011）等文献讨论了农户生物资产或活物抵押贷款。潘纬（2013）、陈敏安等（2012）、丁斌和何平（2009）讨论了订单农业贷款。

（二）农村金融保证类贷款创新

1. 农户联保贷款

刘峰、许永辉和何田（2006）认为农户联保贷款可以降低信贷风险，但也存在不少问题，比如在制度设计上存在着服务对象定位不准、组建联保小组困难和结息方式不合理等缺陷以及存在道德风险，为此需要合理界定服务对象、合理确定联保小组户数和单户最高贷款限额等。赵岩青和何广文（2007）认为，应从强化联保小组成员之间的利益相关度、增强农户信用观念、增强金融机构信贷人员的经济激励，加大农户违约成本等方式推动联保贷款健康发展。唐红娟和李树杰（2008）认为农户联保贷款存在小组组建困难、道德风险大、贷款手续烦琐等障碍，建议从培育良好信用文化环境、灵活确定联保农户数量、免费向农户提供技术指导和理财培训等方面完善和改进农户联保贷款制度。杨峰（2011）发现，联保贷款的自动匹配效果有限，联保小组内部责权易流于形式，信用约束的有效性不高，小组成员合谋欺骗会导致联保无效，应从联保贷款模式、联保小组制度、联保贷款机制和联保贷款利率管控等方面优化联保贷款制度。

2. 小额贷款保证保险

李文高和罗尔豪（2010）基于西南某县小额贷款保证保险的案例，发现小额贷款保证保险运行中存在未建立考核机制，理赔程序复杂，信贷员缺乏保险知识，宣传力度不够等制约因素，认为要加强小额保险宣传，建立培训和考核激励机制，强化保险公司的服务和创新，合理控制借款人融资成本。李琼、张冬瑜和夏盛萍（2012）认为当前小额贷款保险市场不活跃，发展缓慢，为此需要通过扩大小额贷款保证保险责任范围，推广小额贷款信用保险，加强对信贷人员专业培训和实行奖励费率等方式对其进行改进。周强（2011）认为小额贷款保证保险运行过程中存在推广力度弱、财政支持力度不够、各参与主体权利不对等等因素制约，需要加大推广力度，确定合理的补贴方式和补贴力度，在不同机构中分担风险和加强农户信息数据库建设。郝博雯和郭心义（2013）基于宁波的小额贷款保证保险的案例，认为发展小额贷款保证保险需要有政府的正确引导、适宜的运作模式、精细的业务管理、严格的风险控制、多种险种的配合以及优惠措施的出台。

第3章

中国农村金融发展面临的形势和任务

当前及今后一段时期，是中国现代化进程的重要阶段，是全面建设小康社会的关键时期。促进农村加快发展是其间的重要历史任务。农村金融行业肩负促进农村经济社会发展职责，面临新形势、新任务。

中央和各级地方党委、政府在加大“三农”工作力度的同时，配套出台了一系列政策，也根据农村金融发展的经验和规律，先后出台了促进农村金融发展的相关政策，形成了有利于农村金融发展的新形势。但我国经济发展处于转型阶段，农村金融发展的基础还存在诸多薄弱环节，金融机构服务“三农”面临一些现实问题，需要在实践中加以解决。

国务院自2003年推开的第二轮农村信用社改革，使我国农村信用社的整体面貌发生了根本性改变，各项监管指标整体好转，符合监管要求，这得益于农村信用社管理体制和风险防控机制的改革完善。目前，农村信用社已成为金融服务“三农”的主渠道。农村信用社改革是一项长期任务，需要结合新形势、新任务深入推进，改革的成果需要坚持和巩固。从各地情况看，面对新形势、新挑战，深化农村信用社体制改革的呼声强烈。深化改革需要进行统筹考虑，要求在吸收国内外农村金融理论研究成果和实践经验的基础上，根据当前所面临的新形势、新任务，紧密结合各地经济社会发展的实际水平和当地“三农”的金融服务要求，形成务实有效的思路。

保险业是农村金融的重要组成部分，对于应对农业风险具有重要作用。随着经济发展和财政加大扶持力度，我国农村保险迎来了快速发展时期，为促进“三农”发展发挥了重要保障作用。各地在实践中积极探索通过发展农村保险促进“三农”发展的有效模式，取得了较好效果。但同时还应看到，我国农村保险业务发展还处在发展完善过程中，需要务实解决实际困难和问题，更好发挥财政资金的支农效果，以促进农村保险业务健康发展。

从整体看，政府一方面在持续强化对农村金融业务的补贴等激励机制，另一方面以推动完善农村金融服务的可持续发展机制为基础，扩大农村金融服务的覆盖面。

一、新形势中蕴含的机遇和挑战

（一）推动金融服务“三农”的政策环境不断完善

1. 中央政策推动金融支农

进入21世纪，党中央和国务院推动金融支农的政策力度逐步加大。中共中央第十六、十七、十八次党代会的报告均强调农村金融问题。其中十六大报告强调要改善农村金融服务；十七大报告强调要深化农村综合改革，推进农村金融体制改革和创新；十八大报告强调要深化金融体制改革，完善金融监管，推进金融创新。十八届三中全会《决定》强调扩大金融业的对内对外开放，建立巨灾保险制度，发展普惠金融，鼓励金融创新，丰富金融市场层次和产品，加强金融基础设施建设，这些着眼于从制度上强化金融支农机制。

国务院及相关部门出台了促进金融支农的一系列具体政策，主要通过降低金融机构支农服务的成本和风险，调动金融机构支农积极性。具体包括以专项考核为基础，完善差别化的准备金制度、支农再贷款制度、财政补贴、税收减免、专项奖励机制等政策。其中，2007年以来①配套的货币政策包括：对农村商业银行、农村合作银行、农村信用社（村镇银行）执行差别化存款准备金率，分别比大型商业银行低2个、5.5个、6个百分点，对涉农贷款比例高或者考核达标的机构进一步给予支持；同时，增大支农再贷款投放力度，向西部地区和粮食主产区倾斜，发放范围扩

① 国务院关于农村金融发展工作情况的报告。第十二届全国人民代表大会常务委员会第三次会议文件。

大到农村商业银行、农村合作银行和村镇银行，用途范围由农户贷款扩大到其他涉农贷款。配套的财政政策包括：中央财政对符合条件的村镇银行、贷款公司、农村资金互助社按贷款平均余额的 2% 给予补贴，包括西部地区基础金融服务薄弱乡镇的银行网点；中央和地方财政联手，对县域金融机构涉农贷款平均余额超过 15% 的部分按 2% 给予奖励，政策覆盖全国 18 个省（区）的县域金融机构和 4 个省（市）的小贷公司；15 个中央财政补贴险种覆盖全国，多次提高补贴比例。配套的税收政策包括：对 5 万元以下的小额农户贷款免征营业税，允许按一定程序自主核销 500 万元以下涉农不良贷款，等等。

作为十八届三中全会《决定》的具体落实和深化，《国务院办公厅关于金融服务“三农”发展的若干意见》（国办发［2014］17 号文）围绕提升农村金融服务的能力和水平，明确了一系列政策框架。一是在深化农村金融体制改革方面，强调分类推进农信社、农业发展银行、农业银行、邮储银行等金融机构改革，促使下沉服务重心，政府组建涉农融资性担保机构或基金，规范发展农村合作金融机构，探索建立村级融资担保基金。二是在发展农村普惠金融方面，要求加快在农业大县、小微企业集中的地区设立村镇银行；在偏远乡镇推进基础金融服务全覆盖，在具备条件的行政村通过金融服务“村村通”工程提供便民金融服务；要求政策性、商业性、合作性金融改进对弱势群体的金融服务。三是在加大涉农资金投放方面，通过发放再贷款、发行“三农”金融债、降低存款准备金率等措施拓展银行机构的支农资金来源，落实县域银行法人机构一定比例存款投放当地的政策。四是在创新服务和产品方面，推动农户信贷、产业链金融等模式创新，推进农地承包经营权、农宅抵押业务试点，推广林权及农机具、水域滩涂养殖权、承包土地收益权等抵押担保方式。五是在发展农业保险方面，强调要拓展重点领域和产品的保险覆盖面，创新保险产品，提高中央和省级政府保费补贴比例，并通过财政支持建立农村保险大灾分散机制。六是在完善农村金融基础设施方面，打击骗贷、骗保和恶意逃债行为，建设农村产权和农产品交易中心，推广非现金支付工具和移动便捷支付方式，普及金融知识。七是在政策支持方面，运用财政、税收政策促使信贷支持重点领域，包括农户小额贷款、新型农业经营主体贷款、农业种养殖贷款、大宗农产品保险等，建立财政出资的涉农信贷风险补偿基金，对涉农贷款占比高的县域法人机构实行弹性存贷比。

这些措施有助于改善农村金融发展环境，提高金融机构的风控效果，促使农村金融机构加大支农力度。总体而言，当前中央政策激励农村金融机构支农的导向明确，力度也很大，因而农村金融机构面临比较有利的政策扶持环境。

从国际经验看，政策推动包括利益激励和法律强制两种模式。前者一般通过财税货币等途径进行，后者在一些国家也有成功案例。从现实看，存在通过法律途径促使农村金融机构更好履行社会责任的制度空间。

2. 开展农村市场准入条件放宽试点，通过推动市场竞争改善支农服务

2007 年，银监会发布《关于扩大调整农村地区和银行业金融机构准入政策试点工作的通知》（银监发［2007］78 号），在全国 31 个省（区、市）的银行业金融机构网点覆盖率低、金融供给不足、竞争不充分的县（市）及县（市）以下地区，实行放宽银行业金融机构准入政策的试点工作。主要政策措施包括：支持境内外资本投资农村地区的各类银行业金融机构，包括新设村镇银行、发起成立社区信用合作组织、持股农村地区现有金融机构，并鼓励农商行或农合行设立专营贷款的全资子公司，鼓励经营能力强的商业银行和农村合作银行在农村地区设立分支机构等。

随着大中型商业银行在农村地区设立分支机构，县域金融市场的竞争更趋激烈，在东部地区表现明显。例如，在东部县域营业的法人机构或大中型银行分支机构，在一些县（市）已超过 30 家，在稍大的镇上往往有几家银行机构营业。竞争促使金融机构主动改善服务，从贷款额度、利率以及服务效率角度争取客户，为农村地区客户提供了更多选择，有利于推动金融机构改进服务。

在放宽农村信贷市场准入条件的同时，监管部门也推动村镇银行、贷款公司、农村资金互助社等新型农村金融组织在农村信贷市场发挥作用。根据银监会统计数据，截至 2013 年底，全国有 1071 家村镇银行，服务覆盖全国 31 个省（市、自治区）的 1083 个县（市），占全国全部县（市）的 58%，农户和小微企业贷款分别为 1455 亿元、1825 亿元，两者合计占全部贷款的 90%。根据中国人民银行统计，截至 2014 年 3 月末，全国共有小额贷款公司 8127 家，贷款余额 8444 家亿元人民币。这些新型农村金融组织的市场定位与传统农村银行机构有所区别，为农户和农村小微企业提供新的融资渠道，为解决融资难问题发挥了一定作用。

值得注意的是，随着农村金融市场准入条件逐步放宽，大型国有控股银行和股

份制商业银行更加重视在县域市场布局，在东部和部分中部地区表现明显。这种竞争格局有利于防止县域的银行信贷利率过高。从实际情况看，随着银行机构入驻县域的数量增加，当地的平均信贷利率逐步有所下调。

3. 推动金融机构创新服务模式，扩大服务覆盖面

为推进农村金融服务，监管部门逐步通过调整政策推动农村金融服务创新。银监会在放宽农村地区银行业机构准入试点的基础上，围绕促进城乡一体化发展，推动农村金融机构加大创新力度，扩大服务覆盖面。其中，于2009年开展农村金融服务均等化建设，于2012年全面启动实施“金融服务进村入社区”“阳光信贷”“富民惠农金融创新”三大工程。

《关于实施金融服务进村入社区工程的指导意见》《关于实施阳光信贷工程的指导意见》和《关于实施富民惠农金融创新工程的指导意见》等政策强调通过扩大机构网点、电子机具、自主终端、流动服务、推广现代支付结算渠道、加强银村（社区）合作等渠道的服务覆盖面；通过推行公示制、社会评议制、阳光操作、公开定价等措施促进信贷服务规范化；通过推动农村金融机构在理念、组织、产品、担保方式、商业模式、业务流程、服务渠道等方面加大创新力度，推进信用体系建设创新。通过推动各类银行业机构进一步下移业务重心，创新服务模式和机制，使各类银行业机构将信贷资源更多地用于支农，加大对农村基础设施建设、农业科技研发运用和县域经济发展的支持力度。

与之相关，国办发［2014］17号文强调优先支持开展“三农”金融产品创新，强调创新农村金融产品和服务方式，包括创新农户信贷管理模式，推广微贷技术和产业链金融模式，发展电子银行业务，创新农村抵押担保方式，简化金融服务方式规范服务收费。

截至2012年底，县域物理网点数量达到11万个；乡镇ATM机、POS机等电子机具数量5年增加30倍，达到240万台；在40万个行政村设立助农取款服务点，在30万个行政村设立小额取现转账电话，并设立了2万个农村保险服务网点。各主要农村金融机构在2013年的网点建设有进一步发展，农村地区ATM机、POS机、转账电话数量明显增长，手机银行、微信银行客户数量快速增长。邮储银行在全国3.8万个网点全部开通手机银行服务，2013年底手机银行客户数量同比增长70%，达到3446万户，个人网银业务用户7368万户，同比增长38%。农业银行2013年底

的惠农通电子机具行政村覆盖面达到 68%，同比提高 5 个百分点。

从 2013 年底全国涉农信贷发放情况看，农村贷款余额 17 万亿元，同比增长 19%；农户贷款余额 4.5 万亿元，同比增长 24%；农业贷款余额 3 万亿元，同比增长 12%。

4. 信息化技术的大规模应用提升了农村金融服务效能

信息化技术正在对当代经济社会发展产生深刻影响。当前，信息化技术对银行业的影响主要表现在两方面：一是信息化技术支持的电子银行业务快速发展，传统业务的电子化交易替代率快速上升；二是基于互联网技术的金融创新性业务不断出现。以支付结算为例，随着现代化支付结算体系发展，形成了快捷、高效支付结算机制，商业银行的人力成本得到有效节约，金融服务的创新空间更大。同时，电话、网络、移动支付，销售点终端、自动柜员机交易，以及其他非现金电子支付工具得到大规模推广，对于降低交易成本、促进金融创新具有重要意义。其中，网上支付等电子化交易方式增长迅速。

在电子银行业务方面，传统交易业务的电子化发展是大势所趋。从国际看，即使是面向农村地区的银行，由于电子化交易方式已经被人们广为接受，电子化替代率也非常高。荷兰合作银行的电子化替代率超过 90%。从国内看，银行业务的电子化交易替代率在迅速上升。根据中国银行业协会发布的报告，2009 年全行业的电子银行平均业务替代率为 28.14%，2013 年银行业的平均离柜业务率已达 63.23%。除了网上银行、电话银行、手机银行业务保持快速增长，电视银行、微信银行业快速发展。电子银行已经成为大中型银行的主要业务交易渠道，交易笔数替代率普遍超过 70%，个别已经超过 90%。2013 年，邮储银行电子交易笔数同比增长 31%，交易金额同比增长 48%，电子银行交易替代率超过 50%，同比提高 11 个百分点；农业银行的电子银行交易替代率达到 77%，同比提高 9 个百分点。各地农村信用社系统在省联社支持下，也在努力推进交易业务电子化。对于农村金融而言，推进交易业务电子化意义重大，有助于显著降低业务成本，提高服务效能。而业务成本一直是传统农村金融业务发展的重要制约。虽然目前受传统观念影响，部分年纪较大的农村居民对柜台服务存在依赖，但农村银行业务电子化替代的空间非常大。同时，这也为促进农村金融市场竞争提供了技术支持。

年轻农民对电子银行业务的接受度较高，他们是未来家庭收入的主要贡献者；

特别是在外打工人员，更能接受创新的金融产品。随着相关领域监管的逐步规范，利率市场化逐步推进，农村金融市场竞争加剧，金融服务的产品也会更加丰富和完善，为农村居民提供更好选择。基于互联网技术的产品创新将从城市向农村辐射。

随着农村信用合作社形成统一支付清算系统，农村地区的金融支付结算服务更趋便捷。各主要农村金融机构针对农村地区特点，大规模推行银行卡、POS 机小额取现等业务，农村地区的手机支付业务正在探索发展。“惠农卡 + 服务点 + 服务项目”等服务模式得到广泛推行。一些地区的农信机构推出免费转账业务。这些都受到农户欢迎。

信息化技术在农村金融领域的大规模推广使用，改变了农村金融服务格局，提高了金融机构服务乡村的能力，也为大中型金融机构拓展农村市场提供了重要渠道。

（二）农村金融市场蕴含现实挑战

金融制度变迁的最终成功，取决于顶层设计和基层跟进推动的有机结合。在进行自上而下的制度设计、政策激励基础上，能否有效调动基层政府和金融机构的积极性、创造性，则是农村金融最终实现有效支农惠农的关键。其中，金融机构作为重要利益关联方，对其实施有效的正向激励是制度设计和实施的重中之重。为此，需要切实解决农村金融市场中存在的问题。主要问题有以下几个方面。

1. 农村金融基础设施发展滞后

金融基础设施包括法律环境、支付体系、征信体系、会计和审计准则、金融监管、最后贷款人等软硬件系统。根据国际支付结算体系委员会（CPSS）和国际证监会组织（IOSCO）于 2012 年联合发布的原则，金融基础设施涉及法律基础、治理和全面风险管理框架、信用风险、抵押品、流动性风险、结算最终性、货币结算、实物交割、中央证券存管、价值交换结算系统、参与者违约规则与程序、分离与转移、一般业务风险、托管风险与风险投资、运行风险、准入与参与要求、分级参与安排、金融市场基础设施的链接、效率和效力、通信程序与标准、规则程序、市场交易数据披露等内容。

从中国农村金融市场的发展基础看，目前比较突出问题包括法律体系不完整、缺乏全面风险管理框架、监测局部风险的手段有限、抵押品不足、违约处置机制有待完善等。具体如下。

（1）法律体系不完整，缺乏合作金融、动产抵押登记、保理等行业的法律。以合作金融为例，其产权模式不同于普通公司，需要有相应的法律来规范。我国已有大量农村合作银行，同时 2014 年的中央 1 号文件强调在农民合作社和供销合作社基础上培育发展新型农村合作金融组织。从欧、美国家的合作金融发展历史看，根据合作金融的发展形势逐步完善相关的法律，有利于为具体经营、监管提供依据，促进行业健康发展。我国尚未出台《合作金融法》，对农村信用合作社、农村合作银行的监管参照《商业银行法》进行，对资金互助社的监管则根据银监会《关于农村资金互助社监督管理的意见》（银监发［2007］90 号文）进行；同时存在大量未按照银监发［2007］90 号文要求接受监管的农村资金互助组织，主要由地方审批产生，各地的监管主体、监管制度、实际效果差异非常大。

（2）农产品质押机制不完善。由于缺乏规范化的农产品物流体系及仓单管理、流转系统，标准不统一，目前只能对仓储物资进行质押融资，且融资的效率有待提高，风险防控等机制有待完善。

（3）农村征信体系建设有待加快，一些地方的信用环境有待改善。在征信体系建设方面，农户的征信信息不完整，但金融机构人力有限，逐户调查摸底的难度非常大，这种情况影响信贷投放。同时，在一些边远贫困地区，有的基层宣传教育不到位，金融机构的信贷资金被农户当做扶贫补助，个别乡村出现集体欠贷。在传统农业生产模式下，如果农业收入不足以维持生计，农户一般首先考虑增加非农收入，其次才寻求信贷支持。只有农户面临市场机会、具有相应的能力和条件时，信贷支持才能发挥预期效果；否则，有可能反而背上债务包袱。针对信息不对称问题，理论上金融机构可以运用贷款利率的逆向选择效应对借款人进行筛选，利用激励效应影响借款人行为，以此控制贷款风险。但在现实中，不少缺乏还款能力的农户设法获得了商业贷款，有不少有能力还贷的农户拖欠贷款，导致信贷风险增大。这说明，如果违约的约束机制比较弱，降低信贷利率对逆向选择的甄别功能很有限，也难以消除道德风险。

2. 农户与信贷机构的供需不匹配

从实际情况看，农户资金需求与金融机构的供给之间存在不匹配之处。首先，除了信贷期限，在信贷资金额度上也存在不匹配。以小额信贷为例，主要根据当地农户的平均年收入来确定信贷额度。如果农业技术应用滞后，农户维持原有生产方式，则生产性固定资产的新增投资规模有限，对银行的生产性信贷需求更加有限，绝大部分农户依靠自身资金积累就可以解决问题；如果农户应用农业新技术并进行固定资产投资，或是发展成为专业大户，则现有的小额信贷资金又难以满足信贷需求，农户难以获得大额、长期信贷资金。事实上农户储蓄转化为生产投资的比例很有限，利用贷款进行生产性固定资产投资的农户占比较低。

其次，信贷手续过于繁琐仍是影响农户贷款的重要因素。农户为了借数千元，通过申请、调查、审查、审批手续从银行贷款，综合交易成本较高，如果向亲朋好友借则简单方便得多。因此，对农户而言数额较低的贷款从银行贷款则显得太繁琐。一些地方的金融机构通过事前调查，综合授信，向农户发放惠农卡，由农户随取随用，受到农户欢迎。

再次，从信贷条件看，在很多地方农村金融机构面临两难处境。如果坚持以抵押或联保原则，则面临农户抵押物价值不足或可流通性差等问题，以及农户出现弱弱组合问题；如果发放纯信用贷款，则面临信息不对称和潜在的道德风险。从一些农村金融机构面临的实际情况看，低利率、无抵押纯信用贷款如果缺乏特殊贷后管理措施，容易出现两种情况，一是关系户获得贷款，二是还款率不理想。

3. 金融机构风控机制面临农村现实挑战

从目前看，抵押和担保仍是农村金融机构控制信贷风险的最主要方式，但这两种方式都面临现实挑战。

首先，在银行业传统业务模式下，农户可用于抵押的不动产和动产很少。农户可抵押物价值低，抵押登记和评估费用高，抵押率低。农村动产抵押品包括农产品、订单和农机具，农产品加工企业的原材料、机器设备、应收账款、存货等。现实中，原材料和产品的流动性高、价格波动大，农业生产设备的专用型强、变现能力差、折旧较快，加上缺乏全国统一的登记系统，难以防止重复抵押现象，一般情况下农村金融机构无法接受这些动产为抵押品。一些试点地区允许以土地承包经营权或农村宅基地为抵押，但这些资产往往是农户生产生活必需品，加上缺乏二级流通市场，很难实际用于偿付；同时，法院判决之后的执行成本也很高，表现为金融机构诉讼案胜诉率高，执结率低。

其次，农户联保贷款面临一些新情况。小额信贷监督成本、违约成本是影响可持续性的基本问题。

从国际经验看，成功的小额信贷机构在农户缺少抵押品的情况下，通过适当的激励机制，可使还贷率超过95%。但必须看到，这种抵押替代作用在小圈子和本地常驻居民中发挥作用。对于农户联保贷款而言，如果农村人口过于分散或者流动性太大，或者彼此缺乏凝聚力，都有可能导致联保失效。如果流动性太大，则意味着缺乏动态激励机制，则有可能出现一走了之的局面。

在国内，联户贷款的相互监督机制有助于缓解信息不对称和道德风险，这种方式在总体上是有效的。但即使信贷客户都是本地农户，金融机构监督农户投资行为的成本也比较高。农民缺乏会计信息，生产资金和生活资金难以区分，信息不对称问题突出，银行贷后管理成本高、难度大。

在理论上，只要连带责任的共同偿付款足够高，小组贷款机制就能迫使组内的每个成员都从事低风险投资活动。但是，如果共同偿付款项过高，银行约束违约的手段有限，则在操作中就会面临现实挑战。例如，组建的联保小组存在大量弱弱组合。连带责任过高只会导致两种可能：全部还款或集体违约。农户联保在弱弱联合的情况下，如果一家不还贷，则都不还贷。如果农村小微企业联保的连带责任过大，也会出现这种情况。农村小微企业的多户联保，如果一家企业欠贷，其他几家联保企业有可能不肯履行代偿职责。农户道德风险表现为故意逃债、赖债等现象。这种现象在农村地区很容易引发违约的羊群效应，形成连锁反应，农户跟风违约导致贷款拖欠率提高。

同时，农村贷款的质量与管理人员的能力素质存在很大关系，如果管理制度的信息收集、责权配置、内控机制存在着缺陷，存在违规操作，对市场风险反应滞后，则问题更大。

从目前看，农户面临的障碍是抵押物品不合格、担保难找，银行面临的障碍是联保贷款或纯信用贷款风险控制难度大。这些导致贷款难问题更突出。

4. 商业化金融机构的支农激励机制问题

从社会责任的角度看，服务农村市场的商业银行特别是上市银行，需要考虑利益相关方的诉求，需要兼顾资本回报与政策导向的关系，不能以利润最大化为导向。但在股东的资本回报压力和市场竞争压力等诸多因素作用之下，这种兼顾的效果离预期总是存在一定距离。支农业务在客户的财务信息透明度、平均业务成本、贷后管理难度、客户信用风险、资本金消耗等方面与城市信贷业务无法相比，涉农贷款特别是农户小额贷款的成本和风险偏高，是导致农村资金被抽向城市的决定性原因。通过各种激励和推动措施，大型商业银行对农村信贷的投放力度有所加大，但农村资金流向城市问题仍然突出。在农村地区存贷比高的商业银行，一般是地方性农村银行如农村商业银行、村镇银行，在中西部农村地区表现尤为明显。地方性农村银行的经营范围受到限制，资金流向城市优质信贷项目的渠道有限，其中县级农商行和村镇银行营业范围被限制在县域。

为促使商业银行支农，国家出台了一系列财税和货币激励政策；同时，通过财政政策激励龙头企业参与商业银行的支农活动，例如为农户提供担保或提供流动资金等支持。从实际情况看，这些政策收到积极效果。但在实践中还需要解决一些实际问题。对龙头企业而言，是否使用好财政资金履行带动农民增收的责任，更多地出于利益综合权衡，例如违约成本。在监督审计不到位的情况下，还容易出现寻租行为。对于农户而言，在实施财政贴息政策时，如果基层政府依靠行政推动而宣传教育又不到位，贴息贷款有可能被基层群众当成福利，等同于财政补贴或者拨款，导致还款率过低。同时，如果财政贴息只能覆盖少数农户，容易导致贴息贷款被关系户获取，出现寻租行为。大量的理论研究和实践表明，解决好这些问题的难度相当大。财政贴息还会面临补贴额攀升问题。随着业务量增大，财政压力也显著增大，难免会出现财政补贴资金拨付不及时等问题。

过去几年，有关部门为了促进金融体系更好支农，通过规范小贷公司、融资担保公司等业务，使之发挥支农补充作用。从实际情况看，小贷公司、融资担保公司的支农业务主要与小微企业有关。小贷公司一方面同样面临农村信贷业务的成本和风险控制问题，另一方面其负债杠杆率受到限制，税负较重。在此情况下，小贷公司发放信贷的利率门槛较高，普通的农业生产很难承受过高的利率，这就决定了小贷公司的信贷服务定位会出现漂移，偏离普通农户。

融资担保公司为银行信贷提供担保，收费标准限制在基准利率的50%以内，但与之同时，一般要承担100%信贷风险。即使银行承担部分风险，如20%的风险，也大多从信贷客户的贷款中扣除，最后也导致担保机构不得不承担100%风险。银行不承担风险，自然也就缺乏与担保公司通过信息共享来共同管控信贷风险的原动力。这种模式客观上导致融资担保公司难以可持续发展。更值得重视的是，融资担保公司在信贷管理方面的专业化能力并无独特优势，并无消除信息不对称的特殊渠道。对于银行不能有效化解的信用风险问题，担保公司同样能力有限。因此，能力边界决定了担保公司只是起到风险转移的作用。问题在于，融资担保公司的收益与其所承担的风险并不对等，加上融资担保公司的担保倍率受到限制，这就必然导致融资担保公司，特别是民营融资担保面临很大生存压力，资本回报过低。

落实国办发［2014］17 号文精神，有助于完善对小贷公司、融资担保公司等类金融机构的正向激励机制，在农村金融领域更好发挥支农作用。

5. 部分小型农村金融机构的市场竞争压力增大

随着利率市场化逐步推进，进一步放松直至取消存款利率管制已是势在必行。这意味着各类银行竞争存款的力度必然加大，也意味着存贷款利差占收入比重过高的银行在市场竞争中有更大的压力，利润对存款利率的变化更加敏感。但农村小银行业务收入的利差占比仍然非常高，即使是发达地区县级农商行，也达到 90% 左右，村镇银行的比重更高。这是由小银行的资本规模和业务结构所决定。很多商业银行中间业务的门槛与资本规模挂钩，中间业务利润与规模有很大关系，这就决定了小银行的中间业务比例低于大中型商业银行。同时，村镇银行还面临吸储难问题，因而未来的压力会更大。

从国际经验看，随着利率市场化推进，将会加剧银行规模的马太效应，规模过小的商业银行由于无法进行 IT 等一些门槛较高的关键投入，以致在基础业务方面无法跟上竞争对手的步伐，最终退出市场。如果小型农村商业银行目前已经处于微利或者经营困难状况，则未来面临的压力势必更大。

对比欧、美小银行在利率市场化过程中的表现，小银行如果能进行适度联合，形成相互支持机制，则可以弥补单体规模、功能不足，形成系统整体优势，有效应对流动性问题。这种联合有助于减缓市场竞争带来的冲击和压力，通过系统内兼并机制促使银行规模能适应市场竞争要求，避免部分市场竞争力不足的小银行陷入破产境地。否则，市场竞争的优胜劣汰机制必然发挥作用。这些对我国具有重要借鉴意义。

6. 淘汰传统落后产能对银行业产生关联影响

当前，我国处于淘汰传统落后产能、推动产业结构调整升级的关键时期，资源供给压力和生态环境压力倒逼产业结构调整持续推进。这种调整必然对经济领域产生结构性影响，包括对金融行业产生关联性影响。我国产业结构调整针对“三高一低”的高投入、高消耗、高污染、低效益企业。这些企业有不少处于资本密集型行业，如钢铁行业。在调整过程中，随着相关企业调整资产结构，甚至退出市场，对银行的信贷资产质量造成不良影响，并波及贸易等相关行业。在一些中西部地区，传统产业所占比重较大，所受影响也大，结构调整需要一段时间，银行所受的影响有一定持续性。

在目前的银行业信贷业务监管和考核体制下，从不良资产核销到业务人员的责任追究，都有一套严格的程序。银行在处理相关问题过程中不可避免会涉及人员、权限、信贷业务等方面的阶段性调整。虽然并不直接针对涉农业务，但支农业务仍难免受到一定程度的影响。

二、农村信用社改革面临新形势、新问题

始于2003年的第二轮农信社改革，在明晰产权关系、完善市场化经营机制、加强行业自律、提升服务能力、改善经营效益、加强风险防控、完善激励机制等诸多方面都取得明显成效，根本扭转了全国农村信用社发展所面临的困难局面。经过十多年的改革发展，农村信用社已成为支农的主力军，在地方金融市场占有主要份额。当前，随着我国经济社会发展以及各项改革的逐步深化，农村信用社也面临新形势、新任务，进一步深化农村信用社改革的任务更显突出。

（一）外部环境发生变化

在外部形势方面，国际经济及金融环境、我国经济社会发展处于新格局之中，十八届三中全会明确了中国改革的整体安排和各方面要求，其中包括金融体制的改革重点和要求。在内部方面，农村信用社系统在法人治理结构、组织形式方面发生很大变化，出现一些新情况、新问题，对监管制度建设提出了新要求。这些都对农村信用社体系提出新要求，要求通过深化改革应对新挑战。

当前，农村信用社所面临的外部环境正在发生重大变化。国家的城乡一体化、城镇化战略包含发展机遇，但外部环境中的竞争因素也在增加，信息化技术快速发展促进了竞争。同时，大型涉农金融机构和民营股份制银行加快布局县城市场，村镇银行、小贷公司的数量快速增长，农村金融市场供给结构正在发生变化；利率市

场化趋势意味着未来的竞争更加激烈。

从“三农”方面看，农村金融市场的需求结构也在发生变化。从农户层面看，一方面需要农村金融服务网络向镇、村延伸，促进普惠金融发展；另一方面随着农民收入增加，很多地方农民对金融服务的需求已经由传统存、兑、汇、贷延伸到信用卡、理财、咨询等业务。这需要农信社进一步提高服务便利性，增加服务类型和品种，提高服务效率。从农村企业层面看，随着农业产业化、规模化发展，农业生产的集约化程度大幅提高，农业龙头企业的影响扩大。这需要农村信用社、农村商业银行进一步提高服务能力，提供更多的融资方式，提高信贷支持能力，提供全面的金融服务。总体看，农村资金需求正在向多样化、长期化转变，农村信用社服务产品的期限、品种和方式都已不能很好满足各类农村经济主体的需要。

具体而言，农村信用社在新形势下面临的挑战包括以下几点。

（1）优质客户流失。农村金融市场客观上存在分层现象，在农户中有大量处于中低收入水平的普通农户和少数贫困户，也有一些家庭资产和经营规模较大的专业大户和个体工商户；在农村企业中既有农村中小微企业，也有一些龙头企业。在这些客户中，专业大户和龙头企业更符合银行信贷条件，业务量大，能给银行带来更高的利润，是优质客户比较集中的群体。因而，这些客户受银行欢迎，也是各家银行争取的服务对象。在各家银行的招徕之下，这类客户往往脱离农信社，转投实力更强的大银行。但是，在这些客户成长过程中，农信社为之付出很大的投入，在其起步阶段承担了较大的风险，客观上发挥了孵化作用。随着这些客户转投大型银行，农村信用社的前期投入与后期收益难以很好平衡。

这对农信社而言一方面十分遗憾，但另一方面又具有一定必然性。原因在于，农信社的资本金一般规模不大。根据规定，单一企业或单一项目融资总额不得超过贷款行资本净余额的10%，否则要组织银团贷款。一些农业龙头企业的季节性收购资金需求额度往往会超过当地农村信用社的单一客户信贷规模，若组织银团贷款则又存在协调时间长、异地农信社难以享受发起行所在地的优惠政策等问题，这些问题增大了组织银团贷款的难度，也降低了效率，必然导致农业龙头企业转向大银行寻求贷款。虽然龙头企业出于感恩，会留一部分业务在农信社，但主体业务往往转向大银行。同时，优质客户的贷款利率议价能力强，其他新进入本地市场的银行往往会通过提供更高的贷款额度和更低的贷款利率来争取。

（2）业务成本上升。在农村信用社的利润来源中，存贷款业务是主要基础，即使在发达省份的农村合作银行，也占90%左右。目前，贷款利率管制已经取消，存款利率允许上浮10%。利率市场化将最终取消存款利率管制。从实际情况看，随着农村金融市场的竞争格局初步形成，农村信用社的信贷利率定价主导权弱化，贷款利率上升空间非常有限，呈现逐步走低趋势，从发达地区农信社看尤其如此。但与此同时，吸收储蓄的成本压力在明显增大。一方面由于目前有限制财政资金存放在农信社的种种规定，另一方面由于目前的投资理财等种种创新业务分流了大量储蓄资金，加上企业客户的存款利率议价能力强、要求高，导致农信社吸收存款的难度增大。如果存款利率的管制也放开，农信社必然依靠提高存款利率来吸收存款，这就意味着农信社的净息差将逐步收窄。从对东、中、西各省农信社的调查看，之前在存款利率允许上浮10%政策出台之际，各类小银行包括农信社就普遍在第一时间一浮到顶。存款利率上升对抬升农信社业务成本的效应非常明显。根据一些农商行、农信社反映，目前活期储蓄已大量转为一年期定期储蓄，存款利率上浮10%已导致银行利润明显减少，压力明显增大。目前各种理财产品年化利率一般在5%以上甚至更高，这就意味着农村信用社的吸收存款成本还存在很大上升空间，对未来经营和发展形成潜在挑战。

（3）同业竞争。农村信用社的经营范围在县域，业务覆盖县乡。自从2006年底以来，我国放宽了农村金融市场准入政策，鼓励各类社会资本、所有银行业金融机构进入，进入的门槛较低。随后，各类股份制商业银行纷纷在县域设立分支机构。经过七年多的拓展，进入农村金融市场的各类股份制商业银行总体上已经站稳了脚跟，并逐步加大与农村信用社竞争市场份额的力度。即使在乡村地区，一些商业银行一方面受国家政策推动，另一方面出于拓展市场需要，也加大战略布局力度，推出各类服务。

在这种背景下，农村信用社的金融服务产品与各类商业银行相比并无优势，反而在信用卡、理财产品等方面显现不足；同时，在服务覆盖面上，农村信用社的传统优势也在淡化，各类商业银行纷纷通过电子化机具、网络银行等各种形式将服务触角向乡村延伸。这种格局意味着农村金融市场的竞争逐步从高利润领域向中低利润领域延伸。随着商业银行在乡村地区业务模式的逐步完善，农村信用社将在未来面临更大的同业竞争压力，需要重塑竞争优势。

（4）能力瓶颈约束。农村信用社以县域为单位组建法人，在资本规模上与大中型银行存在巨大反差。与国外不同，中国银行业诸多业务准入条件与规模挂钩。农村信用社服务能力与大中型商业银行相比，在业务品种、产品规模上存在不足，表现出服务能力面临瓶颈制约。从银行业的发展趋势看，中介业务正在成为银行的重要盈利来源，过度依赖存贷款业务的银行将面临越来越大的压力。

值得注意的是，这种格局在现有体制下很难被突破，意味着农村信用社系统与商业银行相比，在一些农村金融服务领域面临准入门槛，作用受限。从长远看，这种格局对于农村信用社发展方式转型存在不利，也不利于进一步完善农村金融服务，需要在体制机制上加以完善。

（二）单一股份制模式难以适应中国农村不同阶段、不同区域的金融基础

1. 股份制模式并不能全面解决农村金融服务问题

交易成本过高影响资源配置。我国农户贷款难和银行放贷难同时并存，商业银行面临信息不对称问题是主要原因。由于农户和农村小微企业财务信息不透明，收集软信息难度大，加上单笔业务规模小，业务操作包括贷后管理成本高，追偿欠款难度大，收入覆盖成本和风险的难度随之增大。对商业银行而言，农村金融服务的信息不对称问题比城市更突出。

理论和实证研究、国际经验都表明，由于信息不对称问题增加了成本和风险，农村普惠金融的信贷服务很难完全通过商业银行的市场化竞争来实现。加上我国不少农村地区经济基础相对薄弱，在中西部地区尤其如此，农村金融服务的资本回报率偏低，导致农村资金外流，完全依靠商业化模式的负面效应更加明显。

进一步看，即便是不存在逆向选择和道德风险，只要存在信息不对称及监督成本，就会产生信贷配给。这是国内外面临的普遍问题，涉及信贷的数量、服务、价格、交易成本、风险等方面，包括农户家庭资产状况、投资项目效益、抵押品价值及流动性、贷款程序、征信系统、担保服务、贷款规模等因素。对银行而言，除了信息不对称和监督成本，还必须考虑相关风险，如自然灾害、农业病虫害、农产品市场价格波动、担保机构经营不善、抵押物贬值、项目投资失败、农户的道德状况等风险因素。因此，农村市场的贷款难问题有其内生性。

在我国农村，银行在贷后管理中难以有效监督贷款的使用过程，并面临农户策

略性违约等道德风险，加上银行办理农户小额贷款的交易成本偏高，追偿欠款的难度大，信贷配给更难避免。农户策略性违约的道德风险对农村金融机构信贷决策的影响较大。对银行而言，如果无法了解农户的实际收益，意味着风险更高。

从商业银行的定价机制看，收入除了要覆盖成本和风险，还需要保证预期的资本回报率。因此，商业银行在农村的金融服务受以下因素制约：一是支农贷款，特别是农户信贷的平均业务成本偏高。发放管理同样规模的信贷业务，配备信贷人员数量是城市信贷业务的十几倍甚至更多，导致人工成本居高不下。二是风险偏高。农业的生产风险、市场风险、信用风险偏高，农户可抵押物少、价值低，一般采取联保贷款模式，这些导致现阶段违约率偏高、通过司法途径追偿成本高、实际效果差。三是普通农户从事小生产，议价能力有限，农业生产的效益有限，农户生产对高利率承受能力有限，在很多情况下需要政府贴息支持，意味着银行的利差收入很有限。如有多种选择，商业银行自然会控制对欠发达农村地区的信贷资金投放。从实际情况看，大型商业银行在西部农村地区分支机构的存贷比往往不到30%。

通过改善农村地区的金融发展环境，如发展完善征信系统、推进信息化系统建设、改进风险控制机制等，结合降低成本和风险的激励政策，可以在一定程度上缩小地区之间的资本回报差异，但并不能根本解决问题。

通过扶持地方性商业银行，特别是县级法人商业银行，可以在一定程度上解决农村资金外流问题。从实际情况看，各地县级农信机构存贷比处于较高水平，对当地的信贷投放力度很大。但县级农村商业银行同样面临资本回报问题，即使在县域经营业务也得考虑预期资本回报，这就决定了县级农商行必然会在客户上进行筛选，以保证必要的资本利润率。实际上，由于信贷项目的效益存在差异，农村金融市场存在分层，农村商业银行必然会倾向于根据项目效益确定信贷服务的优先顺序。对农户进行筛选之后，沿用传统生产方式的普通农户特别是纯农户很难成为优先服务对象。农村商业银行股东对资本回报的要求越高，这种倾向越明显。从发展普惠金融角度看，处于农村信贷市场中下层的农户获得信贷的难度就更大。

即使商业银行由于社会责任或者其他因素决定加大对中下层农户信贷投放力度，也需要以降低资本回报、信息不对称等方面压力为前提，并提高控制成本和风险的能力水平，例如改进信贷技术。考虑到商业银行的资本分红环节在缴纳所得税和营业税之后，而农村商业银行的投资股东不可能接受过低的资本分红，实际分红比例较高，因此无论是社会责任驱动还是政府推动，商业银行服务农村金融市场的深度是相对有限的，在中西部地区更加明显。

总之，商业银行支的农受行为到自身产权模式制约，资本属性决定其趋利性，股东资本分红压力决定其基本行为趋向，导致服务农村金融市场的深度很有限，对弱势群体、经济欠发达地区农户的服务存在选择性。正如前面所述，通过财政补贴的激励成本较高，也难以根本解决机制问题。

2. 农村金融领域存在对合作制的自发需求

从现实看，合作金融在西方国家农村长期、普遍存在，越是市场经济发达国家，其合作金融组织在农村金融市场的主导地位越突出。究其原因，在于合作组织是市场个体的联合，实际上是市场弱势群体的联合，也为市场弱势群体而生；而农村小生产者的弱势地位决定其对合作组织的自发需求。合作金融组织在在发达国家的激烈市场竞争中长期占据主导地位，得益于其发展模式对成本和风险的有效控制，也得益于有效的自我积累机制。合作金融组织之所以在发达国家的农村能得到弱势群体长期支持，形成自发需求，根本原因在于合作金融组织是人的联合，而非资本的联合，其根本目的是通过稳健经营服务客户，而非资本回报。同时，各国对合作金融采取扶植政策，采取税收、存款准备金等方面的扶持政策。这些政策也为合作金融机构深度服务农村市场创造了更好条件。

中国未来改革的基本原则是充分发挥市场机制的决定性作用，当前已经明确要大力发展农村专业合作组织，在此基础上发展新型农村合作金融组织。因而更需重视市场经济发达国家的合作金融发展经验和规律。

合作金融组织之所以在农村金融市场中发挥不可替代的作用，原因在于合作金融组织与商业银行在运行机制上存在差异。可以从收入与成本、风险、预期分红相匹配几个角度看。在成本方面，合作金融组织的社员即是客户，交易内部化降低了信息不对称程度，也降低了与之相关的交易成本，有助于避免因信息不对称导致交易成本过高，造成市场化服务缺失。在风险管理方面，除了能通过内部化交易降低信息不对称，降低信贷风险，社员分担风险、注重盈利积累等制度也有利于提高合作金融组织的抗风险能力。在预期分红方面，合作组织虽然也重视盈利对可持续发展的关键作用，但其组织激励的方式主要是通过价格优惠作为社员出资回报，不存在资本分红压力，一般对分红比例实行严格限制。农村合作金融组织的交易成本、风险、预期分红形成的服务门槛明显低于商业银行，这就为其深度服务农村金融市场提供了机制保障。国外合作金融组织对客户的准入门槛主要看还款能力和信誉，对息差的要求明显低于商业银行。

值得重视的是，合作金融组织体系通过个人成员和组织成员分担风险的机制，不但保持了体系的稳定性，也形成规模效应，成为应对商业银行竞争的重要基础。这种风险分担机制也成为优化内外部治理机制的重要纽带。从合作金融组织内部治理看，随着规模扩大，其内部治理的集中化、专业化程度必然提高，内部监督机制必然相对弱化，合作社的管理层的剩余索取权与剩余控制权不对等，必须对内部人控制问题予以约束。组织成员之间的风险分担机制，为建立针对基层合作金融组织的专业化外部监督机制提供了依据和纽带。

同时，合作金融组织发展到一定规模之后，必然会提供更多的金融服务产品，形成范围经济效应，带动研发创新能力提升，推动经验和技术的内部复制和扩散，提升核心竞争力，进一步形成协同效应。从欧洲国家的合作金融体系看，为农户提供综合化金融服务、沿农业产业链提供技术和销售等专业化配套服务，已成为应对农村金融市场竞争的重要手段。

客观而言，合作金融模式虽然长期存在并呈现出很强生命力，但在机制上并非绝对完美，需要顺应现代化进程与时俱进。由于农村弱势群体存在对合作制的内在需求，为促进合作制可持续发展，需顺应经济社会发展的客观趋势，对合作制进行必要完善，并完善法律基础。

3. 合作金融模式通过完善，可以适应不同阶段农村金融市场的要求

合作制的生命力在于与时俱进的自我发展完善能力。合作制要适应市场竞争，需解决好规模化发展、专业化经营、制衡内部人控制等问题。一是形成必要规模。传统合作金融组织防范逆向选择和道德风险的前提在于成员的相互了解，因此只有成员数量规模控制一定范围内才能发挥制度优势；但合作金融组织规模过小则无法实现规模经济，服务内容少、抗风险能力弱，难以与商业银行竞争。客观上面临两难处境。为此，各国合作金融机构往往通过联合，成立地区性或全国性机构，进行行业自律、资金调剂、信息沟通、专业服务等，提高整体抗风险能力和市场竞争力。同时，各国合作银行还在运作模式上进行了改进，引入商业化的经营机制，如引入专业化的经营团队，以更好适应客户需求。二是实行专业化经营。

合作金融机构的治理机制需要兼顾效率与民主问题。传统合作金融的民主模式能充分考虑社员利益，但缺乏市场竞争力；股份制商业化改造可以提高盈利能力，但将不可避免地影响对社员特别是弱势群体的服务。同时，社员搭便车、短期化行为、组织监督缺乏、可交易性和增值机制缺乏、协调成本等问题具有普遍性。三是完善内部人制衡机制。在没有委托代理且社员民主参与管理的情况下，内部治理问题并不突出。但在存在委托代理的情况下，如果合约不完全就会产生剩余索取权和剩余控制权，内部治理问题由此产生。利益相关方的剩余索取权和剩余控制权配置不当，会产生诸多问题。管理层拥有过多剩余控制权，是内部人控制问题的原因，也是解决问题的切入点。需要建立一套有效的激励、制衡机制，对代理人行为进行约束和规范。

为此，需要进一步完善合作金融组织的治理机制。各国政府做法比较灵活，一方面采取各种措施予扶持合作金融组织，如明确法人地位、提供财政和税收支持等；另一方面也支持合作金融组织结合市场竞争规律，完善运行机制。从实际情况看，合作金融组织的具体运作模式在不断发展完善。表现为经营范围、社员数量扩大，贷款对象、业务活动超出社区成员范畴，大型合作金融组织向国际化发展。在市场竞争压力之下，注重盈利水平。同时，经营管理集中化、专业化，所有权和经营管理权分离。从20世纪70年代开始，欧美合作金融机构的投票权向股金较多的社员倾斜；利润分配和股权设置规则出现调整，根据规定提取储备金或公积金之后按股金分红，但盈利分红比例或股金红利率仍受到严格限制。

在外部治理上，加强监督机制。针对传统合作经营模式中存在的内部人控制问题，各国也探索出不同的治理模式。德国针对基层合作银行的外部监督由系统内审计机构专人专职负责，审计人员众多，规则严密；由1.8万名专职审计人员对1104家合作银行的财务和管理行为实行专项审计；不但要审计基层合作组织的财务指标，也要审计管理层的管理行为；外部审计结果与高管的任职资格挂钩。荷兰通过立法，由政府监管部门授权荷兰合作银行总部对各地成员合作银行进行严格监管，实行并表管理，及时干预有问题的成员机构，必要时可直接派人接管成员机构，并推动缺乏市场竞争力的基层机构及时与其他成员合并，以提高整体效率，也避免基层机构陷入破产处境。有的合作金融体系，如法国农业信贷银行实行上股下合的组织模式，总部对基层成员进行控股，以股权为纽带实行对基层合作银行实行外部监督。从欧洲合作金融组织治理经验看，无论通过何种方式，对基层合作金融组织的外部监督必须做到规则严密、监督及时、人员专业、惩罚到位。因此，基层合作金融组织内部人控制问题是公司治理所面临的普遍问题，也是可以通过完善外部治理机制来解决的问题，不是不治之症，更不应把内部人控制问题作为取消合作制或股份合作制的理由。如果外部治理机制的监督不到位，管理层缺乏外部制衡，则合作金融组织必然会出现内部人控制，因管理机制扭曲而出现种种问题。回顾农信社在第二轮改革之前的历史，基层农村信用社管理混乱无不与外部监督不到位有关。

发达国家的主要合作金融机构发展至今日，已经在不同程度上引入了市场化发展机制，很少有严格按照传统合作模式运作的例子，否则就很难适应现代市场竞争要求。从发展趋势看，合作金融必须适应市场竞争的新形势、新挑战，不断完善自身发展模式和经营机制。因此，围绕农户需求不断实现自我调节完善，是合作金融的生命力所在。其关键在于将更好服务作为成员的农户利益，而非过度强调股东利益至上，在董事会结构上表现为董事来自客户。欧洲各类农村合作银行的股东来自农业领域，一般为农场主。

这些都说明，合作制围绕农户需求和市场竞争要求，通过完善经营管理机制，可以实现更好发展。股份合作制是其中的例子。合作金融仍具有不可替代的作用。如果将合作制全部改造成股份制商业银行，根据收益覆盖成本、风险和预期收益的业务模式要求，其服务必然不能覆盖相当比例的中低收入农户、农村经济组织，普惠金融发展面临瓶颈；加上政府财政补贴范围有限，将难以促进农村全面发展。农业经济相对弱势和农村金融市场客户分层，决定了合作金融的自发性和长期性。良好的制度系统设计必须立足于经济、社会、文化基础，包容各类群体的存在和需求，必须以公众需求为导向，而非以少数群体包括股东的利益为导向。

农村金融市场理论局限性和各国实践已经证明，合作金融组织可以通过创新，以适应不同阶段的农村金融发展要求。股份合作制符合发展趋势。

在传统合作金融机构产权模式中，成员没有量化产权，对投资者缺乏吸引力，影响机构发展壮大。为此，在内部治理机制上，合作金融机构不再拘泥于合作制的传统模式，而是引入合作控股机制，扩大股东范围、扩大服务对象和经营服务范围，赋予大股东更多投票权，委托经理人团队管理，在管理机制上按照商业银行模式进行，重视盈利，有的按股返还红利。在股份合作制组织中，股份由不同类型的所有者持有。除了传统社员，外部投资者也通过持有优先股、无选举权的普通股等方式参与。这类股份承担风险，同时可转让。这些是适应市场化竞争的必要条件，也是可持续服务社员的前提。完善市场机制不等于转变为股份制商业银行，不等于完全抛弃合作制基本原则。一些国家对股份合作制金融机构投资者的投票权仍有一定限制，对盈利的分红比例也有限制。

股份合作制的制度安排允许其结合实际进一步发展完善。在针对内部人控制的治理制度方面，除了提高透明度、建立问责制度、加强外部监督，还可以提高中小股东对银行经营的参与度，例如允许中小股东采用累积投票制度，调动中小股东的投票积极性。累积投票制度是指股东可将持有选举董事、监事的总投票数累积起来，集中投向意向人选，目的在于调动中小股东行使表决权的积极性。借助投票权的累积功能，将中小股东的代言人选进董事会和监事会，提高中小股东在公司决策中的影响力，维护中小股东利益。同时，代理投票制、投票权征集制、分类表决制度，及外部监事投票竞选制等制度也存在很大的探索空间。

这些都意味着，我国农村信用社系统的产权模式存在很大的选择空间。包括股份合作制、股份制在内，在完善各种产权模式及其治理机制的基础上，应根据我国各地农村地区的实际情况，采取相应的模式。

（三）农村信用社体系改革有待深化

自从 2003 年启动第二轮农村信用社改革以来，我国农村信用社系统在十多年里经历了蓬勃发展历程，不但自身实现了由弱而强的转型，同时也已经成为农村金融服务的主导者。管理体制改革在其中发挥了主要作用，风险防控机制是关键因素。展望未来，农村信用社面临新形势、新挑战，更面临深化改革的历史任务。

从发展情况看，我国农村信用社之间不平衡状况仍然存在，即使在东部发达地区内部，县级农信社之间的发展差距也比较明显。经济欠发达地区农村信用社承担了支农的最主要角色，但也背起了较重的不良资产包袱，一些县级农信社监管考核评级不理想。必须看到，个别地区也有改革“走回头路”现象，法人治理、风控制度落实偏软，导致问题积累，不良率明显反弹。

从县级机构看，存在一些需要重视的问题。在县级农村合作银行方面，部分地区农村合作银行出现股份化倾向，例如实行同股同权投票、高额分红。在农村商业银行方面，对成员道德风险及利益冲突的监督有待加强，董事长、监事长的具体职责等规定需要有更加明晰的界定，以更好发挥监事长的作用。可考虑增强监事长的独立性。有的地方反映农商行存在董事会大股东关联交易问题。董事长与大股东董事形成默契，在赋予董事长集中权力的同时，大股东推动了大量关联交易。这种格局存在关联交易风险。同时，高额分红比较普遍。参照国际新一代合作组织发展经验和趋势，在限制股份合作制机构分红比例的同时，可考虑允许股权在产权交易市场流通，发挥资本市场对公司治理的促进作用。

从省级管理的角度看，一是部分省联社忽视监督机制建设，行政干预过多。在内部治理制衡机制不理想情况下，完善外部治理机制是必要的，其中加强政府监督也是必要的。因为在内部成员监督效果不佳的情况下，必须由有剩余索取权的第三方进行监督。惩罚性监督是纠正内部人行为的制度保障。外部审计监督是合理配置剩余控制权、制衡内部人控制的重要手段，也是利益相关方参与治理的重要渠道。这种共同治理机制有助于使利益相关方实现优势互补，维护共同利益。通过改进共同治理机制，利用新技术降低治理成本，将最终降低委托代理成本。省级政府无论是作为巨额专用资产的投入者，还是作为隐性担保者和风险处置的责任方，都是重要利益相关方，不参与治理反而会导致治理结构中出现激励机制的严重扭曲，形成风险隐患。当前的关键问题是参与治理的机制和模式如何更加基于市场化的规则和机制。为此需要完善监督机制，与市场化规则相适应。针对不同产权模式的基层农村金融机构，例如实行股份合作制的农村合作银行和实行股份制的农村商业银行，对其管理模式应具体有所区别。基层农商行反映个别省联社存在业务指导、风险提示演变成行政管理、信贷审批，提名建议演变成任命的倾向。说明省联社管理方式需要与农商行股东行使权利的机制更好协调。过分依赖行政干预作为管理手段，实际效果会差强人意，引起抵制，反而导致省联社的权威性下降，管理难度更大。二是随着形势发展，不少省市的农信系统资产总量超万亿元，个别省的所有县级农信社已基本上改制成农商行，同时利率市场化对农信社系统形成压力，即使经营业绩较好、规模偏大的农商行或农村合作银行，也感到压力很大。这些情况意味着省联社管理、服务、风险防控与处置机制面临新挑战，需要与时俱进，进一步深化改革。例如，可以考虑强化省联社的专业化服务能力特别是服务总部功能，通过市场机制提高系统稳定性，促使农信社管理体制以规则完善为导向，完善基于外部审计的外部治理机制。

从专业化服务的国际经验看，农村金融机构除了为农场主提供信贷支持，还提供农业生产技术、生产组织、销售等方面服务和支持。在内部组织结构有相应安排，如成立专业团队，包括成立研发团队提供相应支持。这是农村金融机构形成专业化核心竞争力的关键。从管理机制的实际情况看，农信社、合作银行、农商行等机构的产权模式、经营条件不同，需要考虑如何进行区别管理；省联社提名县级机构高管、执行政府监管要求的权力运行机制与风险防控职责如何更好匹配，也是各方关注的问题。

从管理角度看，针对不同产权模式和法律地位的县级机构采取不同管理方式，有助于完善管理机制。例如，对农商行的管理更需要重视发挥规则导向功能，通过规则清晰的审计监督来履行省联社风险防控和处置职责。为应对利率市场化压力，农信社之间需要建立相互之间的信用支持机制，以防止市场风险引发挤兑压力。在制度设计上支持成员之间整合；同时，这种信用支持需要以强有力的审计监督机制为基础，形成较强的外部治理约束机制。农村信用社股权分散，社员监督、股东监督的效果相对有限，但针对基层农村信用社的监督以专业化审计为依据，可以弥补内部治理的制衡不足问题和内部人控制问题，是重要的外部治理因素。审计监督的制约效果还与成本有关，成本越低就越容易实施。信息化技术可为实施低成本的非现场动态监督提供有力支持。

从风险防控的角度看，处理银行危机的成本取决于早期预警系统。因而需要围绕增强实际效果改进监督方式，完善针对过程监管的风险跟踪及预警监测机制，提高通过非现场动态监管的及时性。例如，从考核与审计角度看，在考核方式上，产权模式不同导致内部治理机制差异，可以考虑对不同产权模式的县级机构实行不同的考核与审计方式，提高针对性和实际效果，审计结果同时向监管部门报告。完善正向激励机制，根据审计和考核结果，参照监管规则颁布的审慎性经营行为规则和标准，追究问题机构包括农商行管理层责任，甚至接管机构；对面临退出市场的机构组织同业救助和兼并收购。对触犯规则条款的银行经营人员建议撤职；对违反监管准则的机构采取纠正措施。完善经营失败的惩罚机制。对经营失误导致银行破产的人员，包括高管人员，应依司法程序严格追究法律责任。

从行业自律和同业监督机制看，建立县级法人之间的相互担保与监督机制，有利于提高系统稳定性，提高应对风险能力。从国际经验看，合作银行系统为了降低系统内部交叉担保所产生的救助成本，存在监督成员银行的动机；合作体系审计机制、公司治理机制和金融监管有助于降低存款保险产生的道德风险。虽然合作银行的同业协会没有关闭银行的权力，但有权力将成员银行排除在交叉担保体系之外，这对于成员银行而言压力很大。

同时，对于农村信用社的政策性金融业务，需考虑依托基层政府的协调机制，发挥行政和财政资源的综合优势，提高政策性业务的综合效应。

三、我国农业保险的现状、问题与发展方向

农业保险，既是农业支持保护体系的一项重要内容，也是提高金融普惠性的重要手段。正因为如此，推动农业保险健康持续发展，既是农村改革议题，也是金融改革议题。2008 年以来，我国已成为仅次于美国的全球第二大农业保险市场，农业保险在政策层面受到高度重视，并且重视程度与日俱增。特别在中央政府层面，十八届三中全会做出的《中共中央关于全面深化改革若干重大问题的决定》指出要进一步“完善农业保险制度”。自 2004 ~ 2014 年的 11 个中央 1 号文件中，无一例外地提及农业保险的发展问题。2014 年 1 号文件更是将农业保险的相关内容进行单独阐释，并对未来改革方向提出了多方位的指导性意见。农业保险受到的这种高度“礼遇”，充分显示了政府对其已发挥作用的认同和未来更大作用的期望。在十八届三中全会以及中央 1 号文件精神指引下，农业保险真可谓“身兼重任，大有可为”。

（一）农业保险的国际发展现状

1. 全球范围内农业保险发展迅速，潜力巨大

根据世界银行 2010 年发布的报告，2008 年全球 104 个国家中超过半数都有农业保险。2008 年世界银行对 65 个国家进行的农业保险项目调研表明，52% 的高收入国家、69% 的中等收入国家以及 50% 的低收入国家都提供某种形式的农业保险。从 2004 ~ 2007 年，全球农业保险保费收入迅速增长，由 80 亿美元快速攀升至 200

亿美元，在这其中，来自中国、巴西、东欧等国家的贡献功不可没。不过，尽管增长迅速，在大多数国家，农业保险深度仍然低于非寿险市场的平均保险深度，表明农业保险仍有很大发展潜力以待挖掘。

表 3.1　2007 年全球农业保险基本状况

地区	国家数量	估计的种植业保费收入（百万美元）	估计的养殖业保费收入（百万美元）	估计的农业保险保费收入（百万美元）	在全球农业保费收入中的份额（%）	农业保险深度（即农业保险保费收入占农业GDP 的比重，%）
高收入国家	21	11869.0	1192.3	13061.3	86.5	2.3
中高收入国家	18	872.6	40.1	912.7	6.0	0.3
中低收入国家	20	789.3	334.1	1123.5	7.4	0.2
低收入国家	6	0.2	4.8	5.0	0.0	0.0
所有国家	65	13531.1	1571.4	15102.4	100.0	0.9

资料来源：2008 年世界银行调查。

2. 农业补贴的“绿化”趋势显著提升了农业保险的地位

所谓“绿化”是指在 WTO 框架下农业补贴由可以造成贸易扭曲的“黄箱”逐渐向不会引起贸易扭曲的“绿箱”转移的过程。农业保险补贴属于 WTO 鼓励发展的“绿箱”政策。从全球范围看，政府农业保险补贴不断加大而直接补贴有所消减的趋势日益明显。以最著名的农业补贴大国——美国为例，最新一轮农业法案的重点改革内容之一就是取消直接补贴，转而增加农作物保险的补贴力度，包括扩大农作物保险所覆盖的产品范围，提高保费补贴比例等。这一转变反映了在财政预算紧张条件下，美国试图通过强化农业保险地位以优化农业补贴结构的努力。

从 2000 年以来，美国联邦政府提供的保费补贴和经营费用补贴不管是绝对值还是相对数均持续上涨（见表 3.2）。2011 年，农作物保险的保费补贴总额达到 74 亿美元，是 2007 年的 2 倍左右，是 2000 年的 8 倍；补贴占总保费的比例也从 2000 年的 37% 增加到了 2011 年的 62% 。对保险公司的经营费用补贴则从 2000 年的 5.5 亿美元，增加到 2011 年的 13 亿美元。有补贴的农作物保险，通过与产量的直接挂钩，对美国农业生产构成直接的支持作用，不仅已经成为美国最重要的粮食安全网环节之一，更成为美国在全球推行其国家战略的重要工具之一。

表 3.2　2000 ~ 2011 年美国联邦农作物保险的保费收入和补贴情况　单位：百万美元

年　度	联邦政府支付的保费补贴	保费补贴占总保费的比例	农民自负保费	自付保费占总保费的比例	总保费	对保险公司的经营费用补贴
2000	951	37%	1589	63%	2540	552
2001	1772	60%	1190	40%	2962	636
2002	1741	60%	1175	40%	2916	626
2003	2042	60%	1389	40%	3431	734
2004	2477	59%	1709	41%	4186	888
2005	2344	59%	1605	41%	3949	829
2006	2682	59%	1898	41%	4580	959
2007	3823	58%	2739	42%	6562	1333
2008	5691	58%	4160	42%	9851	2009
2009	5426	61%	3523	39%	8950	1619
2010	4710	62%	2882	38%	7592	368
2011	7367	62%	4455	38%	11822	1330

注：2011 年保费数据截止于 2011 年 10 月 24 日；2011 年的经营费用补贴是预计数。类似地，在欧盟、南美等其他地区，也能看到政府对农业保险支持力度逐步加大的类似现象。

资料来源：美国审计署（2012）报告。

（二）我国农业保险发展现状

1. 农业保险已成为我国农业风险管理体系中的重要环节

以中央财政开始提供保费补贴为标志，我国于 2007 年正式启动了政策性农业保险制度。经过 7 年发展，农业保险已在全国各个省、自治区和直辖市推行，涵盖农林牧渔各个方面，承保品种达 90 余个，取得了巨大成绩。从农业保险服务农业发展看，我国农业保险在实现基本覆盖农林牧渔各主要农业产业的同时，在农业产业链前后都有了新的延伸，从生产领域的自然灾害、疫病风险等逐步向流通领域的市场风险、农产品质量风险等延伸。

根据保监会统计数据，2007 ~ 2012 年，农业保险累计提供风险保障 2.68 万亿元，共向 9000 多万受灾农户支付赔款 551 亿元。2013 年我国农业保险承保主要农作物突破 10 亿亩，占全国主要农作物播种面积的 42%，其中水稻、玉米、小麦三大口粮作物的保险覆盖率分别达到 64.9%、67.3% 和 61.8%。参保农户突破 2 亿户次，达到 2.14 亿户次；提供风险保障突破 1 万亿元，达到 1.39 万亿元；向 3177 万受灾农户支付赔款 208.6 亿元。农业保险的发展为缓解受灾农民的生活困难和促进当地社会稳定做出了积极贡献。例如，根据保监会统计，截至 2011 年农业保险户均赔款为近 600 元，占农民人均纯收入的 10%。

我国农业保险以自身取得的丰硕成果证明了其是一项行之有效的德政，是重要的普惠性金融制度，为我国建立现代农业风险管理制度奠定了良好基础。

2. 农业保险已成为我国非寿险市场的重要险种

2007 年之前，我国农业保险发展缓慢，是非寿险市场一个很不重要的险种。2007 年以后，这种状况发生了很大变化，农业保险以高于市场平均增速的速度快速发展。根据保监会统计，2009～2013 年 5 年间，我国产险公司保费收入从 2992.9 亿元增至 6481.2 亿元，年均增长率达 21.3%，其中农业保险年均增长率高达 23%。2013 年我国农业保险保费收入 306.6 亿元，已成为非寿险市场的第三大险种；以保费规模计算，更是仅次于美国、排名全球第二。

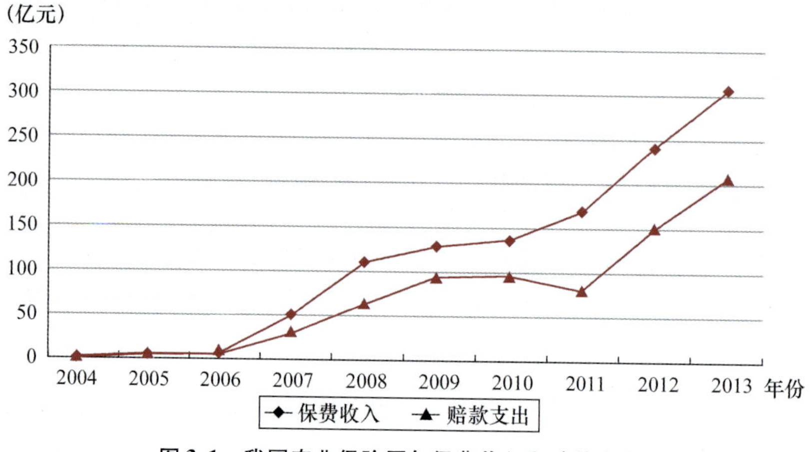

图 3.1　我国农业保险历年保费收入和赔款支出

3. 补贴政策是撬动我国农业保险发展的关键动力

自 20 世纪 80 年代国内保险复业以来，我国即开办了农业保险业务。但直到 2007 年开始，中央财政才启动对农业保险的保费补贴试点，其后，农业保险规模迅速扩大。

在我国，施行农业保险的区域已经由初期的 6 个试点省区扩大至所有省、自治区、直辖市。在补贴品种上也在逐渐扩大。2007 年中央财政仅对玉米、水稻、小麦、大豆、棉花等 5 种农作物和能繁母猪实施保费补贴。2008 年增加了花生和油菜，此后逐渐增多。截至 2011 年末，补贴品种包括水稻、玉米、小麦、油料作物和棉花、能繁母猪、奶牛、育肥猪保险、森林保险、马铃薯、青稞、牦牛、藏系羊、天然橡胶共 14 个。2012 年财政部计划将糖料作物纳入补贴范围，从而使补贴品种数量达到 15 个。

与此同时，农业保险的补贴比例不断调整优化。2013 年各险种的补贴比例是：①种植业保险，在省级财政至少补贴 25% 的基础上，中央财政对中西部地区的补贴比例为 40%，对东部地区的补贴比例为 35%。②养殖业保险，对于能繁母猪、奶牛、育肥猪保险，在地方财政至少补贴 30% 的基础上，中央财政对中西部地区的补贴比例为 50%，对东部地区的补贴比例为 40%，对中央单位的补贴比例为 80%。③森林保险，如开展公益林保险，在地方财政至少补贴 40% 基础上，中央财政补贴比例为 50%，对大兴安岭林业集团公司的补贴比例为 90%；如开展商品林保险，在省级财政至少补贴 25% 的基础上，中央财政补贴比例为 30%，对大兴安岭林业集团公司的补贴比例为 55%。

随着补贴区域、补贴范围、补贴比例的不断扩大，补贴金额也随之大幅提高。2007 年，中央财政农业保险补贴金额只有 21.5 亿；2011 年底累积拨付资金则达到 262.1 亿元，年均增长 45.8%。2013 年中央财政拨付保费补贴资金 126.88 亿元，是 2007 年的 6 倍。

4. 农业保险市场组织服务体系不断增加

2007 年之前，财产保险公司经营农业保险的积极性普遍不高。为此，监管部门采取行政命令要求大保险公司经营、新批专业农险公司等手段，多方推动财产保险公司进入农险市场。2007 年以后，随着中央财政补贴政策的引入，我国农业保险市场获得了长足发展，在业务规模和盈利能力方面都有了显著提升①，并在带动保险公司县域业务发展方面发挥了积极作用。有鉴于此，越来越多的保险公司开始表现出对农险业务的兴趣，保监会也加大了对农险经营主体的审批力度。例如，以往很

① 2012 年 5 家专业农险公司年报显示，除了安信农险外，其他 4 家公司都实现了盈利，合资农险公司中航安盟也扭亏为盈。

少涉足农险业务的平安产险公司和太平洋产险公司分别获批在北京、湖北、云南等地和广西、湖南、内蒙古、天津、云南等地开展业务。2012 年我国开展农业保险业务的保险公司数量已由试点初期的 6 家增至 25 家，2013 年进一步增加到 28 家，适度竞争的市场环境正逐步形成。

简单来说，目前我国农业保险市场的经营主体主要包括以下几类：①上海安信、吉林安华、黑龙江阳光、安徽国元、法国安盟保险成都分公司等专业农业保险公司。根据相关监管规定，为体现专业化经营的特色，保监会要求专业农业保险公司涉农保险业务的保费收入比例不得低于全部保费收入的 60%。②人保财险、中华联合等经营多产品线的综合性财产保险公司。其中，人保财险在农险市场上地位突出，2012 年其农业保险保费收入占据全国农险市场份额的 55. 38%。③中国渔业互保协会，浙江、江苏、广东等省的渔业互保协会，陕西省和湖北省等“农机风险互助”协会等相互性保险组织。

除了市场经营主体不断增加之外，近年来农业保险的基层组织服务体系也不断健全。以四川省为例，2014 年四川省经营农业保险的保险公司数量达到了 7 家，包括人保财险、中华联合、中航安盟、锦泰财险、安邦财险、平安财险、新丁安华农险等。这些保险公司在该省设有 44 家中支（市）公司、215 家县区支公司和 800 个营销服务部，对 98% 的县区实现覆盖。此外，经办公司依托政府建立县级服务站 68 个，乡镇服务站 4119 个，村级服务点 38489 个，已对省内 99. 7% 的乡镇实现服务网络覆盖。

5. 农业保险的许多制度创新为其他领域的全面深化改革提供了示范

我国农业保险有许多值得称道的制度创新，与十八届三中全会推动的全面深化改革精神相契合，举例如下。

一是法治推动。广泛征求各方意见、多部门推动的《农业保险条例》于 2013 年 3 月 1 日正式实施，这是我国为数不多的、专门针对某项具体金融服务出台的高阶法律，为农业保险进一步规范化、持续化的发展奠定了坚实的法治基础。

二是新型的政府与市场合作模式。我国农业保险在制度设计和运行中，对政府和市场各自的职能边界进行了有益的探索。例如，我国一开始就采用由商业保险经营政策性农业保险的模式。政府的主要职责是给予财政补贴，具体事务则由商业保险公司代办，这突破了以往政策性业务只能由政策性金融机构来办理的习惯性思维。

三是顶层设计和地方经验相结合。农业保险最初起于各地试点，并逐渐推广到全国；最初依靠地方和部门规章推动，直至最终出台了高阶的法律；在补贴品种和比例、具体运作模式等方面政策上既有共同的原则性规定，也允许区域之间存在差异性，鼓励地方创新。这些都体现了农业保险制度十分注重地方经验和顶层设计的有机结合。

（三）目前我国农业保险制度存在的问题和原因分析

十八届三中全会决定中指出要“完善”农业保险制度，这既是对农险已有成绩的肯定，显然也蕴含着对不足之处进行优化和革新的期望。的确，在农业保险的发展之路上，已经存在并积累着许多问题，亟须进一步改革和规范。

1. 补贴政策

（1）与农业保险补贴政策有关的问题。主要表现为以下方面。

一是主要农作物没有做到“应保尽保”，特别是最需要农业保险支持的地区参保率反倒偏低。根据保监会数据，2013 年我国农业保险承包农作物面积为 11 亿亩，占全国播种面积的四成以上，还有一多半没有被保险覆盖。在黑龙江等粮食主产区，由于县级财政资金配套困难等因素的制约，农业保险覆盖率甚至低于全国平均水平。

二是保障水平低，补贴品种少，使得农业保险对农民的吸引力日趋下降。目前多数地区种植业保险的平均保障金额很低，连种植成本都无法充分覆盖，更不要说起到农民收入保护的作用①。此外，目前补贴的品种以中央财政介入支持的 15 类为主，设施农业、特色农产品等农民需求很大的品种由于缺乏补贴支持而几乎没有保险覆盖。

三是实践中与补贴相关的骗保案件频繁发生。农业保险经营中存在很严重的道德风险。我国中央财政补贴的农业保险试点 5 年以来，频繁出现各类骗保案件，虚增赔款、制作虚假赔案套取资金、虚报灾情等现象屡禁不止，其中与补贴相关的案件占了相当比重。道德风险的源头不仅包括投保农户、保险机构，还包括在基层政府的相关工作人员。黑龙江、湖南等地均出现过多起通过制造虚假农业保险业务虚

---

① 例如黑龙江垦区外四大作物保额分别为每亩水稻 200 元、玉米 145 元、大豆 120 元、小麦 125 元，只有直接物化成本的 20% ~40% 。

增赔款、套取资金等行为，除了能繁母猪保险，套利行为还涉及水稻、棉花等多个品种。骗保案频发而又缺乏有效的风险控制手段成为制约农业保险业务发展及其补贴扩容的重要掣肘。

四是政策性险种对商业保险市场产生了一定的挤压作用。根据国际经验，财政补贴的一大风险在于可能对市场产生“挤出”效应。我国目前正是如此，农业保险几乎成了政策性保险的代名词，由保险公司自主研发的不需要补贴的商业险种几乎空白。2012 年，我国享受财政保费补贴政策的农业保险保费规模达到 235.28 亿元，占总保费规模的 97.98%。

（2）补贴政策问题背后的原因。

一是补贴金额相对规模小。以农业保险补贴深度（即政府提供的各类农业保险补贴占农业 GDP 的比重）来衡量，2007 年全球 65 个国家的平均水平为 0.63%，美国高达 4.4%，日本为 1.3%。相比之下，2007 年我国这一比例只有 0.16%，即使补贴总额逐年增长，2012 年也只达到了农业 GDP 的 0.4% 左右，不仅显著低于全球平均水平，与美国等发达国家更是相差甚远。

二是补贴种类单一。全球范围看，政府对农业保险的补贴主要包括对农民的保费补贴、对保险公司的经营费用补贴和通过再保险方式对超赔损失进行分担的超赔补贴三大类。根据世界银行的数据，2007 年全球农业保险补贴占农业保险保费收入的比重平均为 68%，其中保费补贴为 44%，费用补贴和超赔补贴为 24%。美国和印度都是三项补贴俱全，日本有保费补贴和超赔补贴，加拿大有保费补贴和费用补贴。相比之下，我国只有保费补贴，没有费用补贴和超赔补贴（见表 3.3）。

三是地方政府承担了较高的补贴责任。我国农业保险实行多级财政共担的补贴格局，而且总体来看，地方政府在农业保险中承担的补贴责任重于中央政府。相比之下，在美国联邦农作物保险计划下，保费补贴主要来自于联邦政府，州及以下政府并不需要出钱配套。

我国农业保险补贴结构之所以呈现如此状况，与当前财政体制的分税制特征密切相关。1994 年实施的分税制改革对我国经济、金融的发展影响极为深远。分税制财政体制将税收分为三类：将维护国家权益、实施宏观调控所必需的税种划为中央税；将同经济发展直接相关的主要税种划为中央与地方共享税；将适合地方征管的税种划为地方税。分税制的实质是财政分权，即中央政府给予地方政府一定的税收

表 3.3 全球农业保险补贴力度比较

国家（年度）	农业保险保费收入占农业 GDP 的比重（%）	农业保险补贴占农业保险保费收入的比重（%）	农业保险补贴占农业 GDP 的比重（%）	补贴种类
全球平均（65 个国家）(2007)	0.92	68	0.63	
美　国（2007）	5.2	85	4.4	三项补贴俱全
加拿大（2007）	4.1	56	2.3	保费补贴 + 费用补贴
日　本（2007）	1.8	73	1.3	保费补贴 + 超赔补贴
印　度（2007）	N/A	169	N/A	三项补贴俱全
韩　国（2007）	N/A	57	N/A	保费补贴 + 费用补贴
中　国（2007）	0.2	80	0.16	只有保费补贴
中　国（2012）	0.5	80	0.4	只有保费补贴

数据来源：World Bank，“Government Support to Agricultural Insurance：Challenges and Options for Developing Countries”，www.worldbank.org，2010；作者自行计算。

权和支出责任范围，允许地方政府自主决定其预算支出规模和结构。自 1994 年分税制财政体制改革之后，地方财政的相对独立性得到正式的承认。正是在这一体制下，包括农业保险补贴在内的很多事权都需要多级财政共同负担。

分税制财政体制表现在农业保险补贴上，即我国施行多级政府补贴。具体来说，对于中央补贴险种而言，补贴层级最多为中央、省、地级市、县（市、区）四级，在省直管县的地区，则补贴层级为中央、省、试点县（市、区）三级。中央财政的补贴比例为 35% ~40%，省级财政的补贴比例低则 20%，高则 35%，平均在 25% 左右；市级及以下财政承担的补贴比例低则 10%，高则 30%，平均在 20% 左右。近年来部分地区降低了市县级财政的补贴比例，但并没有改变多层级政府补贴的基本格局。以宁夏石嘴山保费补贴为例，种植业中的小麦、水稻、玉米、葵花四品种中央财政补贴 40%，自治区财政补贴 40%，县（区）财政补贴 10%，投保人缴纳 10%。

1994 年开始实施的分税制改革并不彻底。其中一个表现即是：分税制改革主要针对的是中央政府与省级政府之间的收入分配问题，在省级政府与省级以下政府间的分配问题上未有更具体的规定。由此造成的后果是，目前地方政府不同层级之间的收入分配上并无统一的办法，各省自行安排，并不规范。不彻底的分税制改革衍生出了很多问题。例如，由于分税制比例的确定没有延伸到省级以下，而省级以下政府负担着 50% 以上的公共支出，省级以下财政转移支付在很大程度上取决于省政府的相机裁量，以及与基层政府之间的讨价还价，导致了省以下地方政府之间财力差异过大①。

分税制改革的不彻底也影响到了农业保险的财政补贴政策。中央财政要求省级及以下财政对农业保险补贴进行配套，不过对省以下的各级财政没有规定具体补贴比例。这就使得地方政府补贴比例的确定存在一定随意性。对于那些财力较弱而又不得不承担较高配套补贴任务的县级政府而言，开展农业保险的积极性势必因财力困难而有所削弱，或者有心无力。

四是补贴环节的监管链条并不完整。简单来说就是我国农业保险的财政补贴政策“重投入，轻产出”，即重视前期的补贴确定和中期发放，忽略补贴的后期绩效评估和整体风险控制。相比之下，美国十分重视农业保险补贴发放后的后期监管，建立了较为完善的评估和监控体系，以控制成本，防范补贴资金的欺诈、浪费和滥用。

2. 非补贴环节

（1）农业保险非补贴环节存在的问题。

一是险种相对单一。主要表现在两个方面：有政府补贴的政策性险种占据过高比例，而由保险公司自主开发的商业性农业险种供给不足；以物化成本一定比例作为保险金额的传统险种占据主导，产量保险、收入保险、指数保险等新型产品的供给严重不足。

二是地方政府过度介入。自 2007 年以来，地方政府对农业保险经营的各个环节都有所介入。例如，将农业保险列为考核基层政府政绩的指标之一，以激励产品的销售和推广；对条款设计和费率厘定施加影响；对投保、理赔环节提供各类具体帮助等②。在试点初期，政府全面介入具体的微观经营环节对迅速提高农业保险的覆

① 其他问题还有很多，例如分税收入过多集中于中央，而支出责任则过多集中于地方政府，形成了所谓的财权事权不匹配；中央财政的一般转移支付过低，专项转移支付过多等。

② 如许多地区的农业管理和技术单位承担着重要的定损理赔职责，甚至有一些基层政府将勘察受损面积、确定损失程度列入常规工作。

盖面具有至关重要的作用，但随着农业保险市场的发展，这种过度介入会产生越来越多的负面效应，包括可能产生一些超范围的行政干扰。例如，有的地方政府擅自决定理赔金额，要求保险公司执行；有的地方政府向保险公司提出增加赔付和返还县级保费补贴资金的不合理要求；有的地方政府与保险公司合谋，套取补贴；保险费率厘定过程行政化，价格无法反映真实的风险状况等。

三是可持续运营的基础薄弱。主要表现在缺乏有效的大灾风险准备和损失分担机制。农业保险经营面临高度的巨灾风险，一旦大灾发生，出现当期赔偿责任远超当期保费收入的状况，以往年度积累的充足大灾风险准备以及有效的损失分担机制成为直接影响该制度能否持续运营的关键。然而，我国只是刚刚起步建立大灾风险准备制度，损失分担机制在各地区的做法也差异很大，缺乏顶层设计和科学规划。实践中农业保险的超赔风险主要依靠在国内外市场购买商业再保险的方式进行分散，由于缺乏政府支持，商业再保险或者供给不足，或者费率过高无法承受，最终使得大灾风险难以得到有效分散。

（2）非补贴环节问题背后的原因分析。

最根本的原因在于农业保险经营中政府和市场的关系尚未完全理顺。

出于保持粮食产量以及维护农业地区人民福利的考虑，农业风险管理是多数政府的利益所在。因此，尽管农业保险本质上是商业活动，但政府总是在其中发挥着不可替代的作用。除了政府完全对农业保险进行垄断经营的模式之外，世界上多数国家和地区的农业保险之所以能持续稳定运作，一个重要的原因在于其政府和保险机构之间不仅保持有较为清晰的职能界定，并且建立起了密切的合作关系。密切的公私合作关系是对政府支持和保险机构已有资源充分利用之间的有效平衡，对农业保险的成功运作有很大裨益。

政府介入农业保险有不同的方式。国际经验表明，最常见的政府介入方式为保费补贴、对农业保险产品研发、培训和信息收集提供资金支持、农业保险立法、公共部门提供再保险、经营管理费用补贴等。经过数年探索和实践，我国政府在保费补贴、农业保险立法等方面取得了积极进展，但在提供再保险、经营管理费用补贴等方面几乎少有作为；相反，在销售、定价、理赔等微观环节却又介入过深。在保险公司方面，由于补贴种类单一，只有针对投保人的保费补贴，再加上补贴后续监管链条的缺失，使得保险公司的着眼点集中于如何与地方政府搞好关系从而顺利获取业务经营资格、获得补贴上，而在产品开发、风险定价、服务管理、风险控制、防灾防损等方面的创新动力不足，投入不够[①]。这些现象都反映出，在我国农业保险经营过程中如何正确理顺政府和市场的边界与职能，仍是一个没有完全解决的问题。

（四）未来我国农业保险的发展方向

农业保险以往取得的丰硕成果为改革的进一步向前推动奠定了良好的基础。在十八届三中全会“加快推进农业保险发展”精神指引下，2014 年中央 1 号文件不仅对农业保险的未来改革和发展问题进行了专门阐述，在论述其他领域的农村改革时也有所涉及。更重要的是，1 号文件中提及的许多重大农村改革事项意味着农业保险所依托的内外部环境将有所变化，未来发展空间大大提升。

简单来说，农业保险的未来战略发展方向主要包括以下三方面内容。

1. 转变农业保险发展观念，拓展其服务的内涵和外延，使其在推进国家粮食安全战略和其他农村改革进程中发挥更大的作用

以往，农业保险主要被视为一种有助于尽快恢复灾后生产秩序的损失补偿工具，内涵也仅局限于种植业和养殖业的生产类保险。这种认识显然已经不能满足时代的新要求。未来农业保险应该以更大的使命感和责任感，提升自身战略定位，拓宽服务的内涵和外延，特别是应紧紧围绕以下两大目标着力推进：

一是作为国家粮食安全保障体系的有机组成部分。通过完善补贴政策、丰富产品种类和层次、改善营运效率等方式，农业保险应力争在新形势下的国家粮食安全战略构建中扮演更积极的角色，成为提高农民种粮积极性、保证一定口粮自给率的不可或缺手段。

二是作为支持农业现代化、深化农村改革的重要配套工具。农业保险之所以能够在实现农业现代化、并使之与工业化、城镇化协调并进的过程中有所作为，原因在于它是支持相关农村改革措施推进的重要配套手段。无论是在完善粮食等重要农产品价格形成机制、构建新型农业经营体系的改革中，还是在强化农产品质量和食

---

① 一个例子是，有的保险公司不注重专门的基层服务网络投资与建设，让基层员工兼职做农业保险，或者把专业、定损、理赔工作统统交给基层政府部门和涉农机构。

品安全监管、加大生态保护力度等改革中，农业保险都可以发挥积极的作用。例如，通过引入并推广目标价格保险，有利于稳定农产品价格，从而为价格改革铺路。

2. 以保费补贴政策的优化作为完善农业保险制度、实现其战略目标的核心抓手应主要围绕“增力度、调结构、提效率”三个方面对农业保险补贴政策进行调整

（1）增力度。以农业保险补贴深度这一指标为基础，并综合考虑粮食安全、财政承受能力、农业现代化发展要求等因素来确定未来补贴力度。近期目标（2015年）是将农业保险补贴深度从目前的 0.4% 提高到 2007 年全球平均水平 0.63%，对应的农业保险补贴总额为 315 亿左右①；中长期目标（5～10 年）为 1.2%～2%，对应的补贴总额为 600 亿～1000 亿元。

增加的补贴主要用于以下方面：确保主要农作物的保险全覆盖，即应保尽保；适当提高主要农作物的保险金额，从目前平均为直接物化成本的 1/3 提高到 60%，并逐步扩大产量保险、收入保险等新型险种的试点；适当扩大财政补贴支持的农产品范围，并丰富补贴形式。

（2）调结构。补贴力度的增加包括中央财政和地方财政两个层面，但对二者的补贴职责和范围予以调整。

在中央政府层面，仍然以补贴目前 15 个关系国计民生的农业保险品种为主，但扩大中央负担比例，减轻地方配套责任。建议种植业中央财政补贴比例由目前的 40% 提至 60%，提高的 20% 主要用于取消县级配套。此外，中央财政还需承担保费补贴之外的其他新补贴的主要职责。

省级和县级财政则加大对地方特色品种的补贴力度。

（3）提效率。一是通过适度增加新的补贴方式，以激励市场机制更好地发挥作用。可以考虑以下方案：①将符合条件的农村和县域地区的农业保险经营机构纳入金融机构费用补贴范围；②建立全国－省－县三级的农业再保险体系，即通过超赔补贴的方式增强农业保险的可持续运营基础；③以奖励方式鼓励农业保险机构开展创新业务和服务，例如对保险公司开发的不需要保费补贴的险种（例如冰雹保险）、与银行信贷/资本市场联动的险种予以奖励。二是加大对补贴后续绩效的评估和风险

---

① 2013 年我国农业保险全部保费收入为 306 亿元，按照种植业平均 80% 的保费补贴率计算，各级财政补贴总额不超过 240 亿元。

控制。基本原则是“谁提供补贴，谁负责风险监控”。具体而言，以中央补贴为主的农业保险项目，由中央政府通过审计、现场和非现场检查等方式加强风险管理和案件查处力度，建立激励和约束相容的机制；地方政府补贴为主的项目则主要由地方政府实施风险监管。

3. 鼓励农业保险开展各项制度创新，为提高农村普惠金融体系的健康发展做出积极贡献

（1）开展产品创新。通过财税激励等手段，大力推动产量保险、价格保险、指数保险、收入保险等新型农险产品的开发和应用，以满足农业发展过程中对保险产品的多样化需求。

（2）强化与其他各类农村金融服务提供者的互动与合作，探索开办涉农金融领域的贷款保证保险和信用保险等业务。

（3）支持和鼓励多种形式的农业互助合作保险组织及其业务的发展，丰富农村地区金融服务提供者的类型。

（4）探索多种形式的农业保险大灾风险管理机制，包括大灾风险准备金制度、适度财政支持的大灾风险分散机制、巨灾债券等，以促进农业保险可持续发展。

（5）通过适当提高准入门槛、鼓励专业化经营、加强检查与后续监督等手段规范农业保险市场竞争，并在竞争和效率之间保持平衡。

第4章

中国经济转型对农村金融需求的影响

当前中国经济发展方式正在进行转型。在改革开放推动下，经济社会发展的现代化进程对各方面产生深刻影响，经济结构调整、科技进步、改善民生、生态建设等工作持续推进，也导致了农村金融服务需求的类型、规模、结构发生变化，对农村金融发展产生重要影响。

一、农户的金融服务需求发生变化

当前，农户的金融服务需求受到外部及自身发展的影响，金融服务需求类型、规模、结构等方面因素正在变化。

（一）内需增长影响农产品消费结构，带动农业投资需求

随着中国国内消费水平逐步提高，对农产品的需求日趋多样化，消费结构在发生变化，中国正在由农产品出口大国转为进口大国，国际贸易逆差增长较快。中国自从2004年开始出现农产品的进出口逆差。到2013年，国际贸易逆差已达510亿美元，相当于出口额的75%。除了粮棉油，畜产品贸易逆差较大，达130亿美元，主要是牛羊肉和奶制品；水果进口量增长也很快。原因在于，随着经济发展和人民群众生活水平提高，食品消费结构正在发生较大变化，消费需求趋于多样化，而国内农产品供应体系不能适应这一趋势。这说明国内农产品供给存在结构性缺口，农业生产结构需要调

整完善，部分领域生产能力需要提高；也说明农业领域的发展潜力很大。

随着农业领域投资价值显现，一些农业经营主体调整种养殖结构，提高产品附加值，并通过涉足农产品加工、销售等环节提升在农业价值链中的地位。同时，随着有关农业领域的预期投资回报上升，一些工商资本开始把投资重点转向农业。这些新形势、新趋势带来新的投资需求和金融服务需求，需要金融行业提供更加匹配的服务。

从农户角度看，市场需求的新形势蕴含发展机遇，可以通过调整农产品生产结构来抓住机遇。为此，需要金融机构提供支持，推进农业生产投资。农业生产投资等活动除了需要存、汇、贷等基本金融服务，还需要农村金融机构提供其他相关服务，包括信用评级、咨询、租赁、保理、票据兑现、贴现等。

（二）农户收入水平提高，推动了金融需求多元化、规模化

农户收入增加推动农村金融服务需求多元化。随着经济发展水平逐步提升，农户的农业经营收入和非农就业工资水平显著提高，农户的投资行为发生变化。随着农户收入增加，对保险、信用卡、咨询、理财、证券等金融服务产品的需求在上升，迫切需要普及金融知识。政府需要在金融投资、消费等领域依法加强对农村居民权益的保护工作，增强自我保护意识和能力，切实打击商业欺诈等行为。

农户的信贷需求发生结构性变化。我国中低收入人群的信贷需求缺口还很大。其中低收入农户的生产方式技术水平低，对资金需求量少，借贷需求以生活消费为主，涉及婚丧嫁娶、医疗、就学、建房、外出打工等需求，但往往缺乏有效的抵押物，也不容易找到合适的联保户，实际依靠亲戚借贷为主解决。部分具有一定经济基础的农户特别是发达地区的农户，其借贷需求已经从生活性应急支出为主转向生产性投资为主，包括对非农工商领域投资，信贷资金的期限也从季节性转向跨年度。例如，随着农户生产能力提高，农业生产项目投资回报率随之提高，农业投资领域的一些非有效需求转为有效需求，农户投资意愿随之提高。同时，随着农户收入增加，投资能力提升，配套融资规模也相应上升，农户贷款用途向规模化种养业、专业化生产、工商业经营等方面转型。农户应用新技术、新设备，增加农业设施投入，推进生产规模化、专业化，必然形成更大信贷需求，从亲友获得借贷的可能性降低，向金融机构贷款的需求将增强。在融资的贷款年限方面，高附加值经济作物、养殖业以及大型农机具的投资回收周期一般需 3 ~5 年，林果种植业需 3 ~5 年，特种养殖业需 2 ~3 年，农产品

储运业、加工业、子女助学、农户新建住房等在 1 ~4 年。因此，银行贷款期限需要与之相匹配。从行业看，养殖、运输以及个体工商户成为新的信贷需求来源。从农户结构看，专业大户的贷款需求量远高于一般农业户。这些生产性投资对农村信贷产品结构提出新要求，需要在抵押担保条件、贷款期限、还款方式、贷款额度等方面与农业生产特点更加匹配，为农户扩大生产规模或进行规模化投资提供有效支持。

（三）政府大力推动金融机构服务农户

为促使金融机构更好地服务农户，各级政府针对金融机构服务农户面临的困难和问题，完善农村金融发展环境，探索创新政策机制。从目前各地采取的措施看，主要有以下方式：一是降低信息不对称程度。信息不对称是影响银行信贷发放的重要问题，在农村金融市场表现更为突出。银行如缺乏农户家庭的基本财务信息，发放无抵押贷款时面临的风险较大。政府在其中可以发挥独特作用。例如，地方政府通过乡镇政府和村级组织配合银行对整村农户进行调查摸底，逐户建立信用档案，并定期更新。这样也有助于降低金融机构的业务成本。二是基层政府介入贷后管理。一些地方基层政府除了通过财政为银行涉农小额贷款提供贴息，还落实工作责任，通过加强宣传教育，促使有还贷能力农户及时还清银行贷款。这种做法也有助于降低银行的交易成本。三是探索基层政府工作机制创新。一些地方政府推进金融改革创新试点工作，在乡镇政府配备懂金融的专职人员，由大学生村官配合，支持金融机构服务农户，并从事金融知识宣传普及等工作。四是基层政府提供担保等增信支持。有的地方政府组建农业投资公司，下设农业担保公司和农业产业投资基金等组织，形成多层次农业投融资支撑体系。

从国际经验看，除了通过抵押降低违约风险，农业保险可以部分替代抵押品的增信功能，保险贷款的净收益略高于未保险贷款，而且更加稳定。对银行而言，由于不用起诉逾期贷款，资本周转速度得到提高。农产品保险有助于稳定农户收入，促进小额信贷发放，有助于从直接和间接的角度促进农民收入提高。

从具体实践看，保障水平高的农业保险，相应效果越明显，也有助于提高农业发展的规模经济效应。总之，农业保险有助于缓解信贷配给问题。为此，银监会、保监会《关于加强涉农信贷与涉农保险合作的意见》（银监发［2010］25 号）要求信贷机构将农户涉农保险投保情况整合到授信评级中，开展农林渔牧业保险以及农户财产和意外保险等业务，提高涉农保险覆盖深度与广度；鼓励农业经营项目投保财产保险、寿险或者人身意外险，推动金融机构将寿险等有价证券列入可抵押品的范畴，鼓励保险公司开展农业贷款保证保险，鼓励农村组织、担保公司与农业信贷保险机构组建信用共同体等。

从实际做法看，一些西部地区地方政府探索将政府补贴保费与涉农保险保障农户收入、银行发放贴息贷款的做法相结合，有效降低了银行信贷风险，支持了农户的农业生产结构转型，促使有关农户实现脱贫。同时，地方公安、司法机构依法查处骗保等行为，防止不良风气蔓延，维护保险等金融机构合法权益，改善农村金融发展环境。

一些地方在总结经验教训的基础上，加强对农村资金互助社的规范化管理。县级主管部门成立资金互助社协会进行管理，由分管部门领导担任牵头人，退休专家具体负责，统一设立风险准备金帮助村级资金互助社应对流动性风险。同时，控制村级资金互助社的规模，每月进行审计，严禁出现账外账；村级资金互助社发放贷款时需要由几位负责人共同签字，相互监督；发放贷款需由经商人士提供担保，由资金互助社内负责认证的社员终生负责追偿欠款，否则从股金中扣除。从实际效果看，这种做法及时扭转了当地资金互助社发展的不规范局面。之所以迅速取得效果，原因在于：一是通过连带责任确保信息真实准确；二是通过外部监督制衡内部人控制行为；三是在内部治理上对内部人设立相互制衡机制，防止一人独断；四是通过风险准备金解决资金互助社因规模过小产生的流动性问题。

二、城乡一体化背景下的农村金融需求

（一）推进美丽乡村建设需要金融支持

过去一段时期以来，我国一直在推进社会主义新农村建设。最近提出要建设美丽乡村。党的十八大报告提出要加快推进城乡一体化发展，把国家的基础设施建设和社会事业发展重点放在农村，要求全面改善农村生产生活条件。为此需要改善农村生产、生活条件，加强农村道路、水电、水利等设施建设，促进教育、卫生等社会事业发展。完善农村基础设施和公共产品供给机制是促进农村发展的基础，也是

促进传统农业现代化的基础，有助于降低农业生产、运输、销售成本，降低农业的自然和市场风险，还有助于促进农业产业化，通过优化分工提高生产生产率。具体而言，农村基础设施建设包括农田水利、耕地、电力、路桥、通讯、防疫、科技等生产设施，以及道路、饮水、能源、卫环、医疗、教育等生活设施。改路、改水、改房、改厕、改圈、拆旧以及公园、健身设施等项目是其中的优先项目。

由于农村基础设施、公共服务项目投资规模大、公益性强、项目直接回报低、财政投入比重大，农村基层政府围绕项目建设，对资金运用、融资管理等方面的服务需求显著上升。典型建设项目有农田水利、农村公路、能源建设、农业信息化、农产品开发示范项目、沃土工程等。从目前看，农业综合开发及水利部门的中小型农田水利设施投资采取“民办公助”的财政补助形式。

从有关农户需求的调查情况看，对基础设施及公共服务的需求包括道路建设、引水灌溉、学校教育设施、医疗卫生设施、种养殖业、技术培训等方面。其中，道路建设、学校教育、医疗卫生是各地农村主要需求。从具体情况看，经济发达的乡村，对种养殖业、生产加工、技术培训服务的需求较高，重视人力资本投入；经济欠发达地区农户则对道路、饮水灌溉、医疗和教育培训等基础公共服务比较重视。

对于村内道路等公共基础设施，我国原则上采取一事一议、财政奖补等措施。我国的《农村公路建设管理办法》（2006）规定，村道由村民委员会在当地人民政府指导下，按照村民自愿、民主决策、一事一议方式组织建设，财政承担部分投资支出。从实际情况看，村民对村内道路建设的投资占比在提高，但多数省市“一事一议”人均年支出在 20 元左右，对村内基础设施建设的作用有限。

发达国家经验表明，将传统农业改造为现代农业，必须以完善农业基础设施为基础，涉及农业综合开发，包括土地治理、科技示范、产业化经营等方面内容。推进农业基础设施建设、改善农业生产条件、提高农业综合生产能力、保护生态环境等，需要运用税收优惠、政策性金融等措施，已经成为世界各国的普遍做法。例如在个人所得税、财产税方面对农业投资有优惠政策，鼓励投资农村基础设施建设。同时，金融机构为农户提供长期资金支持。

在我国，各地政府在积极探索有效形式。“国家引导、地方配套、民办公助、滚动开发”的多渠道、多形式、多元化机制在逐步形成。如围绕推进城乡一体化，一些地方以国有投资公司为平台，通过市场化方式介入现代农业的重大项目投资。

通过整合、引导社会资金，整体推进农业产业化项目和农村基础设施建设，围绕促使农民增收形成整合平台。一些地区通过整合各部门分散资源，形成金融部门认可的抵押物，提供增信服务。一些城镇建立农村土地综合整理和投资管理平台，统一规划，在农村进行旧房改造和基础设施建设，并推进农业产业化建设，形成现代农业园区。这些都说明财政政策与金融政策、财政资金与信贷资金需要有机结合，推进美丽乡村建设需要配套的金融服务产品支持。

目前财政支农政策需要解决一些现实问题。一是我国不少地区农村基础设施建设的基础条件较差，地形地貌复杂，投资成本高，建设周期长。特别是中西部地区农村公共产品供给的历史欠账较多，部分县级财政必须靠中央转移支付弥补缺口。基础设施建设滞后影响农业新技术的应用推广。二是财政投入不足，结构不合理。在支出结构上没有体现地域特点和差异化要求。财政支出分部门管理，涉及数十个部门，资金被分散重复使用，缺乏整合。以扶贫资金为例，具体用途涉及整村推进、水利、节灌、三田、饮水、林果、种植、畜牧、农电、能源以及小流域治理等诸多方面。同是农田水利设施项目，不同部门的财政补贴比例差异很大。加上部分地区的审计监督和考核验收制度不严，项目管理存在漏洞，导致资金使用效果差。三是在通过财政转移支付进行扶贫过程中，需要结合农民实际需求，通过经济、金融等多种手段培养农民的职业技能，使之掌握先进实用技术，增强发展能力。这些都涉及农村扶贫项目资金的运行和管理，需要金融服务支持。

（二）城乡一体化带动农村多样化的金融服务需求

城乡一体化意味着要素资源的优化配置和流动，需要金融服务提供更好支持。具体而言，一是推进城乡基本公共服务均等化要求发展普惠金融，促使金融服务向底层渗透。普惠金融（finance inclusion）相对于金融排斥（finance exclusion）而言。英国金融地理学家 Leyshon & Thrift（1993）从金融地理学角度提出“Financial Exclusion”的概念。Kempson & Whyley（1999）则从渠道排斥、营销排斥、价格排斥、条件排斥、评估排斥和自我排斥这六方面①进行了分析。普惠金融中被传统金融服

① Physical Access Exclusion，Marketing Exclusion，Price Exclusion，Condition Exclusion，Access Exclusion，Self-exclusion。

务排斥的弱势群体，是指经济实力而言，包括弱势群体、弱势产业、弱势企业。从发展角度看，应该在经济增长基础上关注贫困群体能力建设。普惠金融旨在基于市场规则提供可持续金融服务，促进经济弱势群体发展。发展普惠金融，关键在于提高被传统金融服务被排斥群体的增收能力。这意味着需要提供配套的技术或技能，包括咨询等其他服务和支持。由此，需要金融机构创新服务产品，加强与相关机构的合作，例如与其他金融组织、社区组织等方面的合作。

二是推进城镇化发展带动了“三农”领域金融服务需求。从城镇化发展要求看，需要推进户籍制度改革，全面放开建制镇和小城市落户，促进农业转移人口市民化。同时，促进产业与城镇融合发展，促使城镇化和美丽乡村建设协调推进。在农村人口迁移过程中，需要金融机构创新服务模式，抓住市场机遇。例如农民在进城发展时，购房、创业、经商、职业培训等活动都涉及融资，需要金融机构提供支持。这就需要金融机构提高风险控制水平，有效识别具有还款能力的客户，提高贷后管理能力。再如一些地区在中心镇与小城市培育过程中，利用土地节余指标就近在小城集镇开展商贸、居住以及其他非农产业项目开发，促进农村人口向中心镇集聚，推进中心城镇发展。这种人口集聚、产业转型格局存在诸多金融服务需求，需要金融机构调整创新内部管理机制，提供更有针对性的信贷产品。

三是城乡统一建设用地市场改革，为农村金融提供了发展新空间。完善土地租赁、转让、抵押二级市场是改革的题中应有之义。国内一些试点地区出台集体建设用地使用权流转管理办法，允许在所有权不变的前提下，出让、出租、转让、转租或抵押集体建设用地的使用权，并对出让条件、程序、年限等进行具体规定。这些改革措施有助于解决农村的抵押物不足问题，为农村金融市场提供了进一步发展的空间。

三、发展现代农业需要更加有效的金融服务支持

传统农业效益低下、收入有限，客观上与农业生产方式转型滞后有关。为此，需要结合农业科技应用推广、适度规模经营等措施，进一步发展设施农业和特色效益农业，提高农产品的经济价值，提高土地产出率。同时，要进一步发展完善农业生产组织方式，提高综合竞争力。

党的十八大报告提出要加快发展现代农业，要构建集约化、专业化、组织化、社会化相结合的新型农业经营体系。十八届三中全会决定中明确提出，坚持家庭经营的基础地位，推进家庭经营、集体经营、合作经营、企业经营等共同发展的农业经营方式创新。农业生产经营的金融服务需求更趋规模化、综合化。其中，农业生产组织的发展变化对金融服务提出了更高要求。农户家庭经营对金融服务产品类型，如信贷规模、期限等方面提出了新要求，农业合作经营、企业经营等生产组织形式的新发展为金融服务提供了更大的市场空间。农业技术推广、适度规模经营、发展设施农业和特色效益农业，都需要以推进资源整合为前提，基于农户联合的专业合作社或基于资本合作的农业企业为这种整合提供了有效载体，对于发展现代农业具有重要意义。在此基础上的现代农业产业链整合为推进农业产业化发展提供了新的动力，也提供了农业产业链融资等新途径。

（一）农民专业合作社为农村金融发展提供了重要动力

20 世纪 90 年代以来，北美出现了新一代农民专业合作社。主要有以下特征：一是要求社员购买一定量股金，额度与农产品合约价值对应。农户必须按合同交付农产品。二是资格封闭，股份可交易，限制优先股分红比例。三是大部分利润根据交货价值反馈给社员，少部分作为储备金。四是理事会授权专业团队管理。这种模式避免了因所有权不清晰而导致组织无效率。拥有可交易、可估价股份，通过正式合同约束成员行为，按服务量确定投资额，则是其中的关键。股份明确定价、支持流转是吸引投资者的基础。股权交易和社员农产品交易权的转让制度整合了社员权利与资本权利。产权的完整性、排他性、可转让性有利于提高制度效率。

自 2007 年实施《中华人民共和国农民专业合作社法》以来，我国农民专业合作社自身还处于发展完善过程中，但数量增长较快。根据国家工商总局公布的数据，2008 年底有农民专业合作社 10 万户，截至 2014 年 2 月底，全国实有 104 万户。当前制约合作社发展的主要障碍有自有资金不足、信用等级不高、担保物不足等问题；同时，一些合作社面临成员之间缺乏诚信、盈利能力不足等问题。这些表明我国农村专业合作社的发展机制有待完善。在金融服务方面，多数专业合作社的可抵押资产有限，加上成立时间较短，与银行没有建立稳定的信用关系，因此同样面临融资难题，一般要通过理事会成员担保才能从银行贷款。

为此，2014 年的中央 1 号文件强调，要在管理民主、运行规范、带动力强的农民合作社和供销合作社基础上，培育发展农村合作金融；并强调坚持社员制、封闭制原则，在不对外吸储放贷、不支付固定回报前提下，推动社区性农村资金互助组织发展。资金互助社作为农村的内生金融组织，在降低信息不对称、降低交易成本和控制信用风险方面与商业银行相比，具有比较优势。农村资金互助社的规模较小，根据监管规则，在村范围内开展活动，实行民主化管理、志愿服务。这有利于利用人缘、地缘优势，降低交易成本，促使农户互助，符合农村地区对金融服务的客观需求。但从可持续发展角度看，需要妥善解决资金流动性问题和监管机制问题。这是在实践中需要引起重视的问题。同时，资金互助社风险管理机制有待在实践中探索健全，与政府的财税和货币扶持政策也有待更好对接。

农村供销合作社也可以发挥积极作用。例如，从金融机构角度看，信贷资金使用情况，如是否转变用途，涉及贷款管理及信贷风险控制。对此，以农资实物形式提供补贴式贷款或者采取搭配式廉价贷款等，都可以使贷款用途难以转变，有助于控制信贷风险。同时，供销合作社结合农户的生产资料采购、农产品销售，可以通过资金互助社为农户提供资金，还可以与上下游产业的合作社或厂家联合，推进农业产业化。目前，供销合作社与金融机构的合作空间较大，但有待深入推进。

总之，我国农民专业合作社发展势头强劲，对金融服务的需求旺盛，但现有金融服务模式和机制尚不能很好满足，这也意味着农村金融体系在服务农民专业合作社方面还存在着很大的发展完善空间。

（二）农业产业化深入推进，为农村金融发展带来更大空间

农业产业化发展涉及农产品研发、生产、收购、加工、运输、贸易等各环节。发挥龙头企业核心作用，推进农业产业链的垂直一体化整合，通过商业合约组织上下游农户、企业参与，形成区域化、专业化、规模化特点，能提高农户收益。例如，农产品在流通环节的增值占了销售价格的很大比重。通过推进农业产业化推进各环节整合，有助于提高整体效率和经营效益，为农民增收奠定基础。

农业产业化要求金融机构创新服务模式，通过产业链融资等方式在农业生产各环节提供配套服务。推进农业产业化，还意味着投资规模更大，对金融服务的规模需求更大、形式更加多元化，为金融服务创新提供了更多更大的空间。特别是具有

一定生产规模的大型涉农企业，其信贷投资侧重于专业化发展，自有资金和民间资金已不足以支撑发展需要，需要银行提供信贷支持。在产业链融资模式中，银行在产业链中得到以农产品价值为依托的信用支持，使产业链成员的流动资产通过核心企业转化为信用。随着合作时间的持续，产业链生态环境逐步改善，银行的金融服务能够延伸到产业链上的更多成员。这些都有助于缓解信息不对称和道德风险导致的信贷配给问题。

以供应链融资为例，银行可以发挥供应链核心企业的信息和管理优势，通过核心企业提供担保，把服务机制嵌入供应链，利用供应链成员之间的相互监督，降低与供应链上中小企业、农户之间的信息不对称水平；通过规模效应降低交易成本，提高成本效率。随着银企合作关系的长期化，银行与核心企业联手约束失信行为，守信的低风险企业和农户会获得更好信贷条件，促使合作机制更趋稳定。以订单农业为例，通过担保机制创新，采用“金融机构 + 公司 + 基地 + 农户”模式，通过大型核心企业为上下游农户和关联企业提供增信服务，由农村金融机构向其合作农户和企业发放贷款，核心企业参与贷后管理。在农产品质押授信模式中，农户在供应链融资模式下的授信额度比纯信用贷款模式高，使银行所面临的信用风险得到降低。关键在于农产品的控制方式有效嵌入供应链系统。

与此同时，大型涉农企业对风险管理、流动资金管理、投资咨询等金融服务日趋重视。

第二篇

实践篇

第5章

农村住户金融服务的现状和问题

为更好分析农村金融服务的现状和问题，国务院发展研究中心金融研究所与国家统计局住户办合作，对农村住户入户调查统计情况进行比较分析。同时，国务院发展研究中心金融研究所还根据世界银行的 Global Findex 数据库，对中国农村金融服务情况进行了国际比较。

一、农村金融服务的国际比较：基于普惠金融视角

世界银行从储蓄、信贷、支付、风险管理角度，对 2011 年度各国普惠金融业务发展情况进行了调查统计，统计涵盖 148 个经济体 15 万名 15 周岁以上人员的 2011 年度金融行为。根据统计数据，本文重点从信贷、支付等角度，就中国农村金融的发展情况进行国际比较。考虑到中国的城乡发展差距和农村收入水平，本文还对处于收入分布下端 40% 的人员（以下简称中低收入人群）金融服务进行国际比较，作为农村基层金融服务分析的参照。

（一）个人储蓄

从统计看，农村居民的储蓄行为与经济发展水平有关。中国农村居民在银行储蓄的比例为 27.02%，高于全球平均水平即 18.92%，也高于中高收入国家平均值即 22.83%。与高收入非 OECD 国家的平均值差距 3.47 个百分点，与高收入 OECD 国

家的平均值差距 14 个百分点。与其他国家类似，中国农村居民的储蓄目的是应急备付和将来所需两者兼而有之，出于应急备付考虑的占 23.09%，出于将来所需考虑的占 22.56%。具体如图 5.1 所示。

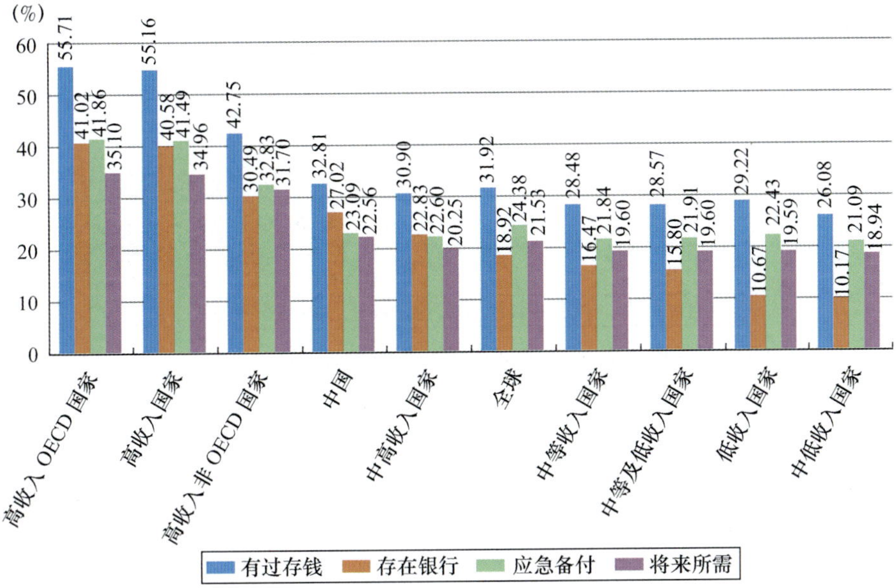

图 5.1　农村居民储蓄行为的国际比较：中国所处水平

从具体国家看，北欧、大洋洲（澳大利亚、新西兰）、西欧、北美以及东亚国家（地区）农村居民的储蓄比例①较高。其中，瑞典农村居民的银行储蓄比例高达 65.85%，总储蓄比例高达 83.92%。美国农村居民的实际储蓄比例也高达 64.18%，超过东亚几个主要经济体，是中国的两倍。具体如图 5.2 所示。

从中低收入人群的储蓄行为看，储蓄比例也与经济发展水平相关。中国中低收入人群的银行储蓄比例为 18.25%，实际储蓄比例为 23.35%，银行储蓄比例超过了全球平均水平即 15.32%，但实际储蓄比例低于全球平均值即 27.03%。与高收入非 OECD 国家相比，银行储蓄比例差距 6.32 个百分点，实际储蓄比例相差 14.69 个百分点；与高收入 OECD 国家相比，银行储蓄比例差距 17.21 个百分点，实际储蓄比例差距 25.85 个百分点。中低收入人群的储蓄比例与发达国家的差距更大。考虑到我国贫困人口多数在农村地区，上述数字也说明了加快中国农村经济发展的紧迫性

① 指在最近一年内有过存钱，包括存入银行。

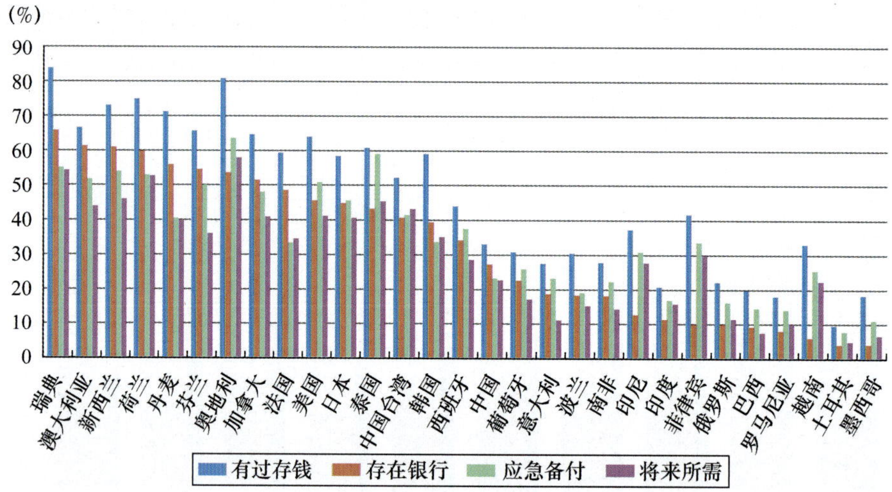

图 5.2　农村居民储蓄行为的国别比较

具体如图 5.3 所示。

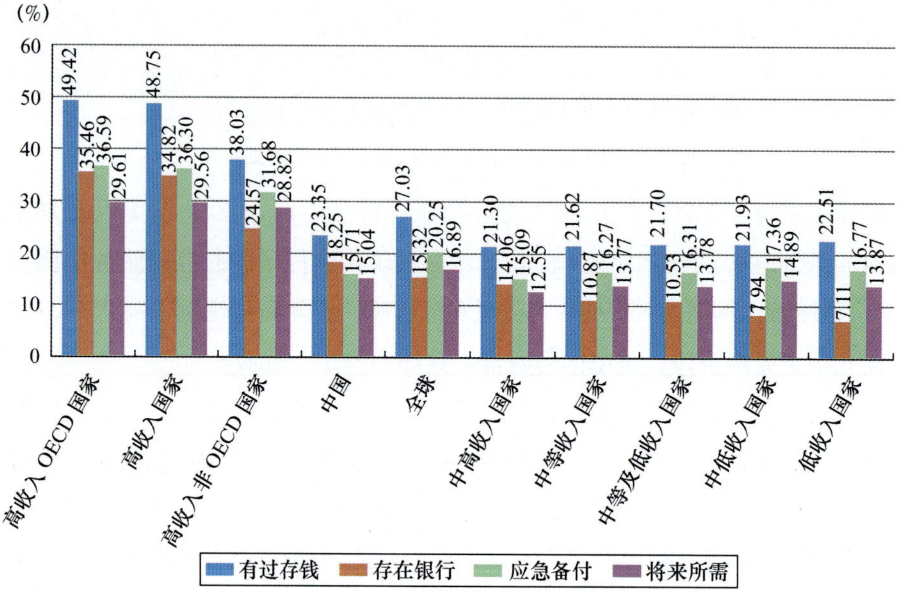

图 5.3　中低收入人群的储蓄行为国际比较：中国所处水平

从中低收入人群储蓄比例的国别比较看，北欧、大洋洲（澳大利亚、新西兰）、西欧、北美的实际储蓄比例普遍超过 50%，韩国、中国台湾也超过 45%。中国略高于南非、印度等国，约为巴西的两倍。具体如图 5.4 所示。

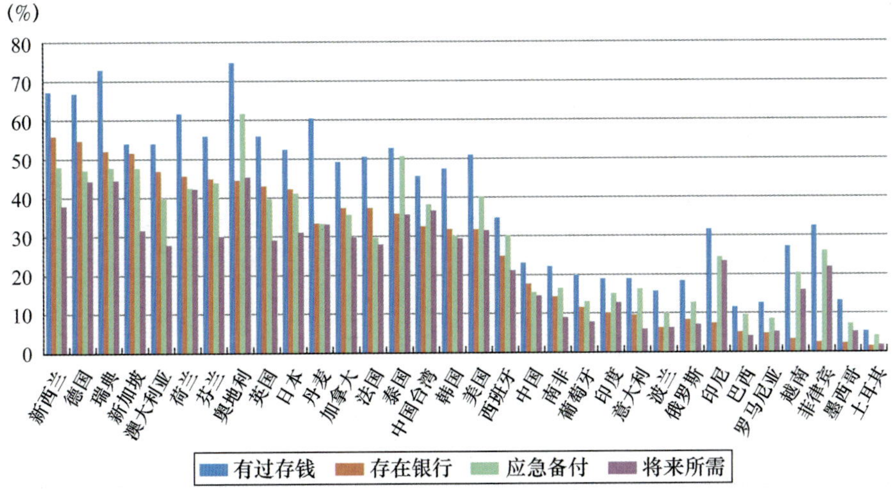

图 5.4　中低收入人群的储蓄行为国别比较

（二）银行卡发放

普及银行卡是推进金融服务便利化的重要途径。从借记卡普及率看，中国农村居民拥有比例达到 35.48%。自 2011 年以来，中国监管部门在农村地区大力普及借记卡，因而与发达国家的实际差距还在进一步缩小。当前需要重视农村地区的信用卡普及率。中国农村居民的信用卡普及率为 4.26%，低于全球平均水平即 9.15%，与发达国家差距更大，与高收入非 OECD 国家平均值相差 28.16 个百分点，与高收入 OECD 国家平均值差距 43.91 个百分点。这种格局与我国农村地区征信体系建设滞后有关，也反映出我国农村地区金融基础设施建设需要整体加快推进。具体如图 5.5 所示。

从国别比较看，主要发达国家的借记卡普及率在 90% 左右，因而我国需要继续加大普及力度。中国农村居民的信用卡普及率远低于韩国（44.50%）、土耳其（42.42%），也低于巴西（20.79%）、墨西哥（5.94%）、南非（4.93%）。信用卡普及率低，反映出农民和农村小微企业的融资渠道有限，融资难度大。具体如图 5.6 所示。

从中低收入人群角度看，借记卡普及率达到中高收入国家平均水平，信用卡普及率则存在很大差距。中国中低收入人群信用卡普及率为 2.40%，不但低于全球平

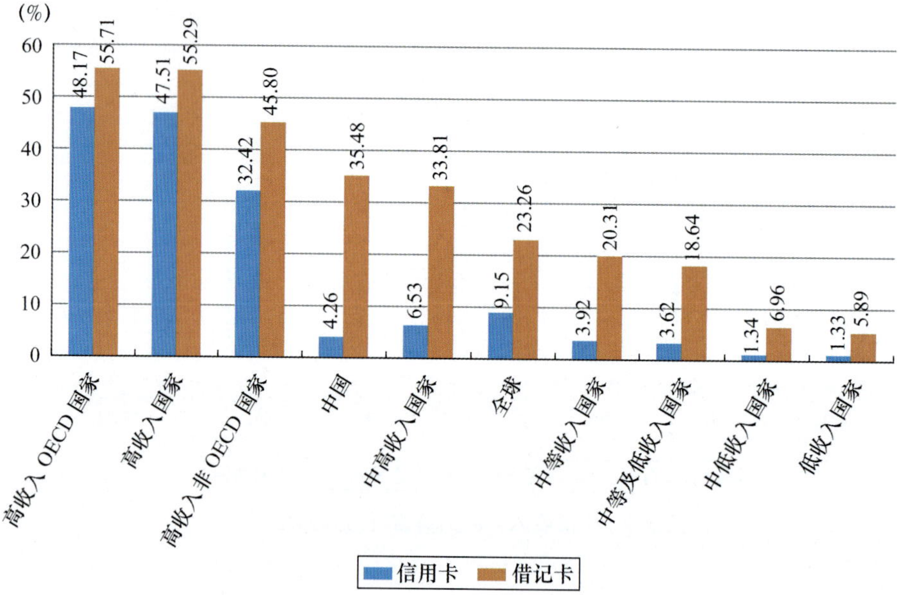

图 5.5　农村居民拥有银行卡比例：按借记卡排序

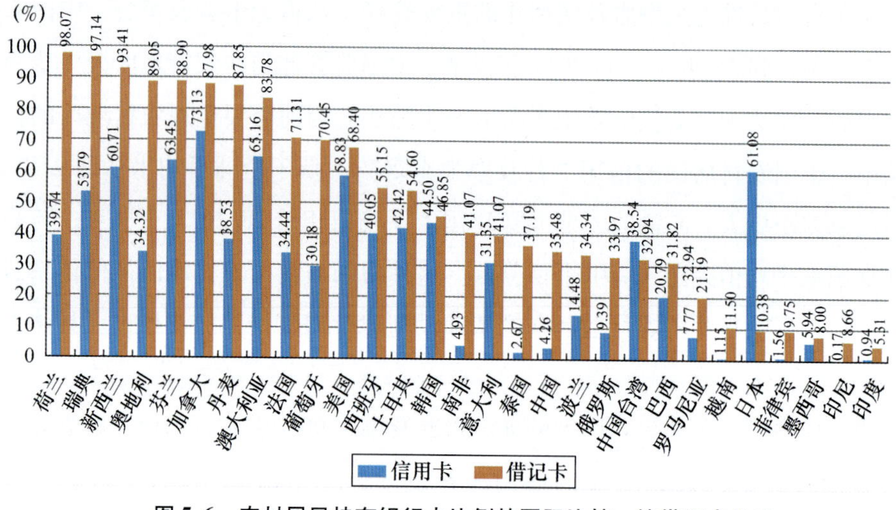

图 5.6　农村居民持有银行卡比例的国际比较：按借记卡排序

均水平即 10.23%，也低于中高收入国家（5.07%）、中等收入国家（3.07%）、中等及低收入国家（2.86%）。这也反映出中国发展普惠金融的任务较重。具体如图 5.7 所示。

从具体国别看，中国中低收入人群信用卡普及率仅比部分东南亚和南亚国家略

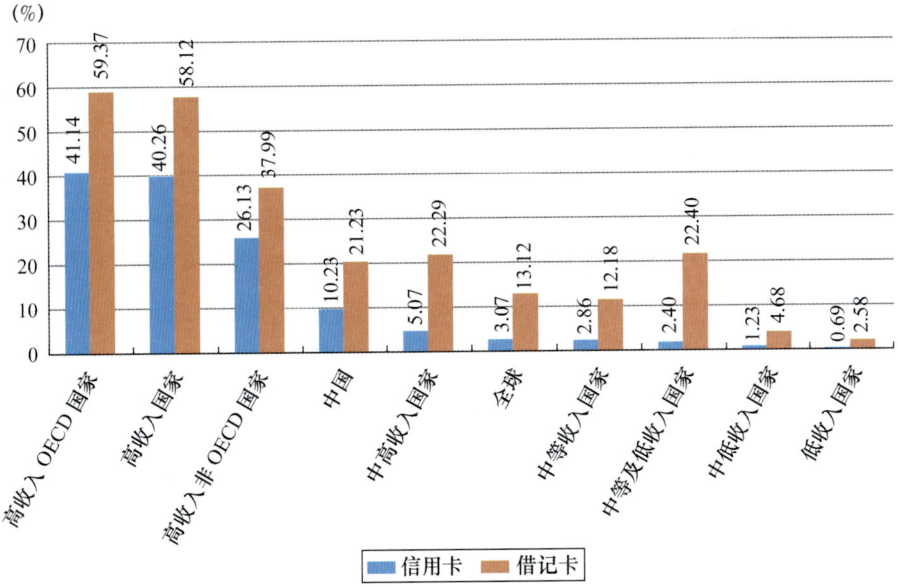

图 5.7　中低收入人群持有银行卡的国际比较：按信用卡排序

高。发达国家中低收入人群信用卡普及率普遍超过 30%，其中有 8 个发达国家超过 45%。我国中低收入人群中的借记卡普及率也与发达国家存在明显差距，这反映出我国配套的体制机制有待完善。具体如图 5.8 所示。

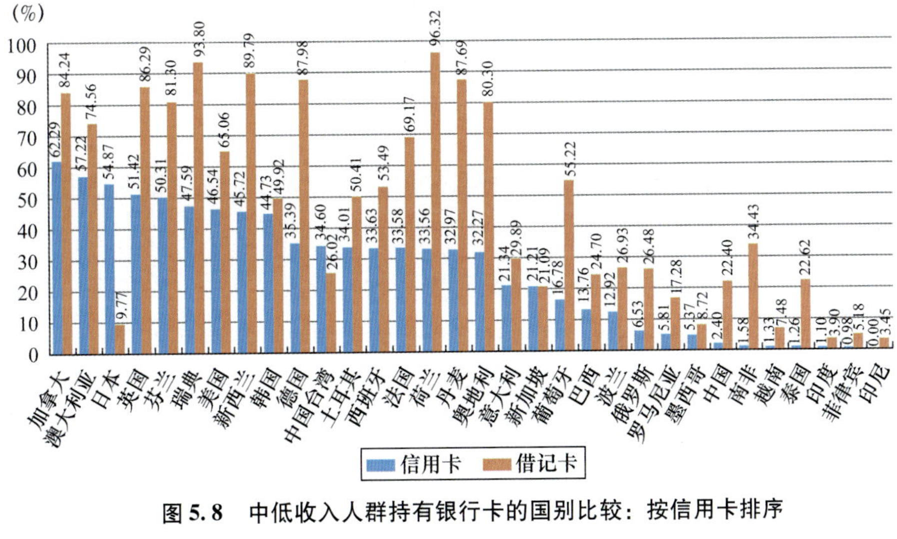

图 5.8　中低收入人群持有银行卡的国别比较：按信用卡排序

（三）电子支付

过去几年来，我国银行业电子支付业务高速增长，大型商业银行业务电子化替代率纷纷超过80%，个别银行已经超过90%。但农村银行业务的电子化替代率明显低于城市。这与农村金融市场的客户群体、发展基础有关。从发展基础看，中国农村居民的电子支付渠道使用比例为3.30%，低于全球平均水平（8.78%），与高收入非OECD国家相差22.81个百分点，与高收入OECD国家相差47.81个百分点。具体如图5.9所示。

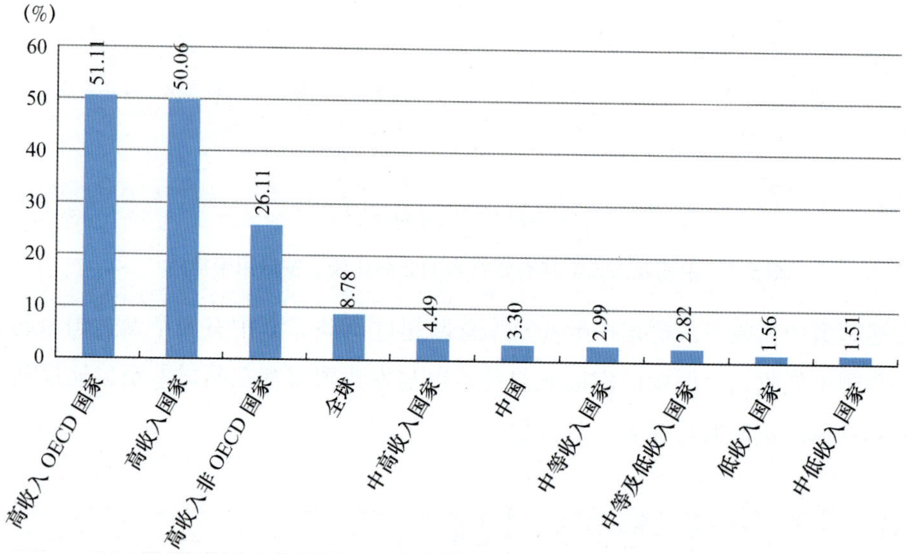

图5.9 农村人口使用电子支付情况

手机支付和收款作为电子支付的一种具体形式，具有方便快捷特点。由于手机普及率高，因而具有较好的发展平台。但从发展中国家手机银行业务的推广情况看，反而是低收入和中低收入国家的普及率高于中高收入国家。其中，农村手机收款业务尤其明显。在中国，无论是农村居民还是中低收入居民，使用手机支付或收款的比例都明显低于其他比较国家。具体如图5.10所示。

（四）借贷用途

因支付学费借贷的农村居民在中国占7.10%，与中高收入国家的7.09%持平，在低收入国家则高达16.51%。用于建房的在中国占4.94%，各类国家平均值在

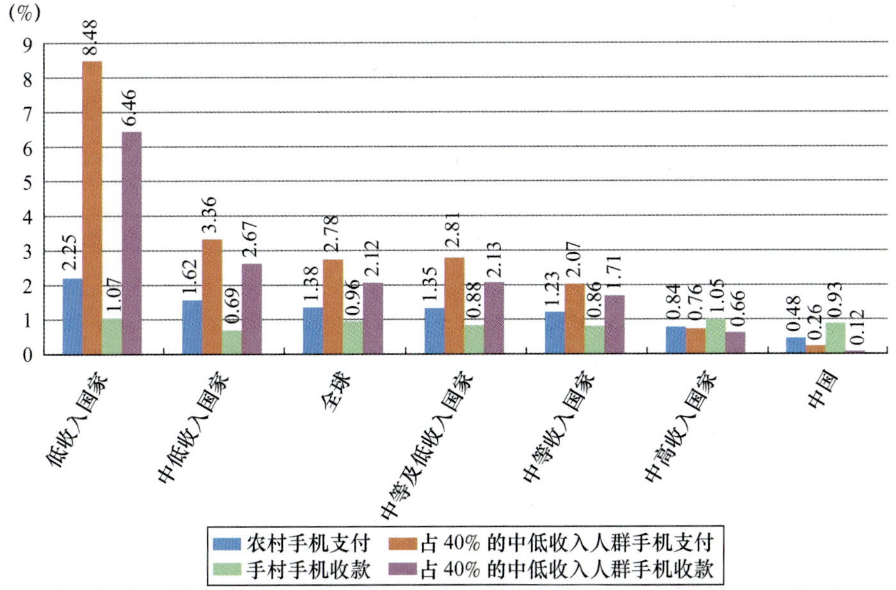

图 5.10　农村地区及中低收入人群的手机支付收款情况

4.98% ~6.56% 之间。用于婚丧嫁娶或急病治疗的在中国分别占 1.15% 和 4.02%，与中高收入国家的平均水平基本持平，但低于全球平均水平，也低于中等收入国家、中低收入国家和低收入国家水平。具体如图 5.11 所示。

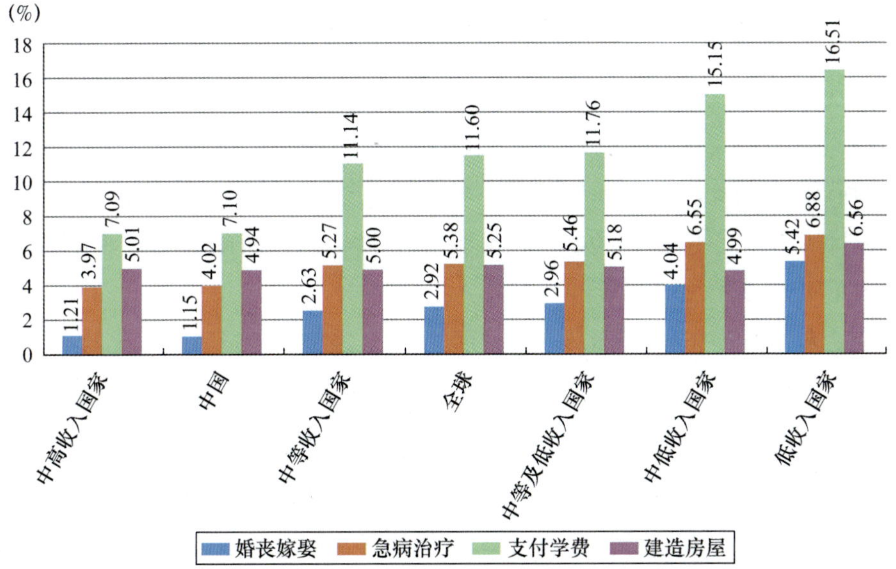

图 5.11　中国与不同类型国家的农村人口借贷情况比较

在中国，中低收入人群因建造房屋而借贷的比例为6.20%，与低收入国家的6.18%持平，但高于中低收入国家、中等收入国家、中高收入国家的平均值。在支付学费方面，中国中低收入人群的借贷比例为4.14%，略高于中高收入国家的平均值即3.90%，但低于中等收入、中低收入、低收入国家的各自平均值；在婚丧嫁娶方面，中国中低收入人群的借贷比例为0.88%，排名情况与支付学费类似。具体如图5.12所示。

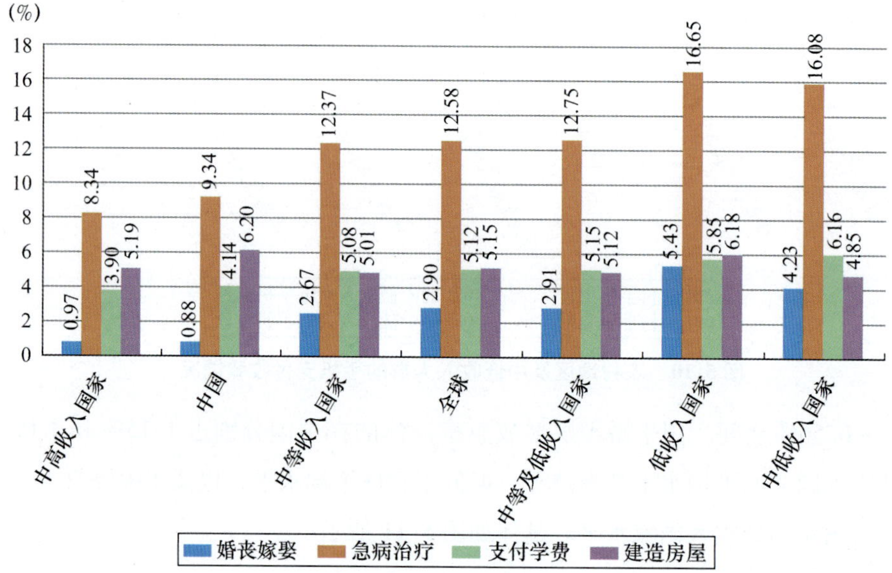

图5.12　中国与不同类型国家的中低收入人群负债情况比较

就具体国别比较而言，中国中低收入人群为学费而借贷的比例与南非（3.63%）、印度（4.64%）相近，但高于巴西（0.52%）、俄罗斯（0.38%）；建造房屋的借贷比例高于俄罗斯（4.87%）、印度（4.61%）、南非（2.88%）；婚丧嫁娶的借贷比例低于印度（3.62%）、南非（2.12%），但略高于巴西（0.74）、俄罗斯（0.47%）。具体如图5.13所示。

从贷款来源看，中国有6.93%的农村居民向金融机构借贷。这一比例不到高收入国家的一半，也低于中低收入国家的平均值即7.63%。最近几年监管部门在大力推动农村金融机构发展小额信贷业务，最近的情况有所改观，但发展任务仍然较重。私人放贷款者与亲朋好友提供资金支持不同，前者有较高利息回报要求。中国农村居民向私人放贷者借贷的比例为0.81%。具体如图5.14所示。

就农村居民向金融机构贷款的比例而言，中国比巴西（6.91%）、南非

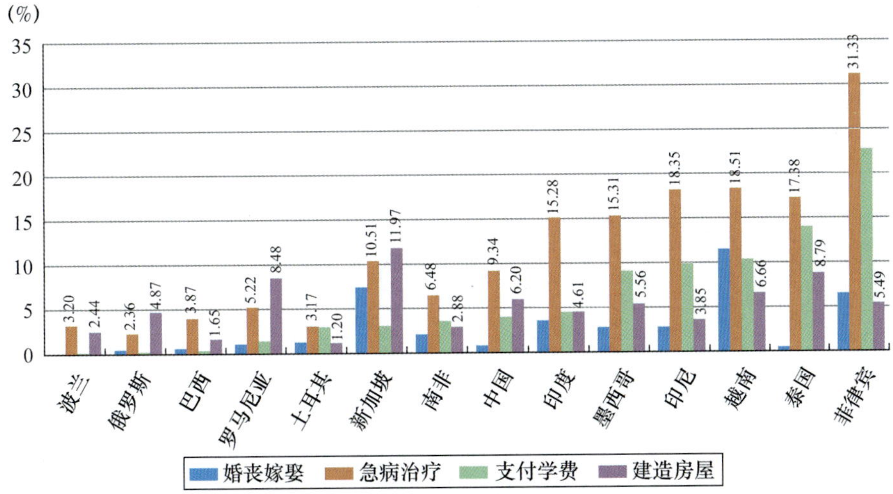

图 5.13　中国与相关国家的中低收入人群贷款情况比较

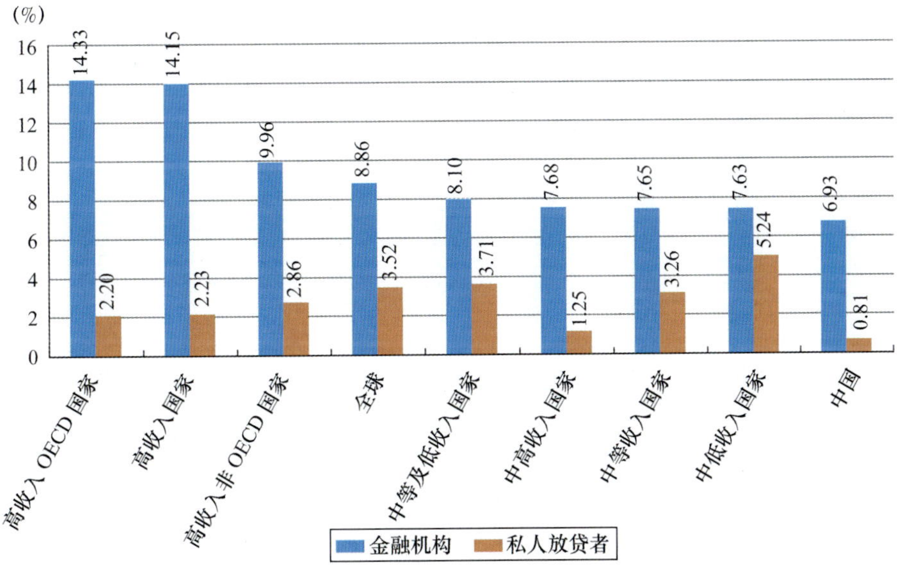

图 5.14　农村居民的贷款来源比较

(6.84%) 略高，但低于印度 (8.19%)、俄罗斯 (7.05%)，北美、北欧、大洋洲 (澳大利亚、新西兰) 等地的比例在 20% 左右。泰国、越南的这一比例也超过 20%。具体如图 5.15 所示。

中国中低收入人群从金融机构贷款的比例为 7.68%，略高于中高收入国家的平均值 7.36%。如图 5.16 所示。

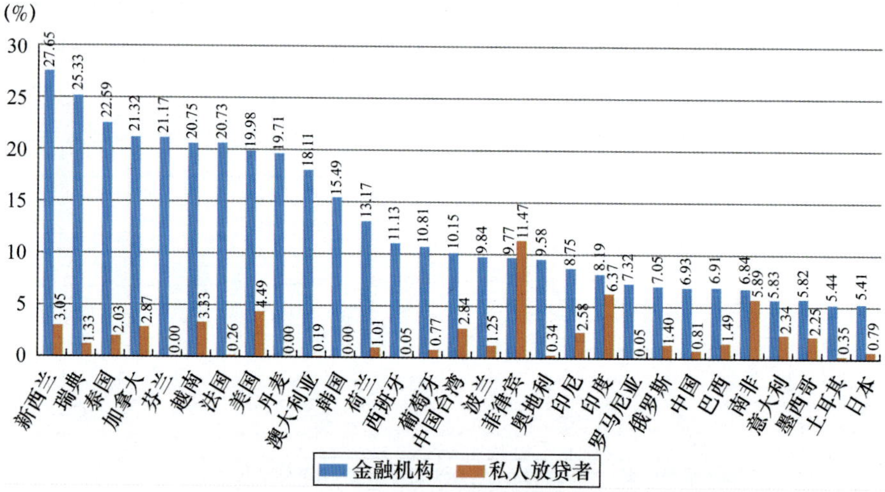

图 5.15　农村居民的贷款来源

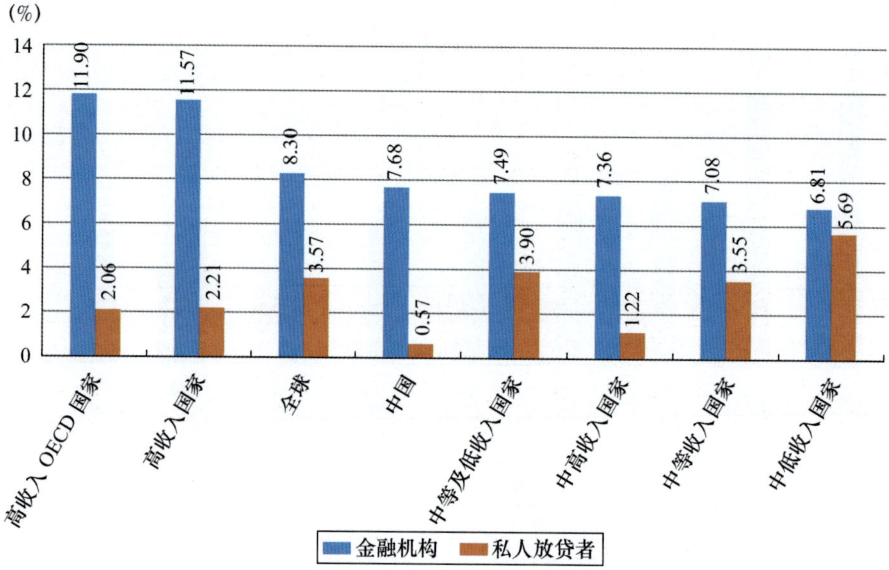

图 5.16　中低收入人群的贷款来源的国际比较

从具体国别看，中国的中低收入人群从金融机构贷款的比例与印度（7.90%）持平，但高于俄罗斯（6.34%）、南非（4.82%）、巴西（3.52%）。多数发达国家的这一比例超过 10%。就自身比较看，中国的中低收入人群从金融机构贷款的比例超过农村住户，多数国家情况相反，这种情况与中国目前农村不动产的产权特点有关。如图 5.17 所示。

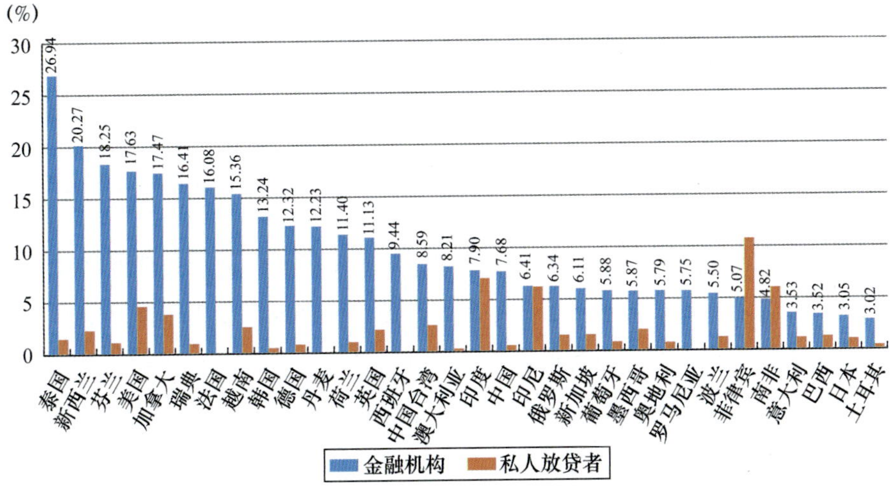

图 5.17　中低收入人群贷款来源的国别比较

（五）农业保险

从农业保险发展情况看，中国农业人口购买农业保险的比例超过中等收入国家，接近中上收入国家，其中中低收入农业人口购买农业保险的比例超过中上收入国家。考虑到 2011 年以来中国推行农业保险的力度较大，农业保险业务增速较快，中国在

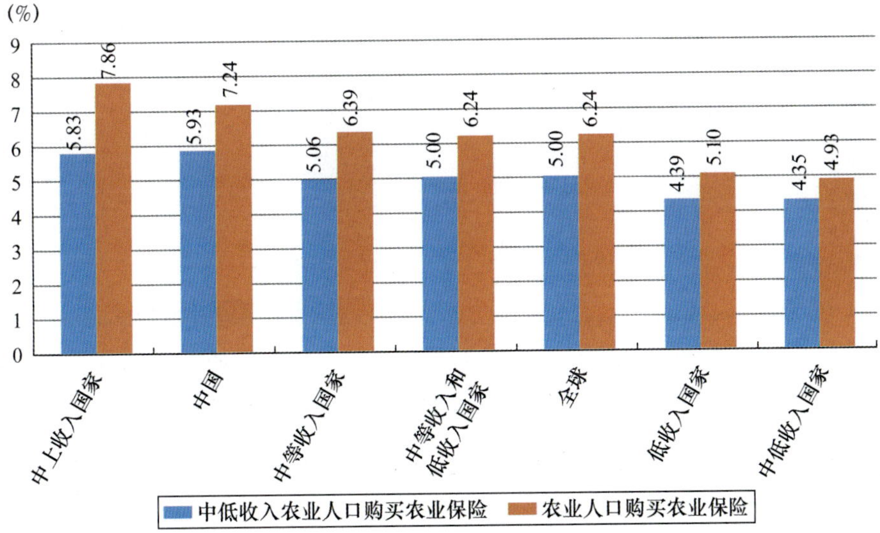

图 5.18　农业保险发展的国际比较

上述排名中位置实际应更靠前。具体如图 5.18 所示。由于相关国家的农业保险业务数据不齐，这里不进行国别比较。

二、中国农村金融服务现状调查：以农村住户贷款为重点

为分析农村金融服务情况，这里根据国家统计局住户办对 2 万农村住户自 2005 ~ 2012 年调查数据进行分析，相关数字为年末统计值。根据地区分为东部、中部、西部和东北三省，农村住户类型分为普通农户、工商个体户、干部户、干部个体户①和五保户。考虑到普遍性，这里主要就普通农户、工商个体户、干部户情况进行分析。农村住户家庭经营及金融服务情况主要如下。

（一）农村住户的生产性固定资产存量情况

自 2005 ~ 2012 年，全国农村住户的户均生产性固定资产原值从 7273.59 元增长到 16658.19 元，年均增长 12.58%；同期农村住户的户均年收入从 19188.08 元增长到 44159.31 元，年均增长 12.65%。从 2005 ~ 2012 年，农村住户生产性固定资产原值的户均价值有明显增长，但分布结构仍然相似，具体如图 5.19、图 5.20 所示。

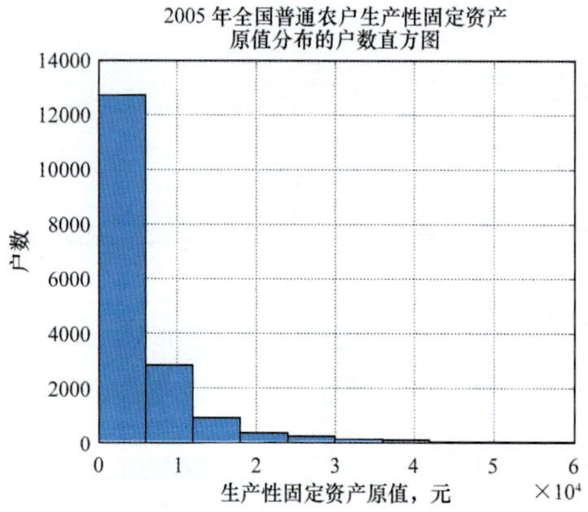

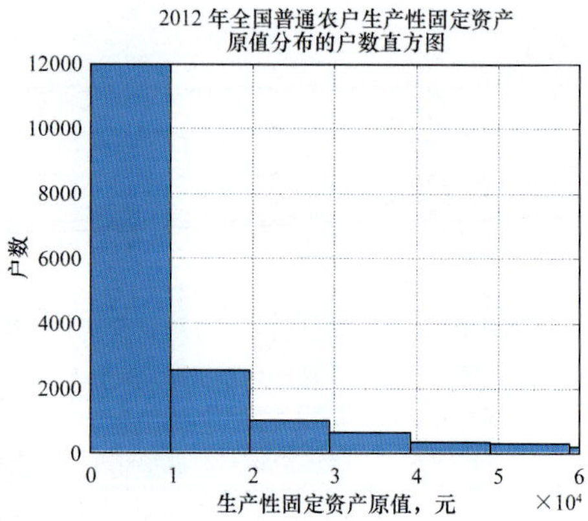

图 5.19　全国普通农户的生产性固定资产原值分布直方图

这种情况在东部、中部、西部和东北三省地区同样存在。大部分农村住户的生

① 干部个体户，指家庭既是个体工商户又是干部户的农村住户。

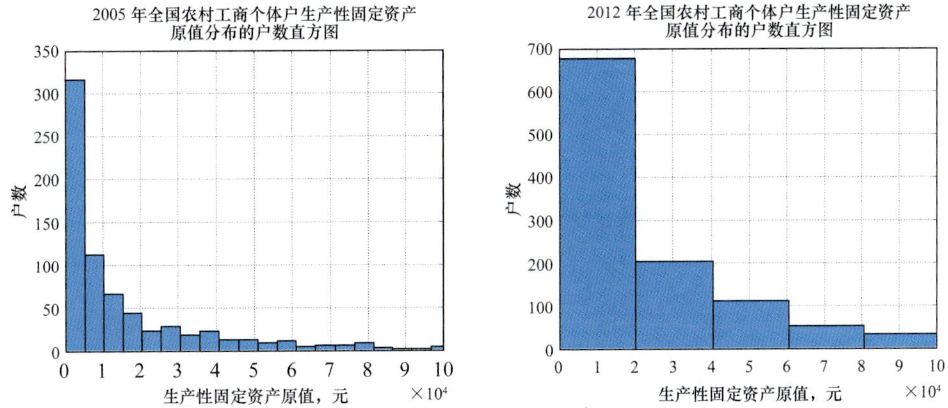

图 5.20　全国农村个体工商户的生产性固定资产原值分布直方图

产性固定资产原值较低。2012 年，69.19% 普通农户的生产性固定资产原值在 1 万元以内，87.88% 普通农户的固定资产原值在 3 万元以内。农户的户均生产性固定资产原值较低，说明多数农户生产的资本投入偏低，仍以传统生产方式为主。同时，通过抵押生产性固定资产所能获得的贷款很有限。

就分地区而言，东部地区 92.83% 普通农户的生产性固定资产户均原值在 3 万元以内；中部地区、西部地区、东北三省的相应比例分别为 93.18%、83.24%、74.51%。农村住户的农业生产性固定资产处置变现难、折旧快，更影响其抵押物功能的发挥。

农林牧渔类固定资产比重情况如下：在全国各类农村住户的生产性固定资产原值结构中，个体工商户的生产性固定资产中农林牧渔类比重较低，在 2012 年占 17%，干部户和普通农户则分别占 63% 和 80%。农林牧渔业的生产性固定资产包括房屋建筑、役畜、大中型铁木农具、农林牧渔业机械等。这种情况在东部地区表现尤为明显，个体工商户、干部户、普通农户的农林牧渔类比重分别为 8.6%、57%、74%；其次是中部地区，这三类农户比重分别为 21%、54%、76%；西部地区的相应比重为 35%、72%、82%；东北三省各类农户固定资产原值中的农林牧渔类比重整体较高，这三类农户比重分别为 41%、66%、89%。东部地区农村个体工商户的绝大部分生产性固定资产与农林牧渔无关，中部地区的个体工商户也有此特点，其经营活动与农业生产环节明显分离。

从农林牧渔类固定资产所占比重的发展趋势看，在 2005 年的全国农村住户生产性固定资产原值中，这三类农户的农林牧渔类固定资产比例分别为 13%、77%、85%；到 2012 年，除了个体工商户的相应比例上升 4 个百分点，其余各类农户的相应比例均有下降，其中干部户的相应比例下降 14 个百分点。其中，东部地区三类农户的相应比例分别为 10%、69%、79%，各类农户的比例均有所下降，干部户的下降比例也为最大；中部地区的相应指标分别为 18%、80%、81%，个体户的相应指标有所上升；西部地区相应指标分别为 24%、79%、90%，除了个体户的相应指标有所上升，其余各类农户的相应指标均有下降，其中干部和个体户的变化最为突出；东北三省各类农户的相应指标分别为 36%、86%、95%，除了个体户，各类农户均有下降。这种趋势说明，农村住户生产的固定资产投资结构在转变，涉及更多非农的机械设施。

（二）农村劳动力素质

从农村劳动力的文化结构看，拥有大专及以上文化劳动力的农村住户比例从 2005 年的 2.66% 上升到 2012 年的 6.91%，拥有高中及以上文化劳动力的农村住户比例则从 29.85% 上升到 32.6%。

从劳动力个体看，2012 年与 2005 年相比，全国农村劳动力中不识字或识字很少、小学、初中、高中文化劳动力所占比重总体持平，但中专和大专及以上文化劳动力的比重变化明显，大专以上文化劳动力所占比例从 1% 上升到 3%，中专文化劳动力所占比例从 2% 上升到 3%，结构有所改善。高学历劳动力有助于带动传统农业生产方式转型，但所占比例仍有待进一步提高。

从各地情况看，东部地区劳动力的初中、高中、中专、大专及以上劳动力的所占比重略高于全国平均水平，2005 年分别为 55%、14%、3% 和 2%，2012 年分别为 55%、13%、4% 和 5%（具体如图 5.21 所示）；中部地区 2012 的相应比例为 55%、11%、3% 和 3%，与全国平均水平接近；西部地区 2012 年的相应比例为 45%、7%、2% 和 2%，明显低于全国平均水平，原因在于不识字或识字很少的劳动力、小学文化劳动力比例分别为 9%、34%，说明西部地区劳动力素质的基础弱于其他地区，需要加强专业培训；东北三省的初中、高中、中专、大专及以上劳动力的比例分别为 61%、6%、1%、2%。

从农村劳动力的专业培训情况看，2012 年东部、中部、西部及东北三省地区均有超过 60% 的农村住户家庭没有接受过专业培训

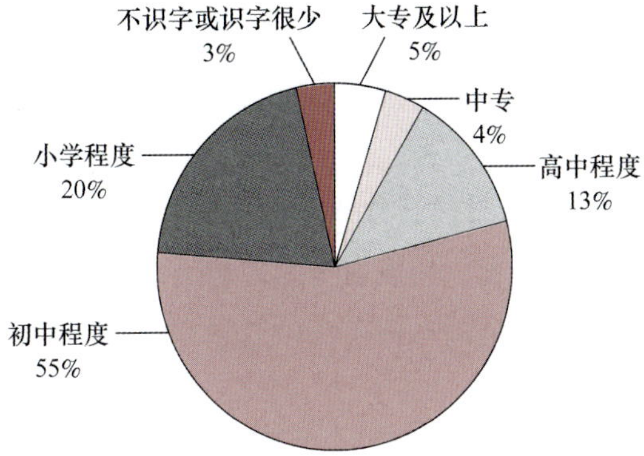

图 5.21　2012 年东部地区农村劳动力文化程度结构

为 64% 左右，西部地区的比例为 60%，其中东北三省的这一比例高达 74%。在全国，只有 36% 的农户家庭有 1 人以上接受过专业培训，有多人接受过专业培训的农户则更少。具体如图 5.22 所示。多数农户家庭没有接受过专业培训的劳动力，缺乏农业技术应用转化的基础，推动农业生产方式转型难度较大，多数农户维持传统的农业生产方式。

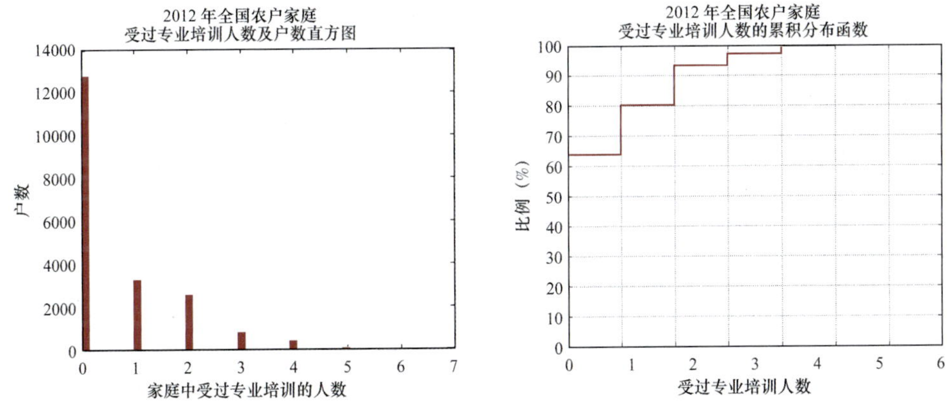

图 5.22　全国农村住户家庭中劳动力接受过专业培训情况

与 2005 年相比，中西部地区农户家庭成员的专业培训情况有所改善，但相关工作有待进一步推进。2005 年，中部地区有 66% 的农户家庭没有接受过培训的劳动力，西部地区为 67%，东北三省为 77%。

上述数据表明，我国农村劳动力普遍缺乏专业培训，东北三省情况比较突出，再加上农村劳动力文化程度总体偏低，初中及以下文化程度劳动力占绝大多数，发达国家则以高中及以上文化程度劳动力占绝大多数。这种格局不利于我国推进城镇化和农业现代化转型。

（三）农村住户收入结构情况

从 2005～2012 年，全国农村住户收入持续增长，收入分布结构总体保持稳定，多数农户的年收入处于中间位置。具体如图 5.23 所示。农村个体工商户的收入整体略高于普通农户，其收入分布结构与普通农户类似。

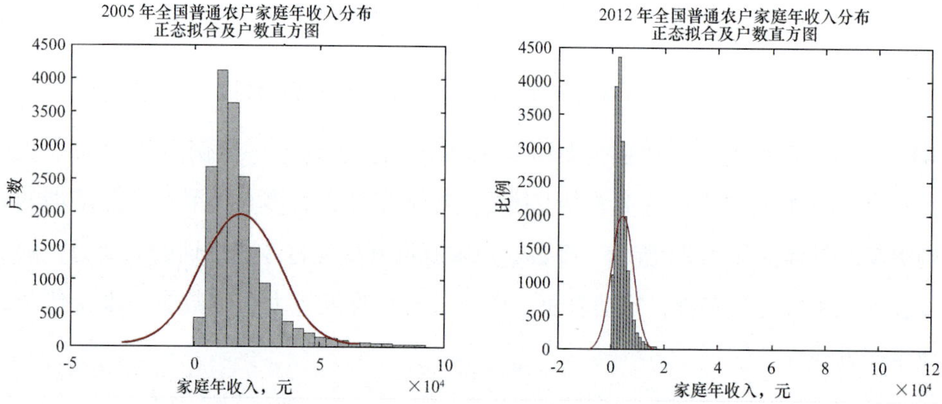

图 5.23　全国普通农户家庭年收入分布对比

从收入分布情况看，全国 30% 农户年收入在 24329 元以内，50% 农户年收入在 33668 元以内，80% 普通农户年收入在 56256 元以内。具体如图 5.24 所示。从收入来源看，全国普通农户家庭经营性收入所占比重从 67% 下降到 54%，工资性收入所占比重从 27% 上升到 35%。

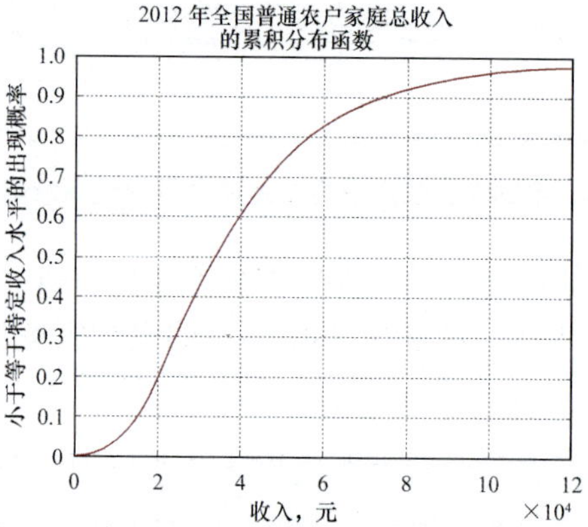

图 5.24　全国普通农户家庭总收入的累积分布函数

从分地区情况看，东部地区 30% 的普通农户年收入在 28052 元以内，50% 的普通农户年收入在 39416 元以内，80% 的普通农户年收入在 64977 元以内；中部地区普通农户按 30%、50%、80% 比例，相应的收入限界分别为 22331 元、30530 元、49952 元；西部地区的相应收入界限为 22487 元、30151 元、48085 元；东北三省的相应收入界限为 28835 元、40576 元、67721 元。

农村住户的收入结构揭示，我国不同地区的农户收入中位数存在较大差异，中、西部地区为 3 万元左右，东部和东北地区的中位数为 4 万元左右。同时，占 30% 的中低收入人群年收入在 3 万元以下；其中，中西部地区占 30% 的中低收入人群年收入在 2.2 万元以内，东部和东北三省在 2.8 万元以内。这要求商业银行机构针对当地农户的具体特点，根据每一户的年收入确定贷款额度，否则难以防控不良贷款。

（四）农村住户负债情况

1. 各地各类农户家庭总负债情况

2012 年，在全国普通农户中，88% 的农户没有负债，包括银行贷款和民间借贷在内，10.4% 的农户负债不超过 5 万元，1.6% 的农户负债超过 5 万元，最高负债额为 45 万元。具体结构分布结构如图 5.25 所示。

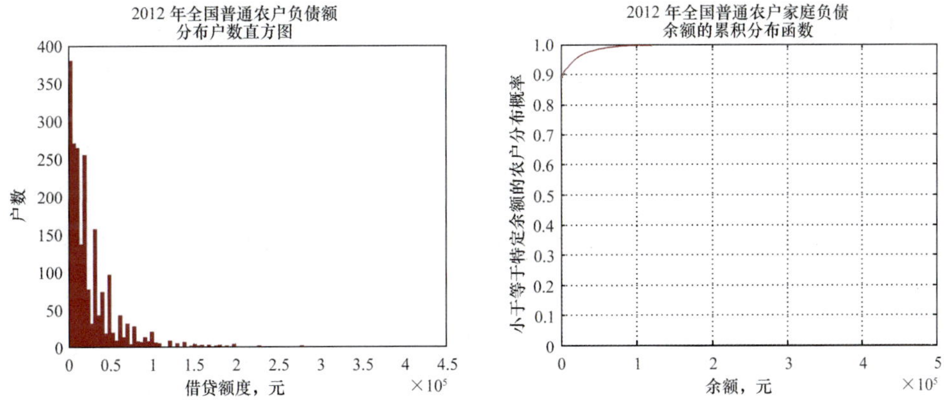

图 5.25　全国普通农户负债情况

从分地区情况看，在东部地区普通农户中，93.72% 的农户没有负债，5.16% 的农户负债 5 万元以下，1.12% 的农户负债 5 万元以上；在中部地区普通农户中，90.78% 的农户无负债，8.34% 的农户负债 5 万元以内，0.88% 的农户负债超过 5 万元；在西部地区普通农户中，80.63%的农户没有负债，16.54%的农户负债5万元以内，2.83%的农户负债超过5万元；在东北三省普通农户中，84.68%的农户无负债，11.76%的农户负债5万元以内，3.56%的农户负债超过5万元。

从2008~2012年，普通农户、个体工商户、干部户中有负债的比例由13%、9.8%、14%变为12%、11%、16%。其中，东部地区由8.3%、8.4%、11%调整为6.3%、6.4%、13%；中部地区分别由13%、12%、14%调整为9.2%、13%、15%；西部地区上述三类农户中有负债的比例由18%、16%、19%调整为19%、20%、20%；东北三省则由19%、11%、15%调整为15%、16%、15%。具体如图5.26所示。

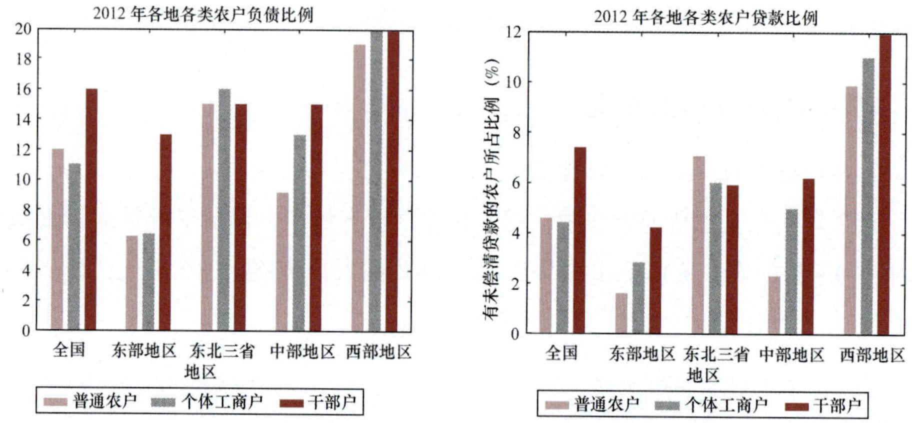

图5.26　2012年各地各类农户负债比例

从上述变化还可以看出，2012年东部普通农户中有负债的比例相对较低，为6.3%，在中部地区、西部和东北三省分别为9.2%、19%、15%。工商个体户的负债情况类似，东部为6.4%，中部、西部、东北三省分别为13%、20%、16%。

2. 银行贷款情况

在分析各类农户负债比例的同时，应比较各类农户中有银行贷款的比重及变化情况。

在各类农户中，有贷款余额农户所占的比例。从2008~2012年，全国普通农户、个体工商户、干部户分别从4.8%、4.2%、6.4%变化为4.6%、4.4%、7.4%。具体如图5.26所示。其中，东部地区的这三类农户从1.9%、2.7%、3.4%变化为1.6%、2.8%、4.2%；中部地区的这三类农户从2.4%、3.1%、4.4%变化为 1.5%、2.6%、5.3%；西部地区的这三类农户从 8.9%、11%、12% 变化为 9.9%、11%、12%；东北三省的这三类农户从 13%、9.1%、10% 变化为 7.1%、6.0%、5.9%。从此可以看出，东部和中部地区各类农户有信贷余额的比例整体偏低，普通农户的情况最为突出；东北三省农户获得信贷的比例在下降。这些数字虽是第四季度末统计值，不包含之前已归还的贷款，但相关信息值得重视，下同。具体如图 5.27 所示。

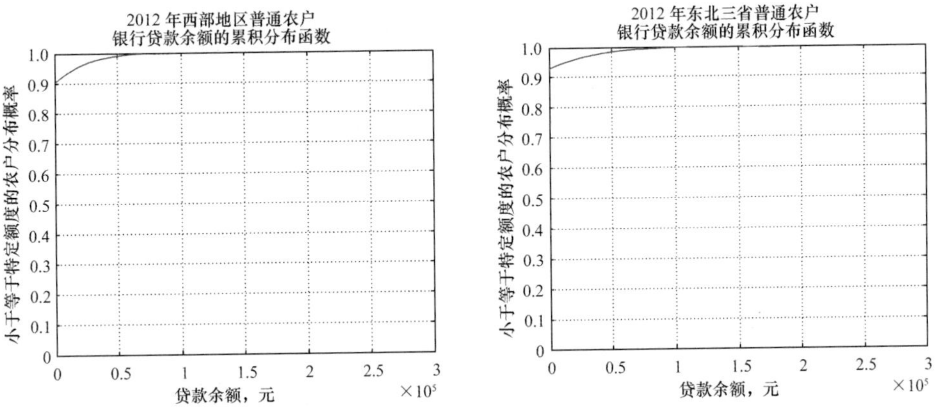

图 5.27　普通农户银行贷款余额情况

从 2008 ~ 2012 年，普通农户、个体工商户、干部户的户均贷款余额从 12790 元、29782 元、15187 元增加到 29381 元、67026 元、35263 元。其中，东部地区的普通农户、个体工商户、干部户的户均贷款额从 26694 元、43831 元、24353 元增加到 43602 元、112550 元、23900 元，个体工商户的户均贷款额增幅显著；中部地区上述三类农户的户均贷款从 9098 元、15667 元、22160 元增加到 28822 元、43111 元、28175 元，普通农户、个体工商户的增幅较大；西部地区这三类农户的户均贷款额从 10352 元、21077 元、9984 元增加到 25344 元、49120 元、44166 元。

从农村住户的银行贷款额分布情况看，从 2008 ~ 2012 年，多数农户贷款余额在 5 万元以内，超过 10 万元的极少，但 2 万至 10 万的农户数量明显增加。具体如图 5.28 所示。

3. 农村住户金融资产及民间借贷、负债结构

从 2005 ~ 2008 年，随着农村居民收入的稳步增长，农户的金融资产值、负债额也在逐步提高。农户的金融资产平均值从 9842 元增加到 28790 元，主要表现为银行

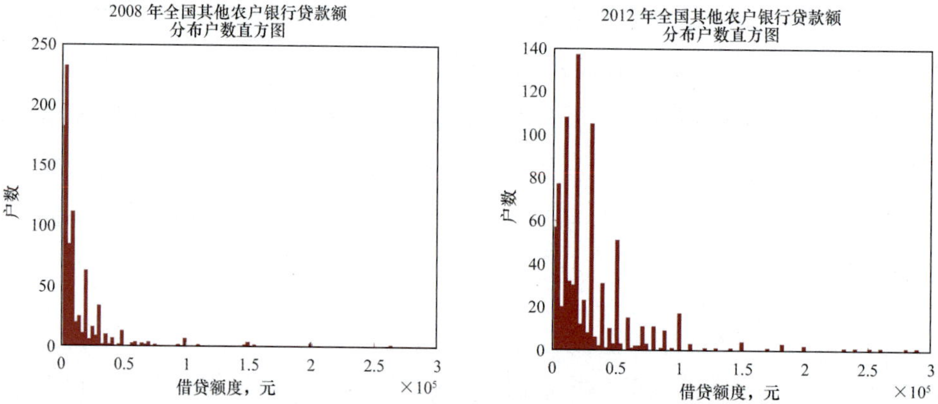

图 5.28　全国普通（其他）农户的银行贷款额分布对比

存款，各地农户普遍持有金融资产；具有债务的农户，平均每户家庭负债额从 8941 元增加到 29257 元；具有银行贷款的农户，户均贷款额从 8099 元增加到 32782 元；民间借贷额平均值从 7396 增加到 21918 元。具体如图 5.29 所示。

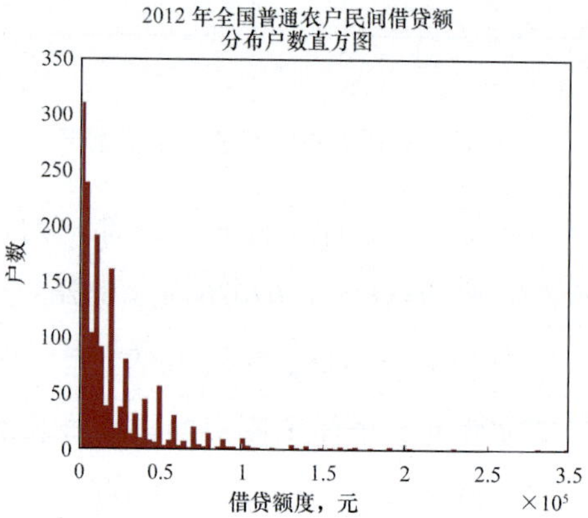

图 5.29　农户资产负债平均值

从各类农户的负债结构看，自 2008 ~2012 年，普通农户的负债总额中银行贷款所占比重从 33% 上升到 42%，个体工商户从 50% 上升到 57%。这说明银行贷款对民间借贷的替代程度在提高。具体如图 5.30 所示。

从各地情况看，中部地区普通农户、个体工商户、干部户的负债总额中银行贷款的所占比例从 17%、24%、36% 调整为 22%、28%、32%；西部地区的相应比例从 44%、68%、53% 变化为 54%、64%、57%；东北三省的相应比例从 36%、74%、45% 变化为 40%、45%、31%。具体如图 5.31 所示。

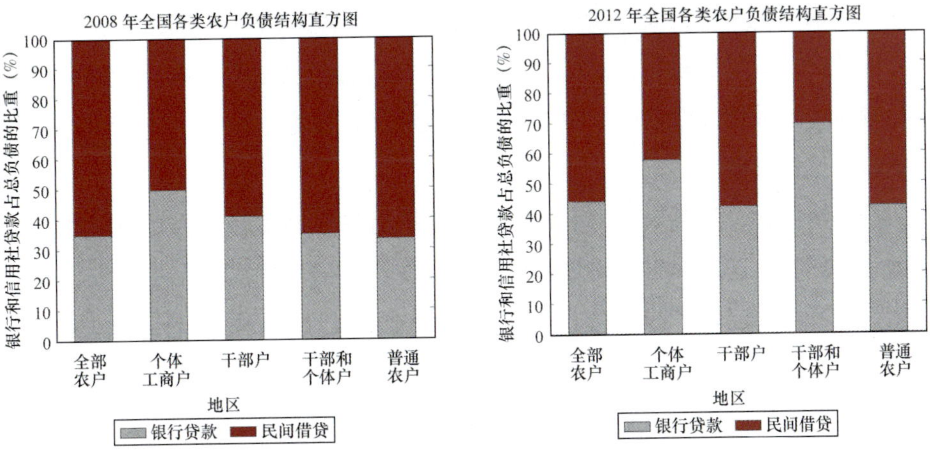

图 5.30　各类农户的负债结构对比

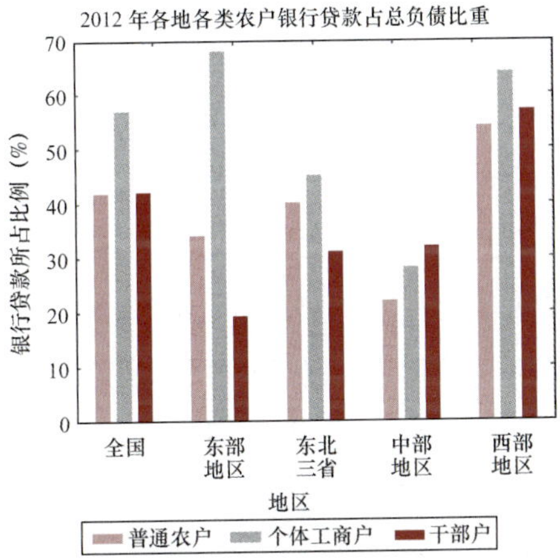

图 5.31　各地各类农户银行贷款占总负债的比重

三、面临的问题

从前面相关数据可以看出，我国农民收入在过去几年里保持了快速增长，推进普惠金融工作取得较好进展，在普及银行卡、资金结算和汇兑服务等方面通过创新服务机制，保持了快速增长。但同时值得重视的是，作为农村金融服务核心部分，对农村住户贷款业务面临现实挑战。自 2003 年推进第二轮农村金融改革以来，从中央监管部门到各级政府相关部门为促进农村信贷业务发展出台了诸多政策，进行了大量探索，取得了一定进展，银行贷款在农村住户负债结构中所占比重有明显提高。但从实际情况及国际比较看，农村住户获得信贷的比例仍然需要进一步提高。从分地区比较看，这种情况在东部、中部地区表现明显，普通农户、个体工商户中获得银行贷款的比例过低。

从具体情况看，问题表现为三方面，一是农村住户储蓄转化为对农村住户信贷的比例有待提高，这反映出推动金融机构支农的任务仍然很重；二是对农村住户信贷转化为生产性固定资产投资的比例偏低，反映出银行进行贷后管理的难度很大；三是对农村住户贷款额与农村住户偿还能力的匹配程度不理想，反映出风险控制的贷前调查工作有待改进，信息不对称问题有待缓解。

（一）农村住户储蓄转化为对农村住户贷款的比例偏低

为反映当地农村住户储蓄转化为对当地农贷款的情况，这里用农村住户存贷比来衡量，即分类统计对农村住户贷款占农村住户存款的比重。这一比重越低，说明农村住户的储蓄资金脱离农村住户的情况越突出。

从全国看，从 2005 ~2012 年，普通农户、个体工商户、干部户的存贷比分别从 6%、4.4%、8.6%、6.9%变化为 5%、6.2%、8.7%。

按分地区比较，从 2005 ~2012 年，东部地区普通农户、个体工商户、干部户的存贷比从 2.6%、3.1%、2.5%变化为 1.7%、2.8%、4.5%；中部地区这三类农户的存贷比从 4.1%、6%、9.1%变化为 2%、3.7%、4.3%；西部地区从 16%、22%、30%变化为 14%、17%、22%；东北三省地区从 12%、7.7%、4.4%变化为 12%、5.5%、4.2%。具体见图 5.32 所示。

从统计情况看，东部和中部地区普通农户的存贷比偏低，分别为 1.7%、2%。由于普通农户数量占绝大多数，过低的存贷比意味着当地农户的储蓄资金外流问题比较突出。

（二）农村住户贷款转化为生产性固定资产投资的比例偏低

从统计情况看，大多数农村住户在年度之内没有进行生产性固定资产投资。在全国范围内，自 2005 ~2012 年，剔除未投资的农户，普通农户、个体工商户、干部户年内进行生产性固定资产投资的平均值分别从 2296 元、7167 元、2368 元增加到

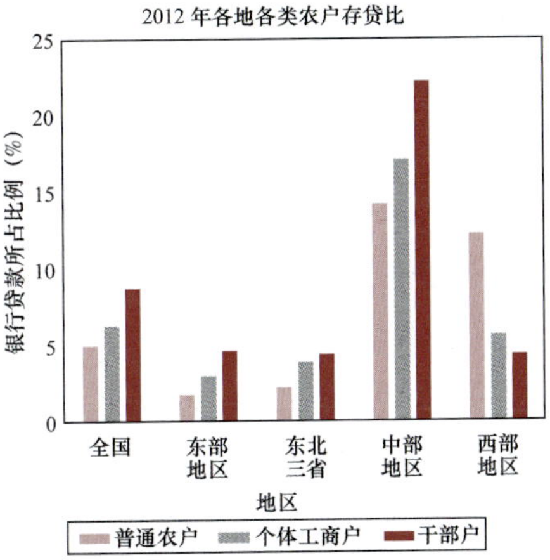

图 5.32　各地各类农户的存贷比

4843 元、10031 元、11292 元。

从农户购置生产性固定资产的支出分布看，普通农户购置生产性固定资产时，有 90.18% 的农户购置金额在 1 万元以内，83.04% 左右的农户购置金额在 0.5 万元以内。具体如图 5.33 所示。从个体工商户看，81.11% 的农户购置金额在 1 万元以内，71.11% 的农户购置金额在 0.5 万元以内。

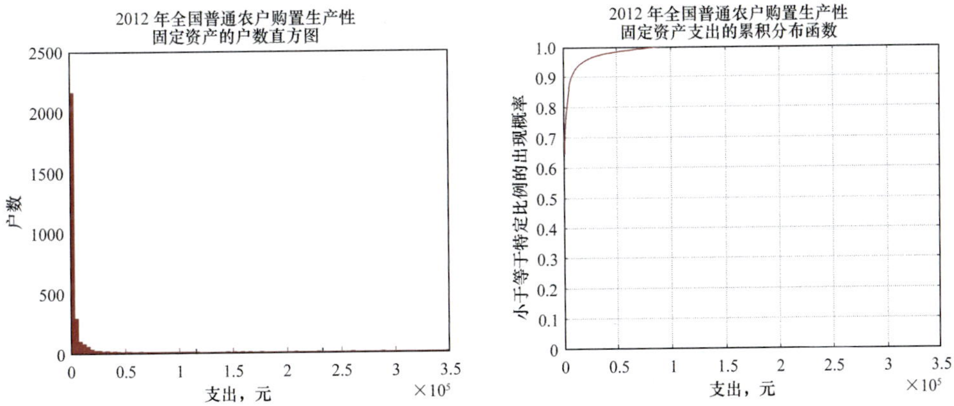

图 5.33　全国普通农户购置生产性固定资产情况

从东部地区普通农户购置生产性固定资产支出情况看，50% 农户在 715 元以内，90% 农户在 7823 元以内，95% 农户在 17465 元以内；从东北三省情况看，80.29% 农户在 1200 元以内，90.08% 农户在 4400 元以内，95% 农户在 11860 元以内；从中部地区情况看，90.03% 农户支出在 565 元以内，95% 的农户支出在 1950 元以内，

99.07%的客户支出在13000元以内；从西部地区情况看，50%的农户支出在1000元以内，90%的农户支出在9510元以内，95.08%的农户支出在16500元以内。

从农业信贷资金发放角度，银行一般要求信贷资金用于涉农生产。为考察涉农资金实际运用情况，这里针对从银行贷款的农村住户，将购置农业生产性固定资产支出情况与贷款余额进行比较。自2005~2012年，农村住户购置生产性固定资产支出与信贷余额的比例总体走低。至2012年，全国、东北三省、东部、中部、西部地区相应比例分别为7%、12%、0.8%、7.2%、8.3%。具体如图5.34、图5.35所示。农村住户将信贷资金用于购置生产性固定资产的比例过低，意味着农业贷款用途进一步复杂化，贷后管理难度增大，潜在风险随之增大，影响信贷资金投放。

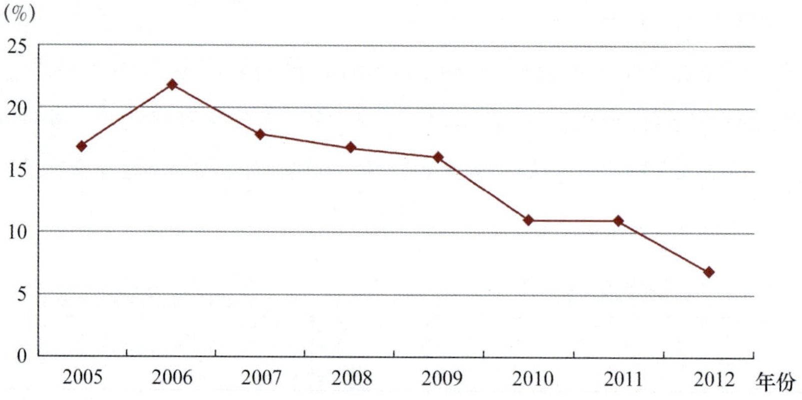

图 5.34　全国农村住户购置生产性固定资产支出与信贷余额之比

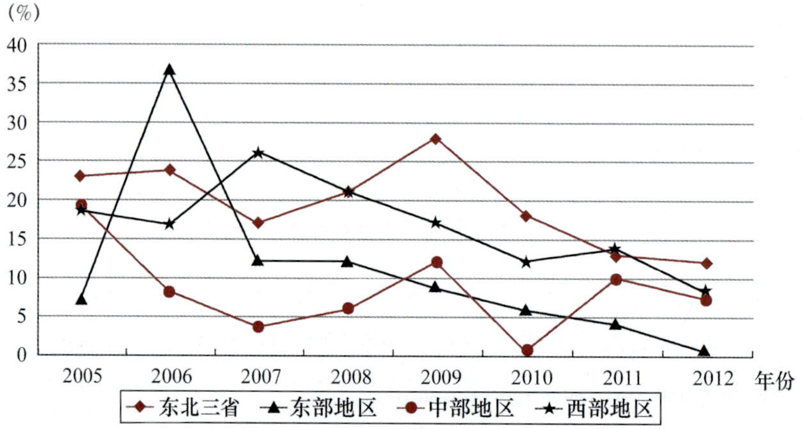

图 5.35　各地区农村住户购置生产性固定资产支出与信贷余额之比

（三）农村住户贷款额与偿还能力的匹配性问题

农村住户的还贷能力是信贷资金有效回收的必要条件。对银行信贷风险控制而言，在贷前审查中识别农村住户的还款能力是关键，农村住户的贷款额必须与偿还能力相匹配。为此，农村住户的贷款额应该与其收支特征相符。这就要求以农村住户的投资项目回报和现金流为基础发放贷款。如果发放贷款额度超出农村住户的实际偿还能力，例如短期贷款额度超过年收入，则风险较大。

从实际情况看，目前农村贷款发放主要基于抵押和担保，侧重于提高农村住户的还款意愿；但如果农村住户没有相应的还款能力，则仍然会难以按期偿还贷款，发生联保贷款的集体拖欠等现象。如果村干部或其亲戚有这种情况，会引起诸多村民效仿，形成羊群效应。

从全国及各地历年情况看，农村住户贷款额与其年收入的匹配情况并不理想。从近几年情况看，一是银行贷款额超出年初收入的农村住户比例在上升，考虑到信贷期限结构未有大的变化，这意味着发生拖欠的概率在上升。二是干部户的这类情况比普通农户突出。三是中西部一些地区情况相对突出。这些问题在实际调研中得到印证。

从全国情况看，从 2008 ~2012 年，全国有银行贷款的普通农户中贷款额超出年收入的比例从 14% 上升到 24%；超过年收入 50% 的比例从 35% 上升到 48%。相应农村住户的还款能力需引起重视。具体如图 5. 36 所示。

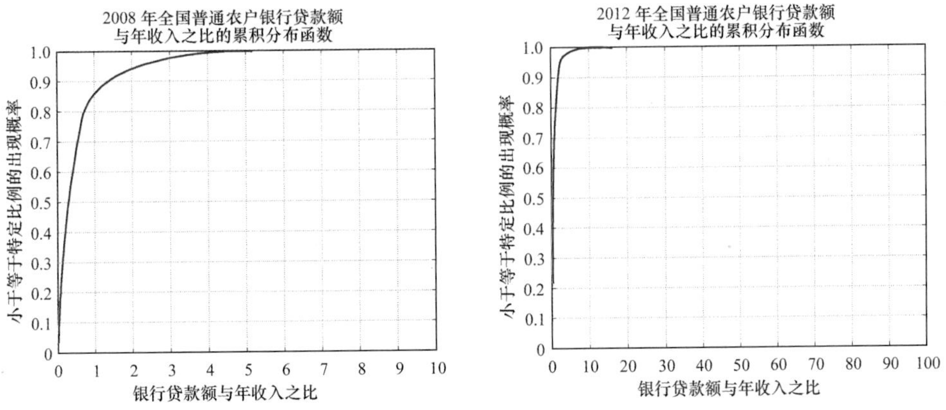

图 5. 36　全国普通农户银行贷款额与年收入之比

从上述对比可以看出，2008 年普通农户中贷款额超出年收入的比例明显低于干部户，但到 2012 年两者基本持平。目前银行对农户贷款绝大多数为短期贷款，中长期贷款比重极低。农户的短期贷款额超过年收入意味着潜在风险较大。具体如图 5.37 所示。

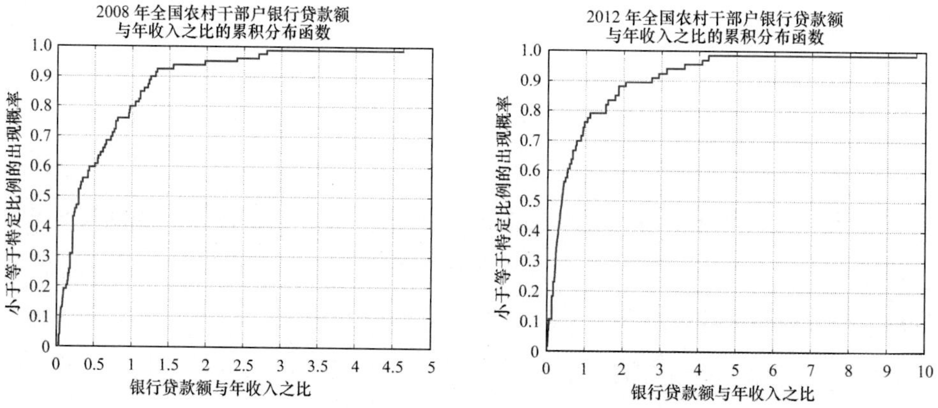

图 5.37　全国农村干部户银行贷款额与年收入之比

从 2008 ~2012 年的分地区比较。在东部地区，有信贷余额的普通农户贷款额度超出年收入 50% 和 100% 的比例从 38%、23% 增加到 60%、30%，在东北三省从 36%、10% 增加到 42%、19%，在中部地区从 29%、13% 增加到 50%、28%，在西部地区从 32%、13% 调整为 31%、14%。西部农村干部户情况具体如图 5.38 所示。

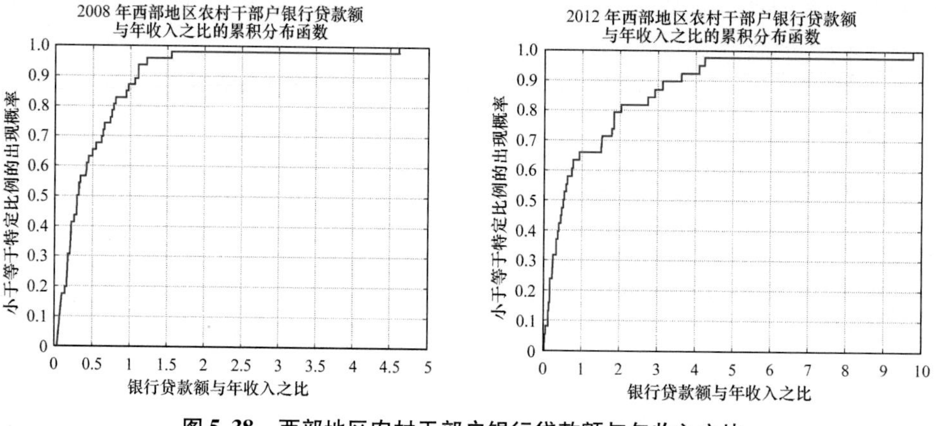

图 5.38　西部地区农村干部户银行贷款额与年收入之比

综上所述，我国目前农村住户贷款额与农村住户年收入的匹配程度直接影响信贷风险控制效果。从农村住户的信贷资金用途看，用于生产性固定资产投资的比重在下降，趋势比较明显，说明了信贷资金用途复杂化，更多与消费用途有关；但与此同时，农村住户信贷额超出年收入的比重在逐步上升，全国普通农户平均值已经达到24%，东部、中部地区更达30%、28%；若以年收入50%为衡量标准，则情况更突出，东部、中部地区普通农户分别为60%、50%。这些因素综合叠加，导致农村信贷风控难度增大。在此背景下，推动农村储蓄转化为对农村住户贷款的难度更大，也加剧了放贷难问题，由此导致农村住户储蓄转化为信贷的比例过低，这种情况在东部、中部地区表现尤为突出。

在实际情况中，由于农村住户同时存在民间借贷等行为，可以通过民间借贷来周转归还贷款，并循环借贷，因此各地的不良率有较大差异。银行应坚持根据农村住户还款能力确定信贷额度，以农村住户年收入等指标为参照。这是有效控制风险的前提。

四、原因分析

现实表明，农村住户的贷款难和银行的放贷难同时存在。从农村住户角度看，生产性固定资产原值总值低、折旧快、变现难，而农房、土地经营承包权等农权的抵押，一般以土地附着物价值为依据，因而农村住户通过抵押实际可获得的贷款有限；如果通过担保，则农村住户一方面需要找到银行认可的保证人或联保户，另一方面对农村住户发放联保贷款的额度比较有限，例如农村住户联保贷款一般在 5 万元或 3 万元以内。银行为控制信贷业务的风险和成本，面临扩大信贷覆盖面和控制不良率的两难问题。不少银行为控制农贷成本引入批量操作模式，但面临控制不良率的难题。

具体分析原因，主要有三方面，一是目前农村金融市场信息不对称问题仍然明显制约农村信贷业务发展，对大型银行而言尤其如此；二是农村家庭经营生产方式转型滞后，传统生产方式的固定资产投入很有限，绝大多数农村住户通过家庭收入的少部分即可满足，2012 年有 51.28% 的普通农户购置生产性固定资产在 1000 元以内，农业生产的投资需求尚未得到普遍激发；三是农村金融服务的产品与农村住户需求存在差距，一方面现有小额信贷产品的额度范围与民间借贷融资渠道重叠，另一方面农村住户生产转型所需的融资需求难以满足。

（一）信息不对称

在农村市场，信息不对称问题显得尤为突出，主要表现为：一是农村金融基础设施建设相对滞后，如农村征信体系建设有待加快推进，银行难以根据客观依据判断客户的信用状况。这也是中国农村居民信用卡普及率过低的重要原因。二是对银行而言，农村住户的家庭财务信息不透明。这意味着难以确定农村住户家庭经营的资金流和投资回报，也难以有针对性地客观判断农村住户的真实还款能力，导致银行难以确定与客户还款能力相匹配的贷款额。从统计看，贷款额超出农村住户还款能力的比例并不是极少数；提高客户的还款意愿并不能解决其还款能力问题，这是导致联保贷款违约的重要因素之一。农村小微企业也存在同样的问题。

针对这一现实问题，各家银行采取了相应措施，在贷前调查、贷后管理等环节创新机制，尽量降低信息不对称程度。例如在贷前管理调查环节，借助农村德高望重的老党员、老干部、老教师等群体了解情况。

通过这些措施，在一定程度上缓解了信贷员收集农村住户基本信息的工作压力。但仍有以下问题需要妥善解决：一是信贷员的工作量问题。一名信贷员要管理 1000 万元的信贷业务，则要面对 200 名以上的客户，在信息收集、甄别、贷后管理等环节对每家客户投入的工作量有限，这种情况一方面影响贷前调查等关键环节的工作质量，另一方面占用银行基层机构的资源，例如在催贷环节往往需要其他同事配合及参与。二是通过当地渠道了解到的农村住户信息不可避免地受到人情环境的影响。例如相关村庄的德高望重老人在筛选推荐农村信贷对象时，自身处于熟人社会中，在村民请托之下很难保证主观评价和推荐结果不受人情影响，征信信息扭曲在所难免。这种评价和推荐与贷后管理的责任不挂钩，不承担连带担保责任，缺乏完善的正向激励机制。从实际效果看，这种机制仍然有待进一步完善。三是农村住户为获得贷款，存在掩饰不利财务信息的动机。如果对农村住户所提供的信息缺乏有效的交叉验证机制，则潜在风险仍然较大。四是在贷后管理环节，据基层金融机构反映，农村地区除了存在追贷难问题，信贷违约的司法处理环节多、周期长，法院判决执行难。对金融机构而言，通过司法途径处理并非上策。

（二）农村住户生产方式转型滞后

从 2012 年全国各类农户购置生产性固定资产支出与家庭年收入的比例看，在年内进行生产性固定资产投资的农户中，80% 的农户相应比例小于 10%，95% 的农户相应比例小于 44%。2005 年的相应比例为 13%、45%。具体如图 5.39 所示。2012 年，普通农户的相应比例为 10%、41%，个体工商户的相应比例为 14%、113%。其中 90% 的个体工商户购置生产性固定资产支出占年收入的比例小于 50%，即有 90% 的个体工商户相应支出不到年收入的 50%；有 96% 的普通农户相应支出不到年收入的 50%。即使在中、西部地区，90% 农户其相应支出不到年收入的 25%，东部地区 90% 农户的比例在 20% 以内，东北三省地区的 90% 农户的相应比例在 32% 以内。与 2005 年的情况相比，基本格局非常相近。这说明绝大多数农户购置生产性固定资产的支出规模较小，生产方式转型滞后。其中，个体工商户购置生产性固定资产支出的额度超过普通农户。

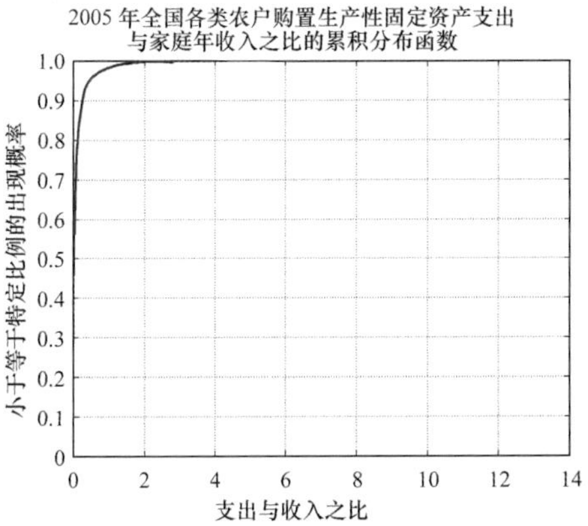

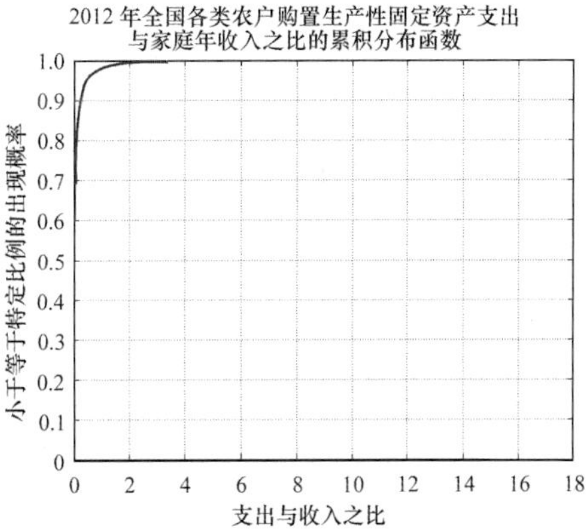

图 5.39　农户购置生产性固定资产支出与家庭年收入之比

农村住户的生产方式转型滞后与多方面因素有关。除了外部的农产品流通体系等方面问题，就农村住户家庭经营而言，家庭成员专业技能、受教育程度决定农业技术应用推广效果，决定农业生产方式转型的实际进展。但从中国农村住户家庭成员情况看，这方面还存在很大的提升空间。一是全国 64% 农村住户的全部家庭成员未接受过农业专业培训。二是接受过中专、大专等专业教育的现代农民比重非常低，两者相加仅占 6%，其中大专及以上占 3%。

（三）信贷产品的设计与农村住户需求存在差距

金融支持也是影响农业生产方式转型的重要因素。如果金融产品与农业转型的实际需要不匹配，也不利于推进农业生产方式转型。从目前各类金融机构信贷产品看，小额贷款额度与农村住户的金融资产价值相近，也与民间借贷额基本相当。

全国 50% 普通农户的金融资产在 13950 元以内，20% 普通农户的金融资产超过 42000 元，10% 普通农户的金融资产超过 64759 元。具体如图 5.40 所示。东部地区相应值分别为 24000 元、61000 元、92000 元；东北三省相应值分别为 11000 元、36000 元、56000 元；中部地区相应值分别为 11829 元、34000 元、52200 元；西部地区相应值分别为 8500 元、29000 元、46000 元。

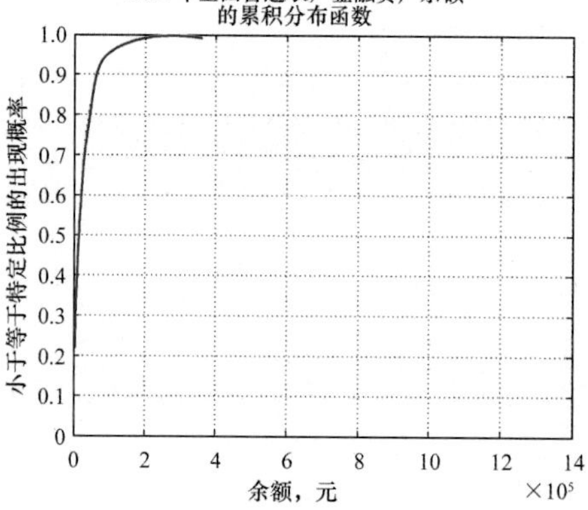

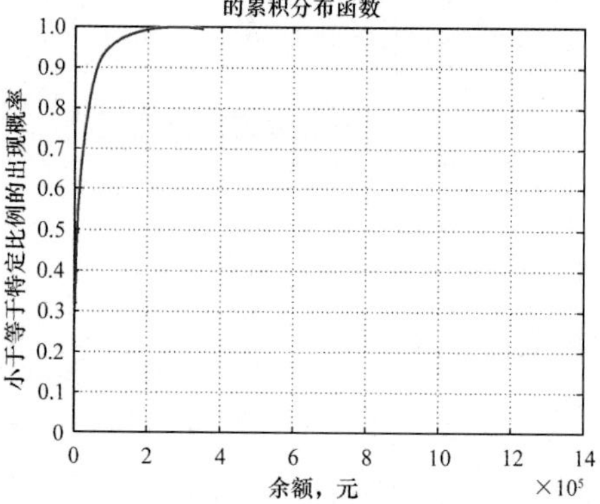

图 5.40　全国普通农户和工商个体户金融资产余额累积分布情况

2012 年，全国普通农户、个体工商户、干部户持有的户均金融资产分别为 27335 元、47843 元、30189 元；从东部地区看，普通农户、个体工商户、干部户户均持有金融资产分别为 41117、65145、40941 元；中部地区为 21677 元、30848 元、27122 元；西部地区为 18120 元、30767 元、23884 元；东北三省为 22887 元、32609 元、41572 元。5 万元以内的普通农户金融资产户数分布如图 5.41 所示。

由于农村住户平均金融资产价值已经与小额信贷额度接近，从农村住户角度看，可以从银行获得小额信贷融资，也可以从亲朋好友处融资。相比较而言，从亲朋好

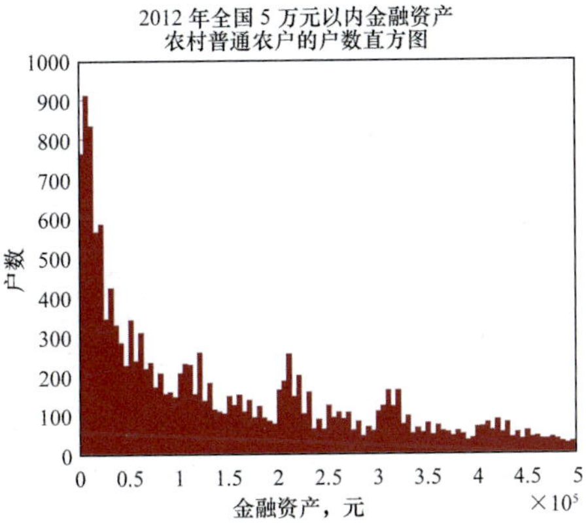

图 5.41　农户金融资产情况

友处获得融资的利率、期限存在很大的弹性，低于银行贷款的利率，且不存在抵押担保等问题，也非常快捷。从农村住户亲友的角度看，借贷双方可以商定一个合理的利率，高于银行存款利率同时低于银行贷款利率。出于人情往来，农村亲友之间的短期借贷利率往往比较低，甚至免息。因此，银行现行的小额贷款产品与农村住户亲友之间的融资相比并无优势，反而存在诸多的相对不足。

这一问题可以通过比较农村住户信贷与民间借贷来反映。从 2012 年情况看，民间借贷明显比银行贷款活跃，不同贷款额的户数多于银行贷款。具体如图 5.42 所示。

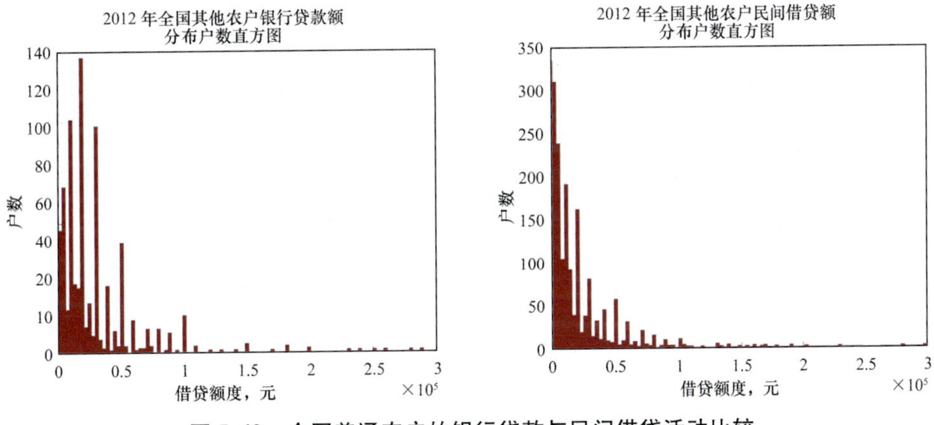

图 5.42　全国普通农户的银行贷款与民间借贷活动比较

上述情况意味着现有的小额信贷业务模式难以在功能上改进农村住户金融服务的供给机制，农村住户可以通过民间借贷或中短期储蓄来替代。

从农村住户的角度看，由于生产方式转型的融资需求较大，中短期储蓄或民间借贷不能解决生产方式转型所需的融资服务，需要金融机构提供支持。

在农业生产方面，大型农业设施或农机具等资产的购置离不开金融机构支持。以农业产业化中的设施农业为例，塑料大棚种植技术在国内得到广泛推广。以使用寿命 10 到 15 年计，简易钢架大棚的造价约为 2.4 万/亩，立体吊蔓栽培的承重高架大棚造价为 8.7 万/亩，以种植 8 亩的普通菜农计算，即使建造简易钢架大棚也需要 20 万元。再以大型农机具为例，玉米秸秆打捆机、回收机、打包机等动辄上万元，大型农机具的价格更贵，大型联合收割机价格多在 10 万以上。这些需要金融机构通过中长期贷款或融资租赁等方式提供支持，但相关服务很少。

在消费方面，农户新建、新购住房也需要金融机构支持。2012 年，全国普通农户、个体工商户、干部户的新建住房平均价值分别为 11.25 万元、9.9 万元、16.16 万元，新购住房平均价值分别为 17.86 万元、23.10 万元、18.38 万元。具体如图 5.43 所示。这些已经超出民间融资的支持范畴，也是农村金融机构有待开拓的潜在市场。

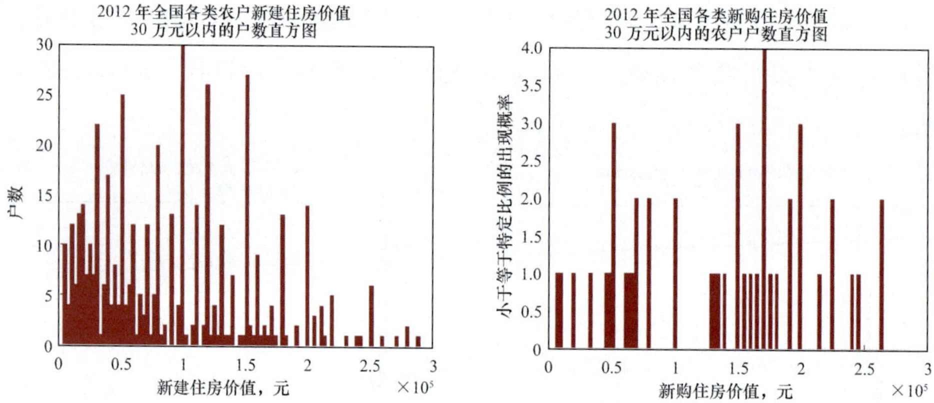

图 5.43　各类农户新建新购住房价值

但从实际情况看，现阶段金融机构的服务介入很有限。从全国范围看，银行贷款仅占农村住户新建新购住房资金来源的 5%，在东北三省、东部、中部、西部地区银行贷款分别占 2%、8%、1%、8%。具体如图 5.44 所示。

因此，无论是农村生产方式转型，还是农村住户住房相关的融资需求，都需要金融机构改进风险控制机制，创新金融服务产品，提供更有针对性的金融服务。其

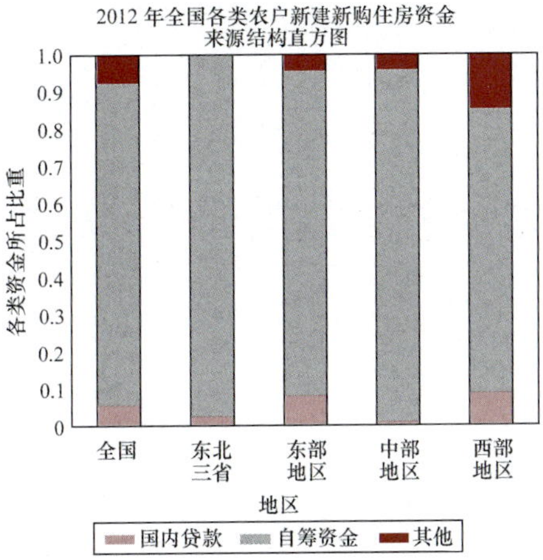

图 5.44　全国各地农村住户新建新购住房资金来源

中，完善农村征信体系建设、降低信息不对称程度，针对农村住户还款能力设计有效的信贷产品，是拓展农村金融市场的关键切入点。

第6章

农村金融机构发展中面临的障碍及政策诉求

围绕金融加大服务“三农”力度、促进农村加快发展的政策导向，农村金融机构根据监管部门政策导向，结合各地实际条件和地方政府工作，积极创新服务“三农”的体制机制。从实际效果看，金融服务“三农”的广度和深度得到拓展，支农格局进一步形成。但与此同时，金融机构在实践中面临一些现实困难和问题，需要妥善加以解决。

一、农村金融机构服务农村市场的主要做法

在农村，金融服务与普惠金融发展存在很大相关性。2006年以来，发展普惠金融引起国内各方重视。根据普惠金融联盟（Alliance for Financial Inclusion）普惠金融数据工作组（Financial Inclusion Data Working Group）2013年3月提供的普惠金融核心指标集，具体包括服务可得性和用途两个维度。其中，服务可得性指标包括每万名人口金融网点数，基于行政单元（镇或村）的网点覆盖率、网点人口覆盖率；用途指标包括拥有银行账户人口比例、拥有信用卡人口比例。另根据世界银行2012年4月发布的普惠金融测度报告，普惠金融的发展指标可以从银行账户渗透率及移动支付应用、储蓄、信贷、保险这些角度来衡量。

随着农村金融市场准入门槛的适度放松，当前已经形成了农村信用社、各类全国性银行、地方性商业银行以及各类新型农村金融机构、保险公司等机构共同支农

的新格局。其中，在农村信用社继续担当主渠道的基础上，中国农业银行、邮储银行在农村乡村地区布设了大量电子机具，在基层组织支持下积极探索小额信贷服务有效途径；中西部地区地方性商业银行结合本地经济结构特点，在政府指导下积极拓展农村金融市场；村镇银行、小贷公司、农村资金互助社结合自身特点，以服务农村市场为基础，积极探索可持续发展的有效途径；商业性保险公司的支农业务在各级财政支持下快速增长。从具体情况看，金融服务的实际效果与地方政府的协同机制存在很大的相关性。支农效果较好的地区，基层政府配合协同一般比较到位，地方金融的发展环境相对理想。这说明，我国农村金融市场尚处于发展完善之中，信息不对称导致的市场不完全对农村金融服务造成障碍，地方政府协同配合具有重要意义。金融机构在支农方面的探索创新实践主要如下。

（一）银行机构服务农户探索与创新

从调查看，东、中、西部地区农户对金融服务的需求普遍比较旺盛。银行要服务好这些需求，就需要探索有效机制，降低信息不对称程度及交易成本、风险，并提高成本效率。

1. 在农村地区创新模式，普及基础金融服务

在监管部门推动下，各地农村信用社、农业银行、邮储银行加强金融服务空白乡镇的网点设置和服务。以推进惠农支付服务点建设为重点，以消除金融服务空白乡镇为目标，以信息化技术为依托，在中西部地区的边远乡镇通过设立物理网点，设立惠农金融服务站点，布设 ATM 机和 POS 机等机具；对通电不到位的乡镇设置流动服务网点，定期派遣流动服务车。在边远地区和农村基层乡村布设电子机具，依托村内的农家店、农村超市、农资连锁店、通信营运商、新农保服务站等便民场所布放转账电话、POS 机、自助服务终端等电子机具，以方便农民就地办理刷卡消费、银行卡查询、小额取现、转账汇款、缴费等业务。

全国农信系统通过农信银清算平台，在全国 8 万个网点实行通存通兑。同时，各地农村信用社在乡村地区依托农家店等平台布放 POS 机等电子机具。一些省（区）农村信用联社在基层的主要行政村设立村级便民金融服务点，布放惠农自助服务终端设备，设备具有小额存取款、转账汇款、财政惠农补贴资金支取、查询、小额信用贷款、挂失、存折补登等功能。如山东农信社以打通农村金融服务“最后

一公里”为导向，建立便捷的农村金融支付体系，实现了“乡镇有网点、村村有服务、电子机具村村通、家家用上银行卡”的目标，ATM 机的乡镇覆盖率达 100%，电子机具的行政村覆盖率达到 98%。

农业银行积极推进“金穗惠农通”工程，把商务部“万村千乡市场工程”的商品流通网络作为主渠道之一，在农家店、卫生站、农资站等场所建立服务点，在有条件地区实施 ATM 机进村，其余地区全面实施转账电话、POS 机等电子机具入村。到 2013 年底，电子机具已覆盖全国 68.3% 的行政村。

邮储银行探索支农和商业可持续的协调机制，在乡村地区大力布放 POS 机、ATM 机、商易通等终端设备，在全国建立银行卡助农取款服务点 10 万个。

与此同时，各家银行系统还结合信息化系统建设，大力发展网络银行、手机支付等新业务，方便农村地区客户。其中，邮储银行的手机银行贴膜卡技术适合各类手机，通过短信通道发送交易数据，能在手机无法上网的偏远地区使用，使手机银行客户数量迅速增长。

从实际效果看，物理网点的设立和日常运营涉及的固定资产投资和人工费用支出较大，在一些偏远地区难以维持盈亏平衡。但布设自助终端、POS 机等设备的成本相对较低，同时会向挂靠农村商户支付一定费用，农村商户也乐意配合，推广的效果很好。通过信息化技术，农村地区的基本金融服务得到了较大程度的改善。

2. 推进小额信贷服务

在农村地区，由于农村产权特点，以及传统农业的效益较低，农民的“贷款难、贷款贵”问题和银行机构的“放贷难”问题同时存在。从农户角度，由于缺乏抵押物及保证人，一般通过联保方式申请银行贷款。但从银行角度看，联保贷款也存在潜在风险。特别是在银行对农村和农户情况了解不多的情况下，信贷风险有可能难以控制，导致不良率过快上升。商业银行发展农村小额信贷服务的关键在于掌握农户的相关财务信息，借助增信和风险分担机制等途径来控制信贷风险。在此过程中，地方政府的支持与配合非常重要。

一些金融机构借助基层政府和村组织等资源，对农户的信息进行批量搜集和甄别，建立档案。银行在一定风险容忍度之下，以获取农户的财务硬信息和个人行为软信息为依据，进行批量操作，降低了成本。硬信息通常包括可财务指标和银行交易记录、交易记录等，软信息则包括农户的人品、能力、偏好等因素，被熟人圈掌握。从发达国家的经验统计看，金融市场的客户信息分布越充分，银行机构贷款规模就越大。

在实践中，主要有以下做法。

开展农户小额贷款征信工作。多数机构采取对整村农户信息调查建档方式。银行信贷员连同村支书、村委会主任，以及村内声望较高的人员组成调查组，对每户家庭的资产、收入情况等财务状况以及家庭成员相关的“软信息”进行调查，建立全村农户的征信信息基本档案，定期更新。一些农村信用基础较好的地区，如甘肃等地的金融机构已经结合规范信贷流程管理，探索纯信用小额贷款。结合农户的实际需求，将贷款用途拓宽到就学、婚丧嫁娶等消费领域。在此基础上，根据农户的征信信息进行评级授信，确定相应的可用信贷额度。村支书、村委会主任的个人能力、道德水准对贷后管理的影响很大，当地政府也有很大影响力。基层政府在农村小额信贷发展过程中，通过加强金融知识宣传和法律法规教育，营造良好的信贷环境，可以发挥很大作用。以全国农村金融改革试点地区湖南省沅陵县为例，已推进四方面工作：一是建立完备的服务体系，每个乡镇建立金融服务中心，配备专职工作人员，在各村建立工作室。二是建立融资担保服务体系，县政府出资 6500 万，占 61% 股份，形成多层次的担保体系，为农民提供融资担保。三是提供征信服务，推进评级授信全覆盖。四是成立农村产权交易中心。

各地农村金融机构普遍开展信用户、信用村、信用乡镇建设。其中，浙江余姚农村合作银行还实行道德银行建设，对政府推荐的道德模范发放信用贷款。

金融组织通过农户抵押、质押品和现金流来判断农户风险。在传统抵押模式之外，一些金融机构探索增加抵押质押物品种等方式。例如有金融机构探索订单、仓单、保单质押，也有的金融机构探索林权、海域使用权、知识产权、农副产品、渔船、农机具、大棚、活畜等抵押方式。同时，将激励机制和监督机制同时纳入信贷合同，有助于协调金融机构与农户之间的利益机制。例如，通过一些附加条件促使借款人显现真实信息，并诱导借款人行为。具体方法包括等额分期还款制，或者建立按期付息的激励机制，利息按月付 5 免 1。

在信贷期限上，农业银行等金融机构根据农户农田基本建设和支付土地流转费用等股东资产投资的实际要求，灵活设定贷款期限，最高可达 5 年。

在改善服务方面，有的金融机构在农村配备流动客户经理，设立小额贷款咨询点，实行“上门受理、上门调查、上门服务”的信贷服务。

在政府贴息的政策性小额贷款方面，中国农业银行在甘肃推行双联贷款取得较好效果。中国农业银行甘肃分行与甘肃省财政厅联手对甘肃贫困农村地区联合推出“双联惠农贷款”，自 2012 年起每年安排 60 亿元专项信贷，连续 5 年共计发放 300 亿元信贷，投向甘肃 58 个贫困县的农户和农村经济组织。其主要特点是：每个县建立由财政注资的政策性担保公司，提供全程全额担保，省财政全额贴息，农业银行执行基准利率。政策性担保公司的担保放大倍率为 8 倍。基层政府在贷后管理中发挥重要作用，责任机制明确。

有的欠发达地区探索“担保基金 + 银行贷款 + 政府风险补偿”的农户产业化模式，促进农户增收。

也有的金融机构探索助保业务。由县政府向银行推荐业务发展情况较好的种养殖大户，政府全额贴息，并承担 60% 代偿责任，农户以种养殖大棚的产权证为质押提供反担保。在一些贫困地区，政府、银行、保险公司联手分担风险。例如人保财险在甘肃陇西开展涉农小贷保证保险试点工作，县级政府出资建立保证保险风险基金，承担 10% ~20% 损失，银行承担 20% 损失，保险公司承担其余损失。在此基础上，农信社为农户提供 30 万 ~50 万元贷款。

（二）银行机构服务农村经济组织的主要做法

当前，农民专业合作社蓬勃发展，涉农企业在农业产业化推进过程中发挥出越来越重要的作用，地方政府促进农村经济组织发展的力度逐步加大。

1. 农民专业合作社贷款

农民合作社通过统一管理和内部分工，生产效率、市场谈判能力都得到提高。但专业合作社也缺乏抵押物，导致贷款难。即使是一些管理比较规范的国家级和省级合作社，缺乏抵押物问题同样存在，也导致贷款难问题。这说明专业合作社的融资功能存在关键制约。针对这一问题，各地进行了多种探索。主要有以下形式：一是创新政策扶持机制，放大财政资金拉动效应。例如江苏省投入 4000 万元财政资金，以基金形式运作，合作社也投入 1% 的风险准备金，以及 10% ~15% 的互助保证金资金加入基金。银行在此基础上给专业合作社发放贷款 8 亿元，合作社贷款不需要抵押物。出险之后，相关方面按比例分担损失。这样，财政资金投入的效应放大 20 倍。二是在一些试点地区，农民专业合作社通过土地流转集中，以土地为抵押从银行贷款。具体可选择林权抵押、土地承包经营权质押等多种担保方式。三是实行银保合作。上海等地由保险公司按照生产成本为合作社提供农业保险，地方财政承担 80% 保费，促使银行为合作社提供贷款。山东寿光由保险公司向合作社提供 500 万元以下的素菜订单保险，地方财政提供 1% ~1.5% 的风险补偿，银行、保险公司和农户共同承担风险。四是合作社成员为合作社提供增信支持。对于缺乏抵押物的合作社，由合作社大股东或理事长等人为合作社贷款提供反担保。五是政府向银行推荐优质合作社。政府根据农民专业合作社实际情况，筛选出经营发展较好的合作社，作为示范社向银行推荐，银行对政府推荐的示范合作社提供一定额度的纯信用贷款。

2. 农村企业

农村企业包括各类农业龙头企业、从事农业生产加工或运输销售的小型企业，以及农村非农生产经营企业。

农业龙头企业贷款。由于农业龙头企业在农业产业化过程中发挥关键作用，也比较符合银行信贷条件，因而，各级政府和银行机构把农业龙头企业作为金融支农的重要切入点，通过产业链金融服务渠道提供信贷支持。以农业银行为例，该行建立了“公司 + 农户 + 基地 + 种植技术 + 政策补贴 + 金融支持 + 高层沟通 + 综合营销团队 + 一对一专业服务 + 管业行接力维护”的支农机制，并为重要客户量身订制综合服务方案。2013 年与财政部、农业部签订战略合作协议，向 8606 家农业产业化龙头企业发放的信贷余额 1549 亿元。同时，货币政策也向农村倾斜，加大支持涉农票据贴现力度，支持龙头企业发行短期融资券。各地农村信用社也针对龙头企业加强信贷服务，完善“公司 + 农户”“公司 + 农户 + 基地”“公司 + 专业合作社 + 农户 + 基地”“农业产业链农户贷款”“农行 + 农产品流通市场 + 商户 + 上下游客户”“农行 + 政府 + 特色产业 + 上下游企业 + 农户”等产业链金融服务模式。一些地方农村信用社由专业大户或龙头企业担保，向上下游农户或小微企业发放信用贷款。

涉农小微企业贷款。涉农小微企业往往面临缺乏合适抵押物、担保难找、征信信息不全等问题。从保险公司参与角度看，开展小微企业的贷款保证保险业务需要很强的精算能力，分公司一级则一般没有这方面能力，业务难以实现可持续。农村信用社、各类银行等金融机构在服务涉农小微企业方面进行了积极探索。主要有以下做法：一是地方政府为重点行业的涉农小微企业提供风险补偿、贴息，或组建政策性担保机构提供担保服务，并由涉农小微企业提供反担保，以此为基础，银行创新产品，提供特色小额贷款。二是银行引入担保公司，组建担保基金，为涉农小微企业提供担保，在此基础上银行发放小额信贷。三是银行创新抵押、质押机制，如开展仓储、存货抵押和订单贷款，开展活体畜禽和栏舍抵押贷款，以及股权质押、应收账款质押、专利权质押、农产品收益权质押贷款等业务。四是针对小微企业特点开发供应链金融服务模式，开发应收账款质押贷款。

在东部和部分中部地区，农村个体工商户是发展经济和促进农村劳动力转移、农民增收的重要载体，涉及制造、商贸流通等领域，但也因抵押担保不足而面临贷款难问题。银行授信有以下模式：一是统一进行贷前调查，组织商户或企业群加强内部合作，通过互保、联保、互助基金分担风险、发放信用贷款等模式授信。二是在一些经济比较发达乡村，对纳税大户或政府推荐对象，根据实际情况发放抵押担保贷款或信用贷款。三是对于一些重点扶持行业，由政策性融资担保机构提供担保，或者由财政提供风险补偿。

小微企业贷款的风险控制是难点问题之一，监管部门一方面提高对小微企业贷款不良率的容忍度，另一方面明确要求对小微企业贷款的增速不低于平均信贷增速。这些对于各类银行加大信贷服务小微企业力度发挥了积极作用。各家银行针对小微企业信贷风控问题，也通过完善内部管理体制，进行了诸多探索，形成很多有益经验，小额信贷管理技术、信贷工厂管理模式等已经得到推广。

3. 与政策性银行衔接的转贷平台

国家开发银行、中国农业发展银行等政策性银行与地方政府合作，走出了服务农村经济发展的新路。

国家开发银行在地方政府支持下，探索出服务农村的集中模式。一是政府、银行、担保、企业四方合作，组建统贷统还平台。通过政府牵头，形成政府增信、组团担保、集合贷款的统贷统还平台，为中小企业提供小额、低利率的贷款，在青岛等地取得了较好效果。通过政府参与，降低了政策性银行的信贷业务风险，降低了小微企业信贷门槛，通过批发方式提高了银行运作效率。以青岛市为例，实行市本级"抱团增信"，建立区（县）中小企业贷款平台，由平台作为借款人统一向银行申请授信，得到批准后以委托贷款方式向中小企业提供资金。具体包括统贷平台、担保平台、公示平台、风险准备金等要素。其中的风险控制机制包括担保公司、统贷平台、国开行三方独立审查机制，独立进行贷前后贷后管理，并建立由担保公司保证金、地方财政风险准备金池组成的三级风险分担机制。二是通过村镇银行、小贷公司担保合作开展转贷款业务。在一些东部地区，经主管部门推荐，国开行选择一些业绩良好、实力较强的村镇银行、小贷公司作为合作对象。以小贷公司为例，前期由小贷公司进行贷前调查并提供担保，小贷公司的大股东提供担保，建立风险准备金、资金池等风险放控机制。三是扶持农业产业化龙头企业，依托龙头企业的资金、技术、资源优势和信用基础，通过龙头企业带动农民就业和增收。四是通过推进农民专业合作社建设，加大对种养殖大户、家庭农场和专业合作社的支持，促使农业生产集约化、规模化。实施了“公司 + 合作社 + 基地 + 农户”“公司 + 标准化养殖农场 + 农户”等微贷模式。

中国农业发展银行积极创新服务模式，主要有以下途径：一是加强对农业全产业链金融服务。发放产业化龙头、加工企业贷款，支持优势产区农产品批发市场建设，推进订单生产和“农超对接”，支持农业科技、农技装备和现代农业发展，通过这些措施支持农业产业链发展。二是创新与政府、保险、企业的合作机制。实施“政府 + 银行 + 保险 + 龙头企业 + 农户”的全流程风险管理模式，由政府推荐农业产业化龙头企业并为企业和农户提供一半保费的补贴。

（三）服务城乡一体化建设

各家银行围绕促进服务城乡一体化发展，积极探索有效途径。国家开发银行的做法主要包括：通过加大对农场公路、电网等农村基础设施和新型农村社区建设、农村危房改造项目的支持力度，支持新农村建设；通过与地方政府及其水利部门合作，支持地方重点水利项目建设；通过信贷支持现代农业示范区建设，提高要素集聚能力，推进农业产业化发展。

农业发展银行也以水利和新农村建设为重点，支持农村基础设施建设，形成“政府部门推荐、农发行独立审贷”的中长期贷款项目运作机制。

农业银行围绕国家关于农村公路网建设要求，成为全国农村公路建设和改造的主要银行。同时，通过优先满足、优惠价格、拓宽融资渠道、建立专门服务团队等七项政策支持全国农村电网建设，成为主要贷款银行。农业银行同时加强与地方政府协同，建立城镇化项目库，支持有产业支撑的小城镇综合开发、新型社区、商业化基础设施、农村物流、商品流通、旅游等建设项目。

邮储银行围绕推进城镇化和新农村建设，推出小额贷款专项产品。

（四）新型农村金融机构拓展农村市场的主要做法

2007 年以来，监管部门加快推动村镇银行、小贷公司、农村资金互助社等新型农村金融机构发展。

截至 2013 年末，全国共有村镇银行 1071 家，股本总额 665 亿元，发放贷款 3650 亿元。村镇银行的资本金规模平均为 6000 万元左右。根据贷款集中度管理规定，单笔贷款不得超过资本金 1/10，因而发放的贷款一般为数百万元以内。这决定了村镇银行市场定位以小微企业和个人客户为主，与大银行及农村信用社有所区别。村镇银行地处农村地区，其客户缺乏抵押物比较常见，寻找担保人也比较难，加上农村小微企业财务不规范的现象比较普遍，风控压力较大。对此，村镇银行主要从以下途径解决问题：一是发挥小银行经营灵活的优势，贴近客户需求创新信贷产品。例如围绕降低风险，采取农户联保、“公司 + 专业合作社 + 农户”等信贷模式。二是发挥小银行贴近客户的信息优势，创新客户审查制度，有效挖掘客户的“软信息”。例如湖南桃江建信村镇银行在东部地区的信贷客户“三表、三品”审查机制基础上，进一步实施“三品、三表、三账”的调查评价方法，为快速审批决策提供依据。三账包括存货账、应付应收账、银行流水账。三是加强贷后管理。实行客户经理、风险经理、行长的动态交叉检查制度，及时发现风险隐患。四是实行风控关口前移，风控人员随客户经理进行贷前调查，及时把关。五是建立风险分担机制。如有的村镇银行与当地政府合作成立政策性融资担保公司，由地方财政出资控股。

小贷公司的发展势头也比较迅猛。根据人民银行公布的数据，截止到 2014 年 6 月末，全国共有小贷公司 8394 家，从业人员 102405 人，贷款余额 8811 亿元。小贷公司的杠杆率较低，目前仅允许按资本金的 50% 比例进行融资。考虑到 5% 的营业税、25% 的公司所得税、20% 的股东个人所得税，以及股东资本回报要求，小贷公司的贷款利率下调空间有限。即使是一些管理比较规范的小贷公司，贷款利率最低也在 17% 以上，明显高于农村信用社的贷款利率。因此，小贷公司主要承接被各类银行排除在外的客户。与之同时，小贷公司客户信用风险更大、贷款期限更短。因此，小贷公司客户以中小企业为主。为规范小贷公司的运作机制，各地在积极探索小贷公司监管的有效机制。

江苏省小贷公司监管模式的客观效果较好。江苏省现有 600 多家小贷公司，分为农村小贷公司和科技小贷公司。江苏省金融办要求科技类小贷公司必须服务科技型企业，设在高新区；农村小贷公司必须设在乡镇，目前已覆盖全省大部分乡镇，实行全省统一标识，发放贷款 1400 多亿。同时，成立一家具有登记结算功能的管理公司，开发出具有监管管理、会计核算、信贷管理功能的三套业务系统，具有非现场监管功能。省金融办规定每年监管频度、内容、非现场监管规则等要求，委托该公司对 18 家交易场所非现场监管实施统一管理。全省配备 360 名监管员。根据监管情况，对小贷公司进行评级。监管系统按资本金的千分之零点五收费，并设立资金池统一调剂小贷公司的流动资金，登记结算公司按比例收取服务费。同时，还提供小贷公司集合私募的信贷资产证券化服务。由于管理平台具有业务推荐、融资服务等功能，受到小贷公司欢迎，具有一定吸引力，推动了小贷公司经营的规范化。管理平台根据非现场监管情况，及时纠正小贷公司跨区域经营、高利贷、信息不真实等问题，对不良率过高的小贷公司实行整改或清退。

为规范农村资金互助社发展，银监会于 2007 年初下发了《农村资金互助社管理暂行规定》，就经营活动范围、成员持股比例、社员权利、运行机制、经营业务、监管指标以及监督机制等进行了详细规定。除了银监会批准成立的 49 家农村资金互助社，全国还有数千家经基层政府部门批准成立的农村资金互助社。由于基层政府部门情况差异较大，对地方批准成立的农村资金互助社监管模式也存在很大差异。农村资金互助社已经涉及存贷款活动，监管的专业性强，而基层政府部门监管力量相对较弱，因而个别地区曾出现过不规范发展局面。分析原因，与管理不到位有一定关系，例如对从业人员的把关不严、监管权力下方过快。从相关地区的风险处置及监管经验看，主要包括以下要点：一是加强对流动资金的监控，实行双印鉴管理。平时对每笔资金流向进行监控。二是把规模控制在 1000 万～5000 万元之间，防止因规模太小无法达到盈亏平衡点，也防止规模太大导致风险失控，并实行星级考评管理。三是严防账外账问题。严格执行票据消耗制度，接受社会公开监督，公开举报电话，聘请专家成立专业化审计机构，每月审计，防止因账外资金问题导致跑路等现象。管理部门每天联网查看。四是建立风险准备金，以应对挤兑问题。五是完善风控机制。控制单笔投放规模小于 5 万元，由股东提供信息认证和担保，终生负责，出险之后用股本金赔偿。

从实际情况看，一些农村资金互助社管理规范的乡镇，投资担保公司等组织基本消失，农村资金互助合作社门庭若市。这说明基层的需求非常迫切。

（五）保险机构服务农村金融市场的主要做法

由于农业生产面临自然灾害、病虫害等风险，由政府出面扶持推广农业保险成为各国的普遍做法。我国推行财政补贴保费政策，江苏、上海等地还实行政府与保险公司通过联办共保来分担风险的做法。最近几年来，我国农业保险经历了快速发展的过程，承保品种、承保面积、收益农户的数量保持快速增长。在促进农业保险业务快速增长的同时，各地也在探索通过保险促进信贷投放的有效机制。比较有代表性的做法主要有：一是量身定做特色农产品保险，例如针对甘肃定西药农的中药材保险产品，实施财政补贴保费、保险公司提供收入保障、银行提供信贷支持的新模式，保险公司将药材价格下跌风险纳入保障范围。二是订单农业保证贷款的“预赔保障基金 + 保险超赔”模式。预赔保障基金由政府按贷款额的 1% 出资，财政、贷款人、保险人三方共同监管。贷款出现坏账时先由保障基金代为偿还，若再有不足，则由保险公司与银行按 9：1 比例分担风险。该模式在山东寿光得到实施，种养殖大户可获得最高 50 万元的贷款，涉农企业可获得最高 300 万元贷款。从实际情况看，银行愿意做政府补贴、保险公司提供保证的信贷业务，但保险公司面临的风险较大，对保险公司的精算能力具有很高要求。保险公司一般不愿意从事涉农纯信用贷款的保证保险。

二、农村金融机构面临的支农障碍

从农村金融机构的发展情况看，通过放宽市场准入、培育新型农村金融机构、加强政府与银行保险的多方合作等措施，政府的激励政策发挥了积极效果。但也必须看，农村金融市场中还存在一系列机制性障碍，影响支农工作。主要包括如下几点。

（一）支农业务的风险和成本控制问题

1. 信用风险控制问题

银行传统业务模式是通过高抵押替代高利率的贷款方式，以避免客户逆向选择。在农村地区，一般通过抵押、担保来增信。从统计看，对龙头企业的新增贷款增速明显快于普通农户。从各种调查看，普通农户信贷需求比较旺盛。说明普通农户信贷的供给和需求之间存在较大缺口。从金融机构的普遍反映看，控制小额信贷风险的难度较大，是影响涉农信贷业务发展的主要原因。具体包括如下。

从抵押的角度看，除了缺乏抵押物，存在的主要问题包括：一是农权流转难、抵押价值低。以宅基地、林权、土地经营承包权为例，二级市场缺失导致抵押物流转困难，影响抵押价值。因此，不少地方实际上以土地、林地收益权进行抵押，根据土地附着物的评估价值发放一定比例贷款。抵押一亩地最多能贷几千元，若要贷几十万则至少要抵押上百亩地，对普通农户而言缺乏现实意义。同时，不少地区公益林比重很高，而公益林无法用来抵押。二是动产抵押风险大。农机具的折旧速度快、流转难、缺乏抵押登记系统，多数银行缺乏活畜抵押管理的经验，因此动产抵押业务风险较大。三是农民专业合作社等新型农村经济组织的可抵押资产少，面临与农户同样的问题。即使国家、省、市级经营规范的专业合作社，也是如此。

从担保角度看，存在的问题包括：一是普通农户的信贷额度小，贷款期限短，难以找到担保机构提供服务，可提供反担保的担保物更少。二是联保小额贷款存在集体拖欠贷款、通过司法途径追偿成本高等问题。联保小额贷款使普通农户解决了缺少抵押物问题，在过去几年来发挥了很大作用。但联保贷款存在集体拖欠贷款的可能性。由于缺乏约束，若有一家不还贷，则有可能导致几家都不还贷。在涉农小微企业联保方面，如果有一户企业主跑路，其他企业主往往不肯代偿。对这些问题，即使通过司法程序也很难处理。三是农村信用担保的风险补偿机制不健全，政策担保机构少，资金不足。在中西部地区受地方财力影响，表现尤为明显。

从贷后管理看，存在的问题包括：一是贷款用途管理难，农户改变贷款用途现象比较普遍，例如将生产性贷款用于消费，导致信贷风险增大。二是农户经济行为风险较大，除了生产周期长、自然条件变化大、价格波动大、病虫害较多导致市场风险大，一些农户同时有民间借贷行为，信用风险较大，但银行难以及时掌握。三是催收贷款难度大。农村地区信用基础薄弱，拖欠本息的情况比较突出，农村地区信贷员上门催收贷款工作量很大，农户不配合情况比较普遍。这些因素导致小额贷款的贷后管理难度大，需要大量基层业务人员参与。

从中西部地区看，部分地方法人机构在涉农领域存在不良贷款的反弹压力。从各家银行反映看，小额联保贷款的不良率上升过快，成为影响信贷资产质量的重要因素。有大型全国性银行的省级分行反映，县级机构 5 万以内额度的农户小额贷款不良率平均值接近 7%，个别高达 30%。

2. 人工成本管理

银行信贷业务实现可持续的前提是业务收入应能覆盖成本和风险。但从农村小额信贷业务的具体调查看，银行普遍反映人工成本偏高。同时，政策性银行还面临融资成本上升问题。

小额信贷业务的人力成本较高。小额信贷业务的客户零散，单笔业务规模小，但投入的人员数量多，劳动力成本偏高。一般情况下，1 名从事小额贷款的信贷员只能服务 120 ~ 200 名客户，管理 1000 万元以内信贷资产。如果发放企业贷款或住房按揭，则 1 名信贷员很容易管理 1 亿元的信贷资产。一些银行机构要抽出 80% 基层人员从事涉农小贷业务。有大型银行做过测算，考虑到人工成本、不良率等因素，小额涉农贷款的利率要超过 15% 才能保本。但这样一来，企业和农户反映成本太高。从信贷人员角度看，涉农信贷费时间、风险大，加上银行对不良贷款管理严格、个人责任较重，因而积极性不高。另外，对合作社、家庭农场等新型经济组织的贷款，也面临较大的自然灾害风险。从各家银行的普遍反映来看，涉农业务收益覆盖成本和风险的难度较大。在东部地区，由于农业生产季节性强、农业经济比重低，纯“三农”的信贷业务养不活支农团队。

（二）商业银行模式的资本回报压力

“三农”贷款单笔规模小、成本效率低，导致资本回报明显偏低，这种格局在短期内难以改变。但商业性银行作为股份制公司，股东对资本回报有明确要求，决定了商业银行对各项业务的盈利水平高度关注。

中央政府对金融服务“三农”高度重视，连续出台了一系列政策，各地政府结合当地实际，从完善激励机制角度进行探索和创新。例如通过政府补贴，促使商业银行积极参与政策性业务；通过加强农村征信建设，降低信息不对称程度，进而降低商业银行的交易成本和风险。但商业银行，特别是地方性商业银行，从成本和风险控制角度，要求政府提供相关支持与配合，包括设立财政支持的风险保障基金等。同时，从商业银行涉农业务的利率定价机制看，业务收入除了覆盖成本和风险，还要包含预期资本回报。一些商业银行在放贷时，注重通过专业化、集中化形成规模效应降低业务成本，向特色行业放贷的积极性比较高，业务资源投入较多，包括对一些专业特色村镇的农业生产贷款。但与之同时，在农户生产分散、规模较小、效益一般情况下，即使是具有本地“软信息”的地方性农商行，对涉农小额信贷也往往持审慎态度。实际上，我国推进农业现代化还有比较长的路要走，多数农户还在从事传统的生产方式，生产规模小而且分散，效益不高，这就意味着普通农户难以成为农村商业银行的优先服务对象。农业生产的小、散等问题和贷款难相互影响，形成不良循环。

通过放宽市场准入，促进竞争，可以促使商业银行深度挖掘农村金融市场，在一定程度上增加金融服务供给，降低贷款利率。但商业银行资本回报预期形成筛选效果，导致农村金融服务存在局限性，对从事传统农业生产模式的中低收入农户形成门槛。如果竞争不充分，则门槛更高。即使农户有还款能力且信贷风险可控，如果商业银行的盈利达不到预期要求，也会被排斥。在这种情况下，地方政府提高银行存贷比的难度较大，农村资金外流问题难以有效解决。大型全国性银行分支机构越多，就导致农村资金外流问题越突出。中西部地方政府把存贷比低的银行比喻为涉农资金的“抽水机”。如果政府通过财政补贴来激励，则相应成本会比较高。中西部地区财政能力弱，农业占比高，因而地方财政的实际能力有限。

总之，商业银行的体制模式决定了服务农村市场的深度存在局限性。城市业务吸引力大于农村业务，龙头企业的吸引力大于普通农户。中西部农村地区的存贷比偏低，全国性商业银行分之机构的存贷比很难达到60%的本地化放款比例，低于地方性商业银行的存贷比；农业龙头企业的信贷环境则明显好于普通农户。基层反映，规模比较大的农商行也有脱农倾向，“三农”资金转向大企业、基础设施建设；农村信用合作社改制成商业银行之后，脱农问题比较突出。农村资金外流现象不但在全国性银行中存在，在一些地方性银行中也存在。

（三）政策机制性问题

从涉农金融服务的政策机制看，也存在一些需要衔接协调之处，主要表现为以下六点。

一是从涉农企业信贷看，风险分担和补偿机制不完善。首先，就风险分担机制而言，大部分银行倾向于把所有风险全部转移到增信机构，如融资担保公司或保险公司。这种机制导致银行和增信机构之间的合作缺乏实质性协同效应，且地位不平等，决定了这种合作机制不可持续。银行和保险联手解决融资难问题的关键是找到分担风险的合理平衡点，以实现保险公司的业务可持续。否则，保险对于促进贷款可得性的实际效果会非常有限。其次，发生代偿时，一些银行考虑到不良贷款的责任追究问题，往往要求担保公司把代偿资金打入企业账户，由企业以正常还贷形式还账。如果企业不认账，则影响代偿资金追回。问题核心是融资担保机构与银行的地位不对等。从基层反映看，问题有加重趋势。

二是农村地区的金融服务中介体系发展不完善。农村金融市场的担保体系很不完善，缺乏有实力的担保机构，专业评估、登记系统不健全。中西部地区的地方性融资担保机构的资本金规模小，大型银行一般只允许分支机构与注册资本超过 1 亿元的担保机构合作。中西部地区的“三农”资产评估机构少、评估费用高，增加了农户和小微企业的负担。登记系统缺失问题也影响较大。有一家实有资产 1 亿元的公司，用同一批货物分别向银行和多家小贷、典当公司重复抵押，第三方监管实际不起作用，总共贷了 7 亿元。

三是信贷资金供给缺乏稳定机制。基层政府普遍反映，银行对中小微企业压缩贷款、抽贷，在市场上造成连锁反应。首先，影响信用基础。银行承诺之后又收回资金，导致了金融机构与企业之间的诚信受到很大影响，有的企业采取拖欠其他银行信贷资金的手段来对抗，以迫使基层政府出面干预。其次，多数企业在其流动资金银行被抽贷之后，通过借高利贷或挤占客户资金来应急，其后果是导致企业倒闭。有的企业在被抽贷之后，转向小贷公司融资。但银行很排斥从小贷公司融资的客户，这就导致其他银行进一步跟风抽贷。这些都导致企业的发展的不可持续。

四是小贷公司、融资担保公司的财政、税收政策需要协调。由于这两类公司未明确未金融机构的法律地位，在业务监管上参照金融机构，在征税上参照普通公司，加上资本运用杠杆率偏低，资本回报率明显低于银行机构，融资担保公司的资本回报甚至导致业务发展缺乏可持续性。这些问题容易导致机构的目标定位偏离涉农服务，并出现不规范经营行为。

五是合同履约的监督机制不完善。司法审判、执行环节难度大。以农业专用设备抵押贷款为例，从受理到判决的程序复杂、时间很长，加上流转困难，抵押设备在拍卖处理过程中的贬值很大。待走完司法程序，很难追回损失。

六是地方政府的激励能力有限。中西部地区的省市县三级财政能力有限，对农村担保的风险补偿心有余而力不足，持续补充能力有限。据反映，全国22个省市已经由地方财政推动建立农村信贷风险补偿机制，但一些中西部省份没有能力建立补偿机制。根据涉农贷款增量奖励规定，超过15%部分财政奖励2%。2010～2013年，中央奖励3.5亿元，中央出1%；省财政奖励2.3亿元，出0.5%；县里出0.5%。一些地方反映地方配套部分落实有困难。金融机构也反映，中央1号文件强调落实保证贷款的以奖代补政策，但一些地方配套实施细则难以出台。在保险补贴方面也有同样问题，导致农业保险覆盖面偏小，地方政府没有超赔补偿能力。在再担保业务方面，一些地方财政承担偿付责任的能力有限，政策性机制尚未充分发挥。

（四）利率市场化改革的阶段性影响

利率市场化改革是我国金融改革的题中应有之义。下一步将面临关键环节，即放开存款利率管制。由于储蓄市场竞争激烈，因而在短期内存款利率存在上升压力。从各类银行反映看，多数重视利率市场化改革带来的影响，但从前期统计情况看，大银行应对利率市场化改革的余地和空间较大，中小银行特别是小银行则面临较大压力，即使是东部地区效益较好的农商行也普遍感到压力较大。关键原因在于收入结构差异。大型银行的中间业务比重较高，可以通过发展中间业务部分抵消利率市场化的影响，但小银行的绝大部分业务收入来自存贷款利差，同时在业内缺乏存贷款利率的定价权，因而受存款利率变动的影响更大。

从调研看，自2012年6月允许存款利率上浮10%的之后，中小银行普遍采取一浮到顶的做法，以吸引存款，但利润也受到明显影响。利率市场化进程还带来诸多间接影响，具体表现为以下特点：一是存款定期化趋势。从银行存款结构看，存款定期化趋势非常明显，大量活期储蓄转化为定期储蓄，导致银行存款付息率明显上升。二是储户的存款议价能力提升。由于各种理财产品纷纷出现，互联网货币市场基金等新型投资产品对储户形成很大吸引力，使储户有了更多选择余地，对银行议价能力在提高。存款产品理财化，导致银行吸收资金的成本明显提高。这也导致政策性银行向商业银行发行债券的成本随之上升，政策性银行收入成本平衡压力升高。国开行近期的 5 年期债券融资成本已达 5.3%。三是中小银行的净息差明显下滑。其中，农信社系统所面临压力较大。原因在于农信社系统包括农商行的收入来源高度依赖存贷款利差，一般占 90% 以上。同时，农村地区贷款较基准利率的上浮幅度也在下降，两方面叠加形成的压力更大。据一些发达地区县级农商行测算，净息差需要维持在 3.5 个百分点左右才能保持基本的资本回报，如果缩小到 3 个百分点则面临风险暴露；在现有条件下若存款利率上浮 80% 左右则将达到盈亏平衡点。目前，东部地区农信系统的少数网点已经出现亏损，直接原因在于吸收存款不足。一名银行工作人员的平均费用按 7 万元计算，每个网点人工成本 150 万元，加上固定资产支出 30 万，如果吸收的存款只有 3000 万 ~ 4000 万元，则难免亏损。

目前，中小银行已经着手修改制度方法，包括利率定价和内部考核，细分客户和市场化，采取差异化服务和定价，对内部资金实行差异化经营方式，实行高进高出。但从发展趋势看，利率市场的进一步推进还将带来更大影响，除了存款利率上浮导致盈利减少，中小银行更担心推出利率市场化改革过程中的存款搬家等诸多问题。一是大银行具有更强的抗风险能力，在利率市场化过程中具有更强适应能力，中小银行担心如果实行有限存款保险，则大额存款难免向大银行转移，难以承受由此带来的影响。以西部某银行为例，370 亿元存款中储蓄占 90 亿元，大部分为对公存款。如果实行存款有限额度保险，该银行预测自身对公存款必然会转存大银行。小额资金储户也可能担心小银行经营不稳定而将资金转往大银行。二是相对于大银行，小银行在利率市场化之后缺乏利率定价优势，筹资成本高，经营压力更大。三是随着金融市场发展，大型企业通过资本市场或货币市场融资，成本更低，议价能力高，压低了市场贷款利率。四是信息化系统建设压力较大。没有信息化系统则很难与大银行竞争，但建设信息化系统的投入很大，负担较重。城商行、村镇银行在这方面感受的压力很大。

（五）地方金融环境

我国东中西地区经济发展水平、商业文化背景差异较大，各地金融环境存在较大差异。主要表现为：一是一些地区的信用环境不佳，信用工程建设有待加强。在中西部少数地区，当地群众把政府贴息的政策性贷款理解为国家救助资金，实际违约率过高，导致业务难以持续。个别案例中出现大面积拖欠，少数群众如果及时还款反而面临村内压力，需要公安系统介入才追回贷款。这种情况导致商业银行不愿在当地设立分支机构。二是对全家外出打工的流动人员发放贷款之后，联系困难，收回贷款的难度很大。例如一些地方为发展拉面经济而发放的贷款曾一度出现风险过高问题，不得不通过公安和司法部门介入才降低了不良率。三是少数信贷客户的主动还款意识较差，外出打工之后需要定期联系才能按时还款。四是部分西部地区基层银行表示，当地实际经济发展乏力，缺乏合适的信贷项目。五是一些地方道德风险暴露。以农业保险为例，在农村养殖环节领域，部分投保、通过各种途径骗赔问题突出；在种植领域存在逆选择问题，部分农户选择风险大的项目投保。个别基层政府也存在违规操作问题。

三、农村金融机构的政策建议

在调研中，金融机构就改善农村金融发展环境提出建议，涉及金融基础设施、完善金融机构可持续发展机制、促进政策协调、创新发展机制等方面。主要包括如下。

（一）改善农村金融发展环境

1. 推进农村居民征信工作

降低信息不对称程度是减少金融机构支农交易成本和风险的重要基础。基层政府可通过加强征信工作改善支农环境。结合一些地区实践经验，基层金融机构建议在监管部门指导下，由乡镇一级的政府出面，组织村支书、村会计、驻村干部、大学生村官、懂经营的能人等组成工作小组，结合村里德高望重的老党员、老管事、老干部、老退伍军人、老诚信农户组成的“五老”评议会，统一采集、登记各行政村农户的信用信息，并建立相应档案，存入数据库。之后定期更新。从现有乡镇和村组织人员配备看，在人手方面没有大的困难。通过统一加强农户的征信工作，可避免各家银行机构的重复进村入户调查所带来的低效、重复、信息失真等问题，有助于降低银行机构信贷业务成本和风险。同时，完善银行、工商、税务等条块之间信息互联互通机制，完善人行征信系统对村镇银行、小贷公司、融资担保公司的信息服务与信息报送机制。

2. 在乡村设立金融服务联系点

依托乡镇政府工作人员、村委会大学生村官等人员成立农村金融服务联系点，负责金融知识宣传和金融服务的联络配合工作。其中，乡镇政府结合人员招录工作，配备懂金融的工作人员，落实金融宣传教育的组织工作，做好各行政村农民征信组织及数据维护等工作。各行政村的大学生村官负责联络配合工作。

3. 完善基层中介服务组织

希望加快县级中介机构的建设，成立政府主导的融资担保公司、土地确权机构。依托村委会，通过“上级补助 + 村民入股”，建立村级互助担保基金。通过完善民主决策、过程公开、全程跟踪制度，对基金使用和农户生产经营项目加强监督，提高信贷质量。

（二）完善可持续发展机制

1. 完善风险分担机制

建议健全完善国有或国有控股融资担保机构资本金补偿和风险补偿机制。在政策层面规范针对融资担保公司的补助奖励规定，明确补助方式，提高透明度。以信息交换、风险分担、共同监管信贷风险为基础，银、保共担风险。对已经发生代偿的，双方共同发起追偿机制。通过银行超额拨备，对中小微企业风险进行以丰补歉。

目前涉农财政扶持项目太多、过于分散，导致使用效率低下、监督不到位。建议由地方政府部门提出项目，先由银行进行风险评估以确定是否贷款，如出现不良贷款则由政府按一定比例给予补偿。同时，由地方政府承担相应追偿责任，以避免直接发放贷款容易出现的道德风险。

2. 完善政策机制

以融资担保公司为例，收取担保费一般为担保金额的 3% 左右，即使担保金额放大到资本金的 5 倍，扣除运营成本、拨备等支出，考虑到实际风险，也难以盈利。建议对相关控制指标结合实际，在完善风险监测机制、促进合规经营的基础上，调整杠杆比例限制。在税收方面，建议实行营业税减免、坏账准备金转为资本公积金不扣所得税等方面支持，加大政策扶持力度。有的地方政府部门建议明确小贷公司为金融机构，对其所得税进行减免，风险计提部分实行税前列支，并适当放大杠杆比例。

3. 优化财政资金投入结构

在通过贴息、担保等方式放大财政资金的使用效果时，地方财政对提供政策性担保的信贷资金实行全额贴息的负担较重，实际财力无法保障。这种做法还容易产生道德风险，例如农户取得廉价贷款之后再转贷给他人。可其他做法，例如地方财政只提供担保，不提供贴息支持。

4. 加强对各方合法权益的保护

除了加强对农户的教育宣传与合法权益维护，对各种金融组织通过欺诈等非法行为侵害农民财产的现象予以打击，还应重视维护金融生态环境，保护银行的合法权益，作为控制区域性金融风险的重要切入点。对蓄意拖欠贷款等行为进行干预。

（三）利益相关方的整合与协同机制

1. 完善资源整合机制

加大国家层面的政策扶持力度，发展市场化的农业产业投资基金。结合农民专业合作社和农业产业化龙头，发展订单农业，把国家有关补贴运用好，提高支持力度。发挥政府组织协调作用，在防控风险方面发挥积极作用，结合完善农村信用体系建设，引导各类金融机构开展涉农金融业务。

金融机构建议加大财政资源整合力度。例如在农村道路方面，国家开发银行通过地方省级财政部门支持的整合平台开展业务，财政投入效果较好。再如贵州把扶贫资金集中起来，国家开发银行发放创业贷款，财政资金贴息部分直接转给国家开发银行。为控制风险，通过“四台一会”，即组织平台、借款平台、公示平台、担保平台和信用协会具体落实。通过在信贷管理环节引进政府干预机制，使最终风险可控。

2. 完善激励机制

建议引导金融资本加大对农业高风险领域的投入。种业、畜牧业的风险比较高，难以得到金融资本支持。建议加大对农业科技、涉农创新平台的政策扶持力度，引导金融资本投入，完善农业产业化扶持体系。建议加大对小额农户贷款的扶持力度，10 万元以下的农户贷款不纳入信贷规模控制，并继续延续税收扶持政策。建议发挥全国供销合作社系统的独特作用。明确全国供销合作总社的协调职能，完善责权配备机制。通过整合全国供销社系统，建立服务农民的综合平台，完善金融服务功能。建议在完善考核指标基础上，对商业银行涉农服务的财税激励政策由针对机构转为针对业务，鼓励更多银行机构参与涉农服务。建议结合对农村信贷存贷比的考核，完善配套奖惩措施。

3. 完善监管机制，消除监管空白

建议加强对小贷公司、投资公司、融资担保公司的行业管理。完善人员资格培训机制，完善风险防控制的培训机制。放宽民间借贷中介机构准入门槛，目前1 亿 ~ 2 亿元的规模门槛并无必要。明确以地方政府为主、“一行三会”分支机构配合处置化解地方金融风险的框架。完善地方金融监管联席会议制度。明确省金融办的行政管理职能，转为地方金融监管局。小贷公司、农村资金互助社等机构的管理和风险处置职责由地方负责。

（四）改革与创新机制

1. 深化农信社改革

建议适当放宽监管政策。对资产规模较大的农业龙头企业，允许放宽入股农商行的比例限制。一些省联社由于多数基层农信社已组建农商行，正考虑组建农村联合农商行。也有的省联社考虑以产权为纽带，由省联社对县级农商行进行控股和管理。省联社改革之后仍应发挥风险防控职能，完善小银行、大平台服务机制，以适应未来竞争要求。在强化省级机构服务功能基础上，形成全国性联合组织，作为农信系统的统一协调平台。

2. 优化完善金融服务产品的设计工作，使产品管用

有地方政府建议，对于山羊养殖等保险业务，如果只对出现 5 只以上死羊的情况进行保险，则保险费率可明显降低。建议完善龙头企业融资产品。其中症结是龙

头企业和农户之间的信任问题，因为双方都有可能因价格变动而不讲信用。对龙头企业要给予政策支持，促使发挥作用。在金融服务方式、期限、额度、基层管理权限、保险机制等方面进行创新。例如完善农业企业抵押、质押的品种和范围，包括农权、水域承包权、农机具抵押和订单、仓单质押等服务产品，鼓励涉农企业通过联合做大做强；增强对优秀涉农企业的甄别能力，给予更多信贷支持。降低小微企业信贷等级评定的收费标准，以减轻小微企业的信贷成本。一些地方反应，小微企业的信贷等级评定内容简单，但收费动辄上万，使小微企业不堪负担。

3. 完善全国性大型银行风控机制

从大型银行内部流程看，如果企业客户资料不齐，系统首先不接受。每个省行有审贷中心，层层把关以后，不少项目的信贷审批往往半途而废。系统内的审核机制是主要原因。小微企业在这方面遇到的情况比较普遍。建议从完善风控机制角度给予一定容忍度。

4. 建议完善地方监管机制

完善行业监管体系，运用第三方会计师事务所或审计师事务所的审计，完善金融机构的评分评级机制，根据评级实行分类监管，落实促进金融服务创新的鼓励政策。

第7章

发展农村普惠金融的思路和对策

小额信贷或微型金融，以及对其进一步的提炼、发展和扩展而上升到普惠金融体系理论和实践，这是一个实践不断推进和认识不断深化的过程。它们从本质上说是强调金融要为弱势产业、弱势地区和弱势群体服务，并应将其融汇到主流金融中，使其成为完整金融体系不可或缺的有机组成部分。它们强调穷人和弱势群体也需要获得存款、贷款、汇款和保险等金融服务的平等机会和公平的享用权。

一、小额信贷和普惠金融的理论依据和基本思路

国内外的研究机构、相关国际组织、国际金融机构、专家学者对小额信贷和普惠金融的理论和实践有多方位丰富多彩的研究。在此，我择其要者，重点介绍联合国、世界银行“扶贫协商小组”和小额信贷产业鼻祖尤努斯的相关理论论述。

（一）联合国关于普惠金融的理论论述

联合国2006年“建设普惠金融体系”蓝皮书认为，普惠金融的目标是：在健全的政策、法律和监管框架下，每一个发展中国家都应有一整套的金融机构体系，共同为所有层面的人口提供合适的金融产品和服务。它应具备的特征如下。

（1）所有家庭和企业都能够以合理的价格获得一系列金融服务，包括储蓄、短期和长期贷款、租赁、代理、抵押、保险、养老金、支付、本地汇款及国际汇款等，

这些服务以前只被那些“银行可接受的”人所享有。

（2）拥有健全的机构。这些机构遵循合理的内部管理体系、行业业绩标准、市场监督机制，并且在需要时接受合理的审慎监管。

（3）具备财务和机构的可持续发展能力，这种能力是机构长期提供金融服务的手段。

（4）拥有多样化的金融服务提供者，并在任何可行的情况下，为客户提供具备成本效益考量且种类多样的金融服务（包括一系列私营、非营利性及公共金融服务提供者）。

要实现这一目标，我们应当把为贫困和低收入人口提供的金融服务看成是金融部门和各类金融机构的重要和完整的组成部分，利用各类机构的比较优势，并且发掘服务低端客户所涌现出来的商业机会。普惠金融应当包括在所有金融部门的发展战略中。

蓝皮书认为，实现普惠金融的整体政策环境是十分重要的，它包括了七个政策领域：公平增长；宏观经济平衡；健全的体制结构；健康的金融部门；对公众的保护；竞争、多样性、公平的交易环境以及透明度；政治经济互动。

（二）世界银行关于普惠金融的理论论述

世界银行“扶贫协商小组”（是世界银行属下的一个专门的小额信贷工作部门，英文简称 CGAP）2006 年出版了名为“服务于所有的人——建设普惠性金融体系”一书，阐述了什么是世行 CGAP 认为的小额信贷的基本原则、服务对象、发展历史和现状，以及目前国际最新流行的“普惠性金融体系”的基本概念。在此，做部分摘要描述。

1. 小额信贷的服务对象

小额信贷的服务对象大约包括下述 6 类人中的 3 ~4 类。一般说来，社会人群可分为 6 类：赤贫者、极贫者、贫困者、脆弱的非贫困者、一般收入者和富裕者。小额信贷一般覆盖其中的 3 ~4 类：极贫者、贫困者、脆弱的非贫困者和一般收入者。

图 7.1 中的赤贫者约占贫困线以下人口的 10%；极贫者占 40%；贫困者占 50%。此为理论意义上的说法，实践中则复杂得多。而且，有的小额信贷机构已将服务对象扩展到小企业甚至中型企业。

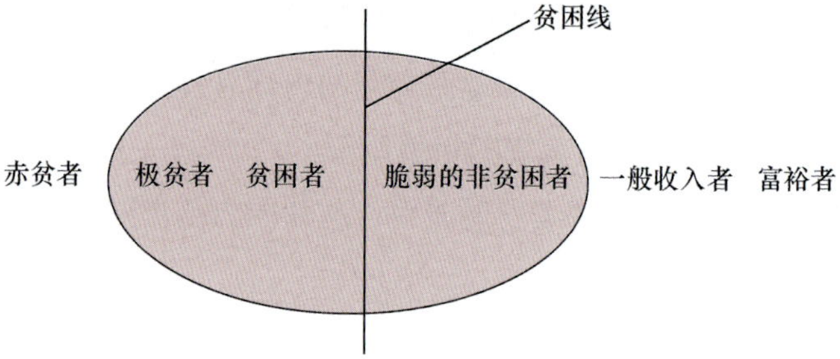

图 7.1　社会人群分类

2. 小额信贷的基本原则

小额信贷的基本原则有如下 10 点。

（1）穷人需要多样化的金融服务，不仅仅是贷款，例如，还包括储蓄、保险和资金结算等。

（2）小额信贷是与贫困斗争的有力工具。

（3）小额信贷意味着要建设为穷人服务的金融体系。

（4）小额信贷能够实现自负盈亏，而且如果它的目标是服务于非常大规模的穷人，它也必须这样做，也就是说它的服务收费应足以覆盖其运营的一切成本。

（5）小额信贷的目标在于建立持久的地方金融机构。

（6）小额信贷并不是万能的，对于那些没有收入或还贷手段的赤贫者，其他形式的扶持可能更有效。

（7）利率封顶的限制政策，由于使穷人难以得到贷款而伤害了他们，小额贷款的成本高于大额贷款，利率封顶使小额信贷机构难以覆盖其运营成本，因此不利于对穷人贷款的供给。

（8）政府的职责应是使金融服务有效，而不是自己去提供金融服务，政府自己几乎不可能良好的运作贷款业务，但它能营造良好的政策支持环境。

（9）捐助者的资金与私营资本应是互补而不是竞争的关系，捐助者的补贴应设计为一定时期的支持，尤其是在机构启动时提供支持，以使它顺利发展到能够吸引私人资金的投入。

（10）小额信贷发展的主要瓶颈是缺少强有力的机构和经营管理团队，捐助者的支持应集中在能力培训和提升上；小额信贷的成长有赖于它自己关注、测定和披露其运作业绩，小额信贷机构的经营和财务报表不仅能帮助各有关方判断该机构的成本和效益，而且也有助于它改进运作水平，小额信贷机构需要发展准确和可比较的财务运营报告。例如还贷和自负盈亏状况，也需要社会发展状况指标，例如服务客户的数量和客户的贫困状况。

3. 普惠性金融体系框架

普惠性金融体系框架认同的是只有将包括穷人在内的金融服务有机的溶入于微观、中观和宏观三个层面的金融体系，才能使过去被排斥于金融服务之外的大规模客户群体获益。最终，这种包容性的金融体系能够对发展中国家中的绝大多数人，包括过去难以到达的更贫困和更偏远地区的客户开放金融市场。

客户层面。贫困和低收入客户是这一金融体系的中心之一，他们对金融服务的需求决定着金融体系各个层面的行动。

微观层面。金融体系的脊梁仍然为零售金融服务的提供者，它直接向穷人和低收入者提供服务。这些微观层面的服务提供者应包括从民间借贷到商业银行以及位于它的中间的各种类型。

微观层面的内容大体包括如下 5 点。

（1）机构的战略定位清晰及其与实际工作的一致性：知道它在向何处去吗？它的宗旨、目标体现在实际工作中有无现实良好的表现？它的行动和项目与宗旨、目标是否持续相符？

（2）员工能力强：是否有足够的合格素质的员工，能运用正确的技术技能设计和管理合适的项目。

（3）机构适宜的业务知识和管理水平，包括：机构治理结构、内控机制、产品设计、激励奖惩机制等。能否从自己和他人处学到经验教训。

（4）结果：①“良好的经济技术（财务）的衡量指标”。②社会发展的功能和作用，对客户及当地社区的影响。结果的可信度：对运作项目和运行状况的透明度、真实度。

（5）合适的工具、途径：机构能否有正确的方式、类型和途径、工具直接与外部（政府、机构等）协作。

中观层面。这一层面主要指基础性的金融设施和一系列的能使微观金融服务提供者实现降低交易成本、扩大服务规模和深度、提高技能、促进透明的中介机构。这涵盖了很多的金融服务相关者和活动，例如审计师、评级机构、专业业务网络、行业协会、征信机构、结算支付系统、信息技术、技术咨询服务、培训，等等。这些服务实体可以是跨国界的、地区性的或全球性组织。

中观层面的内容大体包括如下 4 点。

（1）金融基础设施、支付和结算系统的状况。

（2）信息和透明度。它包括：信息管理系统（MIS）、内控、外审、运行情况测定、评估（级）小额信贷机构（MFI）或一般机构的评级机构、机构间比较标准运行和报告标准等。

（3）培训。培训包括：财务管理、战略业务计划和财务计划、信贷员培训、专门小额信贷机构信贷技术、非政府组织（NGO）转型为正规 MFI、信息技术管理、人力资源培训/管理、市场现实、新产品开发、风险管理、业务流程计划、品牌/市场营销、成本和定价等。

（4）网络和协会。它的功能包括：政策倡导、信息交流传播、能力建设、运行监管、金融中介（筹备）等。

宏观层面。如要使可持续性的小额信贷蓬勃繁荣发展，就必须有适宜的法规和政策框架。中央银行（金融监管当局）、财政部和其他相关政府机构是主要的宏观层面的参与者。它包括：中央、地方政策法规支持、财税政策、机构合法性、利率政策、批发融资政策、信用环境、政府的作用，例如政府是否直接介入小额信贷的运营等等。

（三）穆罕默德·尤努斯关于普惠金融的理论论述

我们还注意到，与小额信贷和普惠金融的理论依据有关的、对西方经济学带有颠覆性批评的一项理论创新是“社会企业”（Social Business）的理论。他是由国际当代小额信贷事业的开创者孟加拉国穆罕默德·尤努斯所倡导和践行的。他还将他倡导的“社会企业”与西方一些人士倡导的“社会事业单位”（Social Enterprise）、“公益创业”（Social Entrepreneurship）作了区分，认为他自己的理论更彻底。

尤努斯认为：从某种意义上说，人们选择了忽略斯密所传达的一半信息。他的划时代的著作《国富论》吸引了人们的全部注意力，而他的同样重要的《道德情操论》却基本上遭到忽视。

“目前的资本主义理论认为，市场是专门为唯利是图的人们准备的。这种解释把人当做具有单一片面性的动物，而人是多方面的，就像亚当·斯密两个半世纪以前所明确阐述的一样。虽然我们具有自私自利的一面，但是我们也有无私的一面。资本主义的主流理论以及围绕着这一理论建立起来的市场，没有为人的无私的一面留有任何余地。如果存在于人们心中的利他主义的动机可以被引入到商界，就会没有我们无法解决的问题。”

斯密认为，“人们生来就具有道德意识，就像他们具有与生俱来的审美观与和谐意识一样。我们的良知告诉我们什么是正确和错误的。这种良知是某种内生的东西，而不是立法者或者理性的分析所赋予我们的某些东西。为了加强这种东西，我们还具有一种天然的趋势，就是关心我们的同类的福祉。斯密把这种显然是普世的情感称为‘同情心’。这些天然的良知与同情心等意识相互结合，确保了人类能够在有序的、互利的社会组织中共处，并且实现了这种共处。……十分重视公正等美德的《道德情操论》因而对有关斯密在《国富论》中的意图的普遍的、但却过于简单的认识起到重要的矫正作用。……然而，目前的经济理论结构不允许后一方面在市场上发挥作用。”

“有鉴于此，我提出了一种与现有的实现利润最大化的企业在同一市场上运营的新型企业。我把这些新的实体称之为‘社会企业’，因为它们是为了他人的集体利益而存在的。”

尤努斯认为：“我们现存的资本主义理论的最大缺陷在于对人性的误读。在当前对资本主义的解释中，经营企业的人被描绘成一维的人，其唯一的使命就是利润最大化，而人类理应一心一意地追求这个经济目标。

这是对人类极其歪曲的描述，稍作思考我们就能看到，人类并非赚钱机器。关于人类的基本事实是：人是多维度的，他们的幸福有多种源头，而并非只来自于赚钱。

然而，经济学家们建构的整个企业理论却基于这样的假设，即人们在经济生活中只会追求私人利益。这种理论还认为，只要个人能自由地追求私人利益，理想的社会结果就会出现。这种对人类的诠释否定了生活的其他层面——政治、社会、感情、精神、环境等的作用。

毋庸置疑，人是自私的动物，但人同时也是无私的。这两种特质同时存在于所有人身上。个人利益和追求利润的说法可以解释我们的很多行为，但如果完全从这个视角来审视人类许多其他行为则是毫无意义的。”

尤努斯认为：“这种对人性的歪曲认识是导致我们的经济思维不完整、不精准的致命缺陷。…… 我们必须将经济理论中的单维度人换成多维度的人，即同时具有自私和无私特质的个体。当我们这样做之后，商界的景象会立即为之一变。我们会看到社会需要两类企业：一类为了私利，另一类则致力于帮助他人。…… 我把基于人性无私这种特质的第二类企业称为‘社会企业’，这正是我们的经济理论所缺失的。”

尤努斯认为：世界上有两类社会企业。一类是旨在解决社会问题、不亏损也不分红的公司，其所有者是那些将所有利润用来再投资以扩大和改善这个企业的投资者。这可称之为 I 型社会企业。第二类则是由穷人所有的营利公司，它们或直接由穷人拥有，或通过那些致力于某个特定社会事业的信托机构由穷人拥有。这可称之为 II 型社会企业。格莱珉银行的所有者是穷人（笔者注：即该银行的具有同等股份的股东），他们既是银行储户又是借贷客户（笔者注：包括尤努斯在内的银行管理者和员工都不是股东，而只是银行的拿薪酬的雇员），可谓是这类社会企业的范例。

就笔者自己的认识，以上各方对普惠金融理论依据的阐述，可以看出，这些理论本身就是多元的、多维度的、有差异的。尤其是尤努斯的“社会企业”的理论和实践是“利他主义”思想的典型代表，是对“利己主义”的一种“批判”，涉及金融领域而言，也是他对小额信贷和普惠金融理论的一种独特的极有启迪性的理论支撑。尤努斯的上述理论在某种意义上与我们社会主义国家所倡导的主流价值观是相似的、一致的。尤努斯的上述理论可能比目前人们看到的其他各种西方经济理论更鲜明透彻，更有震撼性，值得我们深思和进一步的探求。而且，笔者认为，马克思主义经济学与我国的政治经济学论述的劳动创造价值的理论，与普惠金融理论有更天然的内在的关联，因为普惠金融强调的是金融要为无资本或少资本的劳动者提供持续的适宜的有效的服务。

二、对小额信贷和普惠金融的理解和思辨

普惠金融体系是对小额信贷理念、理论和实践的提炼、发展与升华。自 1990 年代以来，我国的小额信贷已取得了突出的成绩和长足的发展。尤其在 2000 年来，特

别是在 2005 年以后，进展尤为显著。总的说来，我国的小额信贷就发展阶段而言，目前仍处于初级阶段，与国际上小额信贷产业发展较早的国家相比，仍有较大的差距。但中国政府和利益相关者在这方面的认识和进展是令人鼓舞的。我国在普惠金融体系理念、理论和实践方面与国外相比，差距则小得多。国外成型的普惠金融体系理论大约在 2005 年前后问世，而在我国也几乎在同时提出了相似的理念和理论框架。

也就是说，我国的小额信贷从纵向发展上已取得了重大的进展。然而从横向的比较看，即与国际小额信贷发展水平高的国家地区相比，我们的发展历史比它们的大体晚了 20 年，我们的发展质量也有相当的差距。我国的小额信贷还处于发展的初级阶段，更何况国际当代小额信贷的发展也只有 30 多年的历史，仍有众多的问题在探索和争议之中。

2006 年，顺应国际小额信贷发展潮流，我们引入并在国内提出普惠金融的理念和理论，倡导建立满足社会各阶层金融需求的、全方位的、普惠的金融体系。那段时期，媒体上也看到焦瑾璞等倡导“普惠金融”，项俊波倡导“弱势金融”（笔者注：他对普惠金融的另一种提法）的论述。2013 年中共十八届三中全会通过的《决议》和今年国务院《政府工作报告》号召和要求“发展普惠金融”。此后，涉及普惠金融的研究和讨论则比比皆是。

普惠金融体系和理论的产生是合乎历史发展逻辑的，是对过往小额信贷扶贫实践和理论认识的深化和发展。从这个意义上讲，普惠金融体系是对小额信贷理论和实践的新的更高层面的理论概括和发展。

小额信贷，尤其是专事扶贫的小额信贷在帮助弱势群体方面能发挥极大的正面作用。它实际上是一种扶贫制度和金融制度的改革与创新的结合。从本质上说，原始意义上的小额信贷就是将组织制度创新和金融创新的信贷活动与扶贫到户项目有机结合成一体的活动，也是一种具有经济发展和社会发展功能相融合意义的发展工具。

完整的金融体系应是包容性的、普遍惠及于人类各阶层群体的。全世界 60 多亿人，全中国 13 亿多人，如果金融体系不服务世界几十亿和中国几亿的弱势群体，这样的金融体系难道是合理、公平、正义的吗？人人都应享有公平的信贷机会和公平的金融服务的享用权，这是金融机构和体系的社会责任，是普惠金融与和谐社会所必需。更何况今天人们已寻找到既能服务于弱势群体，又能商业化运作和达到机构可持续发展的实现双赢、多赢局面的金融服务的途径。

我们在讨论小额信贷和普惠金融体系的健康可持续发展问题时，国际主流的观点是既反对长期依赖补贴式的做法，又反对过分商业化（以利润最大化为目标），也就是说应以为弱势产业、弱势地区和弱势群体提供金融服务为宗旨，同时追求机构自身组织上和财务上的可持续发展。简言之，对一个小额信贷机构和普惠金融体系的评价要同时考核它的社会业绩指标和业务业绩指标。这也是当前对小额信贷和普惠金融体系发展历程的一种经验总结和新认识，这一国际主流认识和观点对我国小额信贷和普惠金融体系的评价和发展是很有现实启迪作用的。以下，我们继续对小额信贷和普惠金融做更进一步的深入剖析和阐述。

（一）关于小额信贷的对象和额度

笔者根据自己的观察、学习和研究认为，小额信贷除了人们经常提到的提供小额存款、贷款、清结算、汇款、保险等各种金融服务的特征和含义外，至少要强调小额信贷的应有之意还包括两点：第一，关于服务对象。如果把人群分为富裕、中等和贫困三类，那么小额信贷服务的应是后两类，这两类也是传统金融机构不愿或不能提供金融服务的弱势群体，这一点是当代小额信贷之所以产生的原因，也是它最初的出发点和落脚点。第二，关于单笔贷款额度。如果按目前世界银行有关教科书的标准或国际业内主流观点（mix market 网站），则单笔小额贷款的额度应不高于本国或本地区人均 GDP/GNI 的 2.5 倍。如果我们考虑到我国现实而再放宽标准，是否可以不超过人均 GDP 的 5 倍为限?

以 2013 年我国人均 GDP 约 41000 元为例，如果以不超过人均 GDP 为标准，则平均而言，我国小额信贷概念中的贷款业务的单笔发放额度就不能超过 41000 元；如果按照世界银行的标准，以 2.5 倍计，则约 10.25 万元；如果以 5 倍计，则约 20.50 万元。由于我国不同地区经济水平存在巨大差距，所以在不同的地区小额贷款的额度应该有所区别，以上海、甘肃、贵州、黑龙江和安徽（分别位于我国东西南北中不同地区）2013 年的人均 GDP 来计算这些地区的小额贷款额度的上限，可以发现最高的上海的上限可以是最低的贵州的约 5.5 倍。

实际上，人们对小额信贷的单笔贷款额度争论很多，有的甚至是当地人均 GDP

几十倍或上百倍的也被称为“小额贷款”。或者认为只要相对银行贷款而言，额度较小的贷款，就可以称小额贷款。对这些观点，当然可以讨论，但是笔者不表赞同，因为这样看，似乎不够严谨和科学，随意性太大，而且在实践中或制定相关政策时也难以界定和规范。

严格而言，超过当地人均 GDP 一定倍数的贷款，不能称为小额贷款，而只能称为小企业贷款。小额贷款与小企业贷款或中小企业贷款是有区别的。工信部等 4 部委 2011 年出台的各行业中、小、微型企业的界定标准，是对不同类型企业划分的详尽具体的界定。当然，目前也有比较简捷易行的一般性标准，例如，银监会把对资产在 1000 万元以下或年销售额在 3000 万元以下的企业发放的单笔 500 万元以下的贷款，称为小企业贷款。也有称 500 万元以上 2000 万元以下的贷款为中型企业贷款。在我国信贷服务中，中小企业贷款都是“短板”，都是国家政策鼓励的，急需加强的。但它们与小额信贷概念中的小额贷款是两回事，他们的市场客户主体不同，不能混为一谈。

（二）关于小额信贷与普惠金融

近几年作为新名词进入与小额信贷有关的话题，就是“普惠金融”。在一定程度上，它也是国内外为回答人们对“什么是小额信贷”的困惑和争论而提出的一种理论和实践解决方案。什么是普惠金融，它与小额信贷什么关系？与现有的金融体系是什么关系？

为了回答这类问题，我们首先需要澄清四个概念：小额贷款、小额信贷、普惠金融体系、金融体系。对小额贷款（或微型贷款 microcredit），上述的讨论已讲清楚了，它只涉及微型金融业务中的贷款。而小额信贷（microfinance），国内也有称为微型金融或微小金融等等，它不只是贷款，而且包括小额的存款、贷款、汇款和保险等各种金融服务。普惠金融体系（Inclusive Financial System），从狭义上说，它是小额信贷的发展和延伸，除了小额信贷的业务，还包括了对小企业的金融服务。所以，小企业贷款和金融服务实际上属于普惠金融的范畴。简单或通俗地说，普惠金融 = 小额信贷 + 小企业金融服务。目前我国人们常说的“草根金融”或小微金融（即小企业和微型企业金融服务）基本上就属于“普惠金融”的概念和范畴。而且，普惠金融作为一个“体系”，除了它的微观层面的零售金融服务，还包括中观层面

（金融基础设施和中介服务机构）和宏观层面（政府政策法规）的支持。而金融体系（Financial System）则是就一国一个地区的整个金融服务的制度、市场、机构等的总体而言，它涵盖了前三个概念，而前三者是它的一部分，但却是不可或缺的重要的有机组成部分。现在业内也有一种观点认为，从广义上说，普惠金融就应该是金融体系本身，因为金融体系本身具有公共产品或至少具有准公共产品性质。

就我国而言，普惠金融体系三个层面的理论研究和实践均有待进一步的深化完善。从微观层面上来说，目前我国正规金融机构主要是大、中、小银行业金融机构和新型金融机构（村镇银行、贷款公司和农村资金互助社及小额贷款公司等），涉及普惠金融的业务有了不同程度的发展，而他们开展的主要是商业性的小额信贷和小微企业金融服务，包括部分政策性或称福利性（即有外在的持续补贴）产品业务。我国目前公益性制度主义小额信贷，也就是扶贫类的又追求供给机构自身自负盈亏和可持续发展的小额信贷的发展水平，以及民间借贷的小额信贷的规范均处于较为滞后的状况，我们希望政府今后能在这方面有所作为。当然对福利性和商业性的小额信贷机构的改革和发展也有很多值得改善的空间。从中观层面上说，我国的普惠金融体系的欠缺则尤为明显，例如征信制度、信用环境、行业协会和网络、批发机构、电算化管理信息系统、培训、咨询、评估和评级等等的金融服务中介和基础设施建设均应建立和健全起来。从宏观层面上来说，中央和地方政府及监管当局的相关政策法规仍有待进一步的调整和改善，也包括是对公益性制度主义小额信贷和民间融资的小额信贷的具体政策法规的制定、支持和规范，应尽早提到日程上来。在这方面不能不说是个较大缺陷。

就总体而言，对我国普惠金融体系的贯彻落实的主要挑战，类似于国际社会，主要也体现在三方面：一是金融服务的广度，即规模是否能够最大限度的扩展到一切有金融服务需求的群体和地区；二是金融服务的深度，即能否涵盖过去没有享受过或较少享受金融服务的弱势和贫困群体，也就是低端客户市场中的低端，即穷人是否能获得金融服务的公平正义的享用权利和机会；三是金融服务的性价比或成本效益比究竟如何？是否能以较少的投入和成本获取更大的经济和社会效益，同时保证金融服务机构自身的可持续性。我们如何能战胜上述挑战？可能的答案是：通过将为穷人和弱势群体的金融服务，即将小额信贷和普惠金融作为国家主流金融体系的有机组成部分。

（三）关于小额信贷的目的和利率

时下有一种广泛的看法，即既然小额信贷是帮助弱势人群脱贫致富的，就应该不收利息或少收利息，如果收取了等同于或超过银行利率的利息，就是高利贷，就是剥削穷人。这样的认识是否正确？也有另一种认识，小额贷款额度小、成本高、风险难测，就应高利率，有人甚至宣称高利贷合理。笔者认为，这样的认识均不够全面。

根据小额信贷的目的和利率，基本上可以将小额信贷分为两大类：福利主义小额信贷和制度主义小额信贷。前者是基于较为传统的理念，即穷人应给予低利率贷款资金的补贴和扶持，也可称“输血式”小额信贷。后者则是目前国际的主流观点，主张以商业化运作方式（保障自身的收入大于支出）提供信贷服务，也称为“造血式”小额信贷。

福利主义小额信贷是一种传统的农村金融服务模式或此模式的变异，其规范的要求是追求贷款资金应有效地直接借贷于穷人（而不是贷款给企业，再由企业雇佣穷人），但它不追求服务机构自身的可持续发展。制度主义小额信贷是当今世界的主流流派，它要求共同实现两个目标：较大规模的服务于目标客户群体，同时也实现服务机构自身在组织和财务上的可持续发展。

值得注意而人们却往往忽视或容易混淆的是，制度性小额信贷又可再分为两类：公益性和商业性。公益性制度主义小额信贷以服务穷人为目标客户。商业性制度主义小额信贷则服务于更宽泛的目标群体，包括企业在内，而且以追求利润为主要或重要目标。孟加拉“乡村银行”或称“格莱珉银行”（Grameen Bank）是世界上历史最长、最杰出和规模最大的公益性可持续性发展的小额信贷的代表之一。国际上有学者将孟加拉“乡村银行”称为福利主义小额信贷，笔者认为不妥，因为孟加拉“乡村银行”强调组织和财务的可持续发展，而福利主义小额信贷则依赖外部补贴。印尼国有股份制商业银行“人民银行”的“农村信贷部”（BRI-UD）、玻利维亚“团结银行”（BancoSol）等是国际公认的商业性可持续小额信贷的代表。就我国目前而言，失业人员、妇女创业小额担保贴息贷款和农村贫困农户小额贴息贷款等是福利主义小额信贷；扶贫基金会旗下中和农信小额信贷等约 200 个活动于中西部贫困县的小额信贷组织属于公益性制度主义小额信贷；农信社、农行惠农卡小额贷款、邮政储蓄银行的小额信贷基本属于商业性小额信贷；小额贷款公司的小额度的贷款也是典型的商业性小额信贷。而这些商业性金融机构发放的小企业贷款则属于普惠金融的范畴。

从目的或目标群体上看，福利主义小额信贷和公益性制度主义小额信贷都是为了扶贫，可以统归为公益性小额信贷，只是前者依靠补贴，后者主张自负盈亏和可持续发展。商业性小额信贷也就是上述的商业性制度主义小额信贷，它没有或缺乏扶贫的使命，服务的客户群体更广泛，并以追求利润尽可能多或最大化为目标。

各种类型的小额信贷都有长处和短处。例如，福利主义小额信贷的长处是对弱势群体的即期优惠扶持（包括低利率甚至零利率）十分清楚，传统上也易为人们所理解和穷人所接受。但是它可能的问题也是明显的。这种模式的缺陷主要是政府或外部援助机构支付成本高；效率低下；强势群体侵占穷人利益；弱势群体易产生外部依赖；易发设租寻租和腐败行为；难以可持续发展，因而难于长期有效支持扶贫，等等。因此，世界当今的小额信贷的主流已逐渐过渡到制度主义小额信贷。但是，往往是一种倾向掩盖另一种倾向，在现在人们普遍热衷商业性制度主义小额信贷（高利率高利润）时，却在有意无意地忽视公益性制度主义小额信贷。如何关注和真正支持公益性制度主义小额信贷的生存环境和健康发展，尤其在我国的现在，是一个需要大力呼吁、倡导和解决的突出问题。

在这里，我们重点讨论一下制度主义小额信贷的相关问题。制度主义小额信贷要争取自身的收支平衡或较高收入和可持续发展，从技术层面考虑，可采取的多种方法中，提高利率是最有效最直接的手段。以追求利润为主的商业性小额贷款公司，即使排除发放的实际是小企业贷款外，往往也追求尽量放大额和高利率的贷款，以争取高收入高利润，他们的目标群体一般锁定在中上社会群体。但是公益性制度主义小额信贷以服务穷人为目标客户，并不以利润最大化为目的，是否也应该是高利率呢？

2010 年 10 月起，印度小额信贷最兴旺的安得拉邦（占全国 28 个邦小额贷款份额的 30% 以上）发生了多起小额信贷客户因负债过多而自杀的恶性事件，造成印度小额信贷的重大危机，至今后遗症严重，引起国际高度关注。这是国际小额信贷界最近的一次重大事件。危机的重要原因之一是那里的商业性（包括从公益性小额信贷转型成商业性的）小额信贷机构股东和管理层追求高回报，实行高利率，并对借款人重复贷款，造成弱势借款人过度负债，不堪重负。在墨西哥，有一个在国际上备受争议的著名小额信贷机构 COMPARTAMOS，它的年利率超过 85%（不包括客户支付的 15% 的税率），股东年回报率为 55%，是比较典型的高利贷。

以尤努斯为代表的“穷人小额信贷”的理论和实践的倡导者则坚决反对高利贷的做法。他不认同墨西哥 COMPARTAMOS 和印度一些像 SKS 那样的商业性小额信贷机构高利率的做法。他认为小额信贷应关注贫困，无需抵押，利率不应太高，但应自负盈亏可持续发展（孟加拉乡村银行的一般存款和贷款利率分别为 12% 和 20%）。尤努斯身体力行和倡导的是公益性制度主义的小额信贷，他认为，小额信贷的贷款利率可以分为绿、黄、红三个区，收入覆盖了所有成本之后的利率加 10 个百分点以内的利润率是在绿区内，是合理可行的；从 10 个百分点加到 15 个百分点以内，在黄区内，尚可容忍；加了超过 15 个以上的百分点，就进入了红区，是不可接受的。孟加拉乡村银行一般贷款的名义年利率为 10%，实际年利率约 20%（尚未扣除成本），是在绿区之内。它的教育和住房贷款更低，而对其占有效借款（即有贷款余额）的总客户数 800 多万户的 1% 以上的乞丐贷款则为零利率，这些低利率的贷款业务形成的亏损则由一般贷款业务所获利润弥补。

（四）关于公益性小额信贷机构的新定位：社会企业

尤努斯与他的同事创建和倡导的乡村银行最大特点和最大创新之处不只是创新性地开办了公益性制度主义小额信贷组织和其金融产品和服务方式及各项机制的创新，而更主要的是从理论和实践上创建了一个全新的社会企业。乡村银行现在的所有者（股东）主要是借款的贫困妇女和一些男性穷人，他们占有银行 95% 以上的股份，而且每个股东（借款人的股份是相等的）剩余的不到 5% 的股份归政府所有。而包括尤努斯在内的银行所有管理者和员工都只是领取工薪的银行雇员，不是股东，是为股东服务的。这也是真正的合作金融的一种形式。尤努斯并不只是认为，不应赚穷人的钱，他更看重的是倡导和践行“社会企业”的理念和实践。不能不遗憾地说，在我国到目前为止，包括公益性制度主义小额信贷组织在内，也还没有出现一家像孟加拉乡村银行那样的真正完全由穷人为所有者的“社会企业”型的小额信贷组织。

社会企业就是用商业的手段创新性地解决社会问题。它的基本特征是：公益性的宗旨目标，商业性的运作手段（为了机构和财务的可持续），而且企业利润主要或全部用于公益和扩大再生产。也就是虽然企业的股东和管理人员经营盈利，但是并不以此为目的，股东不分红或分红远低于市场平均水平，经营目的在于解决社会问题，盈利是作为长期从事社会事业的手段。因此，对于开展小额信贷活动的机构，尤努斯呼吁："请从中产阶级消费者那里获取利润！如有可能，请充分利用你的金融地位优势！但不要把同样的思想应用在穷人身上……如果他们脱贫了，就像对待普通顾客一样对待他们，但在这之前请不要这样。"

社会企业的观念在我国还刚刚开始，需要大力宣扬和推进。市场规律不唯用于自利或利己，亦可用于利他。先公后私，利己与利他兼顾，也是社会主义的本质要求。温家宝总理也说过："亚当·斯密写过两部有名的著作，一本叫《道德情操论》，一本叫《国富论》。《国富论》是讲市场经济这只看不见的手。《道德情操论》中有一段话很精彩，他说如果社会财富只聚集在少数人手中，那是不公平的，而且注定是不得人心的，必将造成社会的不稳定。我觉得这个话是对的，所以要讲公平，要把正义作为社会主义国家的首要价值。"

笔者从媒体上看到，浙江农信的同事们近来大力倡导并呼吁：在当前浮躁气氛蔓延、急功近利心态普遍存在的社会转型期，守得住清净做普惠，经得起诱惑做普惠，更需要一种专注。我们共产党人，既要心中装着人民和群众，干在当下，更要心无旁骛、着眼长远、服务全局，全覆盖、可持续是浙江农信普惠金融三大原则，普惠金融也能滴水穿石，涓涓溪流终能汇成江湖。

所以，笔者认为，应该在鼓励支持发展各种类型的小额信贷和普惠金融的同时，大力提倡、宣传和支持追求扶贫助弱和自身可持续发展"双底线标准"的社会企业型的公益性制度主义小额信贷。这一类小额信贷既可消除福利主义模式的弊端，也能遏制和替代高利贷，而不是产生和实施高利贷。因此，观察和评论一个小额信贷机构时，同时考核它的财务（业务）绩效和社会绩效（或社会使命）指标，才能对该机构有一个比较完整的了解，从而形成一个比较全面的结论。目前，国际上小额信贷业内已较普遍地认同和接受要倡导和实施小额信贷机构的"双底线标准"，即财务（业务）绩效和社会绩效，并在努力发展和完善相关的评价指标体系。

（五）社会企业与传统的市场、政府和社会三方关系的关系

传统理论一般认为人类社会从生产关系上说要处理好市场、政府和社会三方面

的关系。市场（或企业）主要是进行经济活动，对收入进行初次分配，属于第一次分配。从效率和公平的角度看，应效率为主，兼顾公平。国家或政府制定经济规则和监督其执行，对经济活动也进行必要的调节。同时对国民收入进行再分配，属于第二次分配，应兼顾效率和公平，注意避免贫富收入两极分化。社会（或社会组织）属于第三次分配，它的作用是进一步弥补市场和政府的不足或“失灵”，发挥社会民间团体的作用，以公平为主，兼顾效率。

社会企业，在此既包括尤努斯定义的社会企业（social business），也包括国际上一些人所称的社会企业（social enterprise）。它的理论基础是人类社会是多维的，而非一维（利己）的。因此，社会企业就很难归类于上述的市场、政府和社会三者中的任一类中，也颠覆了上述的三方关系的传统理论。社会企业实际上承担了上述三者各方所承担的部分职能。社会企业与市场（企业）、政府一样，都涉足经济活动和产生经济利润及收入；同时它又和政府和社会组织一样，发挥社会发展的功能和职能，起到收入再分配的作用。

（六）当前发展我国农村合作金融的思考

合作金融是普惠金融理论和实践的重要组成部分。然而在我国，农村合作金融现有趋于消亡的危险。从国外经验来看，合作性金融在满足农户、弱势群体和小微企业金融服务，促进农村社会经济发展，进而实现城乡均衡发展方面发挥着极其重要的不可或缺的作用。例如德国、法国、荷兰、日本、韩国等国家通过在农村发展合作性金融，充分发挥合作金融自愿开放、社员民主管理、自主独立、教育培训和信息、合作社间的合作、关心社区的优势，解决了农村金融发展的高成本、高风险和信息不对称，以及商业性金融追求利润最大化与服务弱势群体存在“两难”矛盾等难题。同时，各级分行独立经营，自下而上的控股，有利于内部资金的市场化定价和转移，使合作金融上层大型金融机构的资金、网络优势也得到了充分的发挥。

合作制经济和金融在我国同样有其存在的合理性和必要性。目前在我国农村合作金融组织或机构主要是农村信用社、农村合作银行和农村资金互助组织。然而，有关方面对农信社的改革过分强调股份制商业化形式。在2007年推出的“农村资金互助社”政策可能是新型合作金融形式，然而，至今经银监会批准的农村资金互助社也只有49家。它之所以没有发展起来，我认为与目前我国各种现有的良莠不齐、鱼龙混杂的农村资金互助社运营不规范、风险突出的现状有关，也与目前外部监管机构协同不够、力量和技术能力不足，以及对合作金融作用的认识直接相关。

所以我们应借鉴国外的经验并按照中国的国情，努力发展我国自己特色的合作金融。对农信社改革和合作金融发展基本的原则应是实事求是，因地制宜、分类指导、区别对待。

2011 年 8 月 2 日，银监会提出了农信社改革的“下一个五年目标”。主要内容为：在 2015 年之前，农村信用社将全面取消农信社资格股，鼓励符合条件的农信社改制组建为农村商业银行。不再组建新的农村合作银行，现有农村合作银行要全部改制为农村商业银行。

对银监会的这一对农信社系统的全面股份制改革的决定，笔者是持不同意见的。有人认为从产权的角度来看，农商行的产权制度比合作制的产权制度要先进，要更好、更科学。笔者并不认同这种说法，笔者认为合作制、股份合作制和股份制的产权没有谁比谁先进，谁比谁落后的问题。只要适于当地社会的发展，适于群众的要求，包括员工的要求，又能推动生产力的发展，就是最合理的产权制度，而且，即使在同一区域，合理的产权制度也可能是多元的。

一个金融机构的好坏关键是看机构治理、人员素质、敬业水平等因素。管理架构和治理机制的良好模式，核心是形成适应机构运行模式和优良绩效的有效激励约束机制。我国地区差异显著，管理和治理机制应有灵活性。即使只从产权所有制看，也是“最适宜的”才是应鼓励支持的。最适合当前和当地实际（包括不同群体）的产权制度就是好的产权制度。

对于农信社“一刀切”的股份制农商行的产权改革思路，笔者认为它和 2003 年国务院关于农信社改革发展的文件并不相符，和中国的实际情况也不相符。中国的国土面积大，方方面面情况的差异是极为悬殊的，如果我们纯粹地采用商业化股份制一刀切的改革，是不符合实事求是的原则，也是不符合中国国情的。

有例为证。浙江鄞州银行一直以来是个业绩优良的农村合作银行，它的经济绩效和社会绩效毫不亚于甚至优于很多的农村商业银行，就是一个很好的例证。而且，鄞州银行的负责人提出农信社的改革方向应是“社会企业”。农信社系统的产权改革，即使就业内人士而言，也有多样性改革方向的诉求。

再举个很有启发性的例子，荷兰合作银行的业绩表现在世界银行业中 20 多年来都连续评级为优。它在基层是合作制，在高层是股份制，简称“下合上股”的产权制度。荷兰合作银行的合作制并不要每个借款人或社员入股，如果愿意作为基层的地域社区合作银行社员，只要是当地居民、愿意交一定的费用和参与一定的咨询活动就可以。各地区基层合作银行都是荷兰合作银行的分支机构，但是不能争抢其他地区荷兰合作银行的客户。这其实跟我们现在农信社的状态是相似的。

另外，还有一个值得我们认真思考、研究的现象和经验，即在欧债危机严重期间，欧洲合作金融的表现明显好于商业金融，逾期呆账率低。其原因至少有以下几点：一是合作金融负债率低，利润不分红（与合作社不同），追加合作金融机构的资本金，资本充足率高。二是合作金融机构存款增加，而商业金融存款降低。三是合作金融服务以社员（个人和合作社）为主，而商业金融服务于商业企业，这些企业破产多或贷款不良率高。四是合作金融机构服务的对象也同时是其所有者，两者同一，对自己资产的维护更负责，而商业金融与客户是不同的利益主体。五是合作金融上下层级机构间相互支持和优势互补。

三、农村普惠金融的政策框架及存在的若干问题

按笔者的理解，普惠金融的实质是扶持传统金融不愿或难于服务的弱势群体且能实现组织机构自身可持续发展的金融体系。它有三个要义，即一是该金融体系应为包容性的，合理、公平、正义的普遍惠及于一切需要金融服务的地区和社会群体，尤其能为易被传统金融体系所忽视的欠发达地区和弱势及贫困群体提供各种所需的、具有合理价格的金融服务。二是拥有健全治理结构、管理水平、具备财务和组织上可持续发展能力的金融供给机构。三是拥有多样化（包括一系列私营、非营利性及公共金融服务）的提供者。

在我国目前阶段，对“三农”的金融服务是普惠金融最重要的任务之一，是它的根本所在。因为普惠金融实质上就是注意支持弱势群体的金融，农村相比城市是弱势的，农业相比工业是弱势的，农民相比城里的多数人是弱势的。因此，农村是普惠金融的重点所在地，农业是其服务的主要产业，农民是其服务的主要群体。普惠金融的根在农村。我们讨论农村普惠金融的发展，主要应围绕农村小微企业和农民的金融服务问题。

（一）我国农村金融体系发展的基本要求和面临的问题

根据党中央自2004年起11年来历年的1号文件和其他重要文件精神，笔者所学习和理解的认识如下。我国当前和今后一段时期继续进行农村金融改革，建立完整农村金融体系的基本要求和目标应是：建立满足或者适应农村多层次金融需求的，功能完善、分工合理、产权明晰、管理科学、监管有效、竞争适度、优势互补、可持续发展的普惠性的完整农村金融体系。只有这样，才能真正解决农村地区农民贷款和金融服务难问题，促进当地农业和农村经济的发展，为建设社会主义新农村和构建和谐社会营造良好的金融环境。然而，要实现这一基本要求和目标依然任重而道远。

农村金融目前存在问题的具体表现主要是金融供求之间的不平衡，农村资金通过银行存款大量流失转移到城市，农村金融的覆盖面、供给规模以及深度与金融需求的满足都还有很大差距，农村金融适度竞争（不排除个别时段个别地区的过度竞争）的局面还没有形成。另外，还存在整个金融市场的不均衡性，现在最重要的是银行业市场，或者叫信贷市场，约占全部金融资产的80%的份额，其次才是保险业和证券业以及其他的金融业形态。

人们还可以看到农村金融存在的其他不平衡，主要是地区之间的不平衡、大中小金融机构的不平衡；商业性、政策性和合作性金融机构之间的不平衡。例如，政策性金融少，而且政策性业务覆盖不完整，被称为合作性金融的农信社系统还被要求改制成商业金融，如不加以注意，合作金融恐将消失。从地域来看，东部农村地区金融与中西部的农村金融之间的不平衡将继续发展。

我国中小金融机构数量不足且实力不够强，而且各类金融机构或结构的功能定位仍需要进一步明确和调整。同时，不容乐观的是有相当数量的涉农金融机构内部资产质量和管理水平及人员素质仍有待进一步提高。所以这些方面都还有很长的路要走，农村金融的改革与发展任重道远。

概言之，我国金融资源配置存在四大不平衡：大中小金融机构不平衡；东中西部金融不平衡；城乡金融不平衡；直接间接金融不平衡。此外，农村金融最大问题之一是政策性、商业性和合作性金融的不平衡，形成社会性和市场性的矛盾，造成商业性金融机构缺乏积极性。为此人们普遍认为要建立市场与政府扶持相结合的农村金融资源配置体系和对发展农村普惠金融的再思考。对农村普惠金融的战略规划、实施计划、具体举措和监督考核，需要做进一步深入研究和出台完整方案。

当前中国的普惠金融，尤其在农村，既缺商业性的中小型金融机构，也缺政策性金融机构来支持普惠金融，更缺合作金融来支撑普惠金融的实现，即主要关注点应在如何做好农村小微企业和农户金融服务的问题。对此，政策性、商业性和合作性金融三种形态都应有效发挥作用，形成合力，优势叠加、功能互补，并落到实处，这才是普惠金融发展的理想状态。

（二）农村小微企业和农户金融服务存在的问题

总体上看，小微金融和“三农”，尤其是农户金融服务仍然是农村金融体系中最为薄弱的环节，资金约束仍然是制约小微企业和农户发展的最主要的“瓶颈”之一。

1. 小微企业和农户融资难、融资贵的问题依然突出

根据中国人民银行的统计数据，截止 2013 年 12 月末，主要银行金融机构（含外资银行）及小型农村金融机构的城乡小微企业贷款余额为 13.21 万亿元。小微企业贷款余额占全部各类大中小微企业贷款余额的 29.4%。截至 2014 年一季度末，银行业金融机构用于小微企业的贷款（包括小微型企业贷款、个体工商户贷款和小微企业主贷款）余额 18.46 万亿元，同比增长 18.9%；从户均贷款余额来看，大型商业银行和股份制商业银行小企业贷款的户均贷款余额大体在 1000 万元以上。实际上这些是银行上报的统计意义上的有水分的所谓“小企业贷款”，这些贷款实际并不属于或不完全属于小企业贷款，而属于中型企业贷款，因为银监会制定的小企业贷款的简要标准是贷款额度在 500 万以下的经营性贷款才属于小企业贷款。

大中型商业银行在中小微企业金融服务业务的绝对量上处于领先地位。然而，大中型商业银行的经营重心主要为大中型企业，小微企业贷款占比相对较低，所覆盖的小企业客户也主要为规模相对较大的小型企业。从小微企业贷款占贷款余额的比例来看，2012 年，大型商业银行和股份制商业银行的比例大体位于 10% ~20% 之间。

《中国经济时报》新近的一份 7 省区 17 个大中城市的调研报告，采访了十几个行业的 143 家小微企业主和各地的银行等金融机构、地方政府主管部门及研究机构。

报告显示，2013 年小微企业面临的共同难题是招工难、成本高、融资难、税费高、人民币升值以及国内外市场不景气等，经营困局未得到根本性改善。从融资情况来看，24.8% 的受访者认为“融资难”是小微企业当前面临的最大难题，但这一比例低于 2012 年的调查结果（38.2%）。当前绝大多数小微企业的资金来源仍为自筹，占比为 79.5%，选择银行借贷的企业仅占 35.9%。另外，分别有 5.6% 和 3.5% 的企业通过民间借贷和内部集资的方式来进行融资。

根据巴曙松等（2013）对 1000 家小微企业的调查，经营期限在 1 ~ 3 年（56.3%）、资产规模在 100 万 ~ 300 万元之间（52.9%）的企业融资满意度最低。经营期限较短、资产规模较小的小微企业，基本处于起步阶段，业绩稳定性差、风险相对较高、低质押品不足，难以从金融机构获得贷款，更多地依靠亲戚朋友借款等渠道满足融资需求。另外，小微企业的融资成本相对较高，在受调查企业中，近半数的小微企业表示借款成本超过 10%。

根据不同的信息来源，小微企业获得银行贷款的比例在 20% 到 40% 间不等。加上个体工商户从银行得到的贷款，获贷工商户约占所有小微企业（含个体工商户）的 5%。据原中国银行行长李礼辉知，在有银行借贷需求的小微企业中，62.5% 的企业不能获得贷款；仅有 8.6% 的小微企业获得所需的全部贷款；80% 的小微企业目前达不到银行的准入标准（《金融时报》2014.6.23）。

从农户贷款服务看，目前只有约 26% ~30% 的农户能够从农村信用社等正规金融机构获得贷款。长年来，农户借款中来自民间借贷的部分西部地区占到 40%，中西部高达 60%。据农行和西南财大联合开展“中国家庭金融调查”项目，2013 年有 43.8% 的农村家庭拥有民间借款，但只有 14.1% 的农村家庭拥有正规贷款。在农村地区，金融抑制现象更为严重，72.4% 的农村家庭受到信贷约束，其中，62.7% 的农村家庭需要资金但是没有到银行申请，9.7% 的家庭申请了贷款但是被银行拒绝。

截至 2013 年 6 月末，全国农村信用社（包括农村商业银行、农村合作银行）涉农贷款余额 5.88 万亿元。其发放的农户贷款、农业贷款和农村贷款余额分别占全部金融机构的 72.0%、70.9% 和 32.7%。至 2013 年末，全国共有以县（市）为单位的统一法人农村信用社 1690 家，农村商业银行 468 家，农村合作银行 122 家。涉农贷款余额和农户贷款余额分别为 6.2 万亿元和 3 万亿元。至 2014 年 3 月末，全国农村信用社的各项贷款余额为 9.7 万亿元，比上年末增长 5.4%。涉农贷款余额和农户贷款余额分别为 6.5 万亿元和 3.2 万亿元，比上年末分别增长 3.9% 和 4.5%，支农主力军功能不断增强。目前，农村信用社发放的涉农贷款占全国各银行业金融机构的约 1/3，农户贷款的 70% 以上，同时，肩负了全国 98.4% 和 67.7% 的金融服务空白乡镇的机构覆盖和服务覆盖任务，全面承担种粮直补、农资综合补贴等面向广大农户的国家政策补助资金的发放工作，是我国农村地区机构网点分布最广、支农服务功能发挥最为充分的银行业金融机构。然而，无论是农信社系统，还是涉农的金融机构，从整体而言，对农户金融服务的广度（规模）和深度（贫困程度）相对农户的需求仍有相当的差距。

2. 我国小微金融机构数量不足，竞争不充分

新型农村金融机构主要包括村镇银行、贷款公司和农村资金互助社，客户群体主要为农户和农村小微企业。自 2007 年政策实施以来，以村镇银行为例，截止 2012 年末，资产总额为 4343 亿元，各项贷款余额 2330 亿元，其中农户贷款余额 848 亿元，小微企业贷款余额为 1118 亿元，合计占其全部贷款的比例达到 84.4%。截至 2013 年底，全国共组建 1134 家新型农村金融机构（含筹建和开业），其中包括 1071 家村镇银行、14 家贷款公司和 49 家农村资金互助社，地处中西部地区的占比达 62%，其中，直接和间接入股村镇银行的民间资本占比达 71%，各项贷款余额中农户贷款和小微企业贷款合计占比 90%。

研究证明，在服务小微企业和农户方面，小微型金融机构较大型金融机构更具优势，所发放的小微企业贷款比例也明显高于大中型商业银行。在我国，小微金融机构主要为农村金融机构（农村商业银行、农村合作银行和农村信用社）、新型农村金融机构和小额贷款公司。从数量看，截止 2012 年末县级行政区划内小微金融机构的平均数量仅为 3.31 个/县，机构数量显著不足。小微金融领域竞争性市场格局尚未形成。

3. 新型农村金融机构和小额贷款公司的规模普遍较小，服务小微企业的能力有限，且地区发展不平衡

自 2005 年中国人民银行在 5 省（区）开始推动小额贷款公司试点，2008 年在全国推行试点，小额贷款公司发展迅猛。截止 2013 年末已开业的小额贷款公司达到 7893 家，实收资本 7133.39 亿元，贷款余额达 8191.27 亿元。小额贷款公司无论是企业数量还是贷款规模均呈现高速发展的态势。2010～2012 年，3 年间小额贷款公

司机构数量和贷款余额的年均增长率分别达到 67.25% 和 102.39%。

2011 年末，新型农村金融机构的平均贷款余额为 1.7 亿元，小额贷款公司的平均实收资本为 0.8 亿元，平均贷款余额为 0.9 亿元，平均员工人数为 11 人。

另外，小微金融在省际的发展不均衡。以小额贷款公司为例，从贷款余额来看，2012 年末小额贷款公司贷款余额超过 200 亿元的省份有 10 个，这些省份主要分布于东部地区，而低于 100 亿元的省份有 12 个，这些省份主要分布于西部地区。从县均小额贷款公司数量来看，县均小额贷款公司数量超过 3 家的省份有 8 个，而低于 1 家的省区有 5 个。东部地区省份小额贷款公司的数量和规模相对较大，中西部地区小额贷款公司的数量和规模相对较小。

4. 小额贷款公司税收负担较重、财政支持不足

小额贷款公司未能公平地享受到税收政策优惠。已实施的金融企业贷款损失准备金税前扣除、金融机构单笔贷款在 5 万元以下的农户小额贷款免征营业税，所得税税基减少 10%，针对县域内的农村金融机构和新型农村金融机构营业税按照 3% 的税率执行（大银行这一税率为 5%）等优惠政策，由于小额贷款公司没有金融许可证，无法享受这些优惠政策。

小额贷款公司未能公平地享受财政补贴政策优惠。国发［2010］13 号文提出，对小额贷款公司的涉农业务实行与村镇银行同等的补贴政策，但有关部门至今还未制定相关政策的实施细则，中央财政层面还没有针对小额贷款公司的财政补贴政策。

（三）发展我国新型合作金融的问题

长期以来，努力发展和有效规制我国新型合作金融的问题，一直没有引起有关决策部门的足够重视，好在 2014 年中央 1 号文件突出强调要重视和认真解决这一问题。笔者认为，在当前，我国农村新型合作金融形态主要有两类，一是在农民合作社（专业或综合社）和供销合作社基础上，开展信用合作，培育发展农村合作金融。二是坚持社员制、封闭性原则，在不对外吸储放贷、不支付固定回报的前提下，推动社区性农村资金互助组织发展。从是否有政府部门审批或监管上看，大体分为：①银监会批准和监管的农村资金互助社；②财政部和国务院扶贫办支持和管理的贫困村资金互助项目；③地方政府部门批准的资金互助社；④农民和当地企业自己组建的资金互助社；⑤合作社发起的内部部门资金互助部或单设的资金互助社等。应该看到，目前我国现存的各类资金互助社的状况差异很大，可以说是良莠不齐、鱼龙混杂，亟待整顿、规范，急需引导其健康可持续发展。

对它们的规范管理要求，2014 年的中央 1 号文件提出“适时制定农村合作金融发展管理办法”。笔者认为，在新的管理条例出台前，可以参考银监会 2007 年出台的《农民资金互助社管理暂行规定》的主要原则执行。可能更有现实意义的是可以参照 2014 年《温州市农村资金互助会监管暂行办法（试行）》的要求开展。就笔者的看法，资金互助社模式如要真正可持续健康发展，需要有基本的条件。它至少应经过努力，实现如下条件：机构有合法性；社区有凝聚力；发挥群众拥护的德才素质较好的能人作用；社员内部入股；能人与农民民主管理的平衡（治理结构完善）；管理机制和财务制度基本健全；具备外部融资条件；政府政策（包括融资渠道）支持和外部的持续有效监管。

将来，我国的合作金融形态还应借鉴国外的经验，逐步进一步扩展和升级，以形成上下层级配套、运营规范、互为支撑的网络体系。然而，我国的农村资金互助社等新型合作金融机构目前还处于初级发展阶段，从管理、人才、机制看，差异明显，还不尽如人意，因此在要求和支持新型合作金融组织规范管理，鼓励其发展创新的同时，必须加强风险防控和有效监管。

在此，笔者还想强调的是当前应特别注意把贫困村互助资金项目尽可能地转变成在贫困地区的可持续发展的资金互助社。从 2006 年至今，国务院扶贫办和财政部主导在全国中西部为主的地区的约 2 万个贫困村推行开展了“贫困村互助资金”项目（又据 2014 年 7 月 3 日《金融时报》称，截至 2013 年末，中央财政支持 5000 多个贫困村的项目），现有近百亿元的资金在周转，这是非常现实、宝贵的合作金融的雏形和基础。这些贫困村互助资金项目的多数开展得红红火火，形成了政府支持，农民自有、自管、自享的初级阶段的合作金融形态。然而，也有很多的此类项目，无论从外部有效监管，还是从内部规范运营的角度，都存在不少的问题。因此，对这近两万个贫困村互助资金项目应因地制宜、区别对待、分类指导、妥善处置。不应任其自生自灭，而应以此为基础，真正使之发展成为合规的有前景的可持续的农民资金互助社。由于它们都位于贫困地区，意义尤为重大。

这类合作金融的雏形和基础应尽力保留下来，加以专业培训和管理、进行有效运行和风险防范制度机制的规范引导，完善内部管理和外部监管，呵护其健康成长和发展壮大，建立起农民自己的真正的合作金融机构。如发展得好，在法律上承认其合法地位，政府和金融机构则应该进一步对其提供支持和帮助。

（四）对公益性制度主义小额信贷组织欠鼓励支持政策

近年来，我国政府一些小额信贷政策法规的出台对推动小额信贷的发展发挥了巨大的作用，功不可没。然而我国支持各类小额信贷健康发展的政策法规还相对滞后，尚待健全完善。尤其是对公益性制度主义小额信贷组织，至今相关主管部门还没有具体的支持鼓励发展的政策法规，不能不说是一大缺欠。这类由社会组织或非政府组织开展的小额信贷活动，具有追求社会发展的使命、定位和功能，它们是我国当今小额信贷的先锋和探索者，也起着铺路石的作用。它们在欠发达和贫困地区的农村，所起的小额信贷扶持低收入和贫困农户的作用尤其显著。同时，在它们之中，也涌现了一批不辱社会使命又具有可持续发展潜力的小额信贷项目和组织。中央政府近年来多次重申支持和鼓励各种类型小额信贷组织的发展，人们翘首以盼相关的支持性政策法规能早日面世或进一步健全完善。这样的政策法规将会极大地推动公益性制度主义小额信贷的健康发展。当然，就小额信贷机构自身而言，加强自律，忠于职守，提高业务素质和经营管理水平，则是其首要任务。

（五）亟待完善农村金融双层管理体制

为什么对新型农村合作金融提出地方政府的监管职责？就笔者的认识，这与银监会系统的监管力量和技术能力不足，因而难以有效监管直接相关，这涉及如何建立和调整我国金融监管体制的问题。我国有近 4 万个乡镇和约 60 万个行政村，它们是农民资金合作社等合作金融组织活动的所在地，银监会系统不可能直接对这么多的组织机构进行合理、有效监管。可以看到，政府有关各部门和各层级现已就我国应建立中央和地方双层（含多部门多层级的）金融监管体系达成了基本共识，而像新型合作金融机构的监管责任则主要在地方政府。

当前在我国，农村资金互助社、小额贷款公司、融资性担保公司、典当行、私募股权基金等小微金融机构的监管政出多门，非融资性担保公司、网络贷款公司（P2P）等机构，目前没有明确的监管主体。小微金融机构数量多、分布广，监管政出多门，职责交叉，有效性差，致使地方性小微金融管理真空与重叠并存的问题严重，亟待理顺监管体系。实施全面覆盖、责权清晰、运行高效的中央（一行三会及其他有关部委“多部门”）和地方（省地县“多级”）双层协同监管体系是合理的、积极的、有效的制度安排。双层金融监管的总体思路应是：对不同类型的金融机构，中央管大中，地方管小微；中央管全国，地方管区域。这样的监管体系有利于金融创新和防控风险的平衡，有利于金融创新和有效合理监管的平衡，有利于调动多个积极性，有利于各类金融机构可持续健康发展。

（六）银行存款大量流失转移到城市的问题

长期以来，我国农村地区，尤其是中西部农村地区的银行，特别是国有商业银行分支机构，主要发挥吸储的功能，连年以吸储上存的方式，从农村流出的资金估计每年达几千亿元。针对农村资金通过银行存款的形式大量流失转移到城市的问题，中共十八届三中全会《决定》明确提出了“保障金融机构农村存款主要用于农业农村”。过去普惠金融做不好的原因之一就是金融机构在农村获得的存款大量流失转移到城市，中西部存款大量转移到东部，这实际上是对普惠金融的逆向发展，因此是必须解决的问题。

在中央《决定》提出“城乡发展一体化”的大背景下，要求生产要素自由、公平的流动，以工支农，以城带乡，互惠互利，共同富裕。其中资金是几大资源要素之一，目前的现状是农村大量银行资金在流向城市，仍然留有 80% 的金融资源服务 20% 群体需求的非普惠金融的现象。如何扭转这一趋势是当前面临的大问题。

规定银行贷款一定比例用于“三农”和国家重点支持领域，在一些国家有类似的政策、法规，例如印度、巴西、泰国等国规定所有商业银行须将其存款的一定百分比投放到农业部门。美国也有《社区再投资法》保证在本地吸收的存款留用在当地。我国下一步也应探索制定相关法规制度来执行，从体制机制上解决“钱怎么留在农村”的问题。

央行和银监会过去曾联合发文要求“县域法人金融机构新增存款主要用于当地发放贷款”，这一规定是个好的起步，但有局限性。在农村县域注册的金融机构不包括大型银行，而主要是指农信社和村镇银行，首先是范围比较小，而且它们并不是银行存款资金流出农村的主体。其次即使对这些小银行也并没有存款转移出去的惩处约束机制，只是达到存款一定比例用于农村给予正面奖励。

四、加快发展农村普惠金融的政策建议和思考

为落实中央发展普惠金融的要求，需要从顶层设计上着手，进一步研究和制定包括政策性、商业性、合作性金融和民间金融协调发展和相互配合的完整的战略规划、执行计划、实施措施和监督考核制度。同时，也应鼓励自下而上的“摸着石头过河”的改革发展的实验。

国家应继续加大支农、惠农、强农、富农的法律和政策扶持力度；要拓展和加强政策性银行的职能和能力，全面扶持“三农”；大型商业银行应履行社会责任为发展普惠金融作贡献，努力开拓支持“三农”发展的大中型项目和力所能及的小微项目，也可以把资金委托给中小银行或小贷公司，为小微企业和弱势群体服务；要进一步发展小型银行和金融机构，增强直接服务小微企业和弱势群体的力度。发展普惠金融既要运用传统金融业态，也要利用 POS 机、手机银行、网上银行等“无营业所银行”类的新科技手段，还要运用 P2P、移动支付等互联网金融新型金融业态。另外，过去合作金融的主要形式是农信社，当前全国正在开展农信社改制转轨，然而不应一刀切地把农信社全部变成农商行，应因社制宜，部分保留农村合作金融的形态，并努力发展新型合作金融形态。在此，再重点提出几点政策建议。

（一）保障银行业金融机构农村存款主要用于农业农村

一些金融机构将资金转投城市的理由是，农村不具备吸收太多资金的条件。假设这是事实，但这也不能称其为充分的理由，因为农村，尤其是中西部农村，总体来说是十分缺乏资金的。如何解决这一棘手的“两难”问题呢？设立普惠金融发展基金可能是一种可行的选择。保监会主席项俊波于 2010 年曾提出这一概念和设想，他的观点是可将所有金融机构每年营业收入（当时 1 年约 2 万亿元）的 1% 抽调出来放进设立的“农村金融普惠基金”。笔者认为这是一个可行的好主意。对设立的这一基金，可以由国家指定用途、运营机构、运作流程和监督管理规则，统一调度，用于“三农”为主，同时兼顾城市的弱势群体和小微企业。制定一套农村普惠金融发展基金管理办法来支持“三农”和城乡弱势群体对金融的需求，可以解决当前争论不休的农村、中西部地区用不了这么多钱的矛盾。也可能解决存款主要用于农村

的实际操作问题。集中起来的钱统一调度，这样不会发生效率低下的问题，也不存在资金投不下去的问题。

（二）引导银行业金融机构继续支持农村小微企业和农户发展

一是以法律法规形式，要求商业银行将吸收存款的一定比例用于支持小微企业发展，监管部门应加快制定金融机构支持小微企业考核及激励约束机制。二是倡导商业银行创新小微企业业务和服务方式，各商业银行应建立小微企业服务专营机构和专门运营队伍及相关机制，创新信贷管理模式，提高小微企业服务水平。三是鼓励大型商业银行和邮储银行向农村金融机构、新型农村金融机构和小额贷款公司批发贷款，用于支持小微企业和农户发展。

（三）积极培育新型农村金融机构和小额贷款公司

适当放宽新型农村金融机构的准入条件，允许民间资本控股村镇银行和县域中小型银行和金融租赁公司。应将小额贷款公司法律定位从现在的“工商企业”改变为“非存款、非公众”金融机构，拓宽融资渠道，完善管理政策，加快接入征信系统。放宽小贷公司融资比例限制，通过评级给优秀的小贷公司增加杠杆比例，由1∶0.5放大到1∶4甚至更高，银行可以给小贷公司批发资金，应允许小贷公司跨区域经营，降低小额贷款公司转制村镇银行的门槛。

（四）出台支持鼓励公益性制度主义小额信贷组织发展的政策

对我国现有的活跃在贫困地区，包括中国扶贫基金会属下中和农信在内的约300个公益性制度主义小额信贷组织，至今相关主管部门还没有具体的支持鼓励发展的政策法规，不能不说是一大缺欠。这类由社会组织或非政府组织开展的小额信贷活动多数有10年以上的历史，具有追求社会发展的使命、定位和功能，并努力追求自身的可持续发展。它们是我国当今小额信贷的先锋和探索者，它们在欠发达和贫困地区的农村，所起的小额信贷扶持低收入和贫困农户发展的作用尤其显著。同时，在它们之中，也涌现了一批不辱社会使命又具有可持续发展潜力的小额信贷项目和组织。中央政府近年来多次重申支持和鼓励各种类型小额信贷组织的发展，我们希望，相关的支持性政策法规能早日面世。当然，最简单的权宜之策是设立一两个亿的专项批发基金，交由农总行或国开行管理和监督，因为它们已有这方面的实践和经验。

（五）培育发展多类型的农村合作金融

在合作金融方面，鼓励包括农信社系统在内的多类型的农村合作金融的发展。在管理民主、运行规范、带动力强的农民合作社和供销合作社基础上，培育发展新型农村合作金融，不断丰富农村地区金融机构类型。推动农村社区性，包括现有的中央和地方政府部门已支持多年的贫困地区的资金互助项目和组织的健康可持续发展。

（六）加强小微企业和农村各类经济经营主体的信贷担保体系建设

世界上已有半数国家建立了小微企业信用担保体系，应加大政府对小微企业、农村新型经营主体和农户的信贷担保体系建设的支持力度，引导和规范各类经济主体投资设立担保机构，鼓励担保机构积极开展符合小微企业特点的担保业务。设立再担保基金，用于对民营担保机构的资金扶持。创新农村金融担保抵押机制，建立和完善房产、土地经营权、水域、荒山等资产抵押担保制度。

（七）各级政府和部门形成合力支持监督小微金融发展

应建立多个部委间的协调机制，统筹安排现有针对小微金融的优惠政策，包括财税政策。同时，完善国家监管部门和地方政府分工负责的分层监管框架，建议地方成立正式的金融管理局。凡是不涉及公众存款的金融机构，如小额贷款公司、典当公司、担保公司等，由地方政府来承担监管责任。

此外，政府和有关方面应切实加强对农村小微企业和农户的金融教育培训，诚信意识教育培育，实施农村金融消费者权益保护工作。

（八）注意发挥直接融资、互联网金融和保险对小微金融服务的重要作用

应健全包括银行、证券、保险、期货、信托、租赁等在内的普惠金融市场体系。注意拓宽除信贷外的直接融资渠道。例如风险投资和私募股权投资，产业投资基金，集中性中小企业债券，发型股票等，还要规范和引导民间资金进入融资市场。

基于电子信息等新技术的不断涌现，互联网金融也将成为提供农村小微企业和农户金融服务的一个重要组成部分，应鼓励和规范互联网金融的健康发展。注意金融创新与防控风险的平衡。要注意民间高利贷和变相吸储、非法集资的问题。加强政府监管力度，防止出现严重的社会问题。

加大农业保险支持力度。鼓励开展多种形式的互助合作保险。鼓励银保合作。提高中央、省级财政对主要粮食作物保险的保费补贴比例，鼓励保险机构开展特色优势农产品保险，有条件的地方提供保费补贴，中央财政通过以奖代补等方式予以支持。

（九）对普惠金融发展水平构建起一套科学的评估指标体系

为对普惠金融发展情况进行直接清晰和科学的描述，更好地衡量和评价普惠金融发展的进程，有针对性地拓宽金融服务的深度和广度，人民银行济宁市中心支行结合国际上普惠金融指数的测算和中国普惠金融的实践，现已在山东省率先构建起一套评估指标体系，可运用具体化和数量化的统计数据，对普惠金融发展水平进行直接清晰的定量测度和描述。该普惠金融指数可以进一步明确当前制约普惠金融发展的主要因素和薄弱环节，从而为更好地推进普惠金融有重点、有方向地发展提供参考依据。应该说这是一个很好的科学探索和有益的实践尝试。应该在此基础上，鼓励倡导更多的类似研究和实践，并注意普及推广和考核。

该指标体系包括 5 大类 26 个分析指标，通过相关指标的组合计算得出“济宁市普惠金融指数”。人行济宁市中支采集了 100 多个可以用来反映普惠金融状况的指标，通过组合计算设定 26 个分析指标。而且，在供给方面将指标划分为金融服务覆盖率（权重 10%）、金融服务便利性（权重 33%）、金融服务可持续性（权重 8%）；在需求方面则将指标划分为金融贡献程度（权重 17%）、金融扶弱程度（权重 32%）。为提高指标体系的科学性，该中支通过比较各项指标的关联性和重要性，确定了各指标在普惠金融指数中所占的权重。如针对普惠金融重点关注对弱势群体的支持，将小微企业、农户、农业贷款占比等金融扶弱程度的指标权重设置较高。

（十）努力改善农村信用环境

各地应结合当地特点，探索建设农村信用体系。发挥征信系统服务小微企业和农户的作用，扩大信用信息基础数据库的覆盖范围，建立具有较高可用度和可信度的企业和农户的信用评级标准。加强农村支付结算体系建设，形成一体化的农村金融基础设施体系。

（十一）加快我国各项农村金融立法工作

对农村普惠金融的发展，应研究出台相关的法律法规。农村金融市场和功能的完善及制度规范创新是关键和根本，必须通过构建农村金融的法律制度来营造良好的农村金融外部环境。当前，我国农村金融立法依然十分薄弱，这已经成为制约农村普惠金融发展和农村金融创新的瓶颈。一些重要的法律法规需要出台，例如合作金融法、农业保险法、民间金融法，等等。

第8章

创新农村金融体制的思路及对策

一、问题的提出

农村金融所要解决的主要问题就是满足农户、农村中小微企业的信贷需求难题。满足农户、中小企业和微型企业的信贷需求，实际上是一个世界性的难题。这个难题，在发展中国家广泛存在，只不过在不同国家存在的程度不同而异。中国农村经济发展滞后，因而，农户、农村中小企业和微型企业发展面临的资金约束尤其突出。

改革开放35年有余，为了更好地满足农村金融需求，特别是为了满足农户、县域城乡中小企业和微型企业信贷需求，中国政府推动的以农村组织机构体系的完善和业务机制的完善为中心的改革与创新一直在持续。诸如1980年代对农村信用社经营权的下放、恢复农村信用社的“三性”、1994年政策性金融与商业金融的分离、国有银行的商业化、1996年农村信用社与农业银行的脱钩、农村信用社农户小额信用贷款的开展、以明晰产权和下放管理权为中心的农村信用社领域的新一轮改革、以市场开放为核心推进新型金融机构的组建，等等。但是，农户、中小微企业贷款融资难问题仍然一直较为突出，仍然是中国农村金融业发展面临的主要困境。据中国人民银行对10个省的263个县20040个农户的问卷调查，农户贷款的覆盖率仅为26.3%（中国人民银行农户借贷情况问卷调查分析小组，2009）。西南财经大学中国家庭金融调查与研究中心发布的《中国农村金融发展报告2014》显示，农村家庭的正规信贷可得性仅约为27.6%，因此，农村家庭的民间借贷参与率较高，达到

43.8%。一些传统农区、欠发达地区农户、中小微企业甚至没有获得任何金融服务的机会。

那么，为什么中国农村金融改革与创新总是难以到位？为什么农户、县域城乡中小企业和微型企业贷款难的问题一直存在？中国农村金融问题究竟何在？解决农村金融问题的逻辑思路何在？农村金融问题，是机构问题还是机制问题？是以利率为中心的成本问题还是机会问题？等等，不能不引起思考。笔者认为，问题的主要症结在于中国金融体系构建上的城市和工业导向性、农村金融供给体系上的商业化大型金融机构主导、基于市场与商业主导的金融企业趋利性自组织机制、社会责任意识的不足，与农村小额贷款需求之间的不适应，要解决中国农户、县域城乡中小企业和微型企业贷款难的问题，根本出路在于创新农村金融体制、构建农村县域本土金融服务机制。

二、农村金融要解决的基本问题

农村金融体制是指农村金融机构、金融市场和金融业务的组织、管理制度。农村金融体制包括宏观和微观两个层次的内容。宏观角度而言，涉及各类金融机构和各类金融市场的设置方式、组成结构、隶属关系、职能划分；微观角度而言，涉及金融机构的行为目标和基本行为规范等。

从世界范围来看，在不同的社会制度和不同的经济管理体制下，各国农村金融体制存在不同程度的差异，但是，由于各国农村金融发展所面临的主要问题基本类似。

（1）从经济活动的主体上看，主要表现为农户、中小企业、微型企业融资困难。

（2）从地域上而言，不仅贫困地区农户、中小企业、微型企业融资难，而且发达地区农户、城乡中小企业、微型企业也存在困难。农村资金总量供给不足与严重流失并存。在较多的传统农区、欠发达地区，金融机构存差较大，金融机构从农村抽走资金的现象较为严重。

（3）从金融服务需求的规模分析，主要是小规模的金融服务需求难以得到满足。金融服务需求是多种多样的，其中满足贷款需求的难度最大，换句话说，也就是小额贷款的需求满足难度最大。

（4）从收入水平和资产规模角度考察，中低收入群体、贫困群体、小规模资产拥有者的贷款需求满足难度最大。

（5）从金融服务的提供角度看，大中型金融机构为主体，小规模金融机构的种类和数量有限，不适应需求特征。金融机构业务发展过程中，服务大项目、大客户、大企业不可避免，提供小额贷款、向分散农户和中小企业、微型企业提供金融服务的金融机构缺乏。农户、中小企业、微型企业，规模小，金融服务需求规模小，更需要的是近距离的本土化的服务。

因此，总体而言，农村金融问题，就是一个要解决弱小群体的金融需求的问题。而从整个社会而言，在数量上，弱小群体是社会的主体，也是社会发展的主体，更是社会稳定的基础。

因此，各国农村金融体制也存在某些共同的特征，主要表现在以下三个方面。

（1）以合作金融机构为主体的多种形式的金融机构并存；农村金融机构体系，由合作金融、商业金融、政策金融构成，机构多元，是一个竞争性的金融机构体系。

（2）政府对农村金融机构在管理上给予一定的特殊性政策；农民属于弱势群体，农业属于弱势领域，农村属于弱势地域，开展“三农”金融服务将承担额外风险，因此，在农村经济成长阶段、农业规模化和产业化发展初期，政府对提供“三农”金融服务的机构，在税收、法定准备金率等方面，给予特殊的支持政策。

（3）政策性金融在农村金融市场上发挥重要作用；鉴于“三农”的弱质性，包括农户、农村中小企业和微型企业、农村新型经营主体（如种养殖业大户、家庭农场、合作社、发展中的龙头企业等）在内的农村经济主体的积累有限，难以进入商业规则主导的现代信贷市场，存在市场失灵，因此，需要发挥政府政策金融的作用，政府往往采取包括利息补贴、直接信贷、风险补偿或损失分担、构建担保机制等方式，支持“三农”活动主体获得金融服务。

三、农村金融体制与制度缺陷

就中国农村金融体制而言，在农村金融组织机构的构成、农村金融机构的管理体制、农村金融机构的行为目标和基本行为规范等方面，均存在制度缺陷。

1. 农村合作金融发展严重滞后

合作金融或者信用合作，是指人们在经济生活中涉及的资金需求、货币借贷等融资相关的行为，通过联合与合作的方式，组成自有、自营、自享的信用机构——信用社，其形式包括农村信用合作社、城市信用合作社和储蓄信用合作社等。广义的信用合作是指两个或两个以上市场主体之间基于共同的利益要求，以“诚实守信”为原则，彼此相互信任、守诺践约、互助互利的行为。它是市场主体间在重复博弈过程中，从长远利益出发，摒弃机会主义行为的结果。

合作金融，是基于成员和社区的金融，属于金融自制行为范畴，因此，最接近需求，信息收集和更新成本较低，更多地依靠非正式约束解决贷款偿还问题，不会危及社会公众利益，从满足需求的角度而言，效率是最高的。20 世纪 50 年代初期，中国的农村信用社设立的初衷的确是要按照合作金融的模式来运转，但是，60 多年来的中国农村金融体制变迁，特别是农村信用社体制变迁，似乎并不尽如人意，并没有导致能够满足农村需求的金融供给机制的产生。农村金融供给不足，甚至成为制约农村经济发展的最重要的“瓶颈”。

为此，理论与实务部门都在探寻农村金融制度创新的路径。针对 20 世纪 90 年代中后期以来农村信用社发展过程中出现的资金“非农化”和业务发展上的商业化、市场化倾向，1996 年国务院《关于农村金融体制改革的决定》（国发［1996］33 号）做出了“按合作制原则重新规范农村信用社”、“恢复农村信用社的合作制性质”的制度变迁选择。21 世纪初叶开始，学术界和实务部门展开了合作金融是否符合国情的讨论。一是认为农村信用社产生以后，直到 1957 年曾有过短暂的合作制发展时期，而 1958 年“大跃进”以后再也没有坚持过合作制原则（尚明，2000）；二是从国际合作社联盟的基本原则出发，在分析了中国的农村信用社制度构成要素后得出结论认为，中国没有一种合作制机构真正成功过，正规的合作金融从来就没有真正存在过，农村信用合作社从诞生之日起就从来没有真正实行过合作制（谢平，2001）。三是认为我国还不具备合作金融发展的前提条件，必须培育“合作”的经济基础、思想基础和制度基础，在主客观条件成熟的条件下，发展我国的合作金融事业（曾康霖，2001）。本文作者曾指出（何广文，2003），我国 50 多年的合作金融制度实践，从某种程度上看是不成功的，但它不是合作制本身的失败，也不是中国不存在合作制的生存土壤，而是与法规不健全和监管不到位有最直接的关系。

不论这种争论是否继续，也不论争论结果如何，农村信用社领域的制度创新，实际上是一种政府主导下的强制性制度变迁。2003 年开始启动的新一轮农村信用社领域的改革，“坚持市场化的改革取向”——2004 年 8 月 17 日《关于进一步深化农村信用社改革试点的意见》（国办发［2004］66 号），在政府主导下，农村信用社领域实际上是明确地开始了一场以市场化、商业化为导向的改革和制度变迁，是一种“去合作化”的行为。在现实地推进改革过程中，合作制实际上是被忽视和抛弃了。在中国，正规的合作金融制度，在政府强制推进的制度变迁中被明确地终结了（何广文，2006）。

农村信用社抛弃了合作制之后，银监会在2007 年初出台了《农村资金互助社管理暂行规定》（银监发［2007］7 号），由银监部门审批成立农村资金互助社，旨在推动新型合作金融组织的正规化发展。农村资金互助社虽然具有合作金融的要素和机制，但是，其发展受到来自改革推动部门、监管部门的忽视，发展缓慢甚至处于停滞状态。

尽管 2008 ~2014 年中央 1 号文件、十七届和十八届三中全会文件均明确支持微型信贷组织的发展和支持以成员为基础的信用合作，银监部门也有相关的关于资金互助的规定，但是，业已大量存在的、民间自发创新的产物、能够灵活地满足农户和中小企业融资需求的资金互助组织、农村社区发展基金、以小额贷款为基础而运转的乡村发展协会，等等，实际上也现实地带来农村金融服务的供给，在一定区域范围内满足中低收入群体小规模资金需求方面的作用是巨大的，是最接近农户和小微企业、信息最充分、最能满足农户和小微企业金融需求的微型金融服务机制，却不能得到经营许可。

2. 农户、小微企业进入商业信贷市场的障碍较为突出，商业金融机构缺乏服务的内生性组织机制

（1）农户、微小企业金融需求与金融机构商业化运作的可持续性需求之间存在矛盾。从传统的分析视角和传统的商业金融操作供给模式出发，农户、县域城乡中小企业和微型企业在享受商业信贷服务时，有五个方面的因素阻碍农户、县域城乡中小企业和微型企业进入商业信贷市场：一是有需求，但农户、县域城乡中小企业和微小型企业地域布局分散，服务操作成本较高而银行的收益较低。二是需求广泛存在，需求总量巨大，但单笔服务需求规模较小，金融服务难以实现规模效应。三

是尽管大多数农户特别是传统农区、欠发达地区的农户、微小型企业是值得信任的，但因为信息不对称，商业银行放款者难以判断其道德风险和逆向选择的程度。四是尽管农户、微小型企业有经济上的创收能力，有足以支撑贷款偿还的现金流，但是，农村商品生产项目面临较大的自然和市场双重风险。五是有能力从事生产经营活动的农户，都有还款能力，但商业银行放贷要求抵质押，而农户、微小型企业资产积累有限而难以提供商业银行所要求的规范的抵质押品。这也是农户、县域城乡中小企业和微型企业金融需求所具有的特征。

（2）尽管政府通过激励金融机构扩张农村金融业务网点、对金融机构提供税收优惠、对农村金融机构实行较低的准备金率、建立政策银行、发放政策性贴息贷款等一系列方式，企图为农村经济发展提供普惠金融服务，并且也取得了一些成效，但是总体而言，大多数商业信贷机构仍然没有能够建立起自主服务农户、微小企业的内生性组织机制，贷款决策中的农户排斥、农业排斥、农村排斥问题突出，农村金融抑制仍然十分严重。全国而言，小企业个数占企业总数的98%以上，据中国人民银行统计，2012 年底，主要金融机构①及主要农村金融机构②、城市信用社和外资银行人民币小微企业贷款余额虽然已经达到 11.58 万亿元，但仅占全部企业贷款余额的 28.6%。农村金融供给不足仍然是困扰“三农”发展的最主要的问题，也只好以“农村金融是个世界性难题”为托词来解释了。

3. 农户、小微企业的信贷需求属于小额信贷需求，小额信贷需求需要近距离地服务，因此，构建县域本土金融服务机制是必要的，但是，我国农村金融不是合作金融主导，而是由现代商业金融主导，本土金融服务机制缺乏

（1）金融服务的供给是由需求拉动的，农村县域范围内的经济活动主体，从收入、规模、行业、地域分布等角度而言，虽然其存在状况是多种多样的，但是，其具体形态无外乎就是农户、中小企业、微型企业。农户、中小企业、微型企业的金融需求也是多种多样的，包括信贷、储蓄存款、结算、汇兑、理财、担保、抵押、典当、租赁、保险，等等，但是，单个主体的需求规模较小，属于在世界范围内流行的小额信贷（microfinance）、微型金融需求概念。

---

① 主要金融机构指中资银行（不含农村商业银行、农村合作银行和村镇银行）。

② 主要农村金融机构包括农村信用社、农村商业银行和农村合作银行。

（2）满足小额信贷、微型金融服务需求，就必须克服信息不对称、解决操作成本过高问题，就需要近距离的服务，就需要将机构或业务延伸至社区、街道、乡村，构建本土金融服务体系。这正是传统商业金融模式的缺陷。

满足微型金融服务需求，一是要构建一个接近需求的机构网络体系，使得微型金融服务需求者有机会享受到服务；二是商业金融机构需要创新业务操作模式等，特别是在没有抵押担保的情况下创新贷款发放方式，使得难以进入商业信贷市场的需求者有机会获得贷款。虽然大小型金融机构均可以提供微型金融服务，但是，从农户、县域城乡中小企业和微型企业金融需求所具有的特征出发，比较而言，微小金融机构比大型金融机构更有优势。大型金融机构可以通过延伸网点布局、创新业务操作模式等强化微型金融服务。

（3）构建本土金融服务机制，意味着对传统商业金融主义的反叛，主要依靠传统乡土文化所具有的诚信体系。与城市移民性社会的人与人之间的关系的契约性不同，乡村社会是世代聚族而居的熟人社会，熟人间的关系靠的是诚信，并依靠血缘、地缘、亲缘为基础建立了隐性的内部金融市场。以诚信和道德作为人与人之间相互利益关系的抵押品，血缘、地缘、亲缘是内部金融市场利益交换的信用基础（陈志武，2007 年 7 月 14 日《证券市场周刊》从依赖亲情和友情转变到依赖市场后，中国的钱当然更多），“乡土社会的信用并不是对契约的重视，而是发生于对一种行为的规矩熟悉到不假思索时的可靠性”（费孝通，2008），是约定俗成的惯例，在某种程度上比实物契约更具约束力。因为，在这种熟人环境下，一旦违约，代价十分沉重，不仅本人会被整个熟人社区抛弃，而且可能延及亲友和子孙后代。

4. 农村本土金融服务机制建设上还存在较多的缺陷

随着 2006 年底以来银监会金融市场准入新政的推行和 2008 年后小额贷款公司的大量涌现，较多县域都有了村镇银行、小额贷款公司等新型金融机构，不论其资产业务规模大小、客户群体定位如何，它们事实上均现实地在一定程度上增加了县域范围内农户、小微企业的金融供给，促进了县域本土金融机构的发展。同时，由于城市金融市场竞争越来越激烈，一些大中型商业金融机构也不断通过客户群体的下移寻求新的市场空间，县域内多元竞争性的农村金融市场格局已经或者正在逐步形成，县域领域内的金融竞争在加剧。但是，矛盾仍然较为突出。

县域范围内本土金融服务的提供者，也就是小额信贷的提供者，包括正规金融与非正规金融两个部分。正规金融部门的小额信贷提供者，主要由四大传统商业银行（工、农、中、建）、农业发展银行、邮政储蓄银行、农村信用社、村镇银行、经过银监会批准的农村资金互助社、小额贷款公司，等等。非正规部门的小额信贷提供者包括民间资金互助、农村社区发展基金、个人放贷者、地下钱庄、个人和企业之间的相互借贷等。农村本土金融服务体系，是一个大机构与小机构并存、银行机构与非银行机构并存、综合性信贷机构与专业性小额信贷机构并存、政策性与商业性和合作性金融机构并存的体系。提供者的种类是多种多样的，但是，农村本土金融服务体系还存在较多缺陷。

（1）正规金融机构在县域的多元化深度不够、竞争有限，县域金融缺乏服务效率和服务质量。较多县域，从宏观角度考察，银行金融机构种类比较齐全，可能既有国营商业银行、政策性银行、农村信用社，还有邮政储蓄，个别县域还有城市商业银行、村镇银行，以及贷款公司。似乎已经在县域范围内形成了一种金融竞争的局面。但是，如果从金融机构在县域内的区域布局和业务地域分布角度考察，在较多传统农区特别是贫困地区农村乡镇，除农村信用社外，可能还有邮政储蓄银行，其他金融机构在乡镇的业务网点很少，服务很少或者根本没有惠及到乡镇范围内的农户和中小型企业、微型企业，大多着眼于大企业、大项目、大客户放款，同时是工商业导向、城市导向，忽视小客户，忽视农村客户。在乡镇范围内的金融机构缺乏竞争，继而也就缺乏效率和服务质量。可以说，县域范围不缺大机构，缺小机构。2005 年 5 月开始，以私人资本为主体投资的小额贷款公司开始试点，2006 年底以来，也逐渐出现了新三类机构（村镇银行、贷款公司、资金互助社），并且，发展较快。据中国人民银行统计，2014 年 6 月底，全国已经开业的小额贷款公司 8394 家、实收资本达 7857. 27 亿元；据银监会的统计，2014 年 9 月底，全国已组建农村资金互助社 49 个、贷款公司 14 家、村镇银行 1105 家。但是，较多县域新设的金融服务机构种类不全、机构数量极少，服务能力有限。

（2）大型金融机构资金实力雄厚，有促进小额信贷业务的多种途径，但是针对县域小额信贷需求的创新不足，或者根本没有创新。大型银行机构在县域范围内提供小额贷款，其路径包括：①组建微小信贷专业部门，逐渐实现客户群体的下移；②对专业性小额信贷机构提供批发贷款；③投资兴办村镇银行、小额贷款公司，由村镇银行、小额贷款公司去发放小额贷款；④对小型金融机构提供能力建设支持，特别是 IT 技术、治理结构完善、财务辅导和业务培训等支持，增强它们提供小额贷款的能力；⑤业务操作方式创新。但是，中国国内的大型金融机构，在这方面的创新严重不足。因此，较多县域，从宏观角度而言，机构多元化的局面似乎已经形成了，不缺机构，但缺服务。

（3）推动新型农村金融机构发展的机制不完善，不能解决服务中低收入群体或者农村领域的弱势群体的小额贷款需求问题。

第一，村镇银行、贷款公司的组建，对银行业机构的参与过分依赖。银监会 2007 年 1 月 22 日《村镇银行管理暂行规定》（银监发［2007］5 号）要求村镇银行的最大股东或唯一股东必须是银行业金融机构，且最大银行业金融机构持股比例不得低于村镇银行股本总额的 20%[①]，同时，贷款公司是由资产规模不低于 50 亿元人民币的境内商业银行或农村合作银行设立的全资子公司。没有现有商业银行的参与，村镇银行、贷款公司就不可能产生，无疑限制了村镇银行、贷款公司的投资者来源，仍然是在一定程度上对市场形成垄断，使得“市场进入”这种资源成为一种稀缺资源、一种特许权，仍然没有为所有经济主体提供一种可以自由选择的机会，“市场进入”需求者仍然要为争取进入金融市场而竞争。笔者认为，金融业改革开放的最终目标，应该是产生一个自由竞争的金融市场，自由竞争才是中国金融发展的原动力。在市场进入约束情况下，最后有可能出现对民间资本开而不放的局面，或者民间资本只能采取迂回投资的策略，通过借壳、幕后交易甚至不正当交易等形式投资村镇银行和贷款公司，不但增加了民间资本进入金融业的环节、进入成本和进入难度，而且可能形成和产生一些实际上由民间资本控制而名义上由银行控制的村镇银行，那时，可能在监管上产生一些难以预料的新成本。

对于这一点，已有较多的异议：商业银行为何不直接在农村开设分支机构而非要入股新的村镇银行和贷款公司？我们可以认为银监发［2006］90 号文件支持了“外地银行”的扩张意愿。就本地银行而言，出于银行防控风险和操作成本上的考虑，开办分支机构或者储蓄所，更具有操作上的可行性。从已经成立的村镇银行而言，已经看到了这一点。但是，这种操作取向，不具有普遍意义和可持续发展的意

---

① 2012 年 5 月 26 日，中国银监会出台的《关于鼓励和引导民间资本进入银行业的实施意见》（银监发［2012］27 号），将村镇银行主发起行的最低持股比例由 20% 降低为 15%。

义。政府规则的作用，在于构建一种所有经济主体在条件许可的情况下可以自由利用这种机会的激励机制。而在现有制度框架下，这种激励是不存在的。

第二，村镇银行、贷款公司的经营机制本身不完善。根据《村镇银行管理暂行规定》（银监发［2007］5 号）第 39 条，村镇银行在缴足存款准备金后，其可用资金应全部用于当地农村经济建设。村镇银行发放贷款应首先充分满足县域内农户、农业和农村经济发展的需要。确已满足当地农村资金需求的，其富余资金可投放当地其他产业、购买涉农债券或向其他金融机构融资。似乎赋予了村镇银行服务“三农”的社会责任，但这种规定与《村镇银行管理暂行规定》第 4 条“村镇银行以安全性、流动性、效益性为经营原则，自主经营，自担风险，自负盈亏，自我约束”的界定不相符；由于缺乏客观的制约和约束标准，最后可能使得第 39 条在实施过程中流于形式，还不如赋予村镇银行在辖区内完全自主运用资金的权利。因为在中西部地区和贫困地区，县域范围实际上均可以看成是农村的概念。

村镇银行的运作机制应区别于现有银行的运作机制，它完全是一个股份制机构，有独立的治理结构，经营范围设定在一定的区域内，是一个社区性银行；作为商业银行，在法律框架下，它完全可以和应该独立决定自己的资金用途。同样的道理，实际上也适用于贷款公司。对贷款公司“必须坚持为农民、农业和农村经济发展服务的经营宗旨，贷款的投向主要用于支持农民、农业和农村经济发展”的界定，实际上也将在很大可能性上流于形式。

第三，不仅村镇银行、贷款公司的数量有限，其作用仅是局部性的；同时，较多村镇银行、贷款公司，建在经济比较发达地区或者城市里面，或者是经济欠发达地区里的经济发达地区。较多村镇银行、贷款公司，业务发展上的商业银行化，放贷规模趋大、要求抵押担保，与农村领域数量众多的中低收入群体或者中小企业、微型企业的金融需求特征不适应。更重要的是，它们的金融服务创新能力普遍不足，不能解决所有农村地区资金短缺的问题。

农村资金短缺是一个长期和复杂的问题，降低准入标准，在一些经济相对发达的中西部县域、乡镇有一定的可操作性，但是，不可能从根本上缓解贫困地区农村资金短缺的问题。因为，在较多的传统农区乡镇、欠发达地区农村乡镇，以利润最大化为经营原则的村镇银行、贷款公司是很难产生的，也很难有银行机构愿作为发起人到这些地方去开办村镇银行、贷款公司。同时，银监会界定的贷款公司，是金融机构的全资子公司，其局限性首先是只贷不存，资金来源有限，发展后劲明显不足。其次是那些纯农业贫困地区，也是很难催生贷款公司。在贫困地区农村，农村资金互助社的组织难度也会较高。因此，金融机构准入标准降低，不能解决贫困地区农村的信贷供给问题。

第四，2008 年 5 月银监会和人民银行联合出台的《关于小额贷款公司试点的指导意见》（银监发［2008］23 号）所推进的小额贷款公司，虽然受到社会的广泛关注，引起了私人资本广泛的投资兴趣，但是，各省在试点过程中的门槛太高，大多建在城市、建在发达地区，业务经营上的商业银行化，客户群体上与商业银行竞争，较多小额贷款公司放款额度趋大，放款方式上的创新不足，不利于农户、中小企业、微型企业贷款需求的满足。虽然银监发［2008］23 号文件规定，"小额贷款公司依法合规经营，没有不良信用记录的，可在股东自愿的基础上，按照《村镇银行组建审批指引》和《村镇银行管理暂行规定》规范改造为村镇银行"。2009 年 6 月 9 日中国银监会业专门出台了《小额贷款公司改制设立村镇银行暂行规定》（银监发［2009］48 号），为小额贷款公司的发展指明了前景，为小额贷款公司提供了转化成村镇银行的通道，但是，村镇银行是与贷款公司完全不同的制度安排，根据村镇银行的制度安排，村镇银行必须有现有的银行作为主要发起人，而自然人、法人及其关联方持股不得高于 10%，这就意味着，小额贷款公司如果要转型成村镇银行，发起人就必须要放弃控股权，而较多的私人投资者很难放弃这样的控制权。并且，村镇银行实行审慎监管，属于银行金融机构，小额贷款公司属于各个省和地方政府监管，是非审慎性监管，监管措施是不一样的。在现有监管和法规还没有极大地完善的情况下，政府的监管办法和监管机制、监管实力都不够的情况下，政府也不可能大规模地让小额贷款公司转为村镇银行。因此，村镇银行不可能大规模地成为小额贷款公司的下一站。

5. 正规金融机构的改革取向不利于农村金融需求的满足

从理论上分析，正规金融机构的改革，不论是国有银行还是农村信用社系统的改革，或者政策性银行，都有一种取向，就是商业化、股东化。推进商业化、股份化的方式，能够解决农村金融机构自身能力的培养问题，这种方向是对的。但是，它与农村存在的金融服务需求是有矛盾的。股份化以后，就要追求市场价值，就要追求股东利益，就要以盈利为目标，而在农村县域，很多需求是难以通过市场化的手段来得到满足的，就需要金融机构承担一定的社会责任，而现实中国的商业金融机构责任意识却普遍缺乏。

不少地区的农村信用社也存在“离农脱农”的倾向。部分县域法人金融机构在经营过程中倾向于“做大做强”，取消基层法人，其金融服务有脱离农村、远离农民的倾向，不利于经营优势的发挥。

不过，对于农村信用社商业化、股份化改革以后，农村信用社是否脱离“三农”问题，有不同的研究结论。笔者在 2013 年初组织的山东、安徽、河南、云南 4 个省 12 个县域农村信用社（农商行）的调研，得出了与理论分析不同的结论。县域内多元竞争性的农村金融市场格局已经或者正在逐步形成，县域领域内的金融竞争在加剧，一些大型金融机构也不断通过客户群体的下移寻求新的市场空间，县域内的中小企业、个体工商户成为各类县域金融机构竞争的客户群体，在市场主体地位日益明确以及竞争愈发激烈的背景下，农户、涉农企业、个体工商户、城镇居民等，成为农信社（农商行）市场定位的战略性选择，同时，农村信用社（农商行）针对小微企业的信贷服务的机制和产品体系已经基本建立，针对小微企业特点的金融服务创新产品也不断涌现，农信社（农商行）对小微企业融资需求的满足度相对较高。

6. 政策金融服务机制严重缺乏

虽然存在农业政策性银行——中国农业发展银行，但是，中国农业发展银行根本不直接针对农户、小微型企业发放贷款，一种向农户、小微型企业持续提供政策金融服务的机制还不存在。针对农户、微小型企业的政策性信贷、政策性担保、政策性保险缺乏。

7. 激励商业银行自主开展小额贷款、服务农村、服务农户和中小企业、微型企业的机制不完善

为促进农村金融机构“三农”服务机制的建立和完善，中央政府和有关部门制定了一系列的措施和办法，企图促使金融机构增加对县域范围内的信贷供给。例如，2008 年中央 1 号文件提出，要“加快落实县域内银行业金融机构将一定比例新增存款投放当地的政策”。2008 年 10 月 12 日十七届三中全会通过的《关于推进农村改革发展若干重大问题的决定》提出，“县域内银行业金融机构新吸收的存款，主要用于当地发放贷款”。2009 年中央 1 号文件进一步指出，“……抓紧出台对涉农贷款定向实行税收减免和费用补贴，……加大中央财政对中西部地区保费补贴力度”。2009年3月2日财政部“关于实行新型农村金融机构定向费用补贴的通知”（财金[2009] 15号文件）指出，经银监会批准设立的村镇银行、贷款公司、农村资金互助社3类新型农村金融机构，凡达到监管要求并实现上年末贷款余额同比增长的，其中村镇银行存贷比还需大于50%，自2009～2011年，由中央财政按照上年末贷款余额的2%给予补贴，纳入机构当年收入核算，以增强机构经营发展和风险拨备能力。财政部“关于开展县域金融机构涉农贷款增量奖励试点工作的通知”（财金[2009] 16号），决定在黑龙江等6省区开展县域金融机构涉农贷款增量奖励试点工作。对黑龙江等6省区所辖县域（包括县级市，不包括县级区）内设立的各类法人金融机构和其他金融机构（不包括中国农业发展银行）的分支机构，自2009年起，上年末涉农贷款余额同比增幅超过15%的，财政部门对机构上年末涉农贷款余额增量超过15%部分，按2%给予奖励，纳入机构当年收入核算，以增强机构经营发展能力。2010年5月13日财政部、国家税务总局发布的《关于农村金融有关税收政策的通知》（财税[2010] 4号）规定，金融机构农户贷款，单笔且该户贷款余额总额在5万元以下（含5万元）的贷款，利息收入免征营业税，且其利息收入在计算应纳税所得额时，按90%计入收入总额。

但是，一是这些机制本身不完善，不利于市场公平的实现；二是没有建立起相应的配套措施和办法；三是在金融竞争格局还没有完全形成的情况下，金融机构可选择的市场空间较大，本身没有客户群体下移、服务农村、服务农户、服务微小型企业、服务弱势群体的内在压力、内在需求和自组织机制；四是这些安排不是一种长期的普惠制度，没有给金融机构一个长期的预期，难以在机构布局、发展战略上做出调整，以适应开展农户小额贷款的需要。

8. 风险分担和风险转移机制不完善

农业保险服务严重滞后，农户和农村企业经营风险缺乏分散和转移的机制，不适应新农村建设和农业战略性结构调整的需要。中国农业每年有5亿多亩农作物受灾，占全国农作物播种面积的1/4，成灾面积占受灾面积的比重在40%以上。虽然中国人民保险公司于1982年就开始承办农业保险业务，但全国农业保险费收入占财产险保费收入总额的比重由1992年的3.6%下降到2004年的0.36%左右。2005年以来，虽然农业保险业务迅速发展，但仍然远远不能满足农村经济发展和农业产业化发展的需要。

再保险机制严重缺乏。担保机制不健全。农户、中小企业、微型企业贷款融资难，其中重要原因之一在于缺乏担保。

9. 针对农村金融机构服务的机制严重缺乏

农村金融机构，特别是农村小型金融机构，也需求提供服务。这些机构需要融资，需要治理结构的完善，需要咨询、评级、需要 IT 技术服务。同时它们也需要进入资本市场、进入货币市场，等等。

四、创新农村金融体制基本思路

2008 年 10 月 12 日十七届三中全会《中共中央关于推进农村改革发展若干重大问题的决定》提出，要“建立现代农村金融制度”。2013 年 11 月 12 日十八届三中全会《中共中央关于全面深化改革若干重大问题的决定》提出“发展普惠金融”，这是对中国农村金融改革与发展战略方向的高度概括与总结，也可以说，这是中国 30 多年农村金融改革与发展探索的成果。这样，创新中国农村金融体制的基本思路如下。

（1）要从基于市场竞争、市场公平和效率角度出发来考虑农村金融资源的配置，农村金融机构多元化、构建竞争性可持续发展的农村金融市场体系，是中国农村金融市场发展的战略选择。一是以推进城市金融发展的思路治理农村金融，借助商业性金融机构来满足农村金融的需求，大型商业性金融机构主导模式在农村领域往往“水土不服”。二是竞争是效率之源，只有在一个竞争的市场基础上，金融机构才能在生存压力面前不断地改善服务，并创新金融服务，提高服务的效率，金融服务的需求者才能不断地享受到优质的服务。三是在激烈的竞争格局下，因为金融服务提供者之间的竞争，其客户群体将逐渐下移，最后惠及到更多的中低收入客户群体和弱势群体，实现金融普惠。四是没有任何一种金融机构模式是农村金融机构的最佳模式，只有在金融机构多元化的情况下才能优势互补，并极大地满足农村地区多种层次的金融需求。

因此，农村金融市场的进一步开放不可避免，逐渐增加新型农村金融组织，以增量改革推进存量结构调整，变得异常迫切。

从2004～2014年中央1号文件可以清晰地看到，一些新型组织模式诸如多种所有制的社区金融机构、小额信贷组织、农户资金互助组织等原来处于非正规金融范畴的活动有了发展的政策依据。

2005年5月开始，"只贷不存"小额信贷机构的试点，首先叩响了农村金融市场开放的大门。

2006年12月20日，中国银监会出台《关于调整放宽农村地区银行业金融机构准入政策，更好支持社会主义新农村建设的若干意见》（以下简称《意见》），在该《意见》中，进一步调整和放宽了农村地区银行业金融机构的准入门槛，农村金融市场得以进一步开放，特别是在2008年5月银监会、人民银行《关于小额贷款公司试点的指导意见》（银监发［2008］23号）的出台，在促进农村金融市场开放更加深入的同时，农村金融组织机构多元化也得以进一步推进，有利于竞争机制的逐步形成。

（2）要从供应链、城乡一体化、城乡协调发展角度思考农村金融问题。要根据中国农村金融需求出发设计农村金融改革与制度创新的路径，不能简单复制西方发达国家农村金融模式和城市金融发展模式，但是，不仅要看到农户和农村中小企业的需求，还要看到农业产业化、农业现代化、农民组织化、工业化、城镇化、生产规模化是农村经济发展的必然趋势，以户籍制度与城乡资源配置机制为主线的城乡二元结构，以及相关的社会经济政策和由此形成的社会利益分配格局将逐渐演变，改革前中国社会的"行政主导型二元结构"，将逐渐被"市场主导型二元结构"所替代；同时，也要看到，中国农村人口数量庞大，在以土地承包经营权"长久不变"为基础的基本土地制度格局下，"小农"仍将是未来中国农村一个较长时期内难以改变的格局。

（3）二元金融结构，现代金融部门与传统金融部门的并存及长期存在，是中国农村金融发展中不可回避的现实，需要关注的重心不应是如何用正规金融来取代非正规金融，而是如何促成正规金融市场与非正规金融市场之间的互动，如何在二者之间牵线搭桥从而营造一种既有竞争又相互补充的环境和机制。

（4）农村金融不能被看做是政策性业务而商业不可持续，要注意到市场化、商业化是农村金融发展的主流，对农村发放贷款需按照市场化的盈利原则，遵循审慎独立的私人商业银行运作方式。但是，又要充分发挥政府的作用。就农村金融发展理论而言，农业信贷补贴论范式已经被农村金融市场论范式所取代，但是人们也认识到，为培育有效率的金融市场，仍需要一些社会性的、非市场的要素来支持它，这也就是斯蒂格利茨不完全竞争市场论的主要观点。基于对发展中国家的金融市场是不完全竞争市场的判断，强调有必要采取诸如政府适当介入金融市场以及借款人的组织化等非市场要素，以利于金融市场的发展。

农村金融的政策扶持必不可少。政府可以对农村政策性金融机构给予政策扶持，如通过税收减免、隐形担保、专门立法、特别监管、资金来源支持和法律支持等方式实现。

因此，中国政府采取了一系列措施：一是向农户和中小企业提供补贴性信贷，如扶贫贴息贷款；二是构建信贷担保机制，搭建信用担保体系，增强并提高农户和中小企业信贷融资的能力；三是构建贴近农户和中小企业的金融服务机制，在进行现有金融机构存量改革中强调其区域性、社区性的同时，还在扶贫开发过程中以补贴方式推进农村金融组织的增量结构调整，如财政直接出资支持建立“村级资金互助组织”；四是倡导正规金融机构进行信贷业务创新，针对农户和微小企业提供小额信用贷款。其中，以小额信用贷款的开展对农户和中小企业融资状况的改善最为突出。

但是，政府参与农村金融过程中，要尽量避免行政干预，让市场机制在资源配置中发挥基础作用，通过不断完善农村金融市场环境，建立农村资金良性循环机制。例如，在农村合作金融机构建立初期，政府可以入股合作金融机构，为合作金融提供初始发展资金，扶持合作金融的发展；在合作金融不断壮大以后，逐渐转让政府股金，减少政府对合作金融的干预，最终实现合作金融组织的自主经营、自主管理。

同时，要建立分层次的农村政策性金融体系，不是所有农村政策性业务都适合政策性银行来经营。农村政策性银行也是银行，必须在业务上要有所选择，对于那些资质太差的需求，只能由财政资金予以支持。例如，对于自然条件很差地区的绝对贫困人口，需要的不是贴息贷款而是救济、迁移等。

（5）在探讨大型商业银行退出农村金融市场的理由时，不能仅仅过多地强调农户和中小企业金融需求规模小、分散、操作成本高等，需要从农业的多功能性、农村经济的多功能性、农村经济活动的多样性、农业在国民经济发展中的基础性、农业产业的弱质性、国家粮食安全角度出发考虑农村金融服务存在的必要性及商业银行承担服务“三农”责任的合理性。

（6）在探讨农村金融制度和机制创新时，不能仅仅从金融企业自身经营管理、金融业务发展、管理体制及其相关的管理权力的分配和调整、金融市场稳定性、金融监管的有效性角度来设计路径，应该从制度层面和从培育市场主体、培育金融机构的“自身能力”、有利于经营者内在的“自组织机制”角度来解析。需要从公众整体利益和公共政策的角度考虑农村金融问题，既要符合经济学的基本原理，又要不破坏金融机构运作机制的内在逻辑。

（7）不能将农村金融体系简单归结为银行金融机构体系。不同金融机构在信息对称性、对本地局部知识的利用、社会资本的占有、流动性提供、事后监督、解决不确定性和风险、降低交易成本和为新技术提供融资等方面各有优劣。一国金融体系改革（设计）的重点不是简单地发展银行类金融中介或金融市场，而是综合银行与非银行金融机构的优势，加强金融基础设施的建设，促进信息的生产和交流，完善相关的法律体系。

五、创新农村金融体制的政策建议

要探寻创新农村金融体制、完善农村本土金融服务机制的路径，首先需要从中国农村经济的现实出发，厘清中国农村发展的趋势和特点；要看到，虽然农户仍然是农村经济活动的基本单元，但是，以 1980 年代初期联产承包责任制为契机所启动的持续了 30 余年的农户收入增长模式不再可持续，现代农户，除了发展种养殖业外，生产经营活动已经多元化，较多的农户甚至是以小微型企业形式存在的，并且，对于较多农户，农业生产不再是生存的基本来源，农业兼业化和农民老龄化问题出现。其次需要根据县域经济的特点和资源禀赋（劳动力、土地等）、农业生产和农产品加工业发展区域布局状况、农村城镇化水平、农民组织化程度（专业合作社发展状况）、农业生产规模化和产业化程度等，对县域经济体进行分类研究；再次，分类研究县域金融需求特征；最后，分类研究完善农村县域本土金融服务的机制。

不过，从宏观角度而言，创新农村金融体制、完善农村本土金融服务机制的路径，主要应该包括三个大的方面的内容：一是增量创新，即促进新型金融机构的产生，强化本土化的微型金融组织体系的构建；二是创新存量，即在有利于强化“三农”服务、实现普惠金融的原则下，促进已有的金融机构的创新和改革；三是创新金融机构的服务机制和强化配套辅助机制建设。

具体而言，创新农村金融体制的路径主要有以下几个方面。

1. 推动建立在成员之间的内生于农村社区的资金互助组织的发展，建立农村合作金融体制

农村信用社已经不可能再回到经典的合作制模式了，其原因有五（何广文，2009）：一是农村信用社对合作成员合作激励的丧失。作为合作金融组织，对合作成员的激励主要表现在能否获得金融服务及利润返还。1950 年代初至 21 世纪初，中国农户在 50 余年的金融合作参与过程中，不仅难以获得金融服务，而且没有参与过利润分配，进而农户的理性选择就是对“合作”的“冷淡”与漠视。二是由于国有银行商业化经营的示范、农村信用社内部集团利益的形成，农村信用社业务发展机制和运作方式日益商业化。三是基于几十年来农村信用社从合作制到公有制的特殊制度变迁轨迹，其路径依赖决定了农村信用社回归合作制的成本是极其高昂的，无论是国家、信用社还是社员，都不可能再选择实施合作制。四是政府推动的新一轮农村信用社改革初期，虽然设计了三种产权形式、四种组织模式，但笔者认为，其发展的结果实际上是在鼓励向股份制方向发展，最后把它搞成银行，是一个做大、做洋的概念。在农村信用社创新过程中，中国银行业监督管理委员会曾明确提出，要“不断提高农村信用社的运行质量和效率，力争用 5 到 10 年时间把农村信用社分期分批办成产权明晰、经营有特色的现代金融企业”（蒋定之，2007）。五是把农村信用社转型成银行，也是地方政府领导和农村信用社经营者追求的共同目标。

因此，农村领域需要培育新的基于本土力量的合作金融机制。资金互助组织，就是这种内生的本土合作金融力量，在解决需求方面，克服了商业金融在开展业务过程当中存在信息不对称、因为距离较远而具有较高操作成本、缺乏抵押等不足，它具有众多的制度优势，更能满足需求。十七届和十八届三中全会文件以及 2008 ~ 2014 年 1 号文件中都提出，要推进农村资金互助社，发展比较好的农村专业合作组织要开展信用合作。“十二五”规划也提出，要鼓励有条件的地区发展农村小型金融组织和小额信贷。银监会在 2007 年 1 月份也出台了《农村资金互助社管理暂行规定》（银监发［2007］7 号），但是，在银监会框架内的资金互助推进速度很慢，到 2014 年 9 月底仅 49 家，而非正规的农村资金互助社出现蓬勃发展的势头，有地方政府推进的农村资金互助，也有民间力量自发组建产生的资金互助，满足成员资金需求的绩效显著，但是处于非正规化的方式来推进，缺乏应有的法律地位。同时，这种自发产生的金融力量，经营上的规范，可能需要一个过程，虽然银监会有关于资金互助的管理办法，但是，不适应于非正规资金互助领域，所以政府应该及早介入，制订规范，给予其合法地位，以推进其健康发展。

农户对资金互助有较大的参与积极性，加上扶贫部门推进的贫困村村级资金互助，数量越来越多，不能任其自然发展，也不能简单地取缔，如果处理不当，还可能导致出现 20 世纪 80～90 年代的“农村合作基金会式尴尬”局面。建议政府监管部门尽快明确这些“非正规性存在”的资金互助的发展政策，对于治理结构健全、风险控制合理、管理规范的资金互助社给予准入上的支持。

2. 理顺政府与市场的关系，完善农村信用社（农商行）的管理体制，培育和强化农村信用社（农商行）的市场主体地位

笔者认为，农村信用社的市场化、商业化改革与创新的方向，是正确的选择。农村信用社（农商行）领域首要的任务应该是要培育和强化农村信用社（农商行）的市场主体地位。要培育和强化农村信用社（农商行）的市场主体地位，就不能不涉及农村信用社（农商行）的管理体制问题。

关于农村信用社（农商行）的管理体制问题的讨论，已经较多，主要涉及的是省联社的地位问题，即政府和市场的关系问题。由于省联社代表省政府行驶行业管理职能，随着农村信用社逐渐转型成农村商业银行，省联社应该发挥什么样的作用？怎么管理县农村信用社（农商行）？在省联社产生以后，这样的问题的讨论和争论就一直没有停止过。主要结论就是，农村信用社（农商行）作为一个独立的市场主体，在省联社存在的情况下，政府与市场的关系没有理顺（何广文，2009）。一是政府（监管者）是改革设计者与发动者，难免更多地考虑从监管的有效性角度出发设计改革思路，出现制度供给不足；二是也许出于“父爱主义”，不相信信用社的自主、自治、自理能力，低估农村信用社能够依靠自己的力量实现紧密的合作并协调其内部矛盾，并在合作的基础上去实现分工分业和实现潜在的发展利益的能力，因此不尊重农村信用社及其改革的转化形式——农村商业银行、农村合作银行——的法人主体地位，不论基层农村信用社，还是县级农村商业银行、农村合作银行，都不是具有独立人格地位的市场主体，决策不独立，很多交易不能自主，对发展前景的预期不明确，难免出现各种短期行为；三是制度变迁的政府推动特征明显，不论改革措施优劣，政府担保问题始终难以解决。由于政府参与太多，不但出现官僚特权、行政性干预与垄断，政策多变，农村信用社改革的终极目标模式没有实现，农村信用社经营管理者没有明确的预期。在这种情况下，道德风险不可避免，并在农村信用社改革过程中出现进一步强化的趋势，农村信用社基层法人寻租、集团利益强化、内部人控制，始终难以缓解和消除。并且，省联社控制与完善法人治理机制之间存在矛盾与冲突（何广文，2005）。

在探索省联社的存在形式的讨论中，人们先后提出了联合服务公司模式、联合银行模式、统一法人模式、省联社模式、金融持股公司模式等五种模式，以改善省联社与基层法人社之间的权责关系。

笔者认为，以县为基础的农村信用社（农商行）独立法人，需要一个联合与合作的机构或机制，也就是说，以省联社形式存在的一个机构的存在，是必要的，但是，省联社需要转型，省联社的存在，应该以不削弱县级农村信用社（农商行）机构治理的有效性为前提。县级农村信用社（农商行）应该在发育以市场为基础的外部治理机制的同时，按照系统论和系统工程的观点创新农村信用社机构体系，整合农村信用社金融资源；在完善农村信用社法人治理结构的同时，建立农村信用社的市场约束机制；逐步建立和完善农村信用社利益相关者治理模式；培育有理性的控制权代表即农村信用社分散股东的代理者——机构投资者；已逐渐提高治理的有效性。

3. 进一步完善促进农村信用社及其转型的农村商业银行、农村合作银行等金融机构发放农户、小企业信贷的激励机制

在官方文件中，农村信用社及其转型的农村商业银行和农村合作银行，被统称为农村合作金融机构。这类机构已经发展成为我国县域及乡村机构网点分布最广、涉农信贷投放最多、农村普惠制金融服务和均等化建设贡献度最大的一类机构群体。根据 2014 年第二季度中国人民银行《货币政策执行报告》，2014 年 6 月末，全国共组建农村商业银行 529 家、农村合作银行 113 家、县（市）统一法人农村信用社 1637 家。另据 2012 年第三季度中国人民银行《货币政策执行报告》，这类机构占全国银行业金融机构的 75% 左右，营业性网点占全国的 40% 左右，绝大部分分布在县及县以下农村地区。根据 2013 年中国银监会年报，到 2013 年底，中国农村信用社领域的各项资产总余额和负债总余额分别为 18.35 万亿元和 17.12 万亿元，占全国金融机构各项资产总余额和负债总余额的比例分别为 12.11% 和 12.11%。2013 年底，全国银行业金融机构涉农贷款余额达到 20.9 万亿元，占贷款总余额的 27.28%，其中农村信用社领域是涉农贷款的总要提供者，是农户和微小企业贷款的主力军。

建议进一步完善 2010 年 5 月 13 日财政部、国家税务总局发布的《关于农村金融有关税收政策的通知》（财税［2010］4 号）所界定的税收优惠政策，一是大幅度提高可以获得利息收入税收减免的小额贷款的额度，例如单笔贷款 50 万元以下的贷款均可以享受到税收优惠，以激励金融机构向推动农村经济发展、推动农村就业更有促进意义的规模农户、农村小企业、合作组织等提供贷款；二是提高税收优惠的力度，对一定额度内的小额贷款的利息收入全面免征税收；三是对农村信用社、村镇银行、农村资金互助社、由银行业机构全资发起设立的贷款公司、法人机构所在地在县（含县级市、区、旗）及县以下地区的农村合作银行和农村商业银行享受的金融保险业收入营业税税率优惠措施，扩展到包括小额贷款公司在内的所有金融机构，并且进一步提高优惠的程度，例如全面免征税收。事实上，一些城市商业银行、邮政储蓄银行、农业银行等，已经大规模介入农村小额保险业务。公平全面的税收政策，有利于推动农村保险业务的深化。

4. 进一步放宽市场准入条件，建立适度竞争的农村金融市场

放宽农村金融组织准入政策，适当降低设立门槛和监管标准，鼓励社会资本和民间资本发起或参与设立新型农村金融机构。保持县（市）独立法人地位总体稳定，在撤并了县域法人的地区要及时补充相应的法人机构，防止农村地区出现金融服务空白。引导小额贷款公司规范有序发展，强化地方政府监管职责。特别是应该大力推进小额贷款公司的发展，中国人民银行和银监会在 2008 年 5 月出台了“关于小额贷款公司试点的指导意见”（银监发［2008］23 号），但是，在推进试点过程中，各省市区均提高了门槛，并且实行配额制、指标制、审批制，不仅增大了准入的难度，也限制了小额贷款公司数量的增长，在传统农区和欠发达地区，小额贷款公司的数量仍然很有限。

5. 应该培育农村微小金融机构服务的机制

要实现近距离地服务农户、微小企业，不但需要发展更多的小机构，实现机构多元化，还要建立服务这些机构的机制，要辅助这些机构进行能力建设。这些机构需要进入货币市场或资本市场融资、需要股权融资和债权融资、需要治理结构的完善、需要财务咨询、需要 IT 技术、需要培训等等。

6. 要推动农村信用体系建设，改善农村信用环境

应该将全国统一的中小企业、微型企业和个人信用信息基础数据库征信系统快速扩展到农村地区。并且，将农村信用社农户小额信用贷款业务，推广到其他金融机构，为配合推动小额信贷业务的开展，在农村地区持续推进信用户、信用村、信用乡镇建设。

7. 推进农村信贷产品和服务方式创新

农村县域金融需求也在变化，随着农村城镇化、农民组织化、农业现代化、农业生产专业化、农业生产规模化和产业化的推进，农村本土金融需求也出现需求额度逐渐大额化、需求长期化、链条化、多元化等特征，适应“三农”需要的信贷产品的品种和数量也需要不断创新。一些特色金融产品，如集体林权抵押贷款、大型农机具抵押贷款、“信贷 + 保险”产品、中小企业集合票据和“惠农卡”等在内的金融产品和服务方式，应该大力推进，迅速扩大覆盖面。

特别是应该强化小企业金融服务，要在完善小企业信贷评审机制，实现标准化、流程化、批量化的基础上，创新小企业产品研发、风险管理、市场营销，构建小企业信贷的风险缓释体系，确保小企业金融服务的可持续发展。

8. 利用代理点构建农村无物理网点的银行业务提供体系

世界范围内，越来越多的国家的银行和其他商业金融服务提供机构，一直或者正在寻找新的途径和手段，以满足那些不能得到或者不能充分享受到金融服务的群体的需要。它们不是通过银行物理网点提供金融服务，而是通过邮政和商品销售网点，如零售商店、花店、农资销售点、超市、彩票销售点、加油站以及其他类型的零售点。对于农村偏远地区的农户、微小企业而言，利用各种零售代理点提供的非物理网点银行业务，要比去银行网点更加方便和有效。

提供非网点银行服务的模式有二，即由银行主导和有非银行的商业机构主导。两者都是通过使用信息和通讯技术，例如移动电话、借记卡和充值卡及读卡器等技术，把交易的详细信息从零售代理点或客户端传输到银行。例如巴西 Caixa 经济联合银行（Caixa Economica Federal），其客户可以开设活期账户并存款、进行私人之间的转账以及获得贷款，而所有交易，仅仅使用银行卡和读卡器，就可以在该银行设置在全国各地的超过 12000 个彩票销售点、超市和肉店等的代理点完成。菲律宾第二大移动电话运营商环球电信公司（Globe Telecom）的客户，可以使用话费充值点把现金存入到其移动电话相关联的“电子货币”账户中，客户可以通过其电话发送或接收“G－现金”（G-Cash）、给个人或商店付款以及个人存款。

第三篇

经 验 篇

第9章

第二轮农村信用社改革的成效及启示

自从2003年推进第二轮农村信用社改革以来，我国农村信用社整体实现了跨越式发展，达到了化解风险和服务“三农”的预期目的。回顾总结改革成效启示，有助于更有效地应对当前所面临的新形势及新任务、新挑战，推动我国农村金融实现更好更快发展。

从改革前夕2002年看，受制于1949年以来长期积累的历史包袱和传统体制，我国农信社处于困难境地，连续10年亏损，2002年亏损58亿元，历史亏损挂账近1500亿元，近3.5万家全国农信社法人的55%亏损。资本充足率-8.45%，不良率36.93%，自身生存难以为继，农信社很难履行好支农职责。

针对制约农村信用发展的多头干预、权责失衡、缺乏活力等体制机制问题，第二轮农村信用社改革从优化股权结构、改善内外部治理入手，完善农村信用社发展机制。

一、主要改革措施

（一）改革思路和原则

2003年，根据中发［2002］5号文件精神，国务院出台了《深化农村信用社改革试点方案》（国发［2003］15号）（以下简称《方案》）。《方案》针对农信社的产权不明晰、内控制度不健全、管理权责不清、潜在风险大等问题，确立了服务“三农”的基本宗旨，明确了“明晰产权关系、强化约束机制、增强服务功能、国家适当支持、地方政府负责”的改革思路，推进管理体制和产权制度改革，旨在把信用社逐步办成由农民、农村工商户和各类经济组织入股，为“三农”服务的社区性地方金融机构。

《方案》确定了四项改革原则：一是按照市场规则明晰产权关系，完善信用社法人治理结构，转换经营机制，使之自主经营、自我约束、自我发展、自担风险。二是围绕改进支农方式，完善功能，提高水平。三是坚持因地制宜、分类指导，结合当地实际条件实施股份制或者股份合作制、合作制等产权制度以及组织形式和运行机制。有条件的地区可以进行股份制改造；暂不具备条件的地区，可以比照股份制的原则和做法，实行股份合作制；股份制改造有困难而又适合搞合作制的，也可以进一步完善合作制。四是按照权责利结合原则，落实风险防范和处置责任，建立“国家宏观调控、加强监管，省级政府依法管理、落实责任，信用社自我约束、自担风险”的监督管理体制，明确各方责任。

（二）改革重点和职责分工

改革以完善法人治理结构作为关键环节，完善内部控制体系，形成有效的激励约束机制，作为农村信用社走上良性循环轨道的根本基础。其中，风控制度强调农信社内部治理和内部控制、市场约束和行业自律、监管机构监管这三方面共同推进。具体强调五个结合，即管理体制改革要与信用社“四自”建设结合，产权制度改革与法人治理结构完善结合，政策扶持与经营机制转换结合，为“三农”服务与市场化经营结合，业务创新和发展与风险防范和控制结合。

在职责分工方面，省级政府管理职责主要是研究重大决策事项，指导自律管理，督促农信社依法选举领导班子和聘用主要管理人员，组织合法、合规性检查，组织推荐省联社高级管理人员，管理并考核省联社领导班子，组织查处各类案件，防范和处置信用社金融风险，包括高风险机构处置；帮助清收旧贷，打击逃废债，建立良好信用环境，维护农村金融秩序稳定。

省级联社在省政府领导下承担管理、指导、协调和服务职能，对信用社依法管理，不干预具体业务和经营活动，不下放管理权。一是加强监督管理。制定业务经营、财务核算、劳动用工、分配制度、风险控制等管理制度并督促执行。二是指导信用社完善内控制度，逐步形成决策、执行、监督相制衡，激励和约束相结合的经营机制。督促信用社依法选举理事和监事，选举、聘用高级管理人员。三是对经营管理工作进行培训、辅导和稽核检查，提供各类培训。四是提供资金清算和结算技术服务。完善以中国人民银行支付结算系统为主，以国有商业银行联行体系和农村信用社特约电子汇兑为补充，分层次、多渠道的农村信用社结算系统。五是提供业务指导和信息咨询服务。支持基层法人之间融资，按有关规定为基层信用社融通资金。五是指导县联社防范、处置风险，督促高风险信用社整改，在发生突发性支付风险后，按照风险处置预案配合银监会、中国人民银行等有关部门组织资金进行处置。

银监会的监管职责主要是依法制定监管制度，实行准入审批，依法组织现场和非现场检查，依法查处违法、违规行为；审查高级管理人员任职资格，对其履行职责情况进行监管评价；对风险类机构提出风险预警，并协助省级人民政府处置风险；对省级人民政府管理信用社的工作情况进行总结评价，报告国务院；对信用社的风险状况进行考核和评价，实施分类监管，监督省级联社制定高风险社的改进措施和风险处置措施；对违反审慎经营规则、资本充足率低于 2%、存在风险隐患的信用社，责令限期改正，甚至采取限制措施，乃至停业整顿、依法接管、重组等，必要时可作出撤销决定。在银监会系统的内部分工上，对省联社的准入审批、日常监管以银监会为主；对县级银行机构的准入审批以银监会为主，对其日常监管以省局为主；对统一法人县级信用社的日常监管以省局为主。坚持分类监管，对农村商业银行、农村合作银行、省级联社、县统一法人社和两级法人社，采取不同监管标准和方法。

中国人民银行的职责主要是按照《中华人民共和国中国人民银行法》有关规定进行监督检查，督促农信社依法经营；在改革试点期间，对专项票据和专项借款相关工作进行监督检查；在信用社发生局部支付风险时，及时依规定程序给予资金支持。

（三）针对难点问题的做法

改革试点首先在 8 省市开展。改革开展一年之后，取得了阶段性成果：基本形成了新的监督管理体制框架，历史包袱得到初步化解，经营状况开始好转，实力明显增强，金融支农力度加大，服务进一步改善。同时，启动产权制度改革，转换经营机制，加强内控制度。在试点过程中也积累了一些好的经验和做法，包括地方政府高度重视、各有关部门密切配合、尽快组建省级管理机构、规章制度先行、分阶段推进重点工作等。

在改革试点过程中也出现了一些新情况、新问题，包括如何落实监管责任、如何在不同产权制度下完善法人治理结构、如何转换经营机制和加强信贷风险管理等。

为此，在改革向其他 21 个省市全面推开之际，《国务院办公厅关于进一步深化农村信用社改革试点的意见》（国办发［2004］66 号文）要求银监会、中国人民银行依法加强对农村信用社的监督管理，协助省级人民政府、省级联社管理农村信用社。进一步加强对农村信用社风险的监控考核，建立健全风险校正和市场退出机制，及时采取风险预警、停业整顿、依法接管、重组等措施，有效控制和化解风险。

在健全法人治理机制方面，要求完善股权设置，既要防止因股权过于集中被少数大股东控制，又要防止因股权过于分散被内部人控制；形成决策、执行、监督相互制衡的治理结构，增加决策透明度，提高运行效率。

在转换经营机制方面，要求完善信用社内控机制，通过改革劳动用工制度完善队伍结构，加大收入分配的正向激励，对信贷决策实行严格问责；加大在职培训力度，加快人员知识更新，提高农村信用社人员素质。

在加大金融支农力度方面，要求信贷资金大部分用于支持本地区农业和农民，农商行也要将一定比例资金用于支农，推广农户小额信贷、农户联保贷款。

在改革的具体实施过程中，就监管机制、法人治理、风险控制、经营机制、激励机制等关键问题，明确了相关方面的工作切入点：监管部门以管法人、管内控、管风险、提高透明度为工作重点，包括分类监管、强化内控、强调合规、在发展中化解风险、提高透明度和公开度等。“管法人”重在法人机构的市场准入和高管人员的任职资格。“管内控”重在对农村信用社法人治理和内控制度的监管。对农商行、农村合作银行、农信社分别制定不同监管办法和监管标准，实施分类监管；加强稽核检查和对农村信用社内控有效性和制度落实情况的监测评价。“管风险”重在对农村信用社金融风险的监测评价和风险预警，协助省级政府化解和处置风险。定期考核评价农信社的风险状况。

之所以把合规性监管放到突出位置，把内控作为应对风险第一道防线，是借鉴了国际银行监管新做法，也考虑到当时的实际条件，即农信社内控制度还没有规范，各类风险主要由不合法、不合规行为引起。

监管部门检查农信社内控制度的重点包括信贷管理、财务会计、稽核检查、案件防范等领域和环节。通过考核督促农信社提高识别、计量、检测、控制金融风险能力，规范经营行为。健全完善贷款管理问责制度、内部审计稽核制度，规范自身的经营行为。风险监控重点包括资产领域贷款、投资的制度不健全或违规操作，包括负债领域的账外账经营，不良资产、财务核算、资本金的真实性。

对于监管检查中发现的问题，当时根据国际经验，认为给予严厉重罚是防止错误重演的最有效办法，处理人和机构不手软。对违法违规经营行为要及时采取监管措施。有关部门对农村信用社发生的各类经济案件，特别是大要案依法严肃查处，防控经营和管理风险。

根据当时的改革思路，要求银监会对农信社的监管导向最终实现“六个转变”：由合法、合规性监管转变到以风险审慎监管为主，由行业监管转变到以法人监管为主，由业务监管为主过渡到以内控制度监管为主，对高管人员由资格监管为主转变到以行为监管为主，由专项检查为主转变到以序时性全面检查为主，由事后处置为主转变到事前、事中预警防范为主。

关于省级农村信用联社管理职能发挥。组建省联社考虑了国际合作金融发展规律，通过更高层次联合优化人员及资金配置，以实现更好的合作和服务。同时，把农村信用社管理职责下放到省级政府，后者也需要管理载体。这是现实选择。围绕具体管理重点和方式，当时提出管班子、管内控、管方向、管合规、管协调、管服务平台，强调依法民主，依靠制度，用市场经济办法管理，不干预正常经营，减少行政审批，不搞“一刀切”，不侵犯基层社合法权益。

随着改革逐步到位，管理部门和基层法人社关系必然会成为主要矛盾和问题。当时强调坚持省联社管理、监管部门监管、信用社自我管理目标一致。省联社是管理指导平台，不能把基层信用社当成分支机构。要理顺省联社行业管理和基层农商行、农村合作银行自主经营关系。通过逐步强化服务，成为主要为入股成员服务的联合组织。

关于县级机构管理。当时根据国内外经验教训，如果农信社缺乏有效的内控和约束机制，基础再好都终究会难以为继。在农信社资本充足率低、资产质量差的条件下，更要重视农信社的内控机制转换，重点是制定和完善内部管理制度。要完善贷款、投资管理责任制，规范业务工作流程和岗位监督，推行严格问责制，如加强内部稽核审计，推行全员竞争上岗用工制度，等等。在此基础上建立动态激励、约束、奖惩机制。要求各地根据当地实际，建立不同产权模式和组织形式的法人治理结构，形成权责统一、有效制衡、行为规范的治理形式和组织制度。强化社员（股东）的股权意识和监事会的监督职能，形成对高级管理层的制衡，弱化农信社内部人控制行为。

对可能遇到的股权过于分散问题，要求防止单个股东持股比例过小、法人股比例较低导致股东在完善法人治理中作用不明显，包括适当提高这两方面比例。

关于落实支农宗旨。我国农业的基础地位将长期存在，农村信用社支农既是客观形势需要，也是自身长期发展需要。当时把增强服务“三农”功能作为改革基本方向，强调以增强服务功能为核心，以市场为导向，服务地方经济和“三农”。一是规定一定比例资金用于支农。维护自主经营权利，防止地方政府干预经营。二是支持做好小额信贷和联保贷款发放工作。三是增强支农能力，加大资金投放力度、拓宽服务领域和范围，增加服务手段和服务品种，更新和改进服务方式，改善和优化服务作风。当时借鉴国际经验，规定农村商业银行和合作银行也必须发放一定比例支农贷款。考虑到中国地区经济发展不平衡，具体比例由各省级政府根据因地制宜原则提出。同时，要求加强三方面人才工作：一是加强人才规划和储备；二是激活管理体制，促进合理流动；三是加强培训，实行层层负责，一级培训一级。

关于组建农村商业银行和合作银行的条件。农商行如何将股东利益的最大化和增强支农功能相结合存在很大难度。发展农商行要考虑基础和条件，不必勉强，防止揠苗助长。当时，考虑到农信社发展环境尚无根本转变，中西部地区的经济发展水平低、服务对象分散，农信社支农的成本高、风险大，在短期内很难有大改变。与农村商业银行、农村合作银行相比，县级农村信用社是与当时农村经济发展相适应的一种组织形式。在城乡一体化程度很高、农业在国民生产总值中比重很低的地区，符合条件的可以发展农村商业银行和农村合作银行，但要分期分批、稳步推进。

农村信用社改革的长期目标是形成“国家宏观调控、加强监管，省级政府依法管理、落实责任，信用社自我约束、自担风险”的监督管理体制，使农村信用社真正成为自主经营、自担风险、自我约束、自我发展的市场主体。

二、改革进展

实践表明，2003 年启动的第二轮农村信用社改革，针对制约农村信用发展的多头干预、权责失衡、缺乏活力等体制机制问题，从改善外部环境、优化股权结构入手完善农村信用社的发展机制，顺应了市场经济规律的客观要求，使我国农村信用社面貌在短期内发生了根本改观，取得重要成效。通过推进产权制度改革，根本激活了农村信用社的经营管理体制；通过下放管理权限，有效发挥了地方政府积极性，中央和地方联手化解了农村信用社沉积多年的历史遗留问题，形成了针对农村信用社的省级风险防控机制。

（一）经营业绩发生根本变化

通过改革，农村信用社的支农能力得到增强，资金供应明显增加。农村信用社的股本金也有大幅增加，历史包袱得到化解，经营状况好转。从全国看，在全面推进改革的第二年，即 2004 年就已实现统算盈利，2005 年在不良贷款余额和比例连续双下降的基础上，实现盈余 22. 04 亿元。股权结构多样化，法人治理结构建设步入正轨。经营机制得到转换，内部管理加强。完善了员工录用、工资薪酬、干部竞聘、贷款风险责任制等各项内部控制制度，并付诸实施。

此后连续保持利润大幅增长，资本充足率、不良贷款率等主要监管指标持续改善。到 2013 年，资本充足率提高到 10. 4%；不良贷款率为 4. 1%，拨备覆盖率为 126. 5%，资产利润率、资本利润率分别为 1. 2%、17. 6%。与改革前相比，农村信用社资产是 2002 年末的 8 倍，负债是 2002 年末的 7 倍。资产总规模达 18. 35 万亿元，与中国工商银行的 18. 92 万亿元规模基本持平。

（二）改革后的农村信用社发挥了重要支农作用

各地农村信用社服务“三农”的开拓创新机制基本形成。积极推进“金融服务不出村工程”建设，布设小额支付便民点。推出农户小额信用贷款等创新产品，有效满足农民贷款需求，包括农户“信用共同体贷款”，发放针对龙头企业的“农业产业化贷款”。各地农村信用社积极创新惠农金融服务机制，如浙江常山农村信用社以农户及个私企业主为服务对象，以信用等级为基础，结合资信、林权、农村住房等状况综合授信，推出“惠农快车”贷款；天津农村商业银行开发了信用共同体贷款、联保贷款、小城镇建设贷款、仓单质押、动产及货权质押、单证房产抵押贷款等涉农新产品。

各地农村信用社承办大量涉农专项政策业务。提供开立种粮农户个人账户、库区移民直补个人账户等服务，代发种粮直补、库区移民直补、农村低保及其他财政专项补贴，支持家庭困难学生上大学，发放财政贴息专项贷款、县城新民居建设贷款、农村青年创业贷款、经适房开发贷款等服务。各地农村信用社在推进农村金融服务乡镇全覆盖过程中发挥了主力作用。

目前，各地农村信用社对“三农”发展起着关键作用。农村信用社发放农户贷款占全国的 66.7%，承担全国乡镇金融机构全覆盖任务，承担了全国 98.4% 乡镇金融服务空白、67.7% 机构服务空白的覆盖任务，是我国农村网点分布最广、支农服务最有力的银行业金融机构。

三、改革经验

调研情况证明，第二轮农村信用社改革之所以得到广泛响应和支持，并迅速扭转困难局面，促进了农村金融发展，其根本原因在于改革方案设计立足于我国国情，充分发挥地方政府积极性，采取务实、稳健的分步实施方案。

农信社改革方案探索始于 1996 年与中国农业银行脱钩之后，改革方案经过集思广益，深入调研，反复论证，之后才付诸实践。在产权制度、管理体制改革、政策扶持等方面，既吸取了以往的经验教训，也顺应了国际发展趋势，更充分考虑了我国政府运作特点和各地区差异，在原理、实践上具有坚实基础，在具体改革模式上具有灵活性，为改革顺利推进提供了保障。总结第二轮农村信用社改革的经验，主要有以下方面。

（一）因时因地制宜，采取务实稳妥的科学方案

改革方案充分考虑我国国情，因时因地制宜，提供多种产权模式、组织形式作为选择，使各地能找到符合自身实际需求的可操作模式，并允许各地分步实施到位。

实践证明，农村信用社改革只有适应各地差异和实际需求，才能避免实际执行环节出现目标分化和利益博弈，避免政策传导过程出现人为扭曲，避免出现事与愿违结果。

首先，产权模式、组织形式的多样性已充分考虑到区域经济发展的差异性。在产权改革推进过程中坚持实事求是，不搞“一刀切”，不压进度或指标，成熟一个审批一个。指导各农信社自主选择产权模式、组织形式，形成股份制、股份合作制两种产权模式。同时，高度重视改革方案实施的稳妥性和分阶段性。坚持积极慎重、逐步推广，试点工作分两批进行。第一批试点情况为第二批发挥先导和示范作用。

其次，政策协调性较强，既着眼于解决关键障碍，迅速地启动改革，又注重对地方政府、基层农信社、社会投资方的正向激励。国家制定扶持政策针对性强、力度大，有效地化解了历史包袱。政策涉及专项央票、财政、税收和利率等方面，为减轻农信社的历史包袱发挥了决定性作用。同时，这些政策还发挥导向作用，提高农信社增资扩股能力，推动农信社走上良性发展轨道。中国人民银行以专项票据形式提供的1679 亿元资金发挥了关键作用。

改革始终强调把握好改革的长远性目标和阶段性目标的关系，明确阶段性工作目标和工作重点，落实责任，妥善安排，确保改革稳定、有序、顺利。

（二）顶层设计与中间支持、底层推动得到有机结合

我国改革开放的重要经验在于充分调动地方积极性。农信社改革不但充分调动地方政府推动改革的积极性，也充分调动社会力量参与投资入股的积极性。基层参与农信社改革的互动机制得到深度整合，证明改革方案是激励相容的。

责权匹配，目标一致，充分调动了省级政府积极性；利益一致，充分调动了基层群众积极性。通过将农信社交给地方政府管理，吸收民间资本参与，充分调动了地方政府、农信社、农民以及各方投资人的积极性。在新的体制下，对地方政府而言，只有农信社发展好，才能更好支持“三农”和县域经济发展，才能更有效维护农村经济社会稳定，这与地方政府工作目标非常一致；对农信社而言，这是彻底走出困境的难得历史机遇；对农民和个体工商户而言，参与改革促进农信社发展与自身的未来发展也是高度关联的。由此，形成了自下而上推进改革的动力，加上理顺了责权利匹配机制，也就必然地形成了上下联动的良好局面。中国国情决定了如果

没有地方党政领导的支持，特别是省委、政府主要负责同志的支持，改革很难推进，改革成果也难以巩固。

事实表明，农村信用社管理权限下放至省级政府后，地方各级政府的积极性、主动性以及责任意识得到极大发挥，为化解农村信用社历史包袱、转换经营管理体制等改革发挥了关键作用。各省市均成立了由政府分管金融的领导为组长，各有关单位参加的农信社改革试点领导小组，集中人员，明确责任，在组织实施改革试点工作中发挥了重要作用。地方党政从地方实际出发，想方设法提供有力支持，如在资产置换、减免税费特别是在帮助农村信用社清理收回被各方面长期拖欠的贷款方面提供大力支持，许多省政府专门下发文件，要求乡镇干部带头归还所欠农村信用社的借款，这些都充分体现了地方党政对农村信用社改革的重视和支持，增强了农民对农村信用社改革的信心和参与意识。

省级政府在维护农村信用社的合法权益、创建金融生态环境、打击逃废债等方面发挥了中央部门难以替代的作用。不少省份的省政府、省委组织部直接发文，要求领导干部偿还农村信用社贷款。各地普遍反映，各级政府高度重视农村信用社改革，在财税、税收、土地、司法等各方面给予支持。福建省实施地方税收返还、绿色通道、风险基金、取消歧视等政策，对农村信用社企业所得税地方分成部分返还50%，将农村信用社改制时所涉及的土地、房产所有权办理纳入绿色通道，设立农村信用风险补救基金，取消对农村信用社吸纳存款的歧视政策。河北省的打击逃废债、推动政府国企开户、发放股金补贴、税费优惠等政策。江西省的存放涉农资金、置换不良资产、减免税收政策等，各级政府通过存放涉农资金、清收置换不良资产、减免税收等方式，支持农信社改革。江西上高县政府在一个月内协助农信社清收置换了3000万元不良贷款，使农信社的账面不良率从4.8%降至3.5%，这些都收到积极成效。全国在2003年、2004两年清收不良资产1300多亿元，增资扩股2300亿元。

实践同时证明，这一轮改革不但得到地方政府的大力支持，也得到了民间力量的广泛支持，使农村信用社的产权制度改革得到深入推进。截至2013年末，全国共组建法人机构2393家，其中农村商业银行468家，农村合作银行122家。包括农村商业银行、农村合作银行和农村信用社在内的法人股比重达45.1%。

（三）中央部委和地方政府联手推进改革

第二轮农村信用社改革通过下放管理权限，调动了地方政府推动改革的积极性和责任意识。改革得到地方党委、政府主要领导的高度重视，实现了中央和地方优势整合和行为协同，为中央和地方联手有效推进改革奠定了基础。在改革推进过程中，中央部委和地方政府的全力配合是改革快速、有效推进的重要保障。在中央层面，一方面，由银监会牵头，中国人民银行、财政、税务等部门合作，减轻农信社的历史包袱，并通过座谈会、交流会、培训班、研讨会全程指导各地改革，及时制定了有关央行资金扶持政策、财政补贴政策和税收优惠政策的实施办法，促使改革有序进行。另一方面，监管部门负责人多次带队到试点地区调研指导，并派出专门工作组督导工作开展。各地普遍反映国务院有关部门配合密切，协调有方，指导有力，对试点工作顺利开展起到重要作用。

试点省市政府主动加大对农村信用社的扶持力度，在帮助农村信用社组织资金、清收旧货、打击逃 废债、防范风险等方面做了大量卓有成效的工作。

（四）建立适应市场规律的管理平台

农村信用社管理权限下放至省级政府，意味着省级政府要承担起对农村信用社的管理职责，发挥牵头作用，切实维护本地农村的金融稳定。这对各地省政府而言，具有一定的挑战性，因为之前并无相应的管理防控机制。为此，各地政府自发采取省级农村信用联社管理平台。除了北京、上海、天津、重庆等地联合各县、区信用社组建农村商业银行，各省普遍建立了以省级信用联社为龙头、各县级信用社为主体的二级法人治理结构。

在以省级信用联社为龙头的治理结构中，省信用联社受省政府委托，对各县级信用社实施行业人事管理、业务指导协调和风险监测，并提供人员培训、后台结算、资金融通等服务。推出科技平台、财务平台、信贷管理平台、绩效管理平台、银行卡中心、培训中心、风险控制平台等提供服务，解决制度混乱、风险控制和结算不畅问题。省信用联社依托服务平台为各县级信用社提供人员培训、统一结算、资金调剂、代理投资等服务。其中，江苏省信用联社与县级农业商业银行（信用社）进行资金交易时按自愿原则进行，资金成本接近同业拆借利率；福建省信用联社投放

ATM机等自助设备居全省银行业第二位，跨行交易笔数和交易金额居全省银行业第一位，电子交易占46.1%；江西省联社投入大量资金，在2005年建立“汇通天下、即时到账”的清算体系，提供票据集中清算中心，水准接近大型商业银行，在2010年开通网上银行。通过省信用联社牵头统一提供服务，形成了比较明显的规模效应。

省信用联社围绕加强风险管理，通过完善规章制度、加强教育、严格实行责任追究，通过各项常规及专项稽核检查，对违规人员给予行政处分，涉案直接责任人并移交司法机关处理，并追究市、县联社领导责任；通过计算机系统联网对成员行社进行非现场监管。

省信用联社利用自身职能优势，当好省政府与县级信用社的联系桥梁，争取到诸多扶持政策。例如争取地方政府支持农村信用社剥离不良贷款，给予扶持资金，减免税收。

省联社为整合农信社形成规模优势及防控化解农村信用社风险等，发挥了关键作用。在调查中，各级信用社认为省级信用联社的资源整合、风险监管、后台技术服务功能仍是当前形势所需，有助于形成规模效应，联手应对风险。

需要指出的是，当前我国农村金融的平稳发展格局在很大程度上是省级政府大力投入、悉心扶持的结果。如何继续调动地方政府积极性、责任心和履职能力，协调好中央监管部门和地方政府的责权利关系，应成为下一步农信社改革中重点关注的问题。

三、当前农村信用社系统内部发生的重要变化

在县级农村信用社的产权模式方面，在东部地区，有的省份基层农村信用社已经全面转为农商行；在有的省份，虽然农村合作银行占主体，但一些农村合作银行的运作机制发生变化，资格股性质转为投资股，实行同股同权。总体而言，农村商业银行在农村信用社系统中所占的比重已经发生很大变化，而且这一趋势还在强化，未来将有更多的农信社转为农村商业银行。目前，全国农商行占农信系统法人总数的19.7%，农商行、农村合作银行的所有者权益合计占农信系统的63.3%。

按照2003年的改革方案精神，对农村信用社、农村合作银行、农村商业银行要实行不同的监管方法和监管标准；在具体管理上，要依法管理，不得损害其合法权

益。根据改革方案明确的银行监管系统、省政府（省联社）之间职责分工，将农村信用社系统（包括农村合作银行、农村商业银行）交给省级政府管理，核心环节是风险处置责任与管理权限同步下放。这是改革方案强调责权对等的具体体现，也是改革顺利推进并取得成功的关键。如果责权对等原则不能得到有效的贯彻，利益相关方的行为必然扭曲，事与愿违的格局难以避免。

省联社在本质上是经济组织联合的产物，通过自下而上选举产生。因此，省联社与股份合作制的农村信用社、农村合作银行都基于合作原则运作，是成员的联合。合作模式引入市场机制，有助于形成更强的市场竞争力，这一点已经在欧美等市场经济发达国家得到广泛验证。股份合作制是相应的探索成果。省联社对农村合作银行、农村信用社的管理和服务，在本质上属于股份合作制系统的内部治理，并没有根本性冲突或扭曲，主要问题是管理与服务方式如何更加规范，更加适应市场环境要求。例如，如何根据改革初衷，更多地运用规则管理替代具体审批，更多地通过市场化激励机制替代行政干预措施，更好地发挥“三会一层”的能动性；再如，农村金融市场需求升级、竞争主体增加的背景下，省联社如何为基层法人提供更有效的服务。从目前基层反映看，省联社在这方面还存在一些需要改进之处。

目前各方普遍关注的农村合作银行、农村信用社内部人控制问题，本身是委托－代理关系中面临的基本问题，也是股份合作制的专业化经营需要妥善解决的问题。就根本而言，内部人控制问题并非合作制模式所独有，合作制模式并非就一定解决不好委托代理问题。在欧美主要发达国家农村金融市场，以合作制为基础的组织体系在市场竞争中占据了主要份额，具有很大优势。在中国整体加快向现代化发展的背景下，用取消股份合作制模式来解决委托－代理的内部人控制问题，并非最佳选择①。同时，如何完善股份合作制模式的内外部治理机制，按照改革初衷形成更加合理有效的权力制衡和约束机制，是当前需要研究解决的问题。

随着农商行数量和比例上升，省联社与农商行的关系值得重视，在农商行较多的省份尤其如此。农商行是按照《商业银行法》运作的公司制商业机构，是资本联

---

① 考虑到原有的合作制模式已经基本改造为股份合作制或股份制，如果取消股份合作制，事实上将只剩下股份制。在支农任务仍将长期存在、股份制模式的农商行如何兼顾股东利益与支农责任问题仍缺乏较好解决途径的情况下，必然衍生出其他矛盾和问题。

合的产物。资本是农商行内部治理的权力基础，法规是农商行外部治理的约束准绳。农商行股东根据出资比例享有相应权利，并承担相应风险，但承担的风险以出资额为限。剩余风险实际上由省级政府处置承担，由省联社具体承担风险防控工作。省联社与农商行的关系存在三个关键点：一是省联社的风险处置责任与管理权力的匹配关系；二是省联社运用这种权力的方式，在股份合作制和股份制两种不同模式的管理对象上如何体现差别；三是省联社对农商行如何形成凝聚力，以及如何保持体系稳定性。

具体涉及以下方面：首先，省联社承担处置农商行风险的责任，相应的管理权限及权力运用也应该与这一责任要求相适应。权限不足则难以有效承担起防控风险职责，干预过多则影响农商行自主经营。在具体实践中，要防止不管或管得过多这两种倾向。其次，在如何管的问题上，要厘清省联社行使对农商行管理权与农商行依法自主经营的关系。改革方案强调要依法管理，《商业银行法》在改革方案出台之后进行了修订，省联社的管理方式需要理顺与《商业银行法》具体条款的关系，完善管理权力运行机制。再次，随着农村金融市场竞争日趋激烈，加上利率市场化改革逐步推进，小型农商行面临越来越大的市场压力。通过联合共同应对市场竞争压力是客观需要。省联社在客观上是联合的产物，但能否在新形势下对农商行形成凝聚力，成为农商行应对市场竞争的关键依托，关键还看服务农商行的具体效果。

总之，农村信用社系统内部发生的这些变化，也要求深化改革，以更好适应新形势带来的新问题和新挑战。

四、农村银行机构发展的基本趋势

自 20 世纪 80 年代至今，我国农村金融体系经历了多次改革调整，国外农村金融体系在保持基本格局稳定的同时，内在运行机制也发生调整。纵观这些变化的内在机制，存在一些比较明显的长期趋势，需引起重视。主要有以下方面。

（一）基层农村存在对合作金融模式的内在需求

就客观而言，合作金融模式在发达国家农村具有悠久历史，至今占据重要地位。合作金融机制在我国农村有很大发展空间，具体发展模式需要进一步探索完善。中共中央、国务院于2014年1月下发《关于全面深化农村改革加快推进农业现代化的若干意见》，指出要发展新型农村合作金融组织。究其原因，一是合作金融模式具有自我服务机制，大部分客户为社员，存在长期合作关系。这种独特机制有助于降低农村金融服务的信息不对称程度，也有助于降低客户的信用风险。二是农村合作金融模式限制分红比例，重视积累和将盈利返还给客户，既增强了实力，也增强了客户忠诚度。三是一些合作金融机构还具有剩余风险分担机制。即社员在出资额之外，还承担一定程度经营风险。这些机制有别于商业银行，使农业合作金融机构具有更强的发展后劲。从长期趋势看，合作金融模式无论是在发达国家还是在发展中国家，都有较大的发展空间，在农村地区尤其如此。

（二）专业化团队经营与系统内监督机制相配套

随着经济社会的现代化发展，无论是合作金融还是商业金融，都需要提高服务效能，有效控制风险和成本，这些需要专业化的团队来经营。因此，随着农村金融机构规模增大，都普遍聘请职业银行家进入管理层。针对由此产生的内部人控制问题，加强外部专业监督成为普遍趋势。以国外那些由众多小型法人组成的农村合作银行系统为例，有多种外部监督机制。一是建立系统内的专业审计团队，对财务状况和管理行为进行动态监督，并建立一整套责任追究规则，如德国合作金融体系。二是以法律授权为基础，由上级法人对成员银行实施监督。通过并表管理等模式，其监督机制比政府监管部门更为细致，如荷兰合作银行系统。三是以自上而下控股为基础，由总行对下级法人机构管理层进行监督，如法国农信银行集团。

系统内监督机制重在完善利益相关方权责配置机制，防止管理层剩余控制权被滥用，有利于上级法人更好履行风险处置责任。

（三）按商业原则经营

无论是合作金融还是政策性金融，都必须重视可持续发展。其中，政策性业务更多通过政策激励机制，借助商业机构实施，如信贷贴息、减免税等政策。合作金融要实现更好发展，同样也需要重视内部激励机制，包括产权属性问题。从发展趋势看，合作金融通过股份合作制引入外部投资者，结合股权转让、将服务对象扩大到非社员等措施，有助于明确剩余所有权归属，通过实现产权的完整性和可转让性改善制度效率，拓展发展空间。

（四）运用信息化技术

信息化技术已经在金融行业得到广泛应用。从农村金融领域情况看，人口密度比城市低，推进信息化有助于降低成本，扩大金融服务的覆盖面，为农户提供更加便捷的服务。发达国家农村地区农村金融服务的信息化普及率已经非常高，日常业务基本不需到银行网点办理。从发展趋势看，银行业务的电子化势头非常迅猛，我国银行业的信息技术能力在迅速跟上。但从我国农村情况看，推进信息化应用的空间仍然很大，例如电子银行业务替代率有待进一步提高。

从系统管理看，推进信息化有助于提高农村金融机构管理效率。无论是对基层法人的监督还是基层法人自身的内部管理，都离不开以信息化技术为基础的管理系统。从发展趋势看，未来的风险防控预警和管理行为监督机制将更多地建立在信息化管理的基础上。

（五）层级分工

从发达国家的农村金融系统看，在众多小型基层法人之上，往往有一个精干的管理服务平台发挥独特功能，使众多小型基层法人组成的农村金融体系对内紧密合作，形成很强的向心力，自成一体，足以应对各类风险；对外则在服务范围、服务能力上具备独特竞争优势，足以与大型商业银行竞争。这种上下级法人通过分工与合作共同应对市场竞争的层级分工机制，具有以下独特优势：一是上级法人能开展基层法人因规模所限而不能开展的业务，并委托基层法人代理业务，形成系统内的范围经济效应；二是具备系统内的担保或存款保险机制，以及流动性支持、后台服务等关键功能，形成系统凝聚力和协同效应。这些机制整合之后，保留了小银行的灵活快捷特点，也具备大银行的稳健特征和规模优势，形成独特的核心竞争力。

（六）适度整合

随着技术进步，银行的服务半径在不断扩大，市场竞争推动银行的规模门槛逐步提高。基层法人之间的适度整合成为基本趋势。无论是小型商业银行的市场退出还是农村合作银行系统的主动整合，最终都导致基层小型法人的数量逐步减少。从银行角度看，通过适度整合可以有效降低业务成本。从发达国家看，农村金融机构的法人数量和网点数量都在逐步减少。以荷兰合作银行为例，1991 年有 789 家基层法人、3105 个基层网点，计划到 2016 年整合成 100 家基层法人、500 个基层网点，德国、法国的情况基本类似；以美国小型商业银行为例，自 20 世纪 80 年代后期以来，小银行的数量也已减少了 60%。

五、对进一步深化农村信用社改革的启示

当前，我国信用社发展面临的新形势、新挑战，需要进一步深化改革。同时，第二轮农村信用社改革的经验，以及当前新形势、新挑战，对进一步深化农村信用社改革形成了重要启示。

（一）应坚持多种产权模式适应地区性、阶段性差异

坚持多种模式、充分调动地方政府和基层单位积极性、试点先行，是我国 30 多年改革开放的重要经验，也是第二轮农村信用社改革的成功经验。从我国目前情况看，东、中、西的地区间差异仍然很大，西部欠发达地区一个省的人口规模不如东部地区的一个市，综合经济实力的差异则更大。这就意味着农村金融的市场基础存在很大不同，在东、中部地区实践可行的农村金融商业模式，包括产权结构模式，用到西部欠发达地区就不一定可行，这是由人口密度、平均单笔业务规模、交通成本等诸多因素决定。不同地区金融业务的收益覆盖成本和风险模式各有不同。

具体而言，在中、西部欠发达地区，由于地广人稀、经济落后等因素，农村金融业务成本较高，加上金融基础设施有待完善，信息不对称导致贷款业务风险较高。有的进入当地的全国性大型商业银行多存少贷，存贷比较低。大量资金被抽向外地。将农信社改制成农村商业银行，在股东投资回报压力之下，即使不将资金抽向外地，也难以避免垒大户、挑肥拣瘦等问题，这与发展普惠金融的政策导向并不一致。根本原因在于农商行体制决定其主要服务农村金融市场的中上层，覆盖农村金融市场的深度有限。把农信社转制成农商行，对农村草根金融服务的需求仍然存在，在中西部地区尤其如此，这必然衍生出对农村资金互助社等合作组织的需求。从调研情况看，一方面大量中西部地区的基层农村信用社呼吁改革要因地制宜，呼吁要尊重

基层的意见和要求，不搞“一刀切”；另一方面，东、中、西地区都对农村资金互助社等合作组织存在大量需求。改革应该以基层的呼声和要求为导向，解决实际问题，尊重发挥基层的积极性、创造性。如果把农信社全部转为股份制的农商行，再重起炉灶一步步把农村的资金互助社等合作组织发展规范为农村合作金融体系，必然会在时间、人力、物力上造成浪费，不利于加快农村发展，也与全面建设小康社会、建设美丽乡村、推进城镇化、城乡一体化等战略部署的进度要求不相吻合。在目前格局之下，发展普惠金融，农信社是农村地区的重要依靠力量。因此，应慎重妥善安排，充分发挥农村信用社的支农作用。

此外，即使未来我国进入发达国家行列，股份合作制仍有其存在空间。农村金融市场的特殊性质决定其不能完全被股份制金融机构的服务所覆盖，必然存在大量被股份制商业银行排斥的金融服务需求。虽然政府可提供补贴，但无论是理论还是实践，都已证明财政补贴政策很难解决道德风险问题，导致真正需要金融服务的人群被排斥。因此，股份制商业化金融模式不可能妥善解决农村金融服务问题，这正是合作金融体系在欧美等发达国家农村金融市场占据主导的原因。其中，合作金融组织包括股份合作模式的金融机构，在服务、分红、税收等方面都与商业银行存在不同，具有更强的积累能力和客户忠诚度，也具有更强抗风险能力，如体系内部能形成规模效应、协同效应，则市场竞争力会更强。

总之，我国农信社改革还应坚持多种模式，在实践中完善体制，提高市场竞争力。

（二）有效的内外部监督制衡机制是应对道德风险的必要手段

当前，我国各界对股份合作制存在不同看法。在持不同看法一面，比较有代表性的看法是股份合作制的内部人控制没有得到妥善解决。站在股东角度，这种关注可以理解。但值得重视的问题是，股份合作模式的内部人控制问题是否就是一个无解问题？站在“三农”领域服务对象的角度，如果改成农商行之后，支农服务是否会更好？

回顾我国农村信用社发展历程，在 2003 年之前的数十年里经历过各种探索，基层组织的内部人控制始终是突出问题，基层组织缺乏严密有力的外部监督制衡是主要原因，这导致了严重的亏损。在 2003 年启动的第二轮农村信用社改革中，始终强调要发挥省联社的风险防控职能，强调建立健全风险防控机制，要求监督的制度严密、措施有力。

在我国 2003 年启动第二轮农村信用社改革之后，已建立起省联社对县级法人的外部监督机制。从实际情况看，这种监督机制对于防止县级机构内部人控制起到了有效干预作用，是农信社系统扭亏为盈的根本基础。但是，由于省联社在县级法人的提名权上具有绝对主导地位，从投资股东看，省联社提名的管理层在控制农信社，法人内部治理的制衡机制有待完善。在此背景下，有观点认为既然如此，就应彻底改为股份制，这样对股东更公平。但这未免偏离农村金融改革的支农本意。

从内部治理角度解决内部人控制问题，这并非现实唯一选择。随着专业化、规模化程度提高，即使股份制机构要解决内部人控制问题也是大难题，更何况是股份合作制机构。针对股份合作机构而言，完善外部监督是现实选择。实际上，即使在欧美发达国家，也把外部监督作为解决合作制银行内部人控制问题的重要途径，例如通过并表管理，或者通过高强度外部审计对内部人控制形成有效制衡，一旦发现管理行为问题，上级法人根据审计意见将追究银行高管责任。

从未来改革看，由于省联社仍然代表省政府承担风险处置职责，无论从防范道德风险还是从权责对等角度，在以省联社为核心，县级农村信用社、县级农村商业银行、县级农村股份合作银行参与组成的体系内，县级法人仍应接受省联社的监督。从权责对等角度看，省级联社对系统内县级机构承担风险保障责任，相应有权实施监督。必须指出，政府监管不能替代这种系统内监督，原因在于：一是政府监管资源有限，二是依据的信息滞后且相对有限。这也是欧洲的相关国家普遍通过中央合作机构监督基层合作机构的原因。

在规范管理方面，省级联社在规范管理的同时，应把重点更多地放在监督上，完善以非现场电子化监督、外部审计为重点的监督机制，审计重点除了财务，还应包括管理行为等内容。根据 2003 年底修正的《商业银行法》，县级农村商业银行法律地位独立，有权自主经营。若省级联社行政干预过多过细且不规范，必然引发与县农村商业银行之间矛盾，这种矛盾潜藏利益冲突，形成系统内离心力。另一方面，部分发展势头较好的县级农商行在主要股东的影响下，对管理层人事安排、管理费上缴、分红比例、日常经营等问题更加敏感，甚至要求由董事会自主提名管理层；对此，省级联社管理难度增大，效果弱化，更应理顺管理方式与《商业银行法》具体条款的关系，更应提高自身服务功能的凝聚力。通过完善外部监督机制，有助于适应新形势变化。

省联社应该把重点放在规则制订和执行监督上，推进业务整合、战略管理。这种监督机制应以法律授权或控股、担保为基础。省联社为基层农信社提供全面服务和风险保障。同时，监督机制应确保十分严格，这是确保体系凝聚力、竞争力和可持续发展的基础。

（三）农村信用社需要依靠规模效应、协同效应提高市场竞争力

从发展趋势看，农村金融市场对金融机构成本效率和抗风险能力的要求都在逐步提高。随着我国利率市场化改革进一步深化，农村金融市场竞争将更趋激烈，成本效率和抗风险能力将同样影响金融机构竞争力。随着金融信息化技术进一步创新推广，将有越来越多农村金融业务可通过远程登录完成，为更多大中型银行参与农村金融市场竞争提供了便利。从国际经验看，利率市场化对小银行的压力较大，原因在于小银行无法通过规模效应提高抗风险能力和成本效率。基层农村信用社之间通过联合形成规模效应，是提高成本效率和抗风险能力的重要途径，能发挥存款保险机制不可替代的作用。我国深化农村信用社改革正面临县级法人与省级联社关系的重新定位，曾有五种方案列入备选范畴。我国 2003 年农村信用社改革方案已包含促进基层农村信用社抱团联合的规模化整合机制，省级农村信用社是其中核心。在下一步深化农村信用社改革过程中，整合机制不应放弃，否则基层农村信用社面临的成本和风险压力会更大，创新服务的难度也会更大，不利于农村金融体系稳定发展。同时，省级联社对基层法人机构的风险处置职责包含了担保机制，是这种整合机制的基础，也应得到完善。

（四）以服务为导向完善省级农村信用社的服务总部功能

当前，省级农村信用联社面临的重要挑战在于服务机制需要加强，同时个别的省联社对县级机构干预过多过细，管理不规范，由此存在管理与服务不平衡现象。

在加强服务方面，加强省级联社服务应以完善总部功能为导向，增强对基层机构综合服务能力。目前省联社主要提供投资融资、IT 支持、市场营销、人员培训、清算结算等服务，基层机构应对市场竞争所需要的国际业务、信用卡业务、投资理

财以及其他专业化服务仍不能提供。为此，需要赋予省级联社银行经营牌照。

在深化我国农村信用社改革过程中，省联社的专业服务、风险处置与监督应整体匹配。如果省联社对县级法人持股，则控股比例不应过低，避免责权不匹配，以致帮扶的动力不足；如果省联社不对县级法人控股，则在法律上一方面应明确省联社对县级法人承担专业服务、风险处置责任，另一方面应明确赋予省联社对县级法人的监督权力。若省联社的监督权力缺位，则协调机制必然失效，规模化服务难以形成，对基层的服务功能自然虚化，整个体系难免松散化乃至名存实亡，与规模化整合相违背。从欧洲农合系统经验看，尚无体系内部监督缺位而凝聚力、竞争力很强的先例，实际上也没有体系内部监督缺位的先例。

在我国下一步的省级联社改革中，若按商业化导向组建省级农村商业银行，则在制度设计中应保证内部监督到位。若按二级法人框架、通过股权关系监督，则省级农村商业银行对县级法人机构应达到绝对控股、并表管理。如果省级农村商业银行只实施相对有限控股，则很可能在一些涉及重大利益的敏感问题上面临县级法人机构其余大股东的一致行动，监督管理难以到位。另一方面，省级农村商业银行只持县级法人机构的少部分股份却承担全部风险处置职责，省级农村商业银行的股东也会难以接受，不愿意对县级法人机构提供应有帮助，使风险处置工作难以到位。这些在实践中已有先例。

考虑到我国地区之间差异较大，改革模式应结合当地实际，以切实有效服务“三农”为导向，采取灵活有效的体制机制。为促使改革深入推进，应结合相关地区的积极性和实际条件，通过试点探索有效模式。对于一些改革进程出现停滞的地区，应分析原因，围绕服务“三农”根本宗旨，调动地方积极性，采取更加灵活有效的机制。若拟实施的体制机制尚存在争议，可在试点探索阶段严格控制试点范围。改革试点的体制机制则围绕根本宗旨和目的，注重实效，不应拘泥于某一具体形式。

（五）农村信用社系统应强化服务创新能力

与欧洲之前经历类似，我国农村金融领域正在受到经济发展的结构性变化和农民生活方式转型的交叠影响。主要有：一是农业在经济总量中所占比重在逐步下降；二是“三农”领域服务需求在拓展，金融服务从生产向加工、流通、消费等环节拓展，金融机构提供的服务范畴从传统的金融服务向技术支持、市场推广等环节拓展；

三是信息化技术对农民生产、生活方式的影响日趋增大，直接导致农民的金融消费方式面临重大转型，将更多地通过信息技术从远程获取金融服务，到金融机构柜台现场的次数将逐步降低；四是更多大中型银行参与农村金融市场竞争。

相关国家农村银行应对措施为我国农村信用社提供了有益借鉴：一是拓展农业服务领域和深度。核心是沿价值链拓展金融相关服务。提供包括融资、结算、投资、租赁、保险等各方面金融服务，并在农产品市场销售、新技术应用推广等方面提供支持。二是建立科学务实的信贷风险管理机制。基于农民的偿还能力而不是抵押品发放信贷。随着我国农村征信体系逐步完善，这一导向应得到重视，农村信用社应建立起、以现金流、边际收益、自有资本等指标为基础的信贷管理机制。三是围绕农民需求，提供全面金融服务支持。服务范畴从农业生产向消费、金融投资等其他领域拓展。四是通过信息化技术加强与农户的、联系，通过创新信息化服务提供丰富高效服务，稳定、拓展客户群体。中央管理机构与基层成员银行均提供在线服务，根据复杂程度实行分工，基层银行解决不了的问题则递交中央管理机构解决。五是借助规模效应、范围效应形成整体竞争优势。通过多种途径提高成本效率。除了促进基层成员银行之间相互合并，还通过总部统一提供规模化业务促进业务整合。通过提升服务的专业化程度提升吸引力。如总部通过合资成立各类专业化金融机构，为基层银行提供全面服务。六是主动服务。基层成员银行通过流动服务车或网点业务人员上门等方式加强服务。如德国中央合作银行规定基层成员银行的上门服务应在 2 小时内抵达。

（六）政府应更多地通过市场机制促进农村金融业务发展

政府应从两个层面通过完善市场机制促进农村金融发展。一是通过制度安排促使形成具有更强金融服务和市场竞争能力的农村银行；二是政府对农村金融的财政、货币扶持政策应更多地结合市场竞争规则，提高政策绩效。

相对于政府直接推动，制度安排对农村金融发展影响更大。我国 2003 年第二轮农村信用社改革方案支持组建县级农村股份合作银行。在改革推行之后各地也成立了不少农村股份合作银行，不少县级农村股份合作银行发展势头良好，成为当地农村金融服务的“领头羊”。应认真总结成功经验，推广有效的机制和模式。至于个别存在的不足和问题，应通过完善制度来解决。若有不规范问题，可通过加强监督来解决，这也是欧洲同行的经验。总之，在深化农村信用社改革过程中，应在制度设计层面具有更加开放和包容的视角，充分吸收发达国家的经验教训，充分结合我国各地情况，采取务实灵活的机制。

考虑到我国当前通过财政、货币政策促进农村金融发展，在政策实施过程中，应通过完善竞争机制、完善市场环境提高效率。一是参与政策性业务的竞争性。如法国面向农民的贴息贷款业务由各家银行通过竞争来承办，具体取决于银行的服务质量。这一做法值得借鉴。二是促进地位平等。我国不少地区的农村信用社业务规模在当地位居领先地位，资产质量也保持较高水平，与以往不可同日而语，应根据经营考核指标，在承办财政性存款等业务方面给予更加平等的地位。三是完善市场环境，如完善农村金融基础设施、加快农村征信体系建设、完善担保体系等等。

第10章

中国农业银行服务“三农”的国际比较

中国农业银行（以下简称“农业银行”）成立60多年来，在党中央、国务院的正确领导下，始终践行支农使命，不断开拓创新，加强和改善“三农”金融服务，持续增加农村金融供给，并使自身不断发展壮大，成为我国涉农贷款投放规模最大、服务面最宽、服务客户最多，而且是唯一拥有农业信贷专业化经营管理体系的国有控股大型上市银行，为农村经济社会发展作出了重要贡献。

一、农业银行服务“三农”的成就具有世界性意义

农村金融是一个世界性难题，多年来，各个国家的涉农金融机构为促进农村金融发展进行了大量探索，但始终没有找到一套能够兼顾农村金融服务覆盖面与涉农金融机构上也可持续发展的经营管理模式，对农村客户的金融排斥现象长期存在。例如，国际知名的大型涉农金融机构法国农业信贷银行近年来受金融危机冲击，支农力度不断减弱，涉农贷款余额和占比均呈逐年下降趋势。孟加拉格莱珉银行作为世界上第一个属于穷人的“草根银行”，帮助了数百万穷人脱贫自立，其创始人尤努斯因此获得2007年诺贝尔和平奖；但由于其仅是针对特定穷人群体的一个乡村银行，规模小，到2012年底发放贷款及垫款总额只有10.32亿美元，适用范围和作用有限，近年来在国际农村金融领域的影响力逐渐减弱。

与国际涉农金融机构形成鲜明对比的是，农业银行近年来坚持把服务“三农”

作为重要使命，把强农、富农、惠农、金融扶贫作为主要着力点，不断开拓创新，“三农”金融的服务质量、服务效率和服务水平迈上一个新台阶。

（一）做好强农金融服务

支持农业现代化、农村城镇化和县域新型工业化发展，是强农金融服务的根本所在。农业银行围绕现代农业产业体系和县域中高端客户的金融服务需求，以农村产业金融“千百工程”为抓手，城乡联动，加大对“三农”和县域经济发展的关键领域和重点环节的支持力度。

一是加大对粮食生产、农业科技和现代农业的支持力度。在支持粮食生产上，截至2013年末，农业银行在13个粮食生产省（区）县域贷款余额1.23万亿元，当年新增1500亿元，在支持农业科技创新上，截至2013年末，农业银行为全国243家农业科技企业提供信贷支持，授信总额131亿元，累积投放85亿元，贷款余额73亿元；为52个国家现代农业示范区提供多元化金融服务，发放涉农贷款1062亿元；实现对65家国家级农业科技园金融服务全覆盖。在支持现代农业发展上，截至2013年末，农业银行向农民专业合作社等新型农业经营主体发放贷款超过1000亿元。

二是加大跨越城乡的系统性集团客户和县域骨干支柱企业的支持力度。截至2013年末，农业银行对各级产业化龙头企业授信3101亿元，共为1.8万余家龙头企业提供了丰富多样的金融服务，其中对国家级、省级农业产业化龙头企业的覆盖率分别达到81.44%和57.59%；还为755家国家级农业产业化龙头逐户制定金融服务方案，提供包括网上银行、财务顾问、票据发行、债券承销、国际贸易融资等现代金融服务。

三是加大对县域中小微企业的支持力度。截至2013年末，中国农业银行县域中小企业贷款余额1.01万亿元，当年新增加983亿元，增长10.8%；县域小微企业贷款余额3236亿元，比年初增加547亿元，增长20.4%。重点支持了318个县域产业集群，截至2013年末，县域产业集群内各类企业贷款余额1351亿元。

四是加大新型城镇化和新农村建设的支持力度。截至2013年末，农业银行对县域城镇化贷款余额超过7500亿元；城镇化服务覆盖了全国50%以上的县域。例如，江苏分行重点打造了文化古镇、产业园区、特色市场、骨干企业、生态宜居、城郊卫星城 6 大系列服务，目前已发放城镇化贷款 378 亿元，农民住房按揭贷款 279 亿元。河南分行推出“新农村居民建设贷款”，目前已支持 27 个新型农村社区建设项目，共发放新农村居民建设贷款 2.69 亿元。

（二）做好富农金融服务

农业银行立足自身在乡镇机构人员实际，按照平稳、高效、安全增长的要求，进一步加强和改进农户贷款业务管理，实实在在促进农民增收致富。

截至 2013 年末，农业银行农户贷款余额 4924.28 亿元，较年初增加 951.22 亿元；2013 年累计投放 3675.6 亿元，同比多投放 459.28 亿元。黑龙江分行累计发放农户贷款 116.95 亿元，支持了 20 余万户开展粮食生产。西藏分行累计发放安居工程贷款 44.78 亿元，支持 23 万余户农牧民建设新居。新疆分行将“富民安居”工程作为服务“三农”的重点工作之一，三年来累计投放“富民安居”贷款 15.6 亿元。甘肃分行与省财政厅密切合作，在全省 58 个贫困县推出“双联农户贷款”产品，累计向 10 万农户发放贷款 77 亿元。

（三）做好惠农金融服务

金融服务绝不仅限于信贷服务，针对农村地区结算难、取现难等金融服务难题，农业银行在服务渠道和服务模式创新上进行了大量富有成效的探索，创造性地开展了金穗惠农通战略性工程，通过电子化手段将现代金融服务延伸到更广阔、更边远的地区。

截至 2013 年末，农业银行已累计发放惠农卡 1.4 亿张，覆盖超过 1 亿农户，覆盖率近 50%；共设立金穗惠农通工程服务点 58 万个，布放电子机具 115 万台，电子机具行政村覆盖率达到 68.3%；在全国 32 个省（区、市）设立助农取款服务点 31.3 万个。依托惠农卡和金穗惠农通工程，农业银行切实做好新农合、新农保等代理服务。截至 2013 年末，共代理新农保项目 1146 个，较年初增加 27 个；代理新农合项目 782 个，较年初增加 49 个，涉农财政补贴及公用事业代理项目 2479 个。

（四）做好扶贫金融服务

农业银行始终致力于做好扶贫开发金融服务工作，把金融扶贫作为面向“三农”的重要组成部分，全面加强和改善扶贫开发金融服务，有力地推动了贫困地区农业增效和农民增收，树立了“高品质、高效率、负责人”的良好社会形象。

一是突出战略重点，攻坚扶持集中连片特困地区。连片特困地区是新时期扶贫攻坚的主战场，也是金融服务最为薄弱的地区。农业银行坚持把连片特困地区作为金融扶贫的战略重点，2013 年，在集中连片特困地区投放贷款 3864 亿元。

二是依托资源特色，深入推进产业扶贫。这是农业银行发挥大银行优势开展金融扶贫的关键环节。2013 年，农业银行在 592 个国家级扶贫开展重点县和 495 个省级扶贫开发重点县累计投放贷款 5357. 6 亿元。重点支持了 165 家国家级扶贫龙头企业，这些企业在农行贷款余额 146 亿元，户均余额 8848 万元，辐射带动约 204 万贫困农户，户均增收 3300 元。同时，农业银行积极参与扶贫贴息贷款发放，截至 2013 年末，贴息贷款余额 232. 9 亿元，比年初增加 111. 1 亿元，带动贫困农户 48. 8 万，户均增收 3347 元。

三是履行社会责任，切实做好定点扶贫工作。多年来，农业银行对贫困扶持定点县投入较大，帮助定点县改善农村基础设施建设、农村基础教育办学条件和加强农民技能培训。2012 年，帮扶河北省献县幼儿园迁建项目，该项目建成后可达到省级一类幼儿园标准，容纳幼儿 720 人，覆盖人口 5 万人；帮扶河北省武强县全部行政村建设 26 所卫生室项目，当年建设、当年完工，共建房屋面积 1828. 4 平方米，并全部验收达标。

（五）综合实力和经营业绩明显提升

农业银行在坚持服务“三农”的同时，总体业务的发展不但没受到影响，而且呈现出全面向好的态势（见表 10. 1、表 10. 2），与国际同业相比，农业银行的经营实力更强、发展速度更快、经营质量更好、盈利能力更高。

农业银行服务“三农”的战略定位和良好的发展态势得到了国际投行的高度肯定，摩根斯坦利、巴克莱资本、福瑞金融、星展唯高达等国际投行普遍认为，农业银行在县域市场具有发达的网点网络渠道、先进的产品服务，广泛的客户基础，坚实的风险管理能力、专业化的服务体系和广泛认可的品牌形象，使得农业银行在县域市场已经确立并将持续保持市场领先优势。

表 10.1 农业银行与国际知名涉农金融机构经营规模对比

涉农金融机构	总资产		各项存款		各项贷款	
	2012 年余额（亿元）	2007～2012 年均增速（%）	2012 年余额（亿元）	2007～2012 年均增速（%）	2012 年余额（亿元）	2007～2012 年均增速（%）
中国农业银行	13244.42	16.96	108629.35	15.51	64333.99	13.08
法国农业银贷银行	153412.96	5.43	52791.91	2.33	38378.22	3.01
荷兰拉博银行	62650.80	5.69	27644.98	5.88	39768.80	4.94
日本农林中央金库	52587.14	1.05	31965.92	1.09	10850.80	2.84
印度工业信贷投资银行	7733.44	8.91	3095.46	2.96	3438.46	7.02
孟加拉格莱珉银行	124.37	14.46	102.71	16.52	65.05	13.54

注：国际金融机构数据按 2012 年 12 月 31 日汇率换算为人民币；日本农林中央金库和印度工业信贷投资银行采用当年 3 月 31 日数据，其他金融机构采用 12 月 31 日数据。

表 10.2 农业银行与国际知名涉农金融机构盈利能力和经营质量对比

涉农金融机构	净利润		总资产收益率		净资产收益率		2012 年不良率（%）
	2012 年（亿元）	2007～2012 年均增速（%）	2012 年（%）	2007～2012 年增幅（百分点）	2012 年（%）	2007～2012 年均增速（%）	
中国农业银行	1451.31	64.99	1.16	0.06	20.74	0.76	1.33
法国农业银贷银行	-542.32	—	-0.37	-0.14	-15.80	-4.60	—
荷兰拉博银行	174.86	-4.90	0.29	-0.04	4.71	-0.95	2.32
日本农林中央金库	51.82	-22.80	0.10	-0.05	1.55	-1.42	1.83
印度工业信贷投资银行	90.99	24.73	1.40	0.12	13.30	1.12	3.14
孟加拉格莱珉银行	1.14	63.20	—	—	17.10	1.02	—

注：国际金融机构数据按 2012 年 12 月 31 日汇率换算为人民币；日本农林中央金库和印度工业信贷投资银行采用当年 3 月 31 日数据，其他金融机构采用 12 月 31 日数据。

二、农业银行成功服务“三农”的主要原因和经验

（一）在国家大力支持下完成股改上市

2007 年全国金融工作会议确定了农业银行“面向‘三农’、整体改制、商业运

作、择机上市”的改革原则，并在2008年剥离多年积累的不良贷款，为农业银行化解了沉重的历史包袱。2009年1月16日农业银行成功设立了股份公司，2010年7月15~16日，在当时全球经济复苏步伐放缓、资本市场持续低迷、新股发行频频破发的严峻形势下，农业银行以三个月时间的IPO“农行速度”，分别在上海、香港两地顺利挂牌上市，以221亿美元的融资规模，成为当时全球融资规模最大的IPO，“中国农业银行上市项目”的案例于2010年10编入哈佛大学商学院案例库。

成功完成股改上市，使农业银行经历了脱胎换骨的改造，实现了国有控股基础上的产权多元化，成为一家国有控股的大型公众持股银行，获得了全新的改革发展起点。农业银行的盈利能力和竞争实力大幅提升，外部形象和管理面貌焕然一新，在国际上的知名度和影响力得到了显著提升，为今后的长远发展和服务“三农”打下了坚实基础。

（二）我国宏观经济的持续快速发展提供了难得的发展机遇

最近十年来，我国宏观经济总体上保持增速平稳较快、物价相对稳定、就业持续增加、国际收支趋于平衡的良好态势，社会生产力和综合国力显著提升。GDP从2002年的10.5万亿元增加到2013年的56.8万亿元，年均增长10.3%，显著高于同期全球和新兴经济体的增速，经济总量占世界的份额从2002年的4.4%提高到2013年的10%以上，跃居世界第二位。人均GDP从2002年的1135美元增加到2013年的6629美元，达到中上等国家水平。国家财政实力明显增强，公共财政收入从2002年的18903亿元增加到2013年的12.9万亿元，年均增长18.1%，为加大“三农”等领域投入提供了有力的资金保障。

中国经济的快速发展为包括农业银行在内的中国银行业提供了十分宝贵的发展机遇，中国银行业整体实力显著增强，国际地位大幅度提升。2003~2013年，中国银行业总资产增长了4.4倍，总存款增长了4.23倍，总贷款增长了3.52倍，总利润增长了50多倍，平均总资产收益率（ROA）和净资产收益率（ROE）已经接近甚至超过资产排名前20位的国际银行平均水平。

（三）坚定不移强化面向“三农”战略定位，积极践行服务“三农”责任担当精神

得益于历史传承，农业银行最大的优势在于遍布城乡的网点网络，在于横跨城

乡的经营体系。农业银行把国家的要求与自身优势相结合，把服务“三农”作为战略之根，把县域业务作为发展之基。

在股改上市中，农业银行明确提出服务“三农”、服务县域经济作为改革发展的永恒主题，坚持股改不改服务“三农”方向、上市不减服务“三农”力度，确定并坚定不移地实施“三农”和县域蓝海市场发展战略，忠实地履行服务“三农”社会责任，深刻把握“三农”和县域市场的发展变化，充分挖掘“三农”领域涌现出来的巨大金融需求，大力开拓县域业务，把“三农”和县域业务打造成最具特色和最具有竞争力的业务。在这样的差异化战略指引下，农业银行近年来不断加大对县域经营资源的投入力度，有效提升农业银行服务“三农”和县域经济的发展能力，增强了发展后劲。

（四）毫不动摇坚持商业运作原则

过去在专业银行时期，由于在服务“三农”方面不计成本、不计风险，农业银行曾经付出过沉重的代价，积累了大量的不良贷款，背上了沉重的历史包袱，长期负重前行。实践证明，有效扩大农村金融覆盖面的基本前提是要保持自身商业可持续发展，不计成本、不计风险的“输血式”“三农”服务，在财务上难以持续，要靠国家财政买单，更无法长久地为“三农”提供有效金融服务。

在服务“三农”的新时期，农业银行充分吸取专业银行时期的教训，坚持把商业运作作为面向“三农”的基本原原则，重点抓住风险管理和成本控制两个关键环节，积极探索能够破解“三农”金融服务成本高、风险大难题的新模式。例如，农行通过在农村金融市场的品牌影响力和惠农通等先进便捷的产品和服务，确立了在客户黏性和稳定低成本资金等方面的优势，依据龙头企业、专业合作社等批量经营分散的农户贷款，通过先进的客户甄别能力和定价能力，有效实现收益对风险的覆盖。

（五）深入推进三农金融事业部改革，构建有利于服务“三农”的长效机制

为确保农行服务“三农”可持续、能够长期坚持，农业银行在实践中不断探索服务“三农”的有效管理体制和运行机制，自 2008 年 3 月开始三农金融事业部改革试点。

三农金融事业部以县域支行为主体，打破了业务条线和地域的限制，在总行和试点分行搭建起“三级督导、一级经营”的管理架构和资本、资金、核算、信贷、考评、拨备核销等“六个单独”的运行机制，在发挥大银行整体优势的同时，对“三农”业务实施专业化经营管理，形成有别于城市业务的运作流程和经营机制，确保有专门的机构、专门的人员、专门的资源、专心致志做好“三农”金融服务，为长期可持续地服务“三农”提供了重要的组织保障和制度保障。这在世界金融历史上亦属首创，极大改善了“三农”业务发展质量和效益，提升了农业银行服务“三农”经营品质和价值创造能力。

（六）持续提升“三农”业务风险管控能力，切实保障“三农”业务发展质量

与城市业务相比，“三农”业务的风险特征有其独特性，主要表现在：县域经济总体发展水平不高，产业层次低；客户基础弱，且规模小、数量多、居住分散，信息不对称，风险管理难度大；农村信用环境不健全、缺乏有效抵押物等。这就要求大型商业银行积极探索一套适应“三农”业务特点的风险控制体系，以保证“三农”业务的可持续发展。

农业银行近年来借鉴国外涉农商业性金融机构的成功经验，总结提炼自身经营管理实践中好的经验和好的做法，不断完善“三农”风险管理体系。建立专门的“三农”业务风险管理组织体系，制定单独的“三农”业务风险管理政策纲要、客户评级、贷款分类、贷款定价等方面一系列制度办法，采取“三包一挂”、“三农”产品停复牌管理、风险经理派驻、风险监测预警系统等多种风险管理手段等。通过努力，农业银行“三农”业务风险管理的有效性不断增强，呈现出较强的财务可持续性。

截至 2013 年末，农业银行三农金融部不良贷款余额 352 亿元，比 2007 年下降 3021.3 亿元，不良贷款率 1.5%，比年初下降 0.14 个百分点，比 2007 年下降了 30.44 个百分点，拨备覆盖率达到 363%，比年初上升 44 个百分点，比 2007 年提高了 278 个百分点。

三、农业银行在我国农村金融体系中发挥了骨干和支柱作用

随着近些年来在服务“三农”方面的力度不断加大，经营业绩不断提升，农业

银行在整个农村金融市场中的骨干和支柱作用越来越明显。

（一）对小微农村金融机构经营管理起到了良好的示范作用

农业银行拥有资金、网络、专业和品牌等方面的系统优势，在多年的服务实践中一直是农村先进金融产品的设计者、推广者和农村金融层次提升的引导者，小微金融机构在产品、渠道、管理机制甚至是网点装修方面都纷纷效仿农业银行。

例如，金穗惠农通工程是农业银行在提供农村地区基础金融服务方面的重大创新，工程实施以来，信用社等农村金融机构也陆续推出了类似的服务，典型的如浙江省农信社 2013 年启动了普惠金融工程，未来 3 年计划投入 15 亿元实施“丰收村村通”，在全省所有行政村设立金融便利店，做到“一村一点”。

又比如，四川分行探索推出“青杠模式”，在成都农村土地综合整治项目的贷款担保和运作方式上进行了有效创新，努力解决制约信贷介入的重点难点问题，于 2013 年 3 月成功发放郫县唐元镇青杨村灾后安置点建设项目首笔贷款 600 万元。当地政府大力推广农行“青杠模式”，农商行和邮储银行等同业纷纷模仿借鉴四川分行的经验做法，从而在合规运作并有效控制风险的前提下，为成都市农村土地综合整治工程提供有力金融支持。

再比如，农业银行 2009 年率先在同业中将新农合、新农保代理业务作为战略业务在全行范围内推开，带动邮政储蓄银行和信用社等机构逐步积极介入此项业务，截至 2012 年末，农业银行在 1532 个县开展新农保、新农合代理，占全国有农业人口县（市、区、旗）的 54%；邮储银行有 25 个省区市分行参与了新农保、新农合项目，服务了全国 30% 的试点县。

此外，农业银行还致力于建设开放的农村金融，与小额机构等加强合作，把大银行的规模优势和专业优势与小银行的灵活性和地缘优势有机结合起来。例如，农业银行在浙江对小微金融机构进行批发授信，与中国扶贫基金会开展合作，对其所属的小贷公司授信 4 亿元等。通过这种开放式的合作，做到资源共享、优势互补、互利共赢，最终达到提升农村金融服务水平的目的。

（二）对大型银行重返县域市场拓展业务起到了积极的引领作用

我国县域地区国土面积占全国的 93%，人口占全国的 73%，GDP 占全国的一半以上，县域经济在国民经济中占据了越来越重要的地位，是未来中国经济发展的重要增长极。农业银行多年来坚持在县域市场谋篇布局，目前已初见成效，“三农”和县域业务已经成为农行利润增长的突出亮点。2013 年度，农行县域业务实现税前利润 772.46 亿元，同比多增 135 亿元，增幅 21.2%。县域业务占全行净利润的比例由 2010 年的 28.6% 上升到 2013 年的 36%，县域业务对农行利润贡献度不断提高。

不仅如此，由于受经济周期性波动影响下，“三农”和县域业务在经济下行期对银行业务发展的作用更加凸显，在 2012 年中国银行业信贷需求整体放缓的情况下，农行县域贷款需求仍然保持了快速发展的势头，县域贷款比 2011 年增长 17%，高于全行贷款增幅 2.9 个百分点。此外，随着 2013 年 7 月贷款利率下限被取消，我国利率市场化进程进一步加快，能否获得大量长期稳定的低成本存款对商业银行的竞争实力至关重要，与城市业务相比，县域存款付息率更低，而贷款利率更高。2013 年前三季度，农业银行县域存贷利差保持较高水平，前三季度为 4.74%，比全行高 52 个基点。

农业银行在县域市场取得的亮丽业绩，既得到了市场和投资者的普遍认可，也吸引了过去曾经从县域市场脱身的一些大银行和股份制银行开始重返农村，抢滩县域市场。例如，2007 ~ 2010 年，工、中、建行在县域的网点数量增加了 1607 个，股份制银行和城市商业银行县域网点由 980 家增加到 2293 家。截至 2013 年末，工行县域贷款余额达到 1.98 万亿元，比 2010 年增长 39.66%，中行县域贷款余额 1.14 万亿元，比 2010 年增长 29.55%。

（三）对平抑农村金融服务价格起到了重要的导向作用

农村地区金融供给不足导致机构之间竞争不充分，农民获得贷款十分困难，即使获得贷款，还要承担比城市居民高得多的利率，负担很重。农业银行作为国家控股的大型上市银行，承载着国有资本意志，在服务“三农”过程中自觉把追求自身发展和履行社会责任结合起来，积极践行大银行社会责任。主动减免弱势金融消费群体服务收费，对金穗惠农卡实行“两免一减一优惠”，从 2008 ~ 2013 年，农业银行共为弱势金融消费群体提供了各类优惠累计约 82 亿元。在农村贷款定价上严格自我控制，贷款利率远低于其他农村金融机构和民间利率，其强有力的竞争在农村金融市场发挥了重要的“鲶鱼效应”，平抑了农村市场的整体贷款利率，使越来越多的农民和县域小微企业获益，产生了较好的社会效应。例如，在农业银行开展小额农户贷款业务之前，广西当地县域的利率水平平均在基准利率上浮 80% 以上，农业银行执行平均上浮 20% 的利率水平后，当地金融机构和民间借贷的利率水平平均出现大幅下降。

第11章

中国农业银行支农经验

农业银行因农而生、伴农而长，是农村金融体系的国家队、主力军，1979年恢复成立以来在农村金融领域深耕不辍。在专业银行时期（1979～1993年），农业银行承担了主要的支农助农服务工作，统一管理支农资金，集中办理农村信贷，领导农村信用合作社，重点为农林牧副渔发展、农副产品收购、贫困地区脱贫等提供资金支持。在商业化改革初期（1993～2000年），农业银行将政策性业务划分给新组建的农业发展银行，并将对农村信用社的管理职能移交中国人民银行，确立了“巩固乡镇，拓展城市”的发展战略，重点服务农业领域“两高一优”客户，独特的城乡联动、以城带乡业务格局自此形成。在商业化转型时期（2000～2007年），农业银行一方面加快向城市进军，充分发挥城市业务对“三农”业务的支持和促进作用；另一方面，在网点、人员有限的情况下，改变在农村金融领域大包大揽、全面开花的服务方式，立足自身特点和优势，进一步突出服务重点，主要支持农业产业化龙头企业、农村商品流通体系、农村城镇化建设等“三农”领域的中高端客户。在股改上市时期（2007年以后），农业银行按照党中央、国务院确定的“面向‘三农’、整体改制、商业运作、择机上市”的十六字方针，重新确定了服务“三农”在农业银行工作中的中心地位，持续加大“三农”投入力度，不断完善相关体制机制，在探索国有大型商业银行服务“三农”的有效路径方面取得了一定成效。到2013年末，农业银行有县域网点1.27万个，占全行53%；县域员工22万人，占全行43%。涉农贷款余额2.14万亿元，占全行贷款31%；县域贷款余额2.35万亿元，占全行贷款 34%。“三农”和县域业务成为农业银行业务经营的稳定基石和重要组成部分。

一、农业银行服务“三农”的主要做法

大型商业银行服务“三农”，在世界范围内也没有可以直接复制的成功经验。农业银行在近年的农村金融服务中，为做到面向“三农”和商业运作的和谐统一，实现服务到位、风险可控、发展可持续，注重将“三农”发展的一般规律与商业银行现代经营的理念要求结合起来，通过不断探索创新，形成了一些具有特色的做法。

（一）明确发展战略

2007 年，在中央明确了农业银行股改十六字方针后，为全面统一思想认识、贯彻落实好中央要求，农业银行在全行组织开展“为什么面向‘三农’”“面向什么样的‘三农’”和“怎样面向‘三农’”的大讨论，引导全行上下重新深入认识服务“三农”的重要意义和“三农”业务未来广阔的发展空间，力争将中央面向“三农”要求与农业银行培育差异化竞争优势、实现自身可持续发展的内在要求有机结合起来。经过这轮大讨论，部分员工对“三农”业务不愿做、不敢做、不会做的问题得到较好解决，发展“三农”和县域业务的积极性和主动性明显增强，全行对服务“三农”问题的认识得到了有效统一。在此基础上，农业银行正式确定“三农”和县域蓝海市场发展战略，实行城乡业务“两条腿”走路。制定了“三农”和县域业务三、五、十年发展规划，确定了农业银行服务“三农”的目标措施。同时，在农业银行股份公司《公司章程》中明确服务“三农”职责。通过这些措施，最终把面向“三农”的定位落实到农业银行发展战略中并固化下来。

（二）健全体制机制

农业银行业务经营横跨城乡，为避免城市业务挤占“三农”资源，确保县域资金取之于农、用之于农，并推进“三农”金融服务专业化运作，自 2008 年开始，农业银行在借鉴国内外事业部通行做法的基础上，结合自身实际，开展了三农金融事业部改革试点，将县域机构和“三农”业务整体纳入三农金融事业部，初步建立

了专业化、长效化的服务“三农”经营管理体系，确保了中央赋予农行“面向‘三农’”的定位真正落到实处。目前，试点范围已经扩大到 19 个省（市、区）20 家一级分行的 1497 家县域支行。其他非试点行在组织架构、业务边界以及部分政策方面，也遵从事业部管理的要求。事业部改革的主要内容如下。

一是搭建事业部组织架构。核心是建立“三级督导、一级经营”管理体制。在总行、省级分行和地市级二级分行 3 个层次，分别设置了服务“三农”专门机构，强化督导服务。总行层面，成立了“三部六中心”（即三农政策与业务创新部、农村产业与城镇化金融部、农户金融部 3 个“三农”专业部门，以及三农信用管理中心、三农信用审批中心、三农核算与考评中心、三农风险管理中心、三农人力资源管理中心、三农资本与资金管理中心等 6 个“三农”中后台管理中心）。省、市分行层面，比照总行成立服务“三农”专门部门和中后台中心。县域支行层面，全部纳入三农金融事业部管理，通过下沉经营重心、加大对县域支行业务授权力度和加大政策资源投入，持续强化县域支行的一级经营地位。

二是构建事业部运行机制。对三农金融事业部实行“六个单独”管理机制——单独的资本管理机制，制定三农金融部资本管理办法，每年单独核定三农金融事业部营运资本和经济资本，强化资本对服务“三农”的激励约束；单独的信贷管理机制，针对“三农”特色产业和县域地区特点，构建了差异化的信贷政策体系，搭建了专门的审查审批通道，优化完善了三农信贷业务流程，有效提升了“三农”信贷管理效率和专业化水平；单独的会计核算机制，制定科学公允的单独核算分摊规则，开发了会计核算系统，能定期自动生成满足信息披露要求的三农金融事业部财务核算报告；单独的风险拨备与核销机制，制定三农金融部贷款减值准备、呆账核销等管理办法，足额计提“三农”减值准备，放宽核销条件，简化核销手续，促进“三农”业务有效发展；单独的资金平衡与运营机制，制定三农金融部资金管理办法，合理确定三农金融部资金转移价格，提高三农金融事业部资金运营效率，确保县域资金总体上用于县域；单独的考评激励约束机制，建立“全行 + 三农”的绩效考评体系，三农金融部考核结果与费用、固定资产等资源配置以及领导班子绩效紧密挂钩，有效调动了试点行发展“三农”业务的积极性。

三是加强事业部资源保障能力建设。在三农金融事业部管理框架下，农业银行从信贷规模、固定资产、业务费用和用工计划等方面不断加大投入，强化了服务

“三农”的资源保障。倾斜信贷规模，总行持续按照高于全行贷款增速 2 ~ 3 个百分点安排县域专项贷款规模；按照增速不低于全行、增量不低于上年专项安排涉农贷款规模。倾斜财务资源，每年单独向县域地区配置网点建设、自助设备购置、业务用车、营业用房建设等固定资产计划，单独配置县域支行运营的业务费用，2013 年“三农”业务固定资产、业务费用增幅分别高于全行平均水平 29.94 和 1.2 个百分点，分别占到全行的 43.75% 和 46.6%。倾斜工资计划，坚持工资向基层和服务“三农”一线倾斜的原则，每年按照增速高于全行的平均水平单独下达县域工资计划，有效提升了县域员工整体收入水平。倾斜用工计划，每年将新增员工的 50% 左右用于县域，全部充实到县域基层员工队伍。实施县域营业网点“双一计划”，平均为每个县域网点增加 1 名大学生和 1 名客户经理。

（三）明确支持重点

在国家“四化同步”和城乡一体化发展战略布局下，农业银行结合自身优势特点，按照“有利于降低成本、有利于防范风险、有利于商业可持续”的原则，重点加强对现代农业和规模农业、新型城镇化建设、县域小微企业和实体经济、农户贷款、集中连片扶贫五大领域的支持和服务力度，努力发挥好农村金融服务的国家队和主力军作用。

一是突出做好现代农业、规模农业金融服务。围绕农业生产的重点环节和领域，努力提供全方位全流程金融服务。在支持农田水利基本建设方面，以 13 个粮食主产省（区）和全国 800 个产粮大县为重点，以大型水利枢纽、重点水利工程和大型灌区、国家高标准农田建设为抓手，积极支持国家新增千亿斤粮食生产能力和粮食核心区建设。在支持现代农业科技方面，以现代种业为重点，大力支持种业企业和科研院所研发、推广、提高粮食单产和复种指数的技术，促进粮食生产科技含量的不断提高。在支持农产品流通体系方面，加大对“万村千乡市场工程”、“双百市场工程”和“新网工程”建设的资金支持，重点支持深圳（布吉）农产品、北京新发地等全国性或区域性农产品批发市场建设。此外，还通过合作发行联名卡、上线以农行圈存机为载体和支撑的电子结算系统等方式，整合支付结算和交易信息记录功能，助推农产品质量安全可追溯体系建设。在支持新型农业经营主体方面，以种粮大户等规模经营主体为重点，围绕新型农业经营主体流转土地、购买大型农机具以及种子化肥等生产资料的资金需求，创新信贷产品和抵押担保方式，灵活设置贷款额度、期限和还款方式，建立专业快捷的信贷审批通道，大力支持新型农业经营主体扩大农业生产规模。在支持农业产业化龙头企业方面，不断深化与北大荒集团、中粮集团、隆平高科、益海嘉里、东海粮油等龙头企业的合作，支持企业粮食生产基地建设、粮油加工、物流仓储设施建设以及整合延伸产业链条等。

二是突出做好新型城镇化建设金融服务。农业银行业务经营横跨城乡，在新型城镇化过程中，面临着得天独厚的历史机遇。围绕十八届三中全会、中央城镇化工作会议和《国家新型城镇化规划》精神，农业银行切实加大对新型城镇化建设的支持力度。区域上，主要支持了长三角、珠三角、京津冀等重点城市群的城镇化建设；特大城市和各省省会城市、中心城市辐射区内的城镇化建设；其他产业优势突出、财政实力较强、市场环境较好的发达县域和扩权强镇的城镇化建设。项目上，围绕“农民市民化、居住社区化、产业园区化”三条主线，支持城镇基础设施、科教文卫、城镇棚户区和城中村改造等建设项目，工业园区、农业园区和特色资源开发等产业支撑项目，进城农民就业、经营、消费升级项目。客户上，择优支持了符合监管要求的优质政府平台客户，参与城镇化建设的国有及民营企业等商业化公司，以及承担城镇化建设职能的集体经济组织。政策上，出台城镇化建设专项信贷政策，在准入、抵质押方式、还款来源认定、贷款额度等方面，给予专门安排。产品上，以“绿色家园”为品牌，加强新产品创新和现有产品的整合梳理，打造了服务城镇化的专属产品箱。

三是突出做好县域实体经济和小微企业金融服务。农业银行认真贯彻落实中央“稳增长、调结构”的要求，坚持“盘活存量、用好增量”，以县域中小企业为抓手，持续加大对实体经济的支持力度，切实解决融资难、融资贵问题。完善管理制度，下发小微企业授信管理办法、评级补充规定、信贷审查指引等系列信贷制度，针对小微企业特点，调整客户准入门槛，改进信用评级方式，创新授信管理手段，优化信贷运作流程，实行集中审查审批，大幅提高了信贷服务效率和专业化水平。实施小微企业专营机制，在总行成立了专门的小微企业金融部；在外部信用环境较好、小微企业客户资源丰富、经营管理水平较高的二级分行和县支行，设立小微企业专营机构；在业务规模较大的二级支行和营业网点，设立小微企业专业支行和特色服务窗口。加大激励约束机制建设，建立小微企业信贷计划单列和动态调整机制，确保小微企业贷款增速不低于当年各项贷款平均增速、贷款增量不低于上年同期水平；降低小微企业贷款经济资本占用，对符合条件的业务，经济资本系数可比照个人贷款设定；出台小微企业业务考核方案，对分支机构进行专项考核并大幅提高考核权重。

四是突出做好农户贷款业务。长期以来，广大农户融资需求难以得到有效满足。农业银行把缓解农户贷款难作为服务“三农”工作的重要内容，积极支持广大农民发展生产经营和改善生活条件，加快实现致富奔小康目标。加大农户贷款投放力度，每年单独下达农户贷款指令性指标计划，实施农户贷款“增量 + 当年新投放量”的双线考核方法，推动分行加大农户贷款投放。突出支持重点，顺应现代农业、规模农业发展趋势，重点支持农业产业链条中有核心企业组织带动的链条户，专业大户、家庭农场等规模户，有政府增信机制或信用村镇中的信用户，通过批发式、集约化服务方式，进一步降低农户贷款风险，提高金融服务效率。创新管理机制，实施农户贷款“三包一挂”管理，要求客户经理对发放的农户贷款包发放、包管理、包收回，其效益工资与贷款的质量、数量和效益挂钩考核，进一步明确了农户贷款工作的责权利；给予农户贷款业务正向激励，将农户贷款经济资本系数从 8% 降低到 4%，将总行承担的农户贷款拨备比例从 3% 提高到 4%，并明确农户贷款核销的拨备支出由总、分行各承担一半，切实调动基层行投放农户贷款的积极性。

五是突出做好集中连片特困地区扶贫。集中连片特困地区扶贫开发工作推进的好坏，关系到全面建成小康社会能否顺利实现。农业银行积极履行社会责任，重点围绕 14 个集中连片特困区，实施一系列专项支持政策，推动贫困地区提升自我发展能力。做好集中连片扶贫规划，出台了《农业银行金融扶贫十条措施》《关于做好集中连片特困地区农户金融服务工作的意见》，制定了乌蒙山片区等 10 个片区综合金融服务方案。强化片区金融扶贫资源保障。倾斜配置片区经营资源，保证片区贷款增速高于所在分行县域平均贷款增速 2 ~ 3 个百分点。实施差异化员工管理政策，放宽片区员工招聘条件，提高片区员工薪酬，增强片区行金融服务能力。改善贫困地区基础金融服务，在黑龙江漠河县、塔河县、呼玛县以及青海省乌兰县、天峻县、辽宁朝阳县等贫困县设立一级支行，填补当地县级行政区域的机构空白；通过设立服务点、布设电子机具、开展流动金融服务等方式，提高贫困地区、边远地区的基础金融服务覆盖面。积极开展多种形式的合作扶贫，与国家民委合作开展“民族贸易贴息贷款”，对中国扶贫基金会授信3亿元，与甘肃省政府创新开展“双联惠农贷款”，与内蒙古区政府创新开展引入风险补偿资金的“金穗扶贫贷款”，与安徽省政府创新开展“专项贴息扶贫贷款”等。积极与残联、妇联、共青团中央开展合作，为农村残疾人、妇女等弱势群体提供小额贷款支持，累计投放康复扶贫贷款5.6亿元，带动农村贫困残疾人2.3万人，人均增收5400元。

（四）加强业务创新

由于市场需求、客户资质、信用环境等方面的差异，农村业务相比城市业务具有显著不同的特点。为了充分满足“三农”和县域经济发展的差异化金融需求，近年来农业银行持续加大“三农”信贷政策和产品服务创新力度，着力构建差异化的“三农”信贷政策体系和产品体系。重点加强了以下五个方面的创新。

一是创新“三农”信贷政策。重点构建“以年度信贷政策指引为引领、以涉农产行业政策为基础、以差异化的区域信贷政策为重点”的三位一体“三农”信贷政策体系。围绕农业农村经济发展趋势，按年制定了2009～2014年各年度“三农”和县域信贷业务政策指引。围绕服务“三农”特色产行业，先后出台屠宰及肉类加工、液体乳及乳制品制造、制糖、白酒制造、饲料加工、食用植物油加工、化肥制造和农药制造、棉花、苹果、花卉等11个涉农行业信贷政策。围绕区域经济特点，制定出台了粮食、畜牧业、烟叶3个涉农区域信贷政策，同时针对四川、重庆、广西、甘肃、新疆、湖北、福建等地区出台了城镇化、农业产业化龙头企业、三峡库区后续建设、小水电、农户、产业集群等领域的差异化信贷政策，促进了县域地区信贷投放。

二是创新“三农”金融产品。农业银行专门打造了“三农”产品“金益农”品牌，包括强农、富农、惠农三大产品线下专属产品118项。“强农”特色产品方面，围绕现代农业和特色农业、农业产业链、新型城镇化、县域商品流通、县域优势产业集群等“三农”产业发展领域，研发了农业龙头企业贷款、专业大户（家庭农场）贷款、农民专业合作社贷款、县域商品流通市场建设贷款、县域旅游业基础设施贷款、农村城镇化贷款等产品，做大做强了农村发展的产业支撑。“富农”特色产品方面，根据农民生产经营和消费需求特点，研发了市场商户贷、农家乐经营贷、订单农户贷、特色种养殖大户贷等生产经营类贷款，推出农村新民居购建房贷、农民装修贷等消费类贷款，建立了涵盖农民创业经营和消费升级的信贷产品系列。对信用村、信用户及建立增信机制的农村区域，开展贷款要素的优化设计，出台了配套农户贷款产品。“惠农”特色产品方面，积极研发“转账电话”小额取现、汽车移动银行等新型支付方式和服务工具，打破传统网点和渠道的地域限制。推进我行生产管理系统与社会保障系统、农产品质量追溯系统、农产品网上交易系统等对接，积极促进惠农 IC 卡在农村社会保障、惠农补贴资金代理、保障农产品质量安全等方面的应用。

三是创新“三农”抵质押方式。根据东、中、西部等不同地区的“三农”发展阶段和农村改革进展，因地制宜、积极稳妥地开展“三农”融资担保方式创新。创新农村新型产权担保方式，推出林权抵押、养殖水面承包经营权抵押，并围绕三中全会确定的农村产权制度改革方向和农民新型财产权利，在有条件的地区稳妥开展农村土地“直接抵押”“收益权质押”“复垦增加的用地指标抵押”“承包经营权抵押＋担保公司（行业协会、合作社、农业企业）担保”等试点。创新“三农”特色抵质押方式，对固定资产投入较大、土地及地上附着物价值较高的专业大户和家庭农场，创新推广了蔬菜大棚、个人渔船、农副产品、农用机械、非标准仓单等抵质押方式。根据县域小微企业所处的行业特点，创新和推广铜单质押、原酒抵押、商铺经营权质押、采矿权质押、机械设备按揭、工业用房按揭、应收账款质押等特色担保方式。创新政策性风险补偿和缓释机制，推动甘肃、内蒙古、山东等地政府建立融资担保机构或风险补偿基金，在政府风险补偿到位的情况下，对农户和小微企业发放财政资金担保贷款。通过在每个贫困县成立政策性担保公司，农业银行甘肃分行“双联惠农贷”两年时间就累计发放了逾 90 亿元贷款，支持 10 余万农户增收致富。

四是创新“三农”业务流程。适应“三农”客户需求“短、小、频、急”的特点，简化办理环节，缩短业务流程，持续提高服务“三农”的效率。完善“三农”信贷授权管理体系，按照区别对待、分类指导原则，进一步规范县支行的授权管理，对业务量大、管理水平高的县域支行，适当扩大授权范围。优化“三农”信贷专业审查审批体系，在省级、地市级审查审批中心内成立了专门的“三农”和县域业务审查审批团队，根据业务规模占比配置专职的“三农”和县域信贷业务审查、审议和审批人员，专门从事“三农”和县域业务信贷事项审查审批。推进业务流程整合和简化，对法人客户评级、客户分类、授信、授信项下单项信贷业务、利率、押品评估、贷时风险分类等信贷事项进行整合，开展“统一报送、资料共享、分别审批”，简化环节和审批手续。开展集中审查审批创新，发挥网上审批、电子化处理的优势，对农户贷款、个人贷款、小微企业贷款开展集中审查、集中审批和集中贷后管理，提高业务办理效率。

（五）完善服务渠道

渠道是开展金融服务的平台和支撑。农业银行适应新型城镇化建设和城乡一体化发展趋势，以“金穗惠农通”工程为载体，在广大农村地区着力构建物理网点、自助机具、网络服务、流动服务“四位一体”的新型服务渠道体系，不断提高广大农民基础金融服务的可得性、便利性和安全性。

一是实施农村物理网点布局调整和改造。根据“四化同步”发展趋势，通过“调、改、转、增”，推动农村网点向县城新城区和中心集镇等新兴农村人口密集区域迁建转移，进一步扩大物理网点的服务覆盖面。加大农村网点改造投入力度，加快网点软转型进程，增强乡镇网点综合经营功能和服务能力，形成“智慧网点”引领下，以理财中心为旗舰，以精品网点、基础网点、自助网点为梯次的农村地区网点布局。

二是加快农村电子渠道建设步伐。对暂不具备设立物理网点条件的农村地区，农业银行一方面抓紧设立离行式自助银行或自助设备，通过离行式自助服务渠道与流动客户经理组有机结合的方式，扩大服务范围，增强服务效果。另一方面，在农村超市、农资店、医疗站等场所设置服务点，布放转账电话、POS 机、无线“智付通”等银行卡受理终端，让农民足不出村，就可以办理转账、消费和小额取现等业务。

三是积极开展流动金融服务。对通讯条件不佳、不具备设立网点、布放电子机具条件的偏远地区，农业银行因地制宜创新推出了“汽车移动银行”“银讯通”“移动服务包”“马背银行”等一系列有效金融服务方式，为边远山区、高原农村提供定时定点服务。同时，为发生地震、洪涝等重大自然灾害的特殊地区，提供及时的应急金融服务。

四是加快构建互联网金融服务“三农”平台。抓住互联网金融发展契机，围绕农业产业链中的资金流、信息流、物流运作特点和规律，发挥农行电子网络联结城乡、客户遍布全国、信息资源丰富的优势，整合农行线上线下产品和资源，开发具有农行特色的服务“三农”互联网金融渠道，为农产品购销、质量追溯和资金管理等提供服务。推出农业银行自主研发设计的互联网金融“磐云平台”，着力为“三农”打造一整套互联网金融解决方案。大力发展移动金融，建设以移动支付为基础、以银行为核心的移动金融生态圈，为广大移动终端客户提供全方位服务。试点建设特色农产品销售平台和农业生产资料购销平台“两大平台”，地方特色农产品通过农行电商平台进行销售，帮助农资企业客户销售农资，便利广大农民购买生产资料。

（六）探索服务“三农”有效模式

近年来，农业银行紧扣“三农”发展重点领域，探索出一批成本可控、风险可控、商业可持续的服务“三农”典型模式。

一是创新农业产业链金融服务模式。顺应现代农业产业化、组织化加快发展新趋势，依托现代农业产业链上的核心经营主体，建立健全“龙头企业＋农户”“批发市场＋商户”“商贸企业＋超市”“农业园区＋种养大户”“产业集群＋小微企业”等产业链金融服务模式，带动服务产业链上下游的广大农户，实现“抓龙头带龙身”“支持一个、带动一片”的效果。实践中涌现出许多成功案例，如“农行＋龙头企业（＋担保公司、保险公司、合作社）＋农户”形式的山东新希望六和集团龙头企业带动模式，“农行＋流通企业＋农户＋上下游经销商”形式的湖北富迪集团商业渠道带动模式。

二是创新银政合作服务模式。积极争取各级政府及村集体的支持，以财政资源为先导，协调地方财政提供必要的风险补偿、成本补贴和组织资源支持，撬动更多金融资金投入，探索构建政府、银行以及其他社会资源等多方协同支农服务模式。甘肃双联惠农贷是这种模式的成功代表。其主要做法是：省财政安排资金对惠农小额贷款全额贴息，在 58 个县分别成立县级政策性担保公司为贷款农户提供担保，并把双联惠农贷款工作纳入市县两级政府年度目标责任考核。农行每年按照政府担保资金放大 5 倍，安排双联惠农贷款计划 60 亿元，以基准利率发放，并在贷款准入、定价、额度等方面适当降低对贫困农户的要求。县乡政府、农行、担保公司组建联合团队，共同开展贷款客户的筛选、贷款发放、贷后管理、贷款催收、宣传培训等工作。据甘肃省财政厅调查统计，2013 年甘肃省农民人均纯收入增速达到 13%，其中双联惠农贷款的贡献率达到 2 个百分点左右。

三是创新城镇化金融服务模式。紧紧围绕“人的城镇化”这一核心，通过系统分析城镇化进程中土地集中、产业集中、人口集中等不同环节、不同主体的金融需求及内在联系，充分发挥农业银行综合经营平台作用，针对性地开展城镇化融资结构设计和风险结构设计，为城镇化进程提供“融资”“融智”相结合的全方位一揽子金融服务。实践中比较成功的，有浙江“新市镇、新农村”建设模式、山东“城乡建设用地增减挂钩”模式、湖南“大汉”模式、天津“示范小城镇”建设模式等。

四是创新银村合作服务模式。抓住发达农村金融资源富集的特点，通过开展银村共建、农村金融自治、信用乡镇（村）建设等方式，发掘农村客户价值增长潜力。在浙江，探索构建了村民互助互利、自我管理、自我约束、合作共赢的区域金融服务自治模式，并以此为杠杆，撬动了村集体、农户个人存款以及投资理财、消费、缴费等一系列的中间业务发展。在福建，以共建村信用体系建设为突破，有效缓解农民融资担保难问题，提高“三农”业务规模化、批量化运作效率，实现了面向“三农”与商业运作的有机结合。

二、农业银行服务“三农”的实际效果

农业银行围绕服务“三农”改革创新的积极实践，一方面极大地提高了农行自身“三农”金融综合服务能力，另一方面也为农村金融服务的持续改善、现代农村金融制度的加快形成做出了应有贡献，为“三农”和县域经济发展壮大提供了重要支撑。

（一）支农力度不断加强

农业银行通过单独下达涉农信贷计划、建立“三农”专门审查审批通道、匹配战略费用等措施，多管齐下保障涉农信贷投放，“三农”贷款总量持续增长。到 2013 年末，农业银行涉农贷款余额 2.14 万亿元，比 2009 年末增加 9306 亿元，累计增长 77%，增幅高于全行各项贷款 17 个百分点，持续满足“增幅不低于全行、增

量不低于上年同期”的监管要求。县域贷款余额 2.35 万亿元，比 2009 年末增加 1.15 万亿元，累计增长 97%，增幅高于全行各项贷款 30 个百分点。按人行涉农统计口径，农户贷款余额 4924.28 亿元，是 2009 年的 2.41 倍。近年来，农业银行县域新增贷存比持续高于 50%，基本实现了县域资金“取之于农、用之于农”。

（二）服务覆盖面持续扩大

一是物理网点总量稳定。农业银行是唯一一家在全国所有县市设有分支机构的商业银行。在相当部分高寒、边境等自然条件恶劣地区，农业银行更是成为当地仅有的金融机构，担当着金融戍边、金融支农的社会责任。到 2013 年末，农业银行县域机构数量达到 1.27 万个，其中边境线 2 公里以内的网点 105 个，海拔 3000 米以上网点 514 家。二是农村广覆盖、多层次的服务渠道体系初步建立。到 2013 年末，农业银行共发放惠农卡 1.35 亿张，覆盖超过 1 亿农户；通过惠农卡办理金融交易 1.1 亿笔、金额 1.2 万亿元。在 1.27 万个县域机构基础上，设立“金穗惠农通”服务点 58 万个，布放电子机具 115 万台，覆盖 68% 的行政村，全行电子渠道分流率从 2010 年的 50.2% 上升到 75.6%。其中江苏、辽宁行政村覆盖率达到 100%，湖北、重庆、湖南、浙江 4 省行政村覆盖率超过 90%。三是涉农代理项目不断增加。依托惠农卡和遍布城乡的服务渠道，积极代理新农保、新农合、财政直补及各种公用事业代理项目，让国家的各种惠农资金能够安全发放到农民手中。到 2013 年末，通过“金穗惠农通”工程，代理新农保、新农合项目 1567 个，覆盖了全国 55% 的农业县；代理涉农财政补贴、农村公用事业缴费等其他涉农代理项目 2479 个。累计归集代理项目资金 3119 亿元，累计发放资金 2729 亿元。

（三）服务能力有效增强

一是服务对象多元化。农业银行服务对象覆盖农村金融市场的各种需求主体，既涵盖重点建设项目、涉农龙头企业、各类园区等大中型客户，又着力做好小微企业、农户金融服务，并积极为专业种养大户、家庭农场、农民专业合作社等新型农业经营主体提供优质金融服务。到 2013 年末，农行对国家级、省级产业化龙头企业的服务覆盖率分别达到 81%、58%，继续保持金融服务龙头企业领军银行地位。支持各类农业集约经营和规模化发展主体达 170 万户，贷款余额超过 3000 亿元。二是服务手段多样化。针对企业金融需求，农行不仅提供传统信贷和结算服务，还积极引入网上银行、现金管理平台等先进技术，充分发挥旗下投行、租赁、保险等多元经营平台作用，为企业提供包括财务顾问、债券承销、国际贸易融资、租赁融资等现代金融服方案。三是服务产品体系化。农业银行以“金益农”品牌为依托，加快创新步伐，不断完善产品种类，构建了涵盖益千家、益新农、益企富、益商达、益农建、益新城、益民安、益融通 8 个系列 623 项产品的“三农”产品体系，其中“三农”专属产品总数达到 118 项，已经形成了门类比较齐全的“三农”产品品牌体系，涵盖了农村客户金融服务需求的方方面面。

（四）内部贡献明显提升

一是对全行整体较快发展的贡献明显。农业银行县域贷款连续 6 年平均增速高于全行 3 个百分点，县域存款 6 年来累计增幅高于全行 6 个百分点。“三农”和县域业务已成为全行保持持续快速发展的重要增长极。二是对巩固农业银行市场地位贡献明显。2013 年末，农业银行的存、贷款在四大国有银行的份额分别为 24.23%、21.67%，但在县域地区，农行的占比分别为 39.45% 和 30.46%，分别比全行高 15.22、8.79 个百分点，“三农”和县域业务发展对全行市场份额的支撑作用十分明显。三是对平缓全行业务波动幅度的贡献明显。县域产行业结构以实体制造业为主，虚拟经济、新兴行业占比不高，且涉农产业具有明显的弱经济周期特点，再加上利率市场化程度相对较低，“三农”和县域业务发展具有波动小、增长平稳的特点，能够持续稳定地为全行贡献业绩。

（五）经营品质持续提升

“三农”和县域业务资产质量和财务可持续性显著改善，可概括为“三升两降”。“三升”：与 2008 年相比，2013 年全行“三农”和县域业务总资产回报率由 0.57% 提升到 1.15%，价值创造能力大幅提升；拨备覆盖率由 58.20% 提升到 363%，抗风险能力大大增强；与 2010 年相比，资本回报率由 19.60% 提升到 25.61%，呈现出较强的财务可持续性。“两降”：与 2008 年相比，2013 年“三农”和县域业务贷款不良贷款率由 5.51% 下降到 1.5%，资产质量明显改善；成本收入比由 58% 下降到 41%，“三农”金融服务成本得到较好控制。

（六）骨干作用显著增强

一是对小微金融机构经营管理起到良好示范作用。农业银行拥有资金、网络、专业和品牌等方面的系统优势，在多年的服务实践中一直是农村先进金融产品的设计者、推广者和农村金融层次提升的引导者，其他一些小微金融机构在产品、渠道、管理机制和服务模式等方面，纷纷仿效农业银行。如农行实施金穗惠农通工程以来，许多农村金融机构也推出类似的金融服务。二是对大型商业银行重返县域拓展业务起到了积极引领作用。农业银行在县域市场取得的突出业绩，既得到了市场和投资者的普遍认可，也吸引了过去曾经从县域市场脱身的一些大银行和股份制银行开始重返农村，共同支持农村金融体系建设和县域经济发展。三是对平抑农村金融价格起到了重要的导向作用。农业银行在服务“三农”过程中，主动减免弱势金融消费群体服务收费，从 2008 ~ 2013 年，农业银行共为弱势金融消费群体提供了各类优惠累计约 80 亿元。同时，农行在农村贷款利率远低于其他农村金融机构和民间利率，在农村金融市场发挥了重要的“鲶鱼效应”，在平抑农村市场的整体贷款利率水平方面发挥了重要作用。

（七）社会形象明显改善

近年来，农业银行切实发挥在农村金融体系中的骨干支柱作用，真心实意服务“三农”，得到了社会各界的广泛肯定和赞誉。多家核心媒体多次报道了农行服务“三农”成效，引起众多正面反响。2010 年，农业银行服务“三农”的责任担当精神，被评为“新中国 60 年最具影响力十大企业精神”。中国人民银行问卷调查显示，地方政府、涉农企业和广大农民，对农行新时期服务“三农”工作满意度基本都在 80% 以上，最高达到 95%。农业银行品牌美誉度、企业软实力得到有效提升。

三、农业银行服务“三农”的经验及启示

实践证明，农业银行“三农”金融服务工作的战略方针和工作部署，符合国家要求，满足“三农”需要，契合农行实际。农业银行从多年来的探索和实践中，获得了以下几点经验和启示。

（一）必须坚持面向“三农”的战略导向

农业银行因“三农”而生，与“三农”共成长，服务“三农”和县域经济是农业银行改革发展的永恒主题。经过几年的实践探索，全行上下清醒地认识到，国家对农行资源和优惠政策的倾斜，投资者对农行差异化竞争优势的关注，社会各界对农行品牌形象的认知，广大客户对农行努力付出的认可，员工收入和工作环境的不断改善，都与农行服务“三农”的进展和效果息息相关。全行上下深刻领会到，坚持面向“三农”的市场定位，主动做好“三农”金融服务，是农业银行安身立命之本，是赶超先进同业的必由之路，是实现可持续发展的必然选择，是履行国家使命和自身改革发展的内在要求，必须坚持“一张蓝图绘到底”的战略定力，真心实意的服务“三农”。

（二）必须坚持“商业运作”的基本要求

农业银行曾在服务“三农”中背上过沉重的不良包袱，有着深刻的历史教训，产生这些问题的核心是没有按经济规律办事、没有遵循商业经营原则。新时期，农业银行始终坚持商业化服务“三农”的要求，始终坚持质量、速度、规模、效益的有机统一，始终坚持按照商业银行现代运作机理，稳健经营、可持续发展。实践证明，只要尊重农村金融的自身客观规律，找准新时期服务“三农”的重点和领域，通过科学合理的机制设计，通过调动广大员工特别是基层行员工服务“三农”的积极性、主动性和创造性，农业银行完全能够找到面向“三农”与商业运作的有机结合点，并能将潜在的优势转化为现实的服务能力，成为农村金融体系中的骨干和支柱。

（三）必须深化“客户为本”的经营理念

农业银行始终把服务好“三农”和县域客户、实现各方满意作为一切工作的出发点和落脚点。做好“三农”和县域金融服务，首先是要了解县域金融市场的特点，快速适应“三农”和县域客户金融需求的变化。农行基层员工通过深入田间地头，切实了解客户需求，急客户所急、想客户所想、解客户所难，发挥智慧和才干，不断提高金融服务“三农”和县域经济的能力，切实做好“三农”和县域金融服务工作。

（四）必须发挥城乡联动的独特优势

从自身经营特点来看，农业银行最大的优势和特色在于遍布城乡的网点网络，在于横跨城乡的经营体系。从外部环境来看，中央提出要加快推进城乡一体化，加速推动城乡要素市场的统一，引导土地、资本、劳动力等各种生产要素在城乡之间互通互动，城乡经济交流将更加频繁、市场主体关系将更加紧密。在这样的背景下，农业银行把实施城乡双轮驱动、推动城乡业务统筹发展作为战略核心，坚持“两手抓，两手都要硬”，一方面深耕“三农”和县域市场，进一步夯实传统优势；另一方面在客户信息、产品创新、资源分配、技术支持等方面，加强城乡沟通、密切城乡联动，为客户提供更好的服务体验，进一步提升农村金融服务水平。

（五）必须找准服务“三农”的目标定位

历史经验表明，任何一家农村金融机构都不可能“包打天下”。新时期，农行服务“三农”没有走过去铺摊设点、遍地开花的老路，而是紧扣“三农”和县域发展趋势，围绕国家强农、惠农、富农政策三条主线，立足自身资源禀赋和比较优势，细分市场、找准定位、突出重点，有所为有所不为。在业务重点上，围绕“四化同步”趋势，以现代农业、新型城镇化、县域实体经济和小微企业、商业金融扶贫、普惠金融等作为重点领域，加大支持力度。在客户重点上，按照大中选强、小中选优的原则，积极支持“三农”和县域内优质中高端法人客户以及组织化程度高、规模经营效益好的订单农户、产业链式农户、信用农户、规模经营农户等。在区域重点上，立足全国各地现实条件，赋予县域支行不同功能和定位，实施分类指导、差异化发展，支持东部发达地区行更好地发挥带头引领作用，鼓励中西部欠发达地区行加快发展。

（六）必须深化创新驱动的发展思路

改革创新是发展的不竭动力。“三农”领域广阔、情况复杂，无论是支持现代农业等“三农”重点领域发展，还是参与普惠金融等“三农”薄弱环节建设；无论是应对宏观经济“减速换挡”的严峻考验，还是抵抗互联网金融的强烈冲击，都没有可以照搬照抄的经验模式，没有可以执一御万的通用政策。只有持之以恒地开展理念创新、服务创新、产品创新、渠道创新、管理创新和科技创新，把国内外现代商业银行先进经验和我国农村实际有机结合起来，主动适应“三农”和县域经济社会变迁和客户需求变化，不断探索创新商业化服务“三农”有效模式，才能真正破解金融服务“三农”难题。

（七）必须严守风险控制的底线思维

由于城乡经济社会发展水平存在差异、农业生产对自然条件依赖较大等客观因素的存在，开展农村金融服务在风险控制上面临较大挑战。从农业银行多年实践来看，如果紧贴农村市场实际，再造一套适应面向“三农”需要的制度和流程，用恰当的准入标准识别风险，用市场化的定价覆盖风险，用严密的管理控制风险，用科学的技术预警风险，用有效的担保转移风险，用专门的拨备补偿风险，用及时的核销消化风险，农业银行完全能够实现风险可控下的可持续发展，完全能够找到一条有大型商业银行可持续服务“三农”的新路子。

（八）必须多方合作形成同向合力

“三农”金融服务工作是一项长期复杂的系统工程，仅靠一两家金融机构的力量难以推动农村金融面貌的整体改观。农业银行服务“三农”并非自弹自唱、包打天下，而是秉承打开行门干“三农”的思想，注重加强与政府、企业、金融同业的沟通合作，积极发挥自身网点网络、产品研发、支付结算、科技支撑等方面的优势，探索构建多方共赢的服务“三农”有效模式，不断提高“三农”金融服务覆盖面，不断优化金融生态环境，促进农村金融服务水平的整体提升。

第12章

十年改革　十年跨越

——山东省农村信用社联合社分报告

一、山东农村信用社发展现状

2003年8月，国务院作出深化农村信用社改革试点的决定，山东成为全国首批8个试点省份之一。2004年6月6日，山东省农村信用社联合社正式挂牌成立，开启了全省农村信用社改革发展的新征程，步入60多年历史上发展速度最快、效益最好、质量最高、风险最低、服务最佳的新时期，谱写了山东农信改革发展的新篇章。

（一）数字：见证辉煌

深化改革十年来，在党中央、国务院的亲切关怀下，在山东省委、省政府的坚强领导下，在中国人民银行、银监部门的指导监管下，在各级各有关方面关心支持下，省联社团结带领全省农村信用社抢抓机遇，锐意改革，开拓创新，加快发展，迅速扭转了被动局面，整体走上了持续健康发展的道路。农村信用社成为全省营业网点和从业人员最多、服务范围最广、资金规模最大的金融机构，是名副其实的服务“三农”和县域经济的金融主力军。截至2014年6月末，全省农村信用社各项存款余额12093亿元，是改革之初的7倍，成为省内首家存款超万亿元的金融机构；各项贷款余额8139亿元，是改革之初的5.8倍，存、贷款余额稳居省内银行业金融机构首位。2013年各项收入和利润分别达到860亿元和172亿元，分别是改革之初的9倍和172倍。消化历史包袱642亿元，不良贷款占比由34%下降到2.62%，低于全国农信系统平均水平。全省统算资本充足率由-8%提高到10.86%，拨备覆盖率达到179%。十年来，全省农村信用社累计上缴税金356.8亿元，2013年上缴税金92亿元，是改革之初的17倍。省联社先后荣获省委、省政府表彰的山东省改革开放30周年优秀企业、山东省金融创新奖、山东60年60品牌、省级文明单位等近百项荣誉称号。同时，涌现出一大批先模人物，全系统有500多名同志当选为县级以上党代表、人大代表和政协委员。《求是》杂志、国务院办公厅《政务情况交流》《人民日报》、中央电视台新闻联播、焦点访谈等多次报道山东省农村信用社改革发展和支农工作经验，产生了较大反响。在全国率先开办“齐鲁惠农一本通”、生源地助学贷款、农民自助服务终端、专业合作社贷款等一大批创新型农村金融产品，并在全国同行业推广。省委、省政府、中国人民银行和银监会领导多次做出重要批示，对全省农村信用社改革发展和服务“三农”工作取得的成就给予充分肯定和高度评价。

（二）改革：激发活力

省联社成立以来，把深化改革作为推动发展和化解风险的总抓手，坚持以改革促发展，走出了一条以改革推动业务发展、消化包袱、防范风险的持续健康发展之路。

1. 全面落实各类扶持政策

组织开展央行票据发行兑付工作，累计兑付资金131.86亿元；落实税收返还政策，各种税收减免、保值储蓄利息贴补及时足额到位。省联社积极协调地方政府出台税收减免等扶持政策，帮助农信社化解历史包袱，实现了轻装上阵。

2. 深化县域法人机构产权改革

2005年，完成了以县（市）为单位统一法人改革，完善了法人治理架构，明晰了产权关系，增强了经营活力。按照股份制银行化改革方向，积极推动符合条件的法人机构改制组建农村商业银行、农村合作银行。到2014年6月末，共组建农村商业银行45家、农村合作银行8家，银行类机构资产占比达到60%以上，组建数量居全国第4位。优先引入认同服务“三农”战略、追求长期投资价值的本地民营资本和当地农业产业化龙头企业、新型农村经营主体、农村种养大户投资入股，建立了多元化、本土化、民营化的股权结构。指导法人机构规范董事会、监事会和高管层运行规则，规范议事决策程序，强化产权对经营管理行为的有效约束，推动建立现代企业产权激励约束机制，为构建现代化一流金融机构奠定了坚实基础。

3. 健全完善“小法人、大平台”体制机制

省联社全面履行管理、指导、协调、服务职能，建立完善了以省联社为主体的行业管理体系，确定了“管方向、管制度、管风险、管案件、管高管、管考核”等履职重点，积极推进省联社职能转型，健全完善“小银行、大平台”“小法人、大系统”体制机制，逐步形成了“省级管理平台为县级法人提供服务、县级法人对接市场”战略协同格局，推动了全省农信社持续健康发展。

（三）支农：硕果累累

深化农村信用社改革以来，全省农村信用社立足农业大省实际，始终秉承服务“三农”经营宗旨，坚持“跟着农民走”“农民走到哪里，农信社服务就跟到哪里”。近 7 万名山东农信人以特有的质朴和坚韧，高擎服务“三农”和地方经济发展的大旗，全力支持新农村和新型城镇化建设，谱写了服务“三农”的壮美篇章。到 2014 年 6 月末，全省农信社涉农贷款余额达到 5859 亿元，占各项贷款余额的 72%，涉农贷款中农户贷款占比超过 80%，涉农贷款余额、增加额连续 9 年居全国同行业第一位。

1. 大力实施信用工程建设，有效提升“三农”贷款覆盖面，促进了农村金融生态环境建设

目前，全省共评定信用村 31955 个，信用户 650 万户，核发贷款证 342 万本，授信总额 2128 亿元。深入推进金融服务进村入社区、阳光信贷和富民惠农创新“三大工程”建设，开展了以送技术、送信息、送资金下乡为主要内容的“服务三农圆梦行动”，推出了农民住房、消费、创业等一系列信贷支农产品，有效满足了城乡居民金融服务需求。

2. 紧紧围绕“支农支小”市场定位，创新产品和担保方式，探索支持小微企业融资新途径，搭建了服务平台，提供了全方位金融服务

到 2014 年 6 月末，共扶持小微企业 3.8 万户，贷款余额 2989 亿元，占全省金融机构小微企业贷款的 40% 以上。

3. 支持现代农业发展，积极培育新型农业生产经营主体

重点加强对种养大户、家庭农场、农民专业合作社、产业化龙头企业的信贷扶持力度，实现了新型农业经营主体评级授信“全覆盖”。全省农信社共支持农民专业合作社 3.9 万个，支持农业龙头企业 2.3 万个，支持家庭农场 8400 家，为农村经济发展和农民增收做出积极贡献。

4. 大力支持“两区一圈一带”[①] 建设

围绕“两区一圈一带”等区域经济发展战略，全力助推地方经济发展，支持黄色经济区建设贷款余额 1296 亿元，支持蓝色经济区建设贷款余额 3478 亿元。

（四）服务：实现全覆盖

全省农村信用社以发展普惠金融为己任，深入开展农村地区支付结算畅通工程和社区金融服务建设，通过巩固物理网点、创新服务模式、不断延伸服务、布设自助设备等方式，逐步形成了以网点为支撑、以自助设备为辅助、以电子银行为延伸的农村金融服务体系，实现了农村地区金融服务“全覆盖”，让农民享受到与城里人一样的金融服务。

1. 积极推进网点转型

大力建设精品网点，全面启用新标识，网点形象焕然一新。在全国同行业率先启动规范化服务内训师队伍建设，提高了服务水平，让城乡客户享受到了贴心、温馨的服务。

---

① “两区”是指山东半岛蓝色经济区和黄河三角洲高效生态经济区（简称“蓝黄两区”）；“一圈”则是中部崛起“省会都市圈”。以突破济南为着力点，建设成带动辐射淄博、泰安、莱芜、德州、聊城、滨州的省会城市群经济圈，建设和完善一体化交通网络，壮大优势产业集群，放大产业集聚效应，扩大经济总体规模，促进中部地区加速崛起。“一带”则是西部经济隆起带，规划范围包括枣庄、济宁、临沂、德州、聊城、菏泽 6 市和泰安的宁阳县、东平县，共 60 个县（市、区），面积 67179 平方公里，人口 4481 万人，分别占全省的 42.8% 和 46.5%。

2009 年 12 月，国务院正式批复《黄河三角洲高效生态经济区发展规划》；2011 年 1 月，《山东半岛蓝色经济区发展规划》获国务院批复。2013 年 8 月山东省政府研究通过《省会城市群经济圈发展规划》和《西部经济隆起带发展规划》，标志着山东“一圈一带”区域发展战略正式启动，这样山东省 17 地市最终被分成 4 个区域经济战略。

2. 完善支付结算服务体系

建立了以大小额支付、银联、农信银系统为主体，以财政涉农补贴、农民工银行卡特色取款、电子汇票等为辅助的遍布城乡、连通全国、便捷高效、安全畅通的支付结算服务体系。目前，全省行内汇划、大小额支付、农信银系统覆盖率分别达到 84%、67% 和 93%。加快银行卡发展，到 2014 年 6 月末，银行卡发卡量达到 4350 万张。

3. 大力推广电子机具服务

在全国首创农民自助服务终端（农金通），大力布设各类电子机具，有效填补了农村金融服务"空白"。与财政、供电、供水、移动、联通、广电、保险公司等合作，将社保卡实现代付政府各类补贴、代收电费、水费等公共服务功能，实现了社会服务、金融应用"一卡通"，搭建起了"足不出户可缴费、身不出村存取款，田间地头能转账，农村支付环境大变样"的现代金融服务模式，真正打通了农村金融服务"最后一公里"。到 2014 年 6 月末，全省共布设农民自助服务终端 1.63 万台，自助设备 8700 台，银联 POS 机、农汇通（电话 POS 机）、农商通（信息机）等各类机具 27.1 万台，电子机具行政村覆盖率 99.4%，实现了"镇乡有网点、村村有服务、电子机具村村通、家家用上银行卡"的目标。

4. 创新社区金融服务模式

根据农村、城区、城乡结合部等不同地理区域，建立了分层次、多模式的社区金融服务网络。在规模大的城市社区、聚合型农村社区及工矿企业生活区、商贸物流区等设立一批社区银行网点模式的金融便利店，提供"您下班，我营业"人工错时服务、自助服务及其他便民增值服务。在人员流动量大、持卡比例高的社区，建设一批自助银行模式的金融便利店，提供自助服务，通过布放远程虚拟柜员机（VTM）等，提供 24 小时智能化服务。在行政村或小型农村社区，主要通过银村共建，布放农金通、农汇通、网上银行（电脑）、移动银行（手机、IPAD）等电子机具或智能产品，建设规范化、标杆化的农村金融服务点，为农村居民提供各类自助性的基础金融服务，增强了支农服务功能。鼓励具备条件的法人机构发起设立村镇银行，着力打造特色化社区银行，丰富社区金融服务产品，有效提高了农信社在农村市场上的竞争力。

（五）创新：提供金融大餐

省联社不断完善产品创新体制机制，构建了“多层次、多种类、个性化、特色化”产品新体系，满足了客户多元化金融服务需求。

1. 特色产品“一枝独秀”

在全国率先开办“齐鲁惠农一本通”，将37项涉农补贴及时、足额发放到农民手中。免费开立存折户2000万本，业务量超过一亿户次。在全国率先开办生源地国家助学贷款，累计发放助学贷款16亿元，19.5万名贫困学子圆了大学梦。

2. 信贷产品琳琅满目

推出了农民工返乡创业贷款、农村青年、农村妇女创业小额贷款、出国劳务贷款等一系列贷款产品，开展了农村土地承包经营权、宅基地、农房等抵（质）押贷款业务，涉农金融产品和特色服务40余项，有效缓解了农民贷款难问题。

3. 新兴业务“百花齐放”

推出了“泰山如意”银行卡品牌、齐鲁乡情卡、锦绣前程卡、金融IC卡、福农卡、社保卡、VIP卡、生肖卡、淘宝联名卡等10多类卡种。国际业务从无到有，不断发展。推出了富民理财、贵金属等理财系列产品。

4. 电子银行产品“花样繁多”

推出了网上银行、手机银行、电话银行、互联网支付、客户服务中心5大类20多种电子银行产品，构建了集个人网银、企业网银、手机银行、电话银行于一体的综合性电子银行渠道服务平台。

二、山东农信系统服务“三农”的探索与实践

十年来，山东省农村信用社牢固树立“面向三农、面向社区、面向小微企业、面向县域经济”市场定位，积极探索完善服务“三农”工作机制，创新信贷服务产品，加大信贷支农支小力度，为地方经济发展做出了积极贡献。

（一）全力支持“三农”金融服务

1. 深入开展“三大工程”建设

从2012年开始启动实施金融服务进村入社区、阳光信贷和富民惠农创新“三大

工程”建设，完善贷款流程，建立起农民贷款的“绿色通道”。大力开展信用工程建设，对有贷款需求和有潜在贷款需求的农户评级、授信、建档，进一步提高集中评定质量，有效满足了农户合理资金需求；将阳光信贷工程的内容落到实处，进一步优化信贷流程、简化操作、公开贷款条件，提高贷款的便利性，真正做到了富民惠农。

2. 加大涉农贷款投放力度

省联社将涉农贷款增幅不得低于各项贷款平均增幅纳入对各法人机构的综合考评，对涉农贷款增长情况定期分析。指导辖内法人机构深耕涉农市场，充分挖掘潜力，加大涉农信贷投放，完成了涉农贷款“两个不低于”目标。到 2014 年 6 月末，全省涉农贷款余额 5859 亿元，较年初增长 510. 3 亿元，同比多增 70 亿元；增幅 9. 5%，较各项贷款增幅高 1. 24 个百分点，涉农贷款新增占比 82. 1%。

3. 大力支持现代农业

明确重点支持方向，支持农业产业化龙头企业、农民专业合作社、家庭农场和种养大户等农业产业化经济组织，扶持一批素质高、发展快、带动能力强的新型生产经营主体，推进产业升级，帮助农民增收致富。目前，全省农信社支持农民专业合作社 3. 9 万个，农民专业合作社贷款余额 389 亿元；支持农业龙头企业 2. 3 万个，贷款余额 681 亿元；支持家庭农场 8400 家，累计发放贷款 17 亿元，为农村经济发展和农民增收做出积极贡献。

4. 全力支持城镇化建设

根据当地发展特点和目标，有序推进城镇化建设，选择已初具规模，潜力大、前景好、条件优的城镇，作为信贷支持重点。重点支持范围包括：农民住房集中改造及社区功能性设施开发项目，城镇交通、通讯、传媒基础设施建设项目，节水、节能及清洁能源推广项目，绿化、美化及自然生态系统营造项目，教育、医疗保健、文化等公用设施项目等改造项目，取得了良好效果。

（二）发挥支持中小企业金融主力军作用

1. 明确重点中小企业的市场定位

在坚持满足“三农”资金需求的同时，将开展中小企业信贷业务作为工作重心，优化信贷结构。针对中小企业发展遇到的新情况、新问题，组织召开金融支持中小企业专题座谈会。省联社明确将中小企业户数不低于上年、增幅不低于各项贷款平均增幅的“两个不低于”纳入法人机构综合考评，指导各法人机构创新服务模式，加大对中小企业信贷支持力度。2014 年 6 月末，中小企业贷款余额达到 2989 亿元，较年初增长 439.6 亿元，同比多增 125.7 亿元；增幅 12.3%，较各项贷款平均增幅高 5.9 个百分点；中小企业贷款户数 3.6 万户，较年初增加 1500 户。

2. 推出适合中小企业特点的业务品种

为解决中小企业贷款难问题，省联社每年组织各级信用社对中小企业进行入户调查，全面掌握中小企业贷款资金需求、贷款时间、期限需求和客户投资意愿等情况，为中小企业信贷支持工作奠定基础。为解决小微企业缺乏抵质押物的问题，在全省开展了小微企业信用联盟贷款业务；推出了一次签订合同，在合同期内周转使用的小微企业“分还续贷”贷款；创新推广了仓单质押、第三方监管动产质押、应收账款质押、海域使用权抵押、林权抵押、知识产权质押、股权质押等多种贷款品种，有效满足了客户需求。目前，全省共发放第三方监管动产质押贷款 1107 笔，金额 57.58 亿元，担保公司担保贷款 8965 笔，贷款融资 101.9 亿元，有效缓解了担保难问题。

3. 提供多样化金融服务

充分发挥点多面广、灵活多变的优势，加强协调沟通，为小微企业搭建服务桥梁，真正成为小微企业发展的助推器。一是组织开展小微企业金融服务宣传活动，全面介绍农村信用社的金融服务产品和政策，获得社会各界广泛认可。2013 年以来，全省共有 2610 家营业网点参与了小微企业宣传活动，179 个政府部门参与，86 家媒体进行了专题宣传，举行宣传活动 693 场，参与人数 49353 人次，共发放宣传品 304423 件，摆放宣传展板 1624 块，悬挂条幅、标语 3552 条。二是推广山东省银行业金融服务平台系统，为小微企业提供多种金融产品和在线金融服务，实现银企在线交流，有效提高了融资效率。三是组织开展银企签约活动，采取现场营销和推介会等方式，向小微企业面对面介绍金融产品，增强客户对农村信用社的了解，方便与客户直接对接。2014 年以来，累计开展推介会 200 余场，吸引全省各地小微企业广泛参与，收到了良好效果。

（三）创新农村金融产品和服务

省联社成立以来，全省农村信用社以“转方式、调结构”为契机，以金融服务网点为延伸，以电子机具布放为手段，大力推进普惠金融，有效提高了农村金融服务水平。

1. 研发推广农金通——农民金融自助服务终端

2009 年，省联社加强科技创新，指导济宁办事处成功研发了农金通——农民金融自助服务终端，具有小额现金存取、转账、定活期互转、账户余额及交易明细查询、自助缴费、口头挂失、存折补登、密码更改、公共信息发布等多项业务功能，主要面向广大农村居民，适用于山东省农村信用社定活一本通存折和银行卡。截至 2014 年 6 月末，全省农村信用社共布放农金通 1.63 万台。农金通的研发和推广，创新了全省农村信用社支农金融服务模式，畅通了农村支付结算渠道，有效满足了广大农村居民存取小额现金、领取各类惠农补贴、支取新农保资金等基础金融服务需求，使农村居民足不出村就能够享受了安全、便捷、高效的现代金融服务，不仅更好地落实了国家支农惠农政策，也有效提升了农村金融服务水平。2011 年，农金通项目先后获得中国银监会“最佳金融营销产品创新奖”、中国银行业协会“服务小企业及三农十佳特优金融产品”和山东省企业联合会“山东省企业管理现代化创新成果一等奖”等荣誉称号，2012 年农金通项目荣获国家级企业管理现代化创新成果奖。

2. 加快银行卡推广与电子机具布放

2011 年，省联社明确提出了“电子机具村村通、家家用上银行卡”的目标，省联社加大银行卡创新力度，不断丰富银行卡品种，面向农村居民推出了“存贷合一”福农卡，指导各法人机构银行卡推广应用力度。截至 2014 年 6 月末，累计发放福农卡 1.4 万张，授信余额 25.65 亿元。另一方面，加强农村金融基础设施建设，加大 ATM、CRS、农金通、POS 等各类金融电子机具的布放力度，不断优化农村支付环境，实现了全省电子机具“村村通”。

3. 创新流动金融服务方式

2013 年，省联社指导各级农村信用社加大金融产品和服务方式创新力度，创新便民服务方式，积极开展流动金融服务，延伸了农村信用社服务半径。指导济宁办事处研发了移动柜员机（MTM），在营业网点以外实现移动办公、客户影像信息采集及现场传输、业务宣传及无需主管授权的网银签约、发卡业务功能。截至 2014 年 6 月末，已部署移动柜员机（MTM）21 台，在多家法人机构试点运行。指导临沂办事处引进汽车流动银行，将配置营业柜台和 ATM 自动取款机的专用车辆灵活部署到乡村、集市、社区、企业等地点，办理银行卡开立、电子银行签约、银行卡激活、客户信息采集等金融业务。2013 年 9 月，兰山合行汽车流动银行服务首次在临沂市兰山区义堂镇大芝房村成功拉开帷幕。目前，已购置车辆 5 辆，开展流动服务数百次，为当地村民、中小企业员工提供了零距离的贴心金融服务。

（四）积极探索社区金融服务新领域

为全面推动金融服务与社区发展深度融合，进一步发挥农村金融主力军和联系农民最好的金融纽带作用，再造发展新优势，提升核心竞争力，省联社积极探索社区金融服务新模式，打造山东农信“金纽带”社区金融服务品牌，在人口、经济等社会资源集聚的各类社区设立金融服务点和社区银行网点，借助现代网络技术，通过金融电子机具、电子银行和银行卡等手段，为辖内客户提供优质、安全、便捷的普惠金融服务和增值服务，有效满足了社区居民和小微企业金融服务需求，全面提升了核心竞争力。

1. 及时跟进做好选址布点工作

各法人机构主动与当地党委政府对接，全面了解中心镇、新型社区和居民小区等建设规划情况，统筹规划，合理摆布，及时调整优化网点布局，选择区位优势明显的社区新建金融服务点或社区银行网点，基本实现了金融服务“全覆盖”。

2. 严格规范社区金融建设标准

一是规范设立流程。社区银行准入遵循监管部门规定，履行行政审批或报备手续，实行持牌照经营；金融服务点按省联社农金员、农金通和银行卡助农取款业务有关规定设立。二是规范命名和形象标识。社区银行网点命名符合监管规定，省联社统一设计社区银行网点和金融服务点门店形象标识，统一加注“金纽带”字样，社区银行网点同时加注“金融便利店”字样；农金通服务点规范表述为“农村金融社区服务点”，农汇通服务点规范表述为“银行卡助农取款服务点”。三是规范运行机制。社区银行网点人员配置、服务范围、服务时间遵循监管部门和省联社规定；金融服务点布放统一的电子机具、悬挂标识牌匾、摆放宣传资料、张贴客户须知和风险提示；坚持便民服务，合理设置功能区域，完善便民服务设施，做到简约、便捷、灵活。

3. 积极拓宽服务渠道

同步加强物理网点、自助网点及电子银行渠道建设，丰富服务内涵。创新引进助农便民电子机具，加大自动柜员机、存取款一体机、网银自助终端、存折补登机、自助发卡机、现金高速收纳机等自助设备布放力度；配备固话、电脑、手机刷卡器、移动终端等电子银行服务设备；推广汽车银行、移动柜员机（MTM）等流动服务；加强电商服务平台建设和互联网金融研究；加快微信银行和短信银行、探索直销银行和网络银行等新兴渠道建设步伐。

4. 不断丰富服务功能

拓展第三方存管、贵金属销售、基金代销、保险代理、补贴发放、公共事业缴费等中间业务；提供信贷及银行卡咨询、客户营销、申请受理、自助还贷等服务；推广农产品在线批发、手机银行预约取款等特色电子金融服务；开展金融知识、安全常识等宣传与普及。提供各类公共服务，广泛布放“拉卡拉”“全民付”等终端和血压仪、身体测量仪、紧急医药箱、干洗衣物保管箱、24 小时快递自助派件箱及火车票自动售票机等，提高便民增值服务附加值。

5. 全面实施网格化营销

制定了客户网格化营销服务实施方案，建立社区、村居、商场、市场等联动的网格化营销管理模式，每个网格明确一名分支机构负责人，至少配备一名客户经理，将营销服务细化到个人，形成“辖区有网、网中有格、格中定人、人负其责”营销服务新格局，充分发挥网点、人员和信息等优势，加大客户营销力度，突出特色产品和服务，全面提升营销服务质量。

三、山东省联社支持与服务县级法人机构的主要做法

十年来，山东省联社认真落实科学发展观，坚持寓管理于服务之中，健全完善“小法人、大平台”体制机制，强化服务能力建设，搭建了行业引领、政策协调、科技服务、产品创新、风险防控、电子银行、审计监督、资金清算、队伍建设、企业文化 10 大服务平台，形成了“省联社提供中后台支撑服务、县域法人机构对接

市场”的战略协同格局，解决了县域法人机构自己“做不了”“做不好”的难题，实现了“低成本运营，高效率服务”，整合放大了农信社系统整体力量，为全省农信社改革发展提供了强有力的支撑和保障。

（一）积极发挥行业引领作用

省联社着眼长远发展，结合辖内实际，确立了创建一流金融机构的总体目标，不断探索实践、总结完善，形成了“一二三四六”目标思路，作为引领全省农信社改革发展的“灯塔”。按照银行化、股份制发展方向，指导推动辖内符合条件的县域法人机构组建农村商业银行、农村合作银行。截至 2014 年 9 月末，全省共组建农商行 47 家、农合行 7 家，已完成改制机构占比达到 53%，银行类机构数量居全国第 4 位。同时，指导法人机构完善法人治理，细化“三会一层”工作职责、议事程序，增强了县域法人机构市场竞争能力和独立发展能力。坚持服务“三农”市场定位不动摇，引导县域法人机构加大信贷支农力度，构建以社区金融为主体的农村金融服务网络，有效提升了农村金融服务水平。

（二）协调地方政府化解农信社风险

围绕化解历史包袱和经营风险，省联社充分发挥省级管理服务平台作用，督促指导县域法人机构落实国家扶持政策，兑现央行专项票据、税收减免政策；协调各级地方政府加大扶持力度，通过优质资产置换、抵债资产处置、现金购买、股东购买、税收优惠、利息补贴等多种方式，支持帮助农信社处置不良资产，使濒临破产、资不抵债的农信社逐步走上了健康发展的道路。2011 年以来，省联社连续开展了重点关注机构风险化解专项活动，成立督导工作小组，实行领导班子成员带队，指导帮助法人机构落实风险化解责任，加大清收处置力度，争取协调内外资源，有效化解了高风险机构的风险。十年来，全省农信社累计消化历史包袱 642 亿元，争取国家扶持政策和税收优惠资金 310.6 亿元，争取地方政府税收减免 155.3 亿元，各级地方政府帮助农信社处置不良资产 333.6 亿元。

（三）打造科技支撑服务平台

按照“科学性、系统性、前瞻性、适用性”原则，省联社大力实施科技引领战略，持续推进信息科技创新，实现了信息科技的专业化、精细化和规范化，构建了集传统业务与新兴业务于一体，业务范围覆盖同城、异地、跨行的全方位、多功能、全天候的科技综合服务平台。2009 年，新一代银行信息系统成功上线运行，实现了全省数据大集中，构建了以核心业务系统为中心、以总账系统等 23 个配套系统为外围的新一代银行信息系统，信息科技整体水平走在全国同行业前列。着眼打造业务科技联动的产品创新研发机制，2013 年 2 月省联社设立创新研发中心，建立全省统一的研发基地，畅通了产品需求反馈渠道，规范了研发流程，缩短了响应时间，提高了研发效率。与 IBM、惠普等世界知名 IT 企业签订战略框架合作协议，建立定期沟通机制，在科技发展规划、科技风险管理、灾备体系建设、科技人才培养等方面开展全方位合作，有效提高了研发能力，增强了科技发展后劲。十年来，全省农信社共研发推广 105 项（套）应用系统，涵盖业务、管理、服务、技术等各个领域；引进各类科技专业人才 500 多名，选拔培养专业创新人才 200 多名。

（四）不断丰富完善金融产品体系

紧跟市场变化，围绕客户需求，发挥省联社产品创新平台优势，持续推进金融产品创新，构建了“多层次、多种类、个性化、特色化”金融产品和服务体系。从农村客户需求日益多样化的实际出发，省联社把推进产品创新作为改进农村金融服务的切入点，有针对性地推出了存款、贷款、结算等一系列符合市场需求的特色产品。在全国同行业率先开办“齐鲁惠农一本通”、生源地助学贷款、农民自助服务终端、农户信用联盟、专业合作社贷款等一大批创新型农村金融产品，最大限度满足了客户服务需求。探索完善担保方式，稳步开展林权、海域水面使用权、农村土地使用权抵押等贷款业务，有效解决了农村融资难问题。加快银行卡产品创新，丰富完善了“泰山如意”银行卡产品体系，推出了福农卡、金融 IC 卡、公务卡、社保卡、联名卡、VIP 卡。搭建省市两级中间业务平台，推广非税收入、财税库银、银保通、保管箱等系统，实现了与财政、税务、电力、保险、烟草、电信、学校等行业深度合作，丰富了中间业务产品体系。

（五）构建健全完善的风险防控机制

省联社从强化内控管理入手，完善内部制约机制，加强制度建设，建立了覆盖全部金融产品、各岗位和环节、各业务条线和流程的全方位管理制度体系，累计出台信贷、财务、审计、合规等各类制度办法500多项，为业务发展和内部管理提供了制度保障。省联社定期下发各类风险提示，引导法人机构及时调整信贷结构，规避高风险行业和领域，有效防范了信贷风险。按照前、中、后台相分离的要求，优化信贷流程组织架构，在城区网点设立营销、审查、放款和贷款检查“四个中心”，在农村网点划片设立个人贷款审查中心，实现了贷款集中和专业化管理，完善了信贷风险管控机制。2007年，省联社设立合规部，印发合规风险管理指导意见、操作规程，健全完善了合规风险管理的职责、措施和保障机制，筑起了合规风险管理的“堤坝”。建立了涵盖操作、信贷、市场、利率定价等方面内容的风险防控系统，推广了业务异常运行风险预警、指纹识别、远程视频联网监控等系统，为风险防控提供了技术手段支持。创新完善信访工作机制，变“上访”为“下访”，认真开展矛盾纠纷排查和积案化解工作，及时妥善处理各种不稳定因素，为改革发展营造了良好外部环境。在省管企业中率先建立内部巡视制度，走出了一条适合形势需要和行业特点的巡视之路，在防控风险工作中发挥了重要作用。

（六）积极推动电子银行业务转型

省联社以互联网金融为突破口，加快电子银行渠道产品创新，先后推出了网上银行、手机银行、电话银行、互联网支付、客户服务中心等五大类20多种电子银行产品，实现了利用互联网、手机、POS设备等办理转账、贷款、支付、查询等传统业务，搭建了特色产品开发、宣传营销、客户挖掘与维护的电子银行综合金融服务平台，为广大客户提供了网上商城、手机购物、在线理财、积分消费、在线客服等新型网络服务体验，推动了传统业务向电子银行等新兴业务转型。持续完善省联社客户服务中心功能，不断拓宽服务领域，实现了客户投诉、专业咨询、便捷交易、低成本营销、客户关系维护等服务功能，改善了客户体验，推动了服务水平提高。

（七）着力加强行业审计体系建设

省联社高度重视内部审计工作，积极推进审计体系建设，不断完善工作措施，有效发挥了审计监督的“保驾护航”作用。省、市、县三级管理机构都设立独立的审计部门，形成了较为完善的内部审计系统。各法人机构均成立审计委员会，实行内审部门直接向理（董）事会报告制度，提高了内审监督的独立性与权威性。创新审计工作思路，实行审计项目“下管一级”备案制、审计人员“上挂顶岗”交流制。充分调动各级审计力量，省联社先后开展了新增贷款质量、财务管理、不良资产管理、客户经理接管审计、高管履职、信息科技等一批针对性强、影响面大、效果好的审计项目。省联社持续开展“飞行审计”，采取“不打招呼、现场翻查、吃住自理”等方式，利用 3 年时间将全省农信社营业网点审计一遍，加强了对重点机构、重点业务环节的监督，提高了审计监督的有效性，形成了打击违规行为的强大震慑力，遏制了基层网点操作风险突出的问题。

（八）有效提升资金清算服务能力

省联社不断完善资金清算服务功能，构建了以大额支付、小额支付、银联、农信银、网上银行、第三方支付等系统为主体的遍布城乡、连通全国、跨越时空、便捷高效、安全畅通的支付结算服务体系，彻底解决了农村信用社结算渠道不畅的问题。搭建了资金调剂服务平台，通过调出、调入方式为全省农信社提供系统内融资渠道，及时为资金富余机构调出临时性闲置资金，为资金短缺机构调入资金弥补缺口。十年来，累计为辖内法人机构调剂资金 8357 亿元，为经营困难法人机构提供低息帮扶资金 693 亿元，累计让利 6.4 亿元。

（九）持续加强人才队伍建设

省联社成立以来，扎实推进员工队伍建设，不断加强人才引进力度，建立完善员工退出机制，通过公开招聘、择优选拔大学生村官、引进专业技术人才、组织员工内退等方式，推动了员工队伍结构持续优化，输送了一大批“新鲜血液”，增强了员工队伍活力。建立了一套较为完善、符合农信社实际的高管人员选拔、培养和任用工作机制，对任职条件和标准进行严格界定，规范选聘程序，高管人员结构逐步优化，综合素质明显提高，形成了“有效储备，梯级递补”的良好用人格局和风气。实施“百千万人才工程”，强化全员培训，构建了省、市、县三级统筹、自主培训与外部培训相结合的培训机制，创新培训载体，拓宽培训渠道，全员综合素质和业务能力明显提高。通过公开招考方式，全省累计选拔应届大学毕业生 1.5 万人，择优录用大学生村官 233 人，组织员工内部退养 1.5 万人；全省法人机构高管人员本科以上学历人员占比超过 90%，全日制专科以上学历员工占比超过 35%。

（十）不断提升企业文化内涵

省联社积极培育“立足城乡，服务大众”核心价值观，坚持稳健经营、稳步发展和争创一流金融机构的核心理念，大力倡导“改革创新，团结实干，廉洁高效，争创一流”的农信精神，践行“爱岗、敬业、诚信、奉献”的职业道德，构建了广大员工普遍认同的企业文化体系。全面实施 CI 战略，在营业网点、户外广告、银行卡、网站、媒体宣传等方面推广全省统一的新形象标识。针对“三农”服务、个人金融、理财业务、电子银行、公司金融等业务，确定了“仁惠农”“义汇金”“礼财通”“智 e 通”“信成业”5 大产品品牌体系，推出了“泰山如意”银行卡、“金纽带”社区金融服务、齐鲁惠农一本通等一系列特色品牌。开展“送金融知识下乡”“服务三农圆梦行动”等一系列公益活动，提升了农信社品牌知名度和影响力。探索新形势下党建工作新思路，加强省联社对全系统党员干部的管理，发挥党委在队伍建设中的核心作用，正确处理法人机构法人治理与党建工作的关系，促进了农信社稳健发展。在全省农村信用社广泛开展“幸福之家”建设活动，稳步提高员工薪酬待遇，开展“五小”建设，完善救助帮扶体系，开展爱心救助活动，增强了员工的幸福感和归属感。

四、当前省级农信系统面临的新形势、新挑战

随着农村金融领域改革不断深入，农信社面临的经营环境正在发生深刻变革，传统的经营理念、发展思路已不适应改革发展的需要。从效果上看，农信社改革发展还是主要依赖传统的思维方式和管理模式，难以适应快速多变的农村经济发展要求，也难以满足客户日益多元化和个性化的服务需求。作为农村金融主力军，农信社必须重新审视自己的经营方式和管理模式，加快理念和业务创新，推进经营战略转型，才能在激烈的市场竞争中牢牢把握主动权，实现新的历史性跨越和新一轮全面提升。

（一）外部环境发生深刻变化

1. 经济转型将对农信社经营产生重大影响

随着国家加快推进“转方式，调结构”，经济结构调整步伐加快，长期赖以生存的规模扩张型发展模式逐步退出历史舞台，“两高一剩”行业不良贷款反弹压力增大，农信社面临的风险不断加剧，要求农信社在贷款集中度、客户行业结构、收入结构等方面及时优化调整。

2. 利率市场化进程悄然加快

贷款利率已经完全市场化，央行近期制定了存款利率市场化时间表，争取在未来两年内完成。存款利率市场化将会抬高银行吸收存款的成本，进一步收窄利差，直接影响银行的收益水平。农信社等中小金融机构在利率定价、成本管控、风险管理等方面存在差距，为了生存发展可能提高存款利率、降低贷款利率，将会对经营产生较大冲击。存款保险制度、金融企业破产退出等政策推出的预期，也会增加农信社的竞争压力。

3. 金融脱媒形成严峻挑战

近年来，票据、债券、基金、私募股权市场日趋活跃，直接融资规模和比重不断增加，逐步“蚕食”农信社的信贷市场份额，资本脱媒势不可挡。以第三方支付为代表的互联网金融，呈“井喷式”发展，对银行传统的支付中介、融资功能形成了较大威胁，技术脱媒“方兴未艾”。以“余额宝”为例，自 2013 年 6 月正式推出，到 2014 年 2 月仅 9 个月时间，客户数量就超过 8100 万户，吸引的资金规模超过 5000 亿元。

4. 农村金融市场竞争环境日趋激烈

原来国有大行退出形成的“一家独大”的经营优势正在逐步削弱，农行逐步“回归”农村金融市场、邮政储蓄重新布局农村金融、股份制及城市商业银行“下伸”，村镇银行、小贷公司、农村资金互助社遍地开花，竞争性的农村金融市场逐步形成，也将对农信社形成严峻挑战。

5. 监管要求日益严格

根据《巴塞尔协议Ⅲ》，银监会提出了比国际监管标准还要严格的资本充足及构成的要求，资本充足率、拨备覆盖率、贷款损失准备率等核心监管指标要求较高，无论是资本管理方面还是盈利能力方面，都会对农信社形成较大冲击。

（二）内部管理方面还存在一定差距

要在新的起点上实现跨越式发展，农信社必须正视当前和未来发展的隐忧，审视内部管理上存在的差距，着力加以改进和提高。

1. 风险管理水平有待进一步提高

从目前实际情况看，“重经营，轻管理”现象仍然存在，部分员工风险防控意识薄弱，风险管控没有贯穿到日常经营每个流程和环节；部分行业和领域不良贷款反弹压力大，清收压降效果难以保证；一些地方政府干预不同程度存在，追求政绩盲目上项目、搞形象工程；信贷队伍建设有待进一步加强，人员数量不足，并且缺乏必要的风险识别和风险防控能力。

2. 产品创新滞后于快速发展的业务需求

产品创新研发机制有待完善，效率有待进一步提高；适应客户复杂需求的组合产品和符合农村客户需求的独创型产品较少。

3. 执行力有待改善

省联社陆续出台了一系列战略规划、管理制度和办法，但部分县级法人机构缺乏将战略规划转变为可操作的工作计划、制度流程、绩效管理、资源配置等方案的实施能力，执行力还不高。

4. 精细化管理还有一定差距

部分单位和部门习惯于传统的粗放式管理，没有掌握精细化管理的精髓。在客户营销方面，缺乏对客户需求的全面深入研究，没有实现客户等级管理，实施精准营销难度较大。在绩效考核方面，对被考核对象细分不够，考核指标及权重有待完善，没有真正发挥“指挥棒”作用。

5. 人才队伍建设尚有差距

人才培养与储备滞后，薪酬激励遇到挑战。与其他股份制银行相比，农信社人员较多，人均产能被摊薄，没有彻底打破大锅饭，不利于吸引和留住人才。对员工关爱有缺失，基层一线员工工作时间过长、正常假期不能保证、心理负担重。

6. 信息科技供需矛盾突出

对新业务需求的响应速度较慢，科技研发力量、科技投入相对不足。科技管理还有一定差距，管理信息系统滞后的问题仍然存在。这些问题应引起各级高度重视，从战略层面统筹研究解决。

五、山东农信改革发展的启示

回顾山东省农信社十年改革发展历程，我们深深体会到，在没有相对成熟经验可供借鉴的情况下，农村信用社改革能够取得如此丰硕成果，确实来之不易，有许多经验值得系统总结和坚持发扬。主要有以下几条经验。

（一）省联社管理服务平台发挥了不可或缺的重要作用

深化农村信用社改革试点十年以来，按照国务院和省委、省政府工作部署，建立了以省联社为主体的行业管理体制，形成了“省级管理平台为县级法人提供服务、县级法人对接市场”的战略协同格局，省联社在行业引领、政策传导、业务指导、风险防控、队伍建设、科技支撑、服务保障等方面发挥了重要作用。“小法人，大平台”体制机制，符合我国以县域为基本经济单元的发展特点，有利于满足法人机构低成本运营、高效率服务和有效控制风险的客观需要。随着市场竞争形势日趋激烈，县级法人机构单体弱小、抗风险能力差的弊端日益显现，风险防控面临的压力越来越大。在目前县级法人机构法人治理机制尚不完善的情况下，片面追求法人单位自主管理，有可能导致管理上的混乱，引发风险，有效的行业管理是实现这种机制的最佳路径。在当前形势下，无论怎么改革，省联社管理服务平台职能不仅不能削弱，还应进一步强化和完善。

（二）支农方向和市场定位不能变

农信社因农而生，根基在农村，服务“三农”是农信社的生存之本、立社之基、发展之源。无论如何改革，农信社服务“三农”宗旨不能变，支农方向不能变，市场定位不能变，品牌优势不能丢。农信社应大力支农支小，支持实体经济，服务县域经济发展，主动把自身改革发展融入到农村经济社会发展大潮中去，才能在激烈市场竞争中赢得主动权，立于不败之地。

（三）必须保持全省农信社体系的完整性

实践证明，2003 年国务院作出的深化农村信用社改革的决策部署是完全正确的，是符合山东实际的，以省联社为主体的行业管理体制已经完全融入全省农信社系统，成为不可分割、不可或缺的重要组成部分。共同的历史渊源、共同的市场定位、共同的文化理念、共同的品牌和服务体系、共同的机遇挑战、共同的发展目标，决定了全省农信社是一个密不可分的整体。只有保持体系的完整和稳定，才能保证全省农信社不走弯路，不走回头路，稳健可持续发展。

（四）选择一条适合自身实际的科学发展道路至关重要

十年来，省联社逐步探索完善和总结经验，形成了“一二三四六”的发展目标和工作思路，即以“创建一流金融机构”为目标，坚持稳健经营、稳步发展经营理念，坚持“风险防范优先，注重经济效益，持续协调发展”原则，坚持“面向三农，面向社区，面向中小企业，面向县域经济”市场定位，注重“信用工程建设、制度规范建设、电子网络建设、督查体系建设、员工队伍建设、企业文化建设”，走出了一条具有山东农信特色的发展之路，保证了正确的发展方向，促进了全省农信社持续健康发展。

（五）不断提升履职和服务能力是农信社健康发展的关键

十年来，省联社适应深化改革和形势发展的需要，根据外部经营环境发展变化和辖内法人机构的服务需求，勇于创新，与时俱进，及时调整发展策略、工作重点和安排部署，有效提升了履职服务能力。省联社成立之初，根据辖内法人机构经营包袱较重、发展能力薄弱的实际情况，采取央行票据置换、争取地方政府扶持、优质资产置换、加大清收盘活力度等措施化解风险，实现了整体扭亏为盈，促使农信社走上了健康发展的道路。在农信社发展逐步走向正规以后，省联社适应产权改革和地方经济发展的需要，指导辖内符合条件的法人机构组建农村商业银行，完善法人治理机制，明晰“三会一层”职责，加快向现代一流金融机构迈进。对城乡一体化程度较高的沿海发达地区市驻地农信社机构进行整合改制，组建青岛、烟台、威海、潍坊、枣庄 5 家城区农商行，增强了城区农信社抗风险能力和自我发展能力，为农信社未来改革积累了经验。根据辖内法人机构服务需求，搭建了全省统一的科技网络体系、支付结算体系、产品研发体系、电子银行体系、员工培训体系、制度规范体系和风险防控体系，明确了全省农信社共同的市场定位、企业文化和品牌形象，增强了省联社行业引领力、凝聚力，提高了对社员单位的服务能力。

六、展望未来

站在又一个十年新的起点上，山东省农信社应进一步明确改革发展方向和奋斗目标，重点抓好以下几项工作。

（一）积极推进省联社职能转型

随着改革的深入推进，对省联社履职提出了新要求，推进职能转型成为大势所趋。银监会总的要求是“淡出行政管理、强化服务职能”。淡出行政管理，应该不是不管，是要权衡利害关系，分清轻重缓急，有重点的管、有差别的管，管好方向、管好风险、管好制度、管好服务，逐步减少审批、备查等事前管理，加强审计等中后台管理，做到管放有序，为法人机构健康发展营造良好环境。同时，不断完善行业审计体系建设，积极稳妥推进办事处改制区域审计中心，争取 2016 年完成辖内 14 家办事处改制审计中心工作，到 2018 年末全面建成体系完善、定位明确、职责清晰、运行高效的全省农信社行业审计体系。总的思路是：统筹考虑辖内法人机构的风险状况、管理水平、银行化改革进度等情况，按照因地制宜、分类实施、积极稳妥的原则，有计划、有步骤地有序推进。根据城区整合推进情况，将部分办事处并入整合后的农商行，剩余的可以组建几个区域审计中心，由省联社统一管理。

（二）稳步推进银行化改革

坚持稳定县域法人地位不动摇和股份制改革方向，稳步推动符合条件的农村信用社组建农村商业银行。省联社已制定了银行化改革发展规划，争取到 2016 年末完成辖内法人机构组建农商行工作。组建农商行，不是简单的翻牌改制，更重要的是把主要精力放到完善法人治理结构、转变体制机制、完善业务流程等方面，加快建立现代金融企业制度，向充满竞争活力、具有较强成长性的现代一流金融机构迈进。

（三）保持行业体系的完整性

深化农村信用社改革，保持行业体系完整是一个基本前提。从市场化角度看，应做到“四个统一”。建立统一的形象标识，不断提高形象标识的系统化、规范化和标准化，形成统一的社会认知。省联社已完成全省统一形象标识的设计工作，逐步在营业网点、户外广告和银行卡等产品界面全面推广使用。建立统一的服务品牌，逐步构建客户选择、公众熟悉、政府关注、行业认可的服务体系，不断增强市场竞争能力。建立统一的制度体系。针对信贷管理、财务管理、内控管理等重点领域，建立完善统一的业务操作流程和规章制度，不断加强内控管理，使每一名员工都按照制度办事，有效防控操作风险。建立统一的信息科技平台，逐步实现数据、业务、管理和渠道的大集中，为辖内法人机构提供系统的产品研发、科技支撑、资金清算、电子银行、员工培训等服务，推动业务健康发展，全面提升管理水平，不断增强法人机构的市场竞争力。

（四）全面提升服务“三农”能力

农村信用社根基在农村，网点在农村，客户在农村，做好农村金融服务是农信社的神圣使命。省联社提出了“跟着农民走”的工作思路，做到农民走到哪里、服务就延伸到哪里，农民需要什么样的服务、我们就提供什么样的服务，同时不断创新推出新产品、新服务，引领农民使用现代金融工具，享受现代金融消费服务。在今后工作中，我们将着力推进“两个全覆盖”，推进网点和服务的地域“全覆盖”，加强与地方政府的对接，及时掌握中心城镇、新型社区的建设规划，探索新型社区金融服务方式，加快设立金融便利店和社区银行网点，加大“农金通”等电子机具布放力度，逐步构建“便民惠民、服务快捷、功能齐全、风险可控”的社区金融服务网络。积极推进新型农业经营主体信用评级、授信、支付结算综合服务“全覆盖”。将家庭农场、种粮大户、农民专业合作社、农业产业化龙头企业等新型经营主体全部纳入信用工程覆盖范围，确保涉农贷款、小微企业贷款均实现“两个不低于”目标，有效满足农村经济社会发展需要。

（五）坚持和完善“小法人，大平台”体制机制

省联社应持续强化完善服务职能，搭建统一的省联社管理服务平台，进一步健全完善“小银行，大系统”“小法人，大平台”体制机制，充分发挥县域法人机构贴近市场、反应敏捷、决策迅速的独特优势，使其在县域农村金融市场竞争中抢占先机，不断完善和增强省联社管理服务平台的服务能力，集中力量、整合资源办大事、办难事，克服“小法人”势单力薄的劣势，进行系统整合、科技攻关、产品研发、制度建设、品牌宣传、人才培训等，通过加强行业管理、行业自律有效减少和防止内部人控制，减少和防止外部因素的不当干预，有效防范系统性风险、道德风险和体制风险。

（六）探索构建以产权为连接、以资本为纽带的新型管理体制

随着山东省农信社产权改革不断深入，经省政府授权的行业管理模式由于缺乏实际产权，已越来越不能适应形势发展的要求。面对新形势，为现有行业管理体制增加实际产权，构建新型组织体系和运行机制，逐步变行业管理为产权管理，是有效解决县域法人规模小、应对激烈市场竞争、提高整体竞争力、实现“抱团发展”的现实选择；从长远看，也是解决行业管理与产权基础不相适应问题的根本举措。构建以产权为连接、以资本为纽带的新型组织体系和运行机制，能更好地适应农商行以县域为基本经济单元的发展特点，充分利用省联社“管理服务平台”作用，更好地支持县域法人低成本运营、高效率服务和有效控制风险。在具体运营模式上，可以探讨将省联社改制成为金融控股公司，金融控股公司持股辖内市级农商行和业务规模较大、实力较强的农商行，再由已持股农商行参控股辖内县级农商行，构建行业管理的产权基础。

改革未有穷期，发展永无止境。山东农信将深入贯彻落实党的十八大、十八届三中全会精神，在省委、省政府的坚强领导下，紧紧围绕“一二三四六”目标思路，以加快转型发展为主线，以提升质量效益为中心，进一步解放思想，开拓奋进，抢抓机遇，乘势而上，坚定不移地走具有山东农信特色的科学发展之路，为全省经济社会发展和新农村建设做出新的更大贡献。

附件

推广信用工程建设　提升支农服务水平

一、信用工程建设的发展历程

2004 年省联社成立后，着手推行信用工程建设，先后经历了三个阶段。

（一）探索试点阶段

2005 年省联社下发了《关于加强全省农村信用社信用工程建设的意见》（鲁农信联［2005］120 号文），信用工程建设全面启动。省联社制定下发了农户贷款暂行办法和个体工商户贷款暂行办法，配套出台了农户贷款操作规程和个体工商户贷款操作规程。经过第一阶段发展，在全省范围内初步构建起信用工程建设体系，开始运用社会力量完成对社会的服务，信用工程建设取得较好成效。但在面上还不够规范，部分县级法人机构还停留在搞“样板社”层面。

（二）推广完善阶段

各县级法人机构深入扎实开展农村信用工程建设，明确了信用工程建设和信贷支农工作目标，完善了评定程序和操作方法。对评定的信用户，根据不同信用等级，分别核定相应授信额度，实行贷款利率优惠政策。对信用村和信用乡镇实行信贷资金优先安排，调动了各方参与信用工程建设的积极性，营造了诚实、规范、守信的信用环境。全面推行贷款证贷款和贷款上柜台，新增农户贷款全部使用贷款证办理。第二阶段，重点解决了各地对信用工程建设的态度问题，着重总结经验，逐渐将信用工程建设深入到信贷工作各业务条线，对违规问题和虚假问题进行了集中整治，为信用工程全面推广奠定了坚实基础。经过前两个阶段，山东省农信社基本探索出一套流程科学、管理严密的信用工程建设评定模式，在实践中不断完善，满足了不同经济基础、不同信用环境、不同生产方式下的农户信贷需求。

（三）精细化管理阶段

2009 年 11 月，省联社对支农业务流程进行再造、依托信用工程建设实行评级授信卡制度，改变过去只对提出贷款申请的农户进行评级授信为对全部符合条件的农户进行评级授信（或预评级授信）。2010 年，省联社在全省农信社推广新的业务流程，实施“双覆盖”工程，率先实现了真正意义上的农户信用评定和贷款需求

"全覆盖"，信用工程建设进入成熟期。目前，各机构依托信用工程建设的评级档案，根据分级情况在检查频率、授权、绩效考核等方面实行差别化管理，进一步提升了信贷支农的制度化、精细化和规范化服务水平。

二、信用工程建设的特点

（一）以支持涉农企业为抓手，带动"三农"发展

坚持把资金优先向从事绿色、环保、可持续发展的产业及项目倾斜，为广大农民群众搭建致富平台。

（二）以创建信用村（镇）为依托，营造信用环境

在宣传工作上，各级信用社深入村镇广泛开展宣传工作，在村镇路口等显著位置刷写宣传"信用工程"墙体标语，开辟"信用工程"宣传专栏，指定专人，定期更换宣传内容，让村民熟知信用工程开展评定情况。成立了"信用村管理委员会"，有固定的活动场所，建立了明确的书面制度，"信用村管理委员会"有定期活动记录。在评定程序上，省联社要求各级高度重视信用村及信用工程建设，均以正式文件下发"农村信用工程建设领导小组"，明确了具体职责。通过走访农户、实地查看、审查调查表反映，提出初评意见。法人机构组织人员按照省级信用村标准层层认定。在优惠政策上，坚持利率优惠、资金优先，确保农户小额信用贷款足额发放。

（三）以评级授信为载体，引领农民参与

信用户评定工作具有"覆盖面广、层次多"的特点，在开展评定工作过程中，省联社要求各级信用社把好两道"关口"。一是把好评级关。办理农户小额信用贷款时，采取"一次核定、随用随贷、周转使用、余额控制"管理模式，深入到全县各个自然村，进行评级授信。制定了聘用农民客户经理的管理办法，从村里以及企业选择威信高、文化水平高的"两高"人员担任农民客户经理，在辖内信用社指导下，对本村农户及企业进行评级。二是把好授信关。在严格条件和认真评级基础上，根据农户的经济状况、经济收入和资信程度，科学合理确定农户小额贷款的授信额度，确保了信用工程建设顺利实施。

三、取得的主要成效

通过开展信用工程建设，信用社市场竞争力明显增强，各项业务步入了高速发展的"快车道"。截至 2014 年 6 月末，山东省农村信用社各项存款余额达到

12093亿元，比年初增加1196亿元，增幅10.98%，市场占有率达17.4%；各项贷款余额8139亿元，比年初增加621.3亿元，增幅12.73%，市场占有率达到16.3%，新增贷款市场份额17.23%，存贷款余额连续十年稳居全省各家金融机构首位。实施信用工程“全覆盖”，不仅促进了信用社各项业务发展，也带动了“三农”发展壮大。

（一）促进了农民增收和农村经济的发展

十年来，农村信用社贷款增长幅度一直高于农业总产值增长幅度。在“农村文明信用工程”实施过程中，农村信用社坚持按承诺的优惠条件、额度、时限向文明信用户、企业和工商户提供贷款，为农民解决了急需资金，增加了农民收入，也为增加地方财政收入做出积极贡献。

（二）改善了农村文明信用环境

以诚实守信为争创条件，广泛发动广大干部群众参加创评活动，使其充分认识到信用的价值，文明信用意识大大增强，在信贷观念上实现了从“要我还钱”到“我要还钱”的转变。“户户争创文明信用户，村村争做文明信用村”逐步成为广大干部群众的自觉行动，“守信光荣、毁信可耻”深入人心，“重信用、讲信誉”蔚然成风。

（三）促进了农村信用社自身发展

实施“农村文明信用工程”，不仅对借款人提出了文明信用要求，也对农村信用社服务工作提出了更高要求。全省农村信用社急农民之所急，想农民之所想，服务质量显著提高，得到了广大农民普遍赞誉和信赖。

（四）密切了党群干群关系

农村干群关系紧张在有些地方一直是比较突出的问题。“农村文明信用工程”启动后，村干部既参与农户生产经营和收入状况的调查、了解还贷能力和资信状况，又帮助农民群众协调贷款、寻找致富门路、扩大生产经营、增加收入，提高了村级干部威信，村“两委”班子凝聚力进一步增强，实现了多方共赢。

四、采取的主要措施

山东省农村信用社坚持以实现“三农”和农村信用社双赢为目标，以“重质量、重实质、由点及面”为原则，以自身信用建设为表率，以信用户、信用村和信用中小企业建设为重点，因地制宜，扎实推进信用工程建设步伐。

（一）高度重视，强化组织领导

各级农村信用社逐级建立领导机构，成立信用工程建设领导小组，全面负责辖内信用工程建设工作。设立信用工程建设领导小组办公室，具体负责信用工程建设实施方案制定和落实工作，细化目标任务，定期督办检查，落实考核奖惩。各办事处、市联社领导班子成员对县级联社进行包点督导。县级联社“集中时间、集中人员、集中精力”，做到全员参与，领导班子和中层人员做出表率，分片包干，带队参加集中评定活动，及时掌握工作中存在的问题，深入研究解决措施。

（二）加大宣传，争取广泛支持

紧紧依靠地方党委政府，找准信用工程建设和地方精神文明建设的结合点，把信用户、信用村作为评选文明户、文明村的重要参考依据，对赖账不还的农户、商户和拖欠贷款严重的村，一律取消申请评选资格。利用精神文明建设品牌的影响力，推动信用工程建设顺利开展。切实加大信用工程建设宣传力度，利用新闻媒体、服务窗口，对信用工程建设开展情况进行宣传，公开信用评定的程序和信用户、信用村条件，公开贷款优先、利率优惠政策，逐步在全社会形成关心、支持和参与信用工程建设的良好氛围。

（三）强化措施，扎实推进信用工程建设

每年第一季度全部完成信用户的评级授信或复评工作，及时发放贷款证，实行贷款全部上柜台，其他时间不再单独授信，凡未经授信的不得发放贷款，使客户形成集中申请办贷的习惯。各级农信社结合本单位实际，制定了推进信用工程建设的工作措施，形成了流程细化、措施完善、标准严格、操作规范的信用工程建设体系。

（四）确保信用工程建设评定的质量

信用工程建设要保证评定面逐步扩大，更重要的是保证评定工作质量，正确处理好数量与质量的关系。省联社未对信用等级评定户数作硬性要求，主要看各单位评定的标准和质量，杜绝为完成任务而一味追求比例、搞形式走过场等问题。

（五）严格考核，确保工作成效

省联社建立了信用工程建设检查制度，制定了信用工程建设检查考核办法，对信用工程建设各环节设置了详细考核指标，对各单位信用工程建设开展情况和实际效果进行专项考核。省联社、办事处（市联社）、县级联社每年至少对信用工程建设情况进行一次全面检查。省联社、办事处（市联社）抽查比例不得低于辖内联社或营业网点的30%，县级联社组织全面检查。省联社将办事处信用工程建设情况纳入综合经营考核；对县级联社检查一次不合格的，对其主要负责人实施约见谈话；两次不合格的，建议联社主要负责人引咎辞职；对信用社信用工程建设不合格的，对负责人及时调整或撤换，调整有关信贷人员岗位。

第13章

农村中小金融机构创新发展研究：以余姚农村合作银行为例

一、基本情况

（一）余姚市基本情况

余姚市隶属浙江省宁波市，行政面积1501平方公里，所辖6个街道、14个镇、1个乡，是著名的“全国榨菜之乡”。2013年全年实现地区生产总值749.63亿元，按可比价格计算，增长7.3%。分产业看，第一产业实现增加值40.06亿元，下降10.0%，第二产业实现增加值444.47亿元，增长8.7%，其中工业实现增加值413.52亿元，增长8.6%；第三产业实现增加值265.09亿元，增长7.6%。

据余姚市国民经济和社会发展统计公报数据，截止2013年底，全市共有各类金融机构一级支行29家。年末各类金融机构本外币存款余额为1168.96亿元，比年初增加72.10亿元，增长6.6%。各项贷款余额为1190.93亿元，比年初增加128.85亿元，增长12.1%。本外币余额存贷比为101.9%，同比上升5个百分点。新增存贷比为176.3%，同比提高85个百分点。年末金融机构人民币存款余额1154.24亿元，增长6.8%；金融机构人民币贷款余额1160.98亿元，增长12.3%。

（二）余姚农合行基本情况

宁波余姚农村合作银行（以下简称余姚农合行）于2004年12月31日经中国银

行业监督管理委员会批准，由辖内自然人、企业法人和其他经济组织自愿入股组成的股份合作制社区性地方金融机构，前身是余姚市农村信用合作社联合社及所辖农村信用社。目前，余姚农合行下辖 21 家支行、1 家营业部、64 家分理处、4 个储蓄所，共有营业网点 90 个，是余姚市金融系统中网点分布最广的金融机构。

截至 2013 年 12 月末，余姚农合行存款余额达 215. 11 亿元，是余姚市第一个也是唯一存款规模突破 200 亿元的金融机构；贷款余额 156. 32 亿元，是支持余姚市“三农”和小微企业发展的主力银行。2014 年 6 月，余姚农合行荣获中国银行业协会颁发的“2013 年中国银行业最具社会责任金融奖”，以表彰其在“三农”“小微”发展方面的贡献，也是全国 12 家获奖银行中唯一的农村中小金融机构。此外，余姚农合行还多次荣获“宁波市优势总部企业”“宁波市纳税 50 强企业”“余姚市服务地方经济好银行”等荣誉称号。

（三）余姚农合行发展历程和主营业务

1. 发展历程

余姚农合行前身是余姚农村信用社，共经历了四个特征鲜明的发展阶段。每个阶段的变迁都能深刻反映出我国银行业变迁从计划到市场的历史脉络，其发展历史也是我国农村中小金融机构在中国特色社会主义建设的历史缩影。

建国初期（1952 ~ 1957 年）。建国初期，百废待兴，特别是农村经济组织形式仍以小农经济为主，发展严重滞后。在这个背景下，需要对农村经济进行社会主义改造。1952 年，浙江省第一个农村合作信用社——南山信用社在余姚成立。到 1954 年成立 26 个农信社，实现县县有农信社的目标。这个阶段，通过农村合作信用社，初步建立了为农村服务的基层金融组织体制。

人民公社化时期（1958 ~ 1978 年）。随着“三线”建设的开展，我国经济得到一定程度的恢复，农村依靠计划经济指导，农村信用社承担部分政府行政职能。1958 年全县银行信用社合并为 13 个人民公社信用部，随后在 1959 年恢复至 78 个信用社。

改革开放初期的农业银行和中国人民银行管理时期（1978 ~ 2004 年）。1978 年十一届三中全会提出将工作重点转移到社会主义现代化建设上来，在实践是检验真理的唯一标准大讨论下，经济建设为重点的转型也逐步在各省市落实和展开。1984

年，余姚（县）信用联社成立。1987 年县联社被列为全国农村金融体制改革试点单位。但是信用联社仍隶属农业银行行政管辖，直到 1996 年余姚市信用联社脱离农业银行行政隶属关系。1998 年，中国人民银行总行合作金融机构监管司在联社进行贷款风险五级分类管理试点。这段时间，余姚农合行进行了多项试点和改革，但是受制于行政体制、机制原因，效率低下，难以适应市场经济的竞争。2003 年，余姚市信用联社被列为浙江省深化农村信用社改制试点单位，为余姚农合行全面市场化改造创造了条件。

余姚农业合作银行时期（2004 至今）。2004 年，余姚农合行成立，这标志着余姚农合行全面市场化改造的实行。2005 年余姚农合行及支行挂牌营业，借助原有服务网点的优势，发展十分迅速。2010 年，余姚农合行作为发起人成立了余姚通济村镇银行、全额投资设立开化通济贷款有限公司。在市场化竞争提升效率和服务质量的根本要求下，余姚农合行在“三农”和“小微”服务的细分市场上深耕细作，发展逐步走上正轨，在市场化竞争中探索出了具有特色的农村中小金融机构的发展之路。2013 年，中央电视台对余姚农合行“道德银行”建设经验进行采访、报道，随后多家农村中小金融机构到余姚农合行调研取经，先后获得了中央、地方的多项荣誉称号。这既是对余姚农合行发展的肯定，也说明在市场化条件下，只有坚持农村市场细分、不断适应市场需求、恪守诚信经营才是保持余姚农合行这样的农村中小金融机构稳健发展的“硬道理”。

2. 主营业务

余姚农合行从业务的主要对象看，“三农”业务占到总体业务的 90% 以上。余姚农合行主营业务主要包括吸收公众存款、进行同业拆借、为“三农”企业和农户提供短期、中期和长期贷款。

（四）经营特色与亮点

余姚农合行以服务区域经济、服务“三农”为己任，成为推动地区经济发展的主要金融力量。特别是 2004 年进行股权改造后，银行的支农支小、服务能力、风控能力、盈利能力和经营实力不断增强，为促进农业增产、农民增收、农村繁荣做出了积极的贡献。主要表现为以下几个方面。

1. 始终保持“支农支小”业务方向不变

坚持“只做小、不做大，只做实、不做虚”的经营理念，突出“小额、流动、分散”特色，通过实施“农村金融增量扩面工程”“农村金融服务网点转型工程”“阳光信贷工程”“富民惠农金融创新工程”等，成为地区服务“三农”的主力银行和小微企业的伙伴银行。

2. 拓渠道筑网点，实现农村服务全覆盖

余姚农合行积极拓宽农村金融渠道，加快网点转型，不断丰富乡镇网点功能，扩大农村服务力度，实现农村金融服务全覆盖。至 2013 年末，全行设有 90 个网点，其中乡镇占比 73%，安装 ATM 机 115 台、POS 机 1110 台，发展农村网银客户 16953 户。为农户提供“零距离”的服务，主动实施村级便民服务中心金融对接，在 265 个行政村完成便民对接，建设助农终端 81 台。

3. 优化农村信用环境，逐户走访出成效

通过“三信建设”（信用户、信用村、信用镇）优化村镇农村信用环境，挨家挨户进行走访、摸底，对梳理出的经营、养殖大户进行重点走访，对“三信资金”优先支持不受投放限制，并对农民、农村企业进行金融产品的宣传，介绍农合行服务特色、联系方式等。到 2013 年末，完成信用评定。其中信用镇 1 个，信用村 35 个，农户及个人信息建档 73981 户，约占全市家庭户数 31.5%，成为余姚农合行业务开拓深化的有力支撑。

4. 道德积分管理成创业信用贷款新模式

由余姚市精神文明办、余姚农合行牵头，对本市常住农民群众，以农户家庭为单位，评定道德积分；在此基础上，对年龄 18～60 周岁，达到一定道德积分且有实际需求和一定经营能力的诚信创业者，提供用于创业致富的小额免担保信用贷款。到 2012 年底，有 40 个行政村完成道德积分评定和创业信用贷款评审工作。对 291 个“好人家庭”授信 2225 万元，累计 280 户创业信用贷款农户共放款 1397.3 万元。

5. 创新担保模式，强化“三农”保障力

组成农户联保小组，签订联保协议，对裘服、茶叶、棉花特色贷款给予大力支持。目前形成联保户 3302 户，贷款余额 43978 万元；对农村住房、集体土地使用权提供抵押贷款。累计向 228 户农户发放农房抵押贷款 956 万元；向由签约的专业保险公司提供保证保险的借款人发放贷款，利率按照中国人民银行同期同档次基础利率上浮 30% 执行，目前小额保险贷款余额 1928 万元；与 9 家担保公司签约，开展贷款担保、票据承兑担保、贸易融资担保、项目融资担保、信用证担保及其他融资性担保业务，目前担保余额达 77458 万元。

6. 全面风险管理助力，资产质量逐年提升

构建全面风险管理为导向的组织架构，建立“决策制定权”“风险控制权”“业务操作权”相分离的风险管理组织体系，打造“以一线业务人员和客户经理为前端，风险合规部门为中台，内审稽核部门为后台”的风险管理三道防线。把信贷资产质量作为办好银行的重中之重，采用信贷资产五级分类，创新清收方式和手段。不良贷款占比由 2004 年的 4.79% 逐年下降到 2013 年的 1.27%。

二、新形势下余姚农合行面临的机遇与挑战

（一）新形势下区域金融市场竞争加剧

“十八大”提出推进经济结构战略性调整，指明各地区加快转变经济发展方式的主攻方向。结构调整包括两个层面的含义：第一层面是对国家、地方的产业结构进行合理的调整，引导经济主体向低碳、环保、集约式方向发展。对应的经济主体也从规模企业向中小企业转向，从中心城市向中小城镇、农村转向。农村中小金融机构必须经历并且适应这样的转变。第二层面是提升地区竞争力和经济实力，产业结构必然向高级化方向演进。农村要实现现代化，产业结构的高级化是不可或缺的环节，也是国家实现现代化的必由之路。产业结构高级化的过程也必然为农村中小金融机构创造新的利润增长空间，并首先发生在浙江这样的发达地区，同时也加剧了商业银行等金融机构的相互竞争。此外，经济的结构调整发生在战略性减速深刻的大背景之下，战略性减速必然带来经济增长下行的压力，而这种减速又是主动的、战略性的、持续性的、必然的结构调整，在未来信息技术的急速变革中，农村经济必然发生更多根本性的变化。反应在区域经济上则是地区与地区之间、农村金融机构与大型商业银行对有限的农村金融资源的争夺。

1. 结构调整，商业银行需寻找新增长点

余姚市有 31 家商业银行，在宏观经济的结构调整过程中，贷款增长受到经济周

期性的限制。而金融脱媒更加剧银行面临优质客户分流，在资产业务总量有限的情况下，负债不稳定更加剧银行的经营风险。客户金融服务需求的变化客观上要求银行相应进行业务转型，商业银行需要适时调整业务结构。相对于大型商业银行，地区性商业银行“信息壁垒”更低，在应对小微企业经营难、融资难的问题，解决信息不对称、贷款业务成本高等现实困难方面具有一定的优势。

2014 年 7 月 22 日，浙江省副省长朱从玖调研浙江省银行及金融机构发现，浙江商业银行开始出现史无前例的亏损。经济环境的深刻变化也为银行经营带来严峻的挑战，不管是稳增长（消化前期产能过剩问题）还是结构调整，都面临经济增速的放缓，这对于顺周期经营的商业银行来说，影响是巨大的。因此，大小银行需要寻找各自新的战略增长点，尽快实现转型。

2. 结构性减速，实体经济亟须转型支撑

自 2012 年以来，中国 GDP 增长率明显下降，经济将进入减速、调整期成为主流共识。“结构性减速”主要是由于我国工业化进程中“退二进三”的产业调整下，服务业的劳动生产率增幅小于工业化初期的增幅，造成全社会劳动生产率增幅减速，表现为经济整体减速。“结构性减速”是经济发展阶段的必然要求，也是产业结构升级的必然。当前中国经济的非均衡特点，使得发达经济地区更具备战略性减速的条件，转型的核心是如何能持续改进效率并形成更均衡的产业结构。

从发达国家经验看，结构性减速会带来短期的经济增长幅度下降，但是也会形成高端制造业和服务业生产效率的新的均衡，形成新的市场均衡。国务院提出经济的战略性减速要求，也是顺应经济增长从规模收益向集约化、创新带动方向转变的客观经济发展趋势。在此趋势下，地区商业银行走资本节约型道路是适应实体经济发展的必然。

3. 民营经济活力下行，银行竞争白热化

截至 2012 年 9 月，我国登记注册的民营企业已经超过 1000 万家，占非公有制企业的 80%。就浙江省来看，截止 2012 年底，浙江省共有各类市场主体 350 万户，其中个体工商户 255 万户，民营企业 87 万户，民营经济贡献了全省 60% 以上的税收、70% 以上的生产总值、80% 以上的外贸出口和 90% 以上的就业岗位。142 家企业入围中国民营企业 500 强，连续 14 年居全国首位。

与此形成鲜明对比的是，2014 年 1～6 月浙江省经济下行压力仍较大，中小微企业融资困难问题仍普遍存在，民营经济的活力下降。在获得贷款方面，虽然银行竞争激烈，但是贷款利率仍相对较高（通常是基准利率上浮 20%①），中小微企业贷款需求大幅下降。大多数中小微企业依靠租赁土地和厂房创业，没有固定抵押物，银行为分散风险，采取企业联保，也从另一方面加重了中小微企业的经营风险，银行为防止引发更大范围的金融风险，必须争夺少数经营业绩良好的企业，必须“垒大户”多放贷。

4. 监管环境变化，传统经营模式遭挑战

2013 年 1 月 1 日，我国正式实施《商业银行资本管理办法（试行）》，这标志着传统的资本监管向以资本监管为核心管理转变。新的资本管理办法会进一步强化各地商业银行的资本运作监管，有助于提升商业银行的风险控制能力，同时对地区内商业银行的监管能力提出更高的要求，以往以资本消耗和规模扩张的经营方式将面临改变。

（二）新形势下余姚农合行面临的挑战

1. 合作金融的异化

发挥市场对资源配置的决定作用是深化改革的重要目标，也是释放内需增长的重要手段。合作经济是指劳动者自愿联合，民主管理，使用共同占有的生产资料，共同进行劳动的经济组织形式②。在市场化条件下，作为市场主体之一的农村合作金融机构虽不能够避开资本逐利性的要求，但其成立的目的是按照合作制的原则将市场经济中的弱势地位的劳动者联合起来，以自筹资本、自主管理、自我服务为特点，其本质是不以盈利为目的，是人的结合，而非资本的结合。

在银监会的指导下，浙江省绝大部分农村合作金融机构都进行了股权改造，将资格股和投资股的合并。在市场经济的现实中，合作制的成分（资格股）等同于投资股，导致市场化手段的强化，也在某种程度上违背了合作制的初衷。农村合作金融机构实行的股份合作制，在性质上既不是股份制，也不是合作制，而且缺乏一整

① 21 世纪经济报道，2014 年 4 月 3 日。数据载自《浙江中小民营企业转型升级面临的问题和建议》，浙江财经大学教授单东等撰写。

② 范静：《农村合作金融产权制度创新研究》，中国农业出版社 2006 年版，第 26 页。

套相关的法律、法规、办法来进行有效的监管。合作金融缺乏法律层面的认定，在操作层面容易造成异化。

2. 同业竞争常态化

随着农村合作金融机构业务经营范围、规模的扩大，同业竞争的势头日增。2013 年，我国 16 家上市商业银行同业业务资产占比，除工、农、中、建、交五大国有银行外，都高于 15%。就地方商业银行而言，中间业务成为竞相追逐的重点，同业竞争呈现常态化趋势。

城镇化建设步伐加快，人口集中、产业集聚造成多元化的金融需求，金融创新的要求越来越大。与之对应的是，商业银行的金融工具同质化现象严重，一方面是因为股份制商业银行成立时间短，金融工具创新不足，尚处于“落后”状态；另一方面是由于各商业银行目前经营水平差距不大，大、小商业银行面临的整体金融运行环境相似，创新的动力不足。

除此之外，同业竞争会带来地区商业银行网点延伸的压力，增加人力资源管理的压力，相对于大型商业银行而言，地区性商业银行的科技发展滞后也容易处于不利地位。互联网金融的快速发展对传统金融业造成的冲击也不可忽视。

3. 利率市场化趋势

2013 年 7 月 19 日，中国正式全面放开金融机构贷款利率管制，标志着利率市场化改革迈出重要一步，中国银行业正式进入“准利率市场化”时代。利率是金融市场资金使用成本的价格表现，利率市场化改革最终目的是通过价格信号调节资金供求，提升资金配置效率。利率市场化对银行经营环境造成较大的冲击，银行当前的利息收入、定价方式和利率相关风险管理模式都会受到冲击。

以余姚农合行为例，2014 年 3 月 31 日，其“应对利率市场化的应急预案”测算在原上浮 10% 的政策基础上再上浮 10% 的理论政策对“当年影响成本”“实际影响成本”的增加分别为 2064 万元和 5505 万元，已经占 2013 年全年账面利润的 4.86% 和 12.94%，若继续上浮 80%，将出现亏损。

4. 金融创新压力大

金融创新是商业银行保持竞争优势的根本保障，国外商业银行金融创新多从表外业务开始，而我国商业银行金融创新层次较浅，特别是缺乏增强资金流动性、防范金融风险、避免非系统性因素的创新理念。在管理制度上监管不足，小银行模仿性强，缺乏自主创新能力。在目标定位上偏向大城市、大企业客户，而弱化对中小型企业和县域经济服务，造成贷款供需脱节的矛盾。在管理队伍的建设上，缺乏专业性、系统性的人才，管理者、分支机构的大部分工作局限在日常性工作，缺乏创新意识，降低了商业银行的管理水平。

（三）余姚农合行有效应对挑战、实现快速发展的客观原因

调研中发现，完成股权改造的余姚农合行成为支撑余姚市经济社会发展的重要金融机构，成功抵御 2008 年国际金融危机、2011 年中小企业局部债务危机，在危机影响深重的 2011 年、2012 年连续成为余姚市纳税企业第一名。究其原因，是其从全面风险管理、深化企业文化、重视“三农”信用环境建设等方面进行深入细致的思考。余姚农合行在应对国际金融危机、区域性产业调整、局部地区中小企业信用风险过程中，仍然可以实现健康、快速发展的主要原因，可总结为“定位准、理念新、内控严、服务精”。

1. 定位准

“定位准”是余姚农合行始终坚持服务“三农”、服务中小微企业的原则，以“金融惠及城乡”为使命，成功规避了房地产贷款风险，有效抵御国际金融危机的冲击。此定位的准确性表现为：成功弥补了农村金融市场的空白，通过差异化竞争进行补缺式市场定位，走出一条具有余姚特色的发展之路。不仅如此，通过企业文化建设，将银行的政策制定、员工形象、企业宣传、客户服务融为一体，既保证扩大农村金融服务的外延服务要求，也强调持续提升银行员工素质的内涵，使得余姚农合行能以一个完整形象参与市场竞争。

2. 理念新

“理念新”是按照高标准建设全面风险管理机制，健全商业银行内部治理。根据银监会监管《农村中小金融机构风险管理机制建设指引》要求，优化业务流程和管理流程，实质性地提高银行运营和风险控制的水平。积极对照《巴塞尔协议Ⅲ》梳理银行管理流程，利用《余姚农村合作银行风险管理机制建设三年规划》《余姚农村合作银行总部建设实施规划》等内部规划的编制，确立全面风险管理组织体系，树立全员风险管理意识。在管理理念上，走在县级商业银行的前列。

3. 内控严

“内控严”是按照信贷资产五级分类的要求，创新清收方式和手段，通过流程化管理将风险控制内化，对信贷管理人员定期培训、定时辅导，积累其操作经验。严格落实问责追责，构建集教育、惩处、监督、查处于一体的案件防控体系，已经持续多年实现零案件。

4. 服务广

“服务广”是农村服务的覆盖面广，可以提供持续有效的特色服务。余姚农合行在农村网点覆盖上遥遥领先。而真正有借鉴意义的是，它能在全面风险管理的基础上深耕细作，集中服务“三农”和中小微企业，推出多项支农特色产品，不追求覆盖范围的大，而是追求提供更精准、到位的服务效果。针对农户服务，做到挨家挨户上门走访，专人对接。针对农户、种植企业、小企业提供“农机贷款”“农户创业贷款”“小企业保证保险贷款”。通过信用评级，做到降低信贷门槛的同时，提高对“三农”的金融支持。

三、余姚农合行多年持续、稳健、健康发展的做法总结

世界银行对农村金融机构业绩评估的评价标准（Yaron，1992）包括两大方面[①]：第一是目标客户的覆盖面；第二是金融机构本身的可持续性。从这两个框架看，余姚农合行的网点覆盖面、目标客户服务满意度、存款余额增长率、信贷资产质量等指标数据都在地区处于领先位置。本章运用标杆分析法（Benchmarking），以余姚农合行为样本，并从发展战略制定、银行内部治理、业务持续创新三方面总结具体做法，试图找出提升浙江乃至全国农村合作金融机构竞争力的经验借鉴。

2014 年 6 月《银行家》发布的 1000 家大银行排名中，与全球金融重心转向亚洲形成鲜明对比的是[②]，中国银行业的盈利能力却很低，按照资产回报率（ROA）对比，中国的银行低于 3%，而美国 15.74%，非洲 24%，南美洲地区 23%，中东

① 世界银行专家 Yaron 在 1992 年提出的新农村金融机构评价框架，被广泛应用到各国。

② 2014 年 6 月《银行家》杂志公布了全球 1000 家大银行盈利和资本实力排名，显示出全球金融重心继续转向亚洲，中国银行盈利（2920 亿美元）占到全球银行的 1/3。数据来源于中国金融新闻网（http://www.financialnews.com.cn/gj/gjyw/201407/t20140703_58697.html）。

15%。资本收益率低是中国银行业的普遍现象。2013 年，余姚农合行资产收益率为 1.37%，净资产收益率为 12.89%，与国有大银行仍然具有较大的差距。因此仍应清醒看到，余姚农合行持续发展首先得益于中国银行业整体规模的快速扩张，盈利模式尚未摆脱息差模式。但从稳健经营角度来看，业绩则很大程度上得益于地方农村金融需求释放和“三农”服务的深耕细作。从这个意义上讲，余姚农合行对促进地区经济发展、金融服务惠及“三农”的做法有较强的推广和借鉴意义。

（一）发展战略导引

1. 企业使命：让金融惠及城乡

余姚农合行自 1952 年成立以来，凭借对农村金融市场的丰富经验和遍布城乡的服务机构，坚持以服务农村经济、促进地方经济发展为己任，成为地区知名的农村合作银行。始终坚守“让金融惠及城乡”为自身使命，在工作规范上，要求员工对目标客户服务提供持续专业的金融解决方案，同时还有意识地提供深度服务（走进农村、走进农户，想客户所想，不局限于柜台服务）；在业务开展上，以普惠金融为拓展重点，努力将银行、农民、村镇企业、银行员工利益协调一致，做到劲往一处使；在企业培训和宣传上，将实现共同富裕作为企业最高的使命传递给每个接触、了解余姚农合行的员工、农户和企业。

2. 市场定位：聚焦“三农”经济、服务中小企业

余姚农合行始终恪守“聚焦‘三农’经济、服务中小企业”的市场定位，扎根在“三农”服务领域，不跟风、不盲从、不唯利，因而才有时间、有条件、有资本成为金融支持“三农”工作的主力军。具体做法包括以下五点。

（1）完善网点建设，提升服务质量。对机构网点在编人员实行分片包干、定点联系制度，为提升客户服务创造组织条件。为农户提供“零距离”的金融服务，对全辖 265 个行政村、34 个社区服务中心提供“便民服务中心”对接。把与群众生产生活密切相关的农村金融服务事项纳入服务范围，初步实现了金融知识宣传、农户信用评定受理、小额贷款咨询受理，使广大村民不出村就能享受到代办、咨询等各种金融服务。

（2）建立并培养了一批“支农联络员”队伍。支农联络员是余姚农合行所聘用的具备地缘、血缘、亲缘和人缘优势的村干部或具有一定影响力的当地人员，是银

行密切联系各村及广大农户的纽带，成为企业风险管理的重要一环。

（3）细分客户群体，量体裁衣提供金融产品服务。针对“三农”发展的真实需求，拓宽金融服务范围，扩大担保条件，推出细分金融产品。推出“美丽乡村”贷款产品，贷款除采取常规担保贷款方式，也可采用信用、农房抵押、安置房受益权质押、土地预期收益质押等担保方式，用于解决借款人在农村土地整治、农业产业、农民集中住房建设及各类农村基础设施建设投入、农户生产生活等方面的资金需求。推出“幸福家园”贷款产品，可采用两证齐全的自有农抵押、村级经济组织保证、农房按揭等担保方式，用于解决农户自有宅基地新建或改造住房、购买、装修农村安置房、公寓房等资金需求。推出“村级集体建设用地及房屋抵押贷款”，向村级组织发放以集体土地使用权、房屋所有权作抵押的贷款，有效增强村级集体经济发展能力，夯实社会主义新农村建设基础。

（4）走进农家，奠定普惠金融服务的基础。持续开展了“走千家、访万户、共成长”活动，为及时提供金融服务奠定了广泛而坚实的基础。要求银行信贷人员做到走出办公室、走向基层、走进农村，做到挨家挨户走访农户、个体工商户和小微企业，开展拉网式调查，主动入户询问金融服务需求、上门送贷款，得到农村企业和农户的广泛认可，拉近了银行和农户、企业的距离。

（5）信贷导向以服务“三农”、小微为主，扎根实体经济。信贷资金绝大多数投向“三农”和小微企业等实体经济主要领域。

3. 文化导向：良知文化

余姚农合行倡导“正道经营、专业服务、为人正派、知行合一”的价值观。余姚农合行的文化建设根植于深厚的本土文化。“无善无恶心之体，有善有恶意之动。知善知恶是良知，为善去恶是格物”是王阳明著名的四句教，也是余姚农合行良知文化的文化本源。

将良知文化作为余姚农合行的企业文化品性，其内涵概括为“知耻、知愧、知恩”。“知耻”是要求每个员工都有道德的自觉，知道什么该做什么不该做，企业业务开展要有所不为，有所不为才能行之皆宜；“知愧”是要求每个员工善于反思自身的弱点、缺点和错误；“知恩”是要求每个员工都能怀有感恩之心去服务客户、服务企业、服务社会。“知耻、知愧、知恩”的文化导向要求自觉形成贯穿全行的“良知文化”，通过企业培训、监督和实践活动等方式，帮助员工树立正确的核心价值观，提高企业的凝聚力。

4. 履行企业社会责任

余姚农合行积极投身公益慈善事业，2008 年设立了总额为 500 万元的慈善冠名基金，2013 年成立余姚农村合作银行慈善基金会，主要用于全市范围内的扶贫、帮困、助学工作。同时，该行在广大员工中积极倡导志愿服务奉献精神，以支行为单位建立志愿者服务队伍，定期向助老助残、绿色环保、捐资助学等多个领域开展志愿服务活动，服务总时间超过 1 万小时，既提升了员工的责任意识，又促进了银行与社区的和谐相融。

余姚农合行从实际出发，将“立足社区、创造价值、回报社会、追求和谐”作为社会责任观，通过对客户、员工、股东、社区、自然资源、环境及利益相关者承担责任和义务，维护和增进社会利益。同时，该行不断深化责任意识，搭建多方参与的社会责任治理架构，出台社会责任战略规划，每年定期发布社会责任报告，将社会责任工作与自身运营紧密结合起来。

（二）银行内部治理

1. 落实全面风险管理转型

（1）单一风险管理向全面风险管理转变。2009 年，《农村中小金融机构风险管理机制建设指引》出台，明确了我国农村金融机构风险管理目标，对农村中小金融机构如何协调短期利益和长期利益、平衡风险和收益、从单一风险管理向全面风险管理指明方向。余姚农合行根据《指引》的要求，将单一风险管理部门信贷管理部进行新的职能分解，调整为公司业务部、授信管理部、风险合规部三个部门，明确了各部门的业务边界和业务流程，从制度上确保风险管理的工作质量和效率。其次，确立风险经理负责制，强化总行对支行的垂直管理。完善风险管理的垂直体系，风险经理对支行贷款业务授信、评估信息实时反馈给总行，同时扩大风险管理范围，对流动性风险、合规风险进行实时监管，提高支行风险管理的效率。再次，针对农村风险群体化、联动化的特征，进行风险联动防控。适时改变行业授信政策，对农户实行联保贷款，借助村委会提供农户信用评定，通过信息化建设农村信用信息平台等，解决了农村金融机构风险管理工具匮乏、信息化建设滞后、风险管理人员队伍素质不高等客观难题。

（2）运用内部审计强化“免疫系统”。内部审计成果运用是内部审计工作的最终环节，内部审计“免疫系统”功能的有效发挥集中体现在对内部审计成果的运用程度上。为此，余姚农合行高度重视对审计结果的分析、汇总和提炼。一是在平时的审计工作中，各审计人员注重揭示具有普遍性和典型性的问题，以增强审计工作的针对性和实效性。二是对审计查实的问题从标本兼治的角度，逐条提出切实可行的整改措施和建议，除按传统整改模式交由问题责任支行整改外，同时提交归口管理部门在全行范围内全面整改，由他们分别从不同层面提交整改报告，以达到以点带面，检查一个、整改一片、影响全部的目的。三是按季将审计问题进行汇总、归纳、提炼，区别共性和个性问题，客观分析问题成因，充分揭示制度上、管理上以及实际操作执行中存在的不足，从体制和机制上提出解决问题的办法，形成具有较高价值的内部审计成果，然后在行务会上进行专题通报、交流管理建议，促使职能部门深入、全面、彻底地整改问题。

（3）授信管理全电子化操作。2012 年余姚农合行新开发了专业的授信系统，从各个支行客户经理发起到审批结束，实现了全流程电子化操作。同时，还专门成立授信审批部门，提高支行和授信管理部的审批权限，一般的授信审批时间从过去的三天以上缩短到一天，着急项目半个工作日内就能批复。授信流程的不断优化，既符合小微企业资金需求“小、频、急”的特点，也是小法人银行的优势所在。

2. 流程再造加强内部控制①

余姚农合行通过科学的流程再造，将风险管理前移，初步实现风险管理集约化、规范化和流程化。通过流程控制，将信贷业务、财会业务、中介业务等各项业务进行梳理和整合。具体做法包括以下几点。

（1）操作指引设定。余姚农合行流程设计在依照 ISO9001 标准化质量管理体系的基础上，以银监会《农村中小金融机构风险管理机制建设指引》《商业银行内部控制指引》《商业银行合规风险管理指引》《商业银行操作风险指引》等为操作指引。

① 流程再造具体操作步骤资料由余姚农合行提供。

（2）规范业务流程、精简管理流程。业务流程[①]（work flow）是指直接创造价值的客户服务流程，其提供的产品和服务可以为客户、股东、其他利益相关方创造实际的经营成果。管理流程是为了控制风险、降低成本、提高服务质量、提高工作效率、提高市场反应速度，最终提高顾客满意度和市场竞争能力的流程，其目标是实现利润最大化和提高经营效益。管理流程与业务流程的不同在于，管理流程是一个软流程、隐式流程、可变流程，是一个动态的、以内在管理与外部协调为基本模式的系统工程。

余姚农合行的流程优化和再造，沿用风险管理的二分法，将流程分为两类：业务流程和非业务流程。其对两类流程进行分类管理，强调管理的效率和实效。同时将非业务流程外的所有风险管理工作列为内部控制风险，均一并纳入管理流程风险控制范围内。

余姚农合行业务流程包括市场细分与客户定位流程、存款与柜面服务流程、授信业务流程、金融产品与服务开发流程、会计业务流程、中间业务流程、资金业务流程等。按照持续识别和细分目标客户的原则，对目标客户的差异化、特色需求进行设计服务，实现和控制流程，基本实现一个业务一个流程、一个产品一个流程。

余姚农合行管理流程包括人力资源开发和管理、风险与合规管理、信息科技管理和后勤保障流程、内部审计管理等流程、财务管理等。管理流程设定按照“组织为流程而定”的设计要求，强化风险防范、审慎经营为目标。

（3）“流程银行”的构建。在业务流程和管理流程规范的基础上，余姚农合行强调管理功能的集中化和中心辐射式框架（hub and spoke）的建设，令银行组织结构从“金字塔”向“扁平化”转变，大大减少了银行分支机构的人员数量。

在“流程银行”再造的过程中，按照以下程序[②]进行：首先对原有的流程进行全面的功能和效率分析。寻找现有流程中增加管理成本的主要原因；分析组织机构设计不合理的环节；分析现存流程的功能、制约因素和关键问题。其次，设计新的流程改进方案，并进行评估。将多项业务流程和工作组合、合并；流程的各个步骤

① 在银行金融机构，直接为客户服务的业务流程指银行对其金融产品全部生产过程的设计结构、产品操作过程中的全部流程、环节、业务手续，包括业务流程所涉及的人工、计算机操作、管理、监护工艺的过程。

② 余姚农村合作银行《总部与风险管理机制建设》辅导材料。

按照其自然顺序；权力下放、压缩管理层次；为同一种工作设置多种工作进行方式；工作应当超越组织的界限，在最适当的场所进行；尽量减少检查、控制、调整等管理工作，变事后管理为事前管理；尽量使串行工程改变为并行工程，压缩业务循环时间。再次，形成制定与流程改进方案相配套的组织结构、人员配置、业务规范等方面的战略规划。以流程改造为核心，形成系统流程再造和组织再造方案。最后，做好组织实施和持续改善。坚持组织结构为流程服务，而非流程服务听命于组织。流程银行再造不只停留在技术层面，对员工的素质再造、观念再造、组织结构再造和企业文化再造等，都被纳入到余姚农合行的具体工作实践中。

（4）优化银行组织架构。余姚农合行围绕“面向市场、面向竞争、面向基层、面向现代化”，从打造“决策管理中心、营销策划中心、风险控制中心、服务保障中心、后台运营中心、资源调配中心”六大中心功能出发，健全“经验决策体系、营销组织体系、风险管理体系、后台集约体系、监督保障体系、激励约束体系”六大组织体系。

为适应全面风险管理的需要，余姚农合行设立以业务与管理部门为主的“第一道防线”，以合规与风险部门为主的“第二道防线”，以内部审计部门为主的“第三道防线”，各自目标一致，职责明确，边际清晰，功能互补。此外，在组织设定上，专门成立发展战略研究中心，负责开展针对余姚农合行发展切身相关的战略发展问题，为本地农村银行首创，在宏观战略研究上，处于地区农村金融机构领先地位。

3. 企业文化建设

余姚农合行自2004年股改伊始，就十分重视企业文化建设。银行管理层一直将企业文化作为提升内部凝聚力和外部竞争力的高度，提出“一二三四五”企业文化发展战略。即，明确一个方向：成为一家受尊敬的银行；推进两大转型：从粗放式向精细化转型，从效益型向价值型转型；实现三大工程：普惠金融工程，品质强行工程，快乐员工工程；提升四大能力：竞争求赢能力，创新求变能力，管理求实能力，学习求真能力；落实五大保障：文化保障，人才保障，机制保障，技术保障，财力保障。

不仅如此，针对每一个银行的员工，都强调建立正道经营的价值观。将企业文化建设和企业经营紧密结合，以促进效率、提高员工满意度为标准。总结出余姚农合行的十大经营管理理念：人力理念：人才是第一资源；服务理念：用心、贴心、

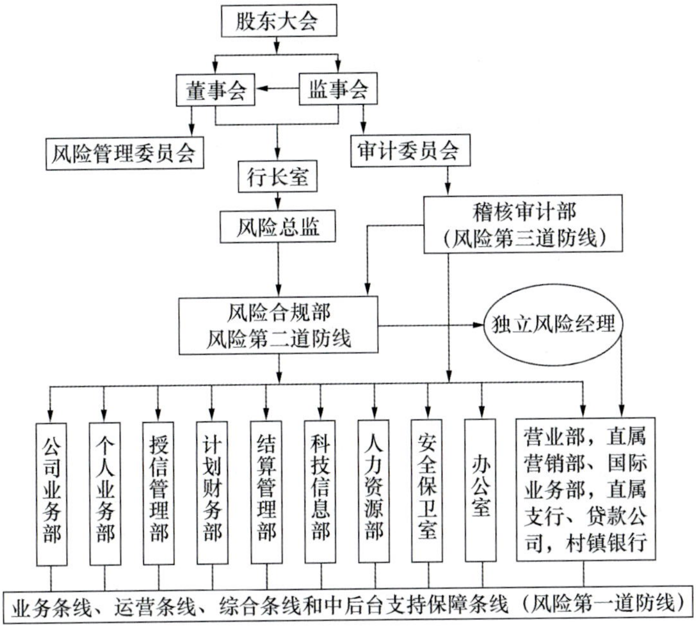

图 13.1　余姚农合行全面风险管理组织结构图

资料来源：余姚农合行提供。

真心；渠道理念：便民、便捷、便达；产品理念：源于客户、增值客户；风险理念：正视风险、经营风险；流程理念：短流程、高效率；运营理念：集约安排、有效监管；营销理念：细分市场、创造市场；组织理念：责任清晰、协作共赢；科技理念：科技是第一生产力。

4. 人力资源保障

（1）干部“能上能下”、员工“能进能出”、收入“能增能减”。推行竞聘上岗制、目标考核制等，建立干部“能上能下”的机制；建立面向市场的核心管理人才和紧缺专业人才引进机制，落实员工“能进能出”的机制；逐步优化薪酬分配机制，建立以绩效考核为基础、体现岗位价值和贡献的薪酬体系，实行收入“能增能减”机制。余姚农合行的公司治理结构逐步完善、内部管理日益强化、经营机制逐步转换，为推进改革发展提供了强大的机制动力。

（2）建立健全薪酬分配体系。从 2005 年起，建立重实际、讲贡献的激励机制，实行“职能相适、绩效相应、以岗定薪、易岗易薪”的薪酬分配办法。建立客户经理（信贷员）、支行行长、机关部门员工的履职考核办法。采取薪酬组合策略，将短期利益、具备利益与整体利益紧密挂钩，将员工短期激励和长期激励相结合。制定全员激励基金和骨干员工股权激励计划。

（3）落实人才培养和引进机制。采取多种途径、形式引进人才。对亟须的人才，采用社会公开招聘的同时，不断挖掘内部潜能，组织内部公开竞聘工作。对中层后备干部采取1∶1.5配备，建立人才阶梯库，推动“知行成长计划”[①] 等专项人才培养工作。

（三）“三农”业务创新

1. 推进“三信”工程

“三信”工程，即“信用户、信用村、信用镇”创建工作，是以农户、村、镇为主体的农村信用体系建设的延伸和发展，其目的是优化农村信用环境，维持自身核心竞争力。余姚农合行依靠地方党委政府，建立县级、乡镇级农村信用体系建设工作领导小组，聘请村信用联络员。凡被纳入创建的行政村，全面调查当地客户信用情况，建立客户档案，并按规定对信用村进行验收考核。在政府倡导、推进“农村信用体系建设”基础上进一步结合走访调查、信用评定并配套授信、发放贷款的系统性工程，对于改善和提高农村信用意识和环境、有效解决农村融资需求等问题具有重要意义。

“三信”工程由董事长牵头主抓，落实到基层。工作领导小组由董事长任组长，行班子成员及各部经理为成员，并下设专门机构，负责对全行“三信”工程再推进等工作进行动态监管与督导管理。对“三信”工程筛选出的信用户、信用村、信用镇[②]，推行“三优”政策。一是资金优先，在同等条件下优先解决信用农户、信用村（社区）、信用乡镇（街道）的资金需求，“三信资金”优先支持并不受限投放；二是利率优惠政策，信用户、信用村（社区）和信用乡（镇、街道）的利率，享受在同等条件下同类贷款利率下浮 15～25 个百分点的优惠政策；三是免担保优惠待遇，根据实际评定结果，对其中被评为高等级信用的农户、信用村（社区）及信用

① 余姚农合行“知行成长计划”，以浙江大学师资力量为基础，聘请多名国内外知名学者、教授为中层干部及后备干部讲课。2014 年开展，为期三年。

② 评定标准按照余姚农合行《余姚农村合作银行信用户、信用村、信用镇评定办法》进行。

乡（镇、街道）各级主体的贷款均可享受免贷款担保的优惠待遇。

2. 创建道德银行

为切实打造农村的诚信生态环境，解决农户担保难问题，余姚农合行牵头组成道德银行推进小组，与市委宣传部、文明办共同推进了以“文明作担保、诚信作抵押”的道德银行建设工作。截止 2013 年，已对 291 户有贷款需求的农户授信 2225 万元，累放道德银行贷款 1392 万元，创建道德银行村 40 个，多次被新华社、中央电视台、《人民日报》、浙江卫视、《浙江日报》等媒体广泛报道，已列入余姚市 2013 年十大民生实事，成为余姚合行一张亮丽的名片。

在余姚道德银行推进过程中，余姚农合行与政府部门联动，建立健全三套工作机制：一是村民道德诚信信息共享机制。在充分利用道德银行的三级网络的信息基础上，公安、财政、国税、工商等部门信息也与其共享，贷款申请人在经营和犯罪方面的信息可一目了然。二是道德积分定期评定机制。建立道德积分管理领导小组、道德积分管理办公室、道德积分管理执行小组三级网络式评定机制。以乡镇、街道为单位建立道德银行积分管理小组，负责统筹协调各行政村的道德积分管理工作。具体参加单位包括市文明办、工商余姚分局、余姚农合行、余姚市公安局、余姚市财政（地税）局、余姚市国土局、余姚市个体劳动者协会等；以行政村为单位建立道德积分管理办公室，负责统计汇总、检查核实本村道德积分；以自然村为单位设立道德积分管理执行小组，负责收集本自然村农户家庭积分管理、资料收集等工作。自然村的道德积分管理执行小组，每月对辖内农户评一次道德积分。行政村的道德积分管理办公室，负责定期统计汇总、检查核实本村农户的道德积分并上墙公布。日常记分每月评定一次，由道德积分管理执行小组负责，并报送道德积分管理办公室。评审记分每季度评审一次，由道理积分管理办公室和道德积分管理领导小组两个层面进行评审。三是道德信贷联合评审机制。乡镇街道的道德积分管理领导小组与余姚农合行各支行定期召开联席会议，对道德信贷项目进行评审，同时还将收集公安、财政、国税、工商等部门提供的信息，作为放贷的依据。这三套机制的建立，在一定程度上克服了当前基层支行人力资源有限的困难，有效地发挥农村基层组织优势和民主监督优势，保障了道德积分评定的公开、公正、公平，使信用评级由形象工程向注重质量转变，农村小额信用贷款也由“粗放式”向“精细化”转变。

强调贷款的贷后管理。贷款发放后，对道德诚信表现好、创业潜力足的农户和个体工商行，提高其贷款额度（最高 50 万元）；对随意改变贷款用途或出租、出借信贷行为的农户和个体工商行，立即取消其资格，3 年内不准向市“道德银行”申请贷款。

3. 农村住房抵押贷款

对余姚市拥有农村住房所有权且具有完全民事行为能力的农村居民，提供以农村住房作为抵押物的贷款。依法取得权属证书的农村住房，包括集体土地、农民集中居住区国有划拨土地的住房。抵押贷款短期不超过 1 年，中长期为 1 ~3 年，最长不得超过 5 年。

4. 创新担保模式

把做好农民专业合作社信贷服务作为支农工作的重点之一，引导同行业、同类型农业产业的联合和整合，相继推出了“农户 + 专业合作社”“农户 + 专业合作社 + 龙头企业（公司）”等基于产业链金融的多种创新信贷模式，积极支持以农民专业合作社为龙头带动社员发展。

（四）科技服务支撑

1. 加强科技基础设施投入和开发

2004 年农信网络实现宁波大市联网，2008 年全省数据大集中，分别于 2010 年、2013 年推出网上银行、手机银行，并不断丰富电子渠道功能。主导加入“全国农信银行系统”“人行现代支付系统”“SWIFT 外汇结算系统”，与 600 多家国外行建立了往来行关系，为农村小微企业提供方便、快捷的本外币结算渠道。

为适应各项业务发展、规模和产品种类增加现实，建设开发科技管理平台。实现统一管理、集中运维，以流程贯穿管理全过程，以电子化方式提高运维效率，提升运维质量。科技平台主要功能包含办公管理、档案管理、运维管理、设备管理、系统管理、项目管理、监控管理等模块，并配有提醒预警功能。

2. 利用虚拟化技术降低运营成本①

余姚农合行在虚拟化实施以前，全行 63 个应用运行在 52 台服务器和 7 台存储上，按照每个应用建立一台单独服务器的工作惯性，服务器、存储器、机房运营费

① 余姚农村合作银行信息化建设资料汇总整理，余姚农合行提供。

用逐年攀升，也增大了管理的成本。随后余姚农合行实施服务器虚拟化应用，经过半年的调查、研究，确立虚拟化应用方案。一方面将占用资源少的应用统一纳入虚拟机，进行资源迁移。另一方面，优化原有的系统，提高数据运行效率。实施后，"服务器数量从的 52 台减少至 19 台，存储由 7 台减少到 5 台。系统运行更加安全，系统上线部署更加简单、快捷，大大减轻了系统维护压力；同时，机房用电、空调运行效果明显改善；机房架构更加清晰、布线更加整洁；存储设备采购的费用将大幅下降"。针对虚拟化的缺陷，有形成单存储运行造成的单点故障的风险，结合余姚农合行信息化多中心的战略，利用虚拟化实施中更换下的存储在本地建立数据备份，同时建立同城异地应用级灾备中心。灾备中心建设，在地区其他农村银行中是第一个，其拓扑结构示意见图 13. 2。

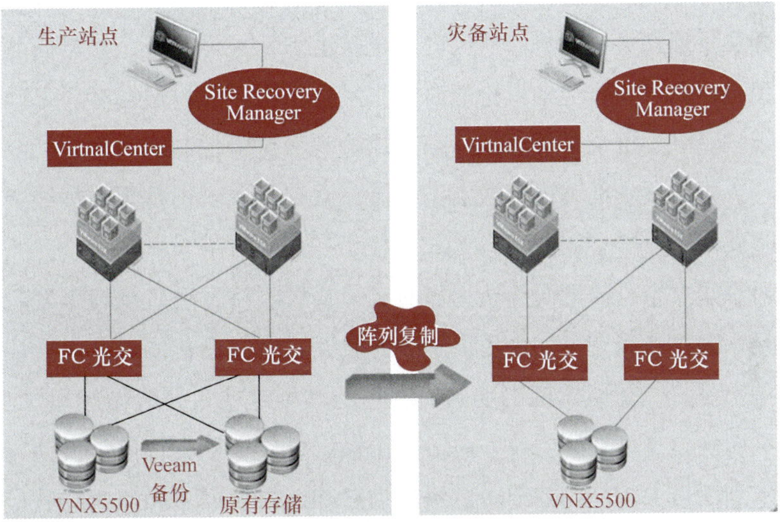

图 13. 2　余姚农合行数据服务器拓扑结构图

资料来源：余姚农合行。

3. 自主开发特色服务和管理系统

2005 年率先引进商业智能系统、OCR 后督影响系统、OA 办公自动化系统，满足经营管理的信息化需求。随后开发非现场计算机辅助审计系统、员工教育在线培训系统、固定资产管理系统等，适应快速变化的市场需求和管理需要，不断完善和开发个性化特色服务和管理系统。逐步推进前置机上收进程，降低分布式风险。同时建立数据级同城中心，保障业务的连续性。制订信息化标准体系，规范软硬件采购流程。

四、保持农村中小金融机构健康发展的启示

我国新型农村金融机构试点建设是构建多层次资本市场的重要举措。从市场定位和制度设计讲，农村合作银行制度设计的目的是：填补农村金融市场小额信贷和正规金融机构之间的市场“空白”，从而实现农村金融供给多元化、多层次，满足不断增长和释放的农村金融需求。

即便是小型、农村银行，仍然可以通过正确的细分市场提供专业服务，继而保持大银行也难以获得的竞争优势。保证县级农村金融机构可持续发展的根本是借助其地缘优势、人缘优势、组织灵活优势，可通过发掘“低成本、高收益”的信用贷款这一核心竞争确立市场优势。从国内外金融组织发展经验看，坚持商业化的原则是主流。但是，新型农村金融机构的商业化定位与服务农村低端客户之间仍存在矛盾，产品结构单一、资金来源有限、信贷风险大、风险控制能力较弱、金融监管工作难度大、人员素质较低和内部激励不足等一系列问题，仍是制约县级金融机构健康发展的主要问题。

通过对余姚农合行的调研，认为当前实现县级农村金融机构健康发展需要从创造细分市场、银行自我完善、市场决定政府服务三个方面整体提升农村金融市场的活力，缺一不可。一是要梳理出准确、客观的市场定位。政府做好顶层制度设计，金融机构则明确自身发展的主攻方向，合作银行要确立社会价值最大化原则，而不能单纯追求利润最大化。二是金融机构自身要练好内功，才能够适应激烈的市场竞争，包括完善公司内部治理、规范业务流程管理、发展关系型贷款、创新农村金融产品、提升服务水平、增强风险抵御能力等。三是多方共建创新环境。服务型政府对农村金融市场发展至关重要，需要为“三农”建设营造公平竞争的制度环境，也要通过政策适当倾斜满足最底层农户的金融需要。通过省、市、县三级政府的联动，加强农村金融法律体系建设，创新省市县金融监管衔接，提高县级政府监管水平，支持农村信用平台体系建设，做好地区系统性金融风险的防范，建立良好的县级金融生态环境。总结起来，大体包括以下内容。

（一）发掘优势、客观定位

中小商业银行面临大银行强大的竞争压力，规模、资金、技术几乎无法和大银行抗衡。但从国外中小银行的成功经验看，准确的市场定位是中小银行保持旺盛活力的根本，包括准确的定位、推动差异化策略、强化信息获取优势三个必需条件。

1. C-A-P 定位方式

市场定位既是继续充分发挥城市商业银行的比较优势、错位竞争的需要，也是促进区域经济活力提升、服务实体经济快速发展的基本要求，对银行的网点空间布局、人员配置等也有深刻影响。农村中小金融机构应按照“客户——经营区域——产品（C-A-P）[①]”的定位方式和思路步骤，找到资源、客户、服务的最佳组合，进而形成资源最优利用的定位和发展战略。

2. 差异化发展战略

地区性商业银行的信息优势表现为熟悉地方经济、了解重点建设项目、熟悉当地中小企业；决策优势表现为管理链条短、决策制定快、信息反馈高效；组织管理优势表现为村县分支网点多、一对一服务使管理者更接近基层农村。发挥特有优势，推进差异化发展战略，扬长避短才能在本地区形成大、中、小银行和金融机构有序竞争的格局，完善地区资本市场的同时获得足够的市场空间。

3. 发掘“软信息”

地区非银行金融机构（信托公司、基金公司、租赁公司等）数量增加，业务服务、金融产品渐趋雷同，市场竞争更为激烈，是未来浙江乃至全国地区商业银行将面临的必然趋势。“小银行优势理论”认为，中小商业银行由于地缘、人员优势，

---

① C-A-P 模型是指客户（Client）、竞争地区（Area）和产品（Product）三者的有机结合，构成一个企业的在某经济社会环境的市场定位单元，是一种银行市场定位的方法。该理论首先在美国提出并在中小社区银行广泛运用。通过 C-A-P 定位方法，可以帮助中小银行进行有效市场分析，发挥特有优势，进而形成有序竞争的金融市场环境。该方法的步骤是先进行客户定位，对客户进行需求分析，选择主要客户群体；其次根据本地区市场竞争情况和自身偏好，选择服务的主要内容；最后根据前面梳理出的定位，进行特色产品的创新和设计，提供有针对性的产品服务，形成竞争优势。

容易发展关系型借贷，小银行的组织结构有利于生产“软信息”[①]。就本质而言，我国小额贷款公司的资金借贷活动属于以软信息为基础的关系型借贷。大量理论研究和实证研究证明，关系型借贷是融资过程中克服信息不对称问题较有效的方法。重点是搜集和处理软信息的能力，关系型借贷中借贷双方的距离优势和关系紧密程度决定着软信息生产的质量。国内外理论的进展，也为我国农村中小金融机构的实践和相关政策性提供了理论依据。在我国利率市场化逐步放开的趋势下，运用相关理论充分发掘软信息优势也有助于地方中小金融机构获得地区竞争优势。

（二）立足市场、夯实基础

1. 健全的企业内部治理

股份制商业银行是我国商业银行改革的趋势，建立股东会、董事会、经理层三层管理的现代商业银行治理结构，是未来金融改革的重点。主体是实现产权主体多元化，形成有一定刚性约束的资本经营机制。

2. 全面的风险管理机制

全面的风险管理机制有助于商业银行有效预测、避免、控制其经营中存在的风险，要求全员参与明确各个流程管理和操作风险管理。在建立全面风险管理过程中，对于地区性商业银行，强化垂直化风险管理组织架构，加强总行对风险管理的集中领导，建立独立报告路线，保持风险管理的有效性。

3. 核心管理者相对稳定

在有效外部监督的基础上，对于发展势头良好的县级机构，应保持管理层核心人员的相对稳定，形成正向激励机制。能够准确地评价和度量不同级别的管理人员、基层员工对银行业绩的客观贡献，创造多劳多得的工作环境，调度各级管理人员的积极性，进而再努力实现从重非物质化的“精神激励”到重多元化的物质激励的转变。

---

① 2002 年，杰里米斯坦（Jeremy C. Stein）在研究分散化管理和层级管理的组织形式中信息生产对投资决策的影响时，首次正式提出硬信息（Hard Information）和软信息（Soft Information）。硬信息是易于编码、量化和传递的信息类型；其将软信息定义为无法被信息生产者之外人量化、验证和证实的信息类型。本文软信息沿用 Stein 这个定义。

4. IT 技术支持持续跟进

地区性商业银行应重视特色数据服务建设。围绕县级机构的产品研发和创新需求，在 IT 技术服务和支持方面形成更有效的响应机制，强化自身作为中小银行的专业化服务创新能力，以更好适应基层的市场竞争需要。此外，移动金融、互联网金融的不断涌现，对信息服务的要求越来越高，也要求银行信息网络、管理模式等进行创新和改进。

5. 统一的企业文化建设

积极的文化氛围能够快速提升商业银行形象和效益，能够帮助银行凝聚一批高素质的人才，弥合高端人才缺失的困境。统一的企业文化建设可以将员工的主动性、创造性内化到企业服务改进、效益提高、风险防范上来，有效提升企业内部控制能力。

（三）创新环境

1. 良好的外部监管环境

《银行业监督管理法》的出台，标志着银行监管治理水平的提高。在地区商业银行竞争中，创立良好的外部监管环境有助于对商业银行进行持续性监管，创造良好、公平的创新环境。农村合作银行、农村信用社是支农服务的主力军，在某些地区是“三农”金融服务的唯一渠道，其地位和作用不可替代。创造良好的外部监管环境，保证农村金融机构“小而不倒”十分必要。因此，应该落实属地银监会的监管，建立中国人民银行、银监会、省联社等多级监管机构的联动机制，提高监管效率和执行力。

对于地方农村金融机构，需加强信息披露，提高运营透明度，推动第三方审计，迫使农村金融机构加强内部管理，不断改善经营水平和能力。通过政府宣传，加强公共力量监督，对农村金融机构管理者的行为进行监督。

2. 重视信用平台建设

信用平台的建设有助于扩大群众对信用、道德的认识，提高群众法律意识。对银行自身来讲，可以通过“信用平台”的信息支撑，有效掌握地区内潜在的信贷需求，快速匹配有效的信贷需求。

国务院印发的《社会信用体系建设规划纲要（2014～2020 年）》，明确指出要加快部署社会信用体系、构筑诚实守信的经济环境。《规划纲要》提出三个示范工程，包括地方信用建设综合示范、区域信用建设合作示范、重点领域和行业信用信息应用示范。就农村合作银行来讲，余姚农合行的信用建设有示范性，但农村社会信用示范建设更加需要多主体的共同参与。本次调研中，余姚通过与市精神文明办合作，通过政府推动、企业开发的方式，构建地区农村信用平台，该平台既服务银行本身，也将信息数据库征信信息最终将植入地方政府、人大的农户基本信用信息系统查询系统中，多主体共享，实现经济（银行）、社会效益（政府）的双赢。

3. 重视相关法律、法规的完善

我国农村中小金融机构尚不规范，还没有一部专门调整和规范农村中小金融机构的法律，造成农村金融机构运作效率良莠不齐。从功能上看，农村中小金融机构既是农村金融市场化改革的主体，同时也是农村地区普惠金融的主要提供者。制度的缺陷容易降低农村中小金融机构的积极性。因而有必要从法律、法规的高度，规范农村中小金融机构的市场化行为，提高农村金融服务的质量，进而保证经济主体的效益。

（四）明确政策引导方向

1. 农村中小金融机构市场定位不应偏离政策目标

农村中小金融机构也是独立的“企业法人”，市场的“盈利性”无论对大型商业银行还是农村中小金融机构来讲，本质都是一样的。“三农”和“小微”业务服务分散性高、风险高、收益低，很多地区的农村中小金融机构将业务对象放在贷款高、项目大的企业上，追求短期经济效益。通过余姚农合行的发展案例证明，立足“三农”“支小”的金融细分市场，实行稳健经营策略，才能有效提升农村中小金融机构的竞争力填补农村金融的空白。

2. 普惠金融服务提供与农村金融市场化进程相结合

普惠金融将使排斥在整个金融体系之外的人群得到金融服务的机会。农村中小金融机构的定位是扩展和填补农村金融市场的空白，服务“三农”。但无论从发展金融市场还是服务“三农”经济个体，农村合作银行都实际担负着市场化主体和落后地区普惠金融提供者的双重角色。我国政府对农村金融市场化建设的方向基本确立，普惠金融的开展也应遵循市场对资源配置的基础上展开。余姚农合行将提供普惠金融服务、扩大农村金融知识宣传和扩展业务相结合，客观上促进了农村金融生态环境，也使得余姚农合行成为“三农”贷款第一行，该做法对推动农村地区普惠金融发展有借鉴意义。

3. 鼓励发展面向“三农”和“小微”的关系型贷款

Berlin 和 Mester 按照企业可以提供的信息不同，将商业银行贷款分为“交易型贷款”和“关系型贷款”。他们认为，通常大型银行凭借规模优势交易型贷款比重较高，中小银行则关系型贷款比重较高。Berger 和 Udell 提出的小银行优势理论也证明，虽然大银行在处理企业财务信息、制定标准化合约等方面具有明显的优势，但地区性小银行对当地企业经营情况、农户信用等情况更加了解，在处理“软信息”方面更有效。大量研究表明，“三农”和小微企业难以提供足够的标准化信息来帮助大银行等金融机构进行有效甄别。信息透明度差、缺乏有效抵押物、信用等级低、企业治理结构差是“三农”和小微企业融资困难的重要原因。大型商业银行采用“信贷配给”[①] 方式来调整贷款规模，不能针对性地区分真实的贷款需求，易造成银行和农户“有钱贷不出”“要钱没地贷”的双重困境。农村中小金融机构通过发展“关系型贷款”可以对潜在客户进行有效甄别，满足涉农企业融资的需要，同时对农户提供创业贷款。同“三农”“小微”合作中，可以帮助其规范管理机制和融资渠道，参与到企业日常管理，扩大信用贷款规模。从长远看，农村金融市场需求旺盛，涉农企业规模小、信用低、透明度差的持续决定了资金需求缺口长期存在，发展关系型贷款，也是保证长期竞争优势的重要手段。

4. 农村中小金融机构“做大”不如“做强”

“做大”不如“做强”。精细化、流程化、差异化是地区农合行发展的突破口，按照现代企业治理入手，提升银行内部治理。变被动的调整为主动革新，结合本地市场的特征，结合市场需求，推进农合行股份制改革。进一步完善业务经营机制、风险管理防控机制、法人治理运行机制、员工绩效激励机制、银行内部审计机制，真正实现农合行的体制、机制转型。

---

① “信贷配给”，即相同市场利率给所有中小企业一个固定的贷款额度。

第14章

中国农业发展银行的实践与探索

1993年11月，党的十四届三中全会作出《关于建立社会主义市场经济体制若干问题的决定》，明确了金融体制改革的任务，提出建立政策性银行，实行政策性业务与商业性业务分离。1994年4月19日，国务院发文批准组建中国农业发展银行（以下简称农发行）。在我国建立社会主义市场经济体制、深化金融体制改革、加强农业基础地位的背景下，国内唯一一家专门以支农为己任的农业政策性银行诞生了。农发行直属国务院领导，主要职责是按照国家有关法律法规和方针政策，以国家信用为基础筹集资金，承担国家规定的农业政策性金融业务，代理财政支农资金的拨付，为农业和农村经济发展服务。目前，农发行共有31个省级分行、303个二级分行和1838个营业机构，在职员工5万多人，服务网络遍布中国大陆。截至2013年末，贷款余额25026.8亿元，不良贷款率0.71%，实现经营利润490.1亿元，净利润141.4亿元，全年纳税158亿元。在2014年7月《财富》杂志公布的世界500强企业名单中，农发行排名第491位。

一、改革发展总体情况

建行20年来，特别是2004年国务院第57次常务会议以来，在党中央、国务院的坚强领导和有关部门的大力支持下，农发行深入推进内部综合改革，坚持在改革中发展，在创新中前进，积极探索社会主义市场经济条件下办好农业政策性银行的新路子，着力打造现代银行的体制机制，着力拓宽支农领域、强化政策性职能，为促进农业农村经济社会发展做出了突出贡献。

（一）发展历程

20 年来，随着我国农业农村形势发展变化、党和政府扶持“三农”政策力度不断加大，农发行的支农功能几经调整，大体经历了三个发展阶段，每个阶段都鲜明地体现了我国经济金融和“三农”发展的时代特征，留下了农发行为落实国家政策尽职履责、改革创新的印迹。

1994～1998 年，为组建起步阶段。农发行接收了由中国人民银行、中国工商银行、中国农业银行划转的贷款 2592 亿元，按照国务院确定的业务范围，农发行初步建立了粮棉油收购资金供应管理工作机制，加大对国家扶贫攻坚和农业综合开发等方面的信贷投入力度，平均每年投放信贷资金 1500 亿元左右，为促进农业和农村经济的发展发挥了积极作用；建立了总、省、地、县四个层级的机构体系，业务实现了基本自营，为农发行进一步发展、更好发挥职能作用奠定了必要的组织基础。

1998～2004 年，为专司粮棉油收购资金供应和管理阶段。1998 年，国务院决定推进粮食流通体制改革，1999 年，推进棉花流通体制改革。为使农发行集中精力做好粮棉收购资金封闭管理工作，国务院对农发行业务范围进行调整，将农业开发、扶贫等专项贷款以及粮棉企业加工和附营业务贷款划转有关商业银行。农发行集中精力做好粮棉油收购信贷资金供应，强化落实收购资金封闭管理。农发行适应粮棉流通体制市场化改革的新形势，调整管理思路，创新和完善信贷管理制度，基本实现了当期收购资金封闭运行，从根本上解决了困扰各级党政多年的粮棉收购“打白条”问题，保护了种粮种棉农民的利益，确保了国家宏观调控目标的实现和粮食安全，促进了粮棉流通体制改革的顺利进行；同时，大力推进内部规范化管理，向中央银行借款和国家财政补贴逐年减少，初步实现了保本经营。

从 2004 年至今，为建设现代农业政策性银行阶段。党的十七届三中全会、中央连续 11 个一号文件，对农发行加强信贷支农提出明确要求。2004 年国务院第 57 次常务会议对农发行改革发展作出专门部署。农发行新一届党委深入贯彻落实党中央、国务院有关大政方针，确定了按现代银行要求打造农发行的基本思路，提出了建设一流现代农业政策性银行的战略目标，明确了建设新农村的银行的历史使命，紧紧抓住中央强农惠农富农和新农村建设的重大历史机遇，贯彻中央关于农发行要在“三农”发展中“发挥骨干和支柱作用”的要求，积极拓展业务领域，切实强化支农功能，先后确定了“一体两翼”和“两轮驱动”业务发展战略，形成了多方位、宽领域的信贷支农格局，业务得到了快速发展；始终坚持改革创新，全面推进内部综合改革，建设现代银行体制机制取得重大进展，狠抓基础管理和基层行建设，严格防控风险，提高经营效益，实现了由主要依靠财政补贴向具有较强内生性可持续发展能力的转变，探索有中国特色农业政策性银行新路子取得积极成果。

（二）改革发展简要情况及成效

20 年来，特别是 2004 年以来，农发行认真贯彻落实党中央、国务院有关方针政策，坚持改革创新，不断强化政策性职能，努力打造现代银行体制机制，支农作用日益凸显，发展活力明显增强，整体实力大幅提升，实现了跨越式发展，开创了改革发展的新局面。

1. 信贷支农做出重要贡献

农发行始终坚持政策性银行方向，坚守服务“三农”的职责，积极拓宽业务范围，基本涵盖了“三农”发展的各个领域。2013 年末，贷款余额达到 25026.8 亿元，比 2004 年末增长了 2.5 倍，是 1994 年末的 7 倍。10 年来，累放粮棉油收储贷款 3.7 万亿元，每年支持的粮食收购量占商品量的 60% 左右、棉花收购量占总产量的 50% 左右；累放产业化龙头企业、加工企业和农业科技等贷款 1.3 万亿元，为保护农民利益、发展现代农业、维护国家粮食安全和市场稳定作出了不可替代的重要贡献。以水利和新农村建设为重点，大力支持农业农村基础设施建设，累放贷款 1.4 万亿元，共支持各类项目 8156 个，为改善农村生产生活条件、推动城乡发展一体化发挥了重要作用。积极支持扶贫开发，2007 年以来累放贷款 6300 亿元，促进贫困地区巩固温饱成果、加快脱贫致富、提高发展能力。积极推进业务、产品和服务创新，先后开办中间业务、国际业务和投资业务，服务“三农”的广度和深度不断拓展，金融服务功能不断增强。

2. 体制机制发生根本性转变

2004 年以来，农发行认真贯彻国务院第 57 次常务会议精神，全面推进内部综合改革，先后出台数十项改革创新举措，建章立制 300 多件，初步构建了现代银行的框架体系。深化组织体系和干部人事、劳动用工、收入分配制度改革，队伍活力显著增强；深化经营机制改革，建立了以绩效考评为核心的新机制，经营活力显著增强；深化内控机制改革，建立了比较完善的内控体系，风险防控能力显著增强；大力推进信息科技建设，现代银行信息系统主体架构基本形成，科技支撑能力显著增强。通过改革创新，为建设一流现代农业政策性银行打下了坚实基础，并为深化外部配套改革创造了有利条件。

3. 可持续发展能力显著提升

农发行坚持速度、结构、质量和效益相统一，狠抓内部管理，加快有效发展，可持续发展能力显著增强。2013 年与 2004 年相比：一是资金自给率由 16% 提高到 88.4%。共发行政策性金融债券 2.9 万亿元，债券余额由 408 亿元上升到 17739 亿元，对公存款由 756 亿元增加到 4111 亿元，农发行已成为全国银行间市场第三大发债主体，走出了一条以市场化发债为主、存款组织为辅，自求资金平衡发展的新路子。二是不良贷款率由 18.8% 降至 0.71%，不良贷款余额由 1352 亿元减少为 178.6 亿元。三是拨备覆盖率由 5.3% 上升到 445.6%，高于监管标准 295.6 个百分点；拨贷比由 1% 上升到 3.18%，高于监管标准 0.68 个百分点；资本性质的资金增加 1166 亿元，其中转增资本 35 亿元，所有者权益增加 442 亿元，风险拨备增提 724 亿元。四是经营利润由 24 亿元增加到 490.1 亿元，累计实现经营利润 2226.6 亿元；人均利润由 4.7 万元上升到 94 万元；资产利润率由 0.33% 提高到 2.01%；成本收入比由 67.3% 下降到 19.8%，大大低于同业水平。五是年上缴国家税收由 26 亿元增加到 158 亿元，增长 4.9 倍。六是案件数量由 2004 年以前年均 51 件降至最近 3 年年均 7 件。在国家没有增加注资、没有剥离不良资产的情况下，实现了内生性可持续发展。

4. 员工队伍的凝聚力、战斗力显著增强

农发行坚持“两手抓、两手都要硬”的方针，坚持以人为本、构建和谐，改革干部人事制度，加强领导班子建设，实施人才强行战略，大规模开展培训，推进企业文化建设，加强反腐倡廉建设，坚持从严治行、勤俭办行，持之以恒狠抓作风建设。农发行各级行领导班子治行理政能力明显提高，队伍素质明显改善，凝聚力、战斗力显著增强，形成并不断巩固发展了“风正、气顺、心齐、劲足、绩优”的良好局面。

二、支持“三农”发展情况

建行 20 年来，农发行认真贯彻落实党和国家关于“三农”发展的各项方针政策，切实履行职能，不断加大支农力度。特别是 2004 年以来，农发行始终把执行国家政策与实现可持续发展有机结合起来，着力拓展业务领域，突出支持重点，先后实施“一体两翼”和“两轮驱动”业务发展战略，支农功能不断增强，在促进农业农村经济社会发展中的地位和作用日益突出。

（一）全力支持粮棉油收储，维护国家粮食安全和市场稳定

粮棉油收购贷款是农发行的传统业务，建行以来一直在农发行信贷结构中占据主导地位，是农发行发挥政策性职能的重要手段。随着国家粮棉油购销政策的调整变化，农发行始终坚持把支持粮棉油收储作为立行之基和业务发展的重中之重，统筹政策性收购和市场化收购，及时足额供应收购资金，推行收购资金封闭运行管理，探索形成了一套行之有效的信贷管理办法，从根本上解决了困扰各级党政和社会各界多年的粮棉油收购“打白条”问题，在保障国家粮食安全和重要农产品有效供给、保护农民利益等方面发挥了不可替代的重要作用。

1. 支持粮棉油肉食糖生资等重要农产品储备

作为一个向市场经济转型的农业和人口大国，中国的农产品储备有着非凡的意义。确保农产品政策性储备信贷资金供应始终是农发行基本的信贷政策。

支持国家和地方粮食储备。农发行严格按照国家有关部门下达的中央储备粮计划，坚持“严格准入，钱随粮走，库贷挂钩，封闭运行”的原则保证资金供应，确保国家粮食宏观调控政策顺利执行，为维护市场稳定和确保粮食安全做出重要贡献。一是保护了种粮农民利益。农发行积极配合国家粮食收储政策保证收购资金供应，充分发挥政策性支农资金的信贷杠杆作用，有效稳定粮食市场价格，确保种粮农民及时出售余粮，获得合理收益，从而调动农民种粮积极性，促进粮食生产稳步增长。二是增强了国家对粮食市场的宏观调控能力。农发行为国家建立粮食储备制度提供有效信贷支持，配合国家直接掌握一定规模的粮食资源，有效提升政府实施粮食宏观调控的能力和水平。三是确保了国家粮食安全。农发行保证中央储备贷款资金供

应，有利于国家直接掌握稳定的中央储备粮调控粮源，有效调节粮食余缺，发生重大自然灾害或其他事件时，保障粮食供给。同时，农发行积极供应地方储备粮收购资金和轮换资金，支持地方政府和承储企业做好地方储备粮的管理工作。

国家储备棉是国家实施棉花市场宏观调控的重要载体，是引导棉花生产、调剂棉花丰歉的重要手段。农发行积极做好信贷资金的供应和管理工作，确保国家储备棉收储、轮换以及进口等业务的资金需要，对国储棉贷款实行库贷挂钩、储贷销还，封闭管理，保证贷款的良性循环和信贷资金的安全，配合国家做好储备棉的收储、轮换、出库及进出口等工作。

此外，农发行还根据国家宏观调控需要，先后开办肉类、食糖、化肥等专项储备信贷业务，通过储备的吞吐调节，保障重要农产品有效供给，促进了国家宏观调控政策的实施，维护了市场稳定。

2. 支持国家粮棉油托市收购政策实施

为保护和调动农民的种粮积极性，调节粮食供求，增强国家调控粮食市场能力，2004 年 6 月以来，国家出台并先后 8 年在粮食主产区启动稻谷、小麦最低收购价政策，2007 年以来在东北等省区多次实施玉米、大豆、油菜籽临时收储政策。农发行作为唯一执行粮食最低收购价政策的金融机构，严格执行最低收购价水平、实施范围、适用时间和贷款管理方式的要求，认真做好最低价收购贷款的发放和管理，为粮食最低收购价政策的顺利实施发挥了重要作用。全力保证粮油托市收购信贷资金需求，累计发放最低收购价贷款 5356. 77 亿元，支持收购小麦 4140. 74 亿斤、收购稻谷 1367. 78 亿斤；累放临时收储贷款 4967. 58 亿元，支持收购玉米 2842. 67 亿斤、大豆 380. 13 亿斤、油菜籽 395. 27 亿斤，确保了国家最低收购价和临时收储政策的顺利实施。2011 年以来，国家连续 3 年实行棉花临时收储政策，农发行累放临储贷款 3389. 34 亿元，有效调节了市场供应，维护了棉花市场稳定。

3. 支持粮棉等农产品市场化收购

随着粮食市场全面放开和相关政策调整，我国粮食市场呈现收购主体多元化和收购渠道多样化格局，农发行积极支持粮棉市场化收购，坚持在不打“白条”的情况下防控风险的指导思想不动摇，按照市场定价、企业自主、控制节奏的原则，支持多渠道主体入市收购，合理布局收购企业，保证不出现收购空白点。2004 ~ 2013 年末，农发行累放粮食市场化收购贷款 9668 亿元，支持收购粮食 16793 亿斤。

（二）大力支持农村基础设施建设，推进城乡发展一体化

支持农业农村基础设施建设，是新时期解决“三农”问题的重点难点，也是党中央、国务院赋予农发行的重要职责。党的十七届三中全会、连续多年的中央一号文件和中央的一系列工作会议，对进一步发挥农发行政策性银行职能，加大力度支持农业农村重点领域和薄弱环节等方面提出明确要求。党的十七届三中全会《决定》明确要求：“加大政策性金融对农业开发和农村基础设施建设中长期信贷支持。”2010 年中央一号文件强调：“加大政策性金融对农村改革发展重点领域和薄弱环节支持力度，拓展农业发展银行支农领域，大力开展农业开发和农村基础设施建设中长期政策性信贷业务。”2011 年中央一号文件提出：“在风险可控的前提下，支持农业发展银行积极开展水利建设中长期政策性贷款业务。”2013 年城镇化工作会议提出要“发挥好现有政策性金融机构在城镇化中的重要作用”。2014 年中央一号文件指出：“支持农业发展银行开展农业开发和农村基础设施建设中长期贷款业务，建立差别化监管体制。”

农发行认真贯彻中央统筹城乡发展、推动城乡发展一体化等战略部署，着力打造建设新农村的银行的品牌形象，并积极探索以城镇化带动农业现代化、新农村建设的信贷支持模式，不断改善农村生产生活条件。2007 年 2 月，银监会正式批准农发行开办农村基础设施建设贷款业务。在国家有关部门的大力支持下，农发行陆续开办农村基础设施建设、农业开发、县域城镇建设贷款，建立起以支持水利建设和新农村建设为主的信贷产品体系，覆盖新型城镇化和“三农”协调发展的重点领域和薄弱环节。

1. 推动水利建设

水利是农业生产的命脉。农发行坚持以国家水利政策为导向，以支持农田水利基本建设为重点，积极探索政策性银行支持水利建设的运营模式，切实加强同地方政府、水利部门的战略合作，积极探索拓宽水利建设项目还款来源，创新担保方式，扎实推动水利建设中长期政策性贷款业务开展，提高了农业综合生产能力，巩固“三农”基础。2013 年当年发放水利建设贷款 647 亿元，占全国水利建设投资的 15%，成为金融支持水利建设的主力。2007 ~ 2013 年末，累放水利建设贷款 3114 亿元，支持项目 2320 个；累计支持病险水库除险加固 3296 座，增加蓄水 100 亿立

方米，增加或改善灌溉面积 4103 万亩，解决 4044 万农民饮水问题。

河南省林州市历史上是个“十年九旱、水源奇缺、水贵如油”的穷山区，20 世纪 60 年代修建了举世闻名的“红旗渠”跨省调水工程，改变了林州的面貌。改革开放以来，随着工农业生产迅速发展和上游山区对水资源的开发利用，林州水资源供需矛盾日益突出。马家岩水库是一座直接向红旗渠补充水源，同时兼顾发电的综合利用枢纽工程，是省重点建设项目，总投资 20098 万元。其中：中央 8000 万元，河南省 4000 万元，安阳市 600 万元，林州市 3450 万元，农发行及时提供了剩余缺口资金 4048 万元，保证了工程早开工、早建成、早见效。2012 年 6 月该项目建成投入使用后，每年向红旗渠补水约 4540 万立方米，大大缓解了红旗渠灌区用水紧张的状况。

2. 推进新农村建设

农发行牢牢抓住新农村建设的重大历史机遇，及时推出新农村建设贷款产品，加大对农村土地整治和农民集中住房建设的支持力度，有效破解了工业化、城镇化缺地，新农村建设缺钱，耕地保护缺动力，城乡统筹缺抓手的难题。截至 2013 年末，累放农村土地整治贷款 4474 亿元，支持项目 2035 个，累计支持复垦土地 74 万亩，新增耕地 94 万亩，置换出城镇建设用地 84 万亩；累放农民集中住房贷款 2087 亿元，支持项目 790 个，期末贷款余额 1758 亿元；新建农民集中住房区 1068 个，新增农民住房面积 12840 万平方米，农村危房改造面积 3194 万平方米、共惠及 106 万农户。

促进“四化同步”和推动城乡发展一体化是党中央、国务院的重大战略部署，农发行着眼于城镇化与农业现代化、新农村建设协调推进，不断探索和创新信贷支持模式。山东省德州市以农村新型社区和农村产业园区“两区同建”为抓手，大力推进传统农区农民就地城镇化。农发行及时跟进，2013 年将德州市列为农村新型城镇化建设试验区，与德州市政府签署战略合作框架协议，给予 50 亿元授信额度，建立了总行区域授信总额控制、分行行使单个项目审批权限的区域信贷管理模式，近年来累计投放新农村建设贷款 43.38 亿元，支持建设项目 19 个、建设农村社区 34 个，拆迁村庄 131 个，安置村民 3.6 万户、11.3 万人，建设安置楼面积 426 万平方米，腾空土地 2.4 万亩，有力推动了德州市农村新型城镇化建设。通过积极推进农民居住向社区集中、就业向园区集中、土地向适度规模集中，加快了城乡居民公共服务均等化，广大农民安居乐业，过上了城里人的生活。

3. 支持农村交通建设

这缓解了农民出行难问题，增强了城镇对农村发展生产、改善民生的辐射带动作用。截至2013年末累计投放贷款1846亿元，支持项目1238个，期末贷款余额1530亿元，支持新增和改善农村公路173万公里。

“蜀道难”是从古至今巴渝地区的真实写照，即使在科技日益发达的今天，出行难仍然是山区农民发家致富的主要瓶颈。为了提升重庆农村路网营运能力，改善农民生产生活条件，“十一五”期间，农发行重庆市分行累计投放贷款156.98亿元，支持重点农村路网村村通、农村公路改扩建等农村路网建设项目52个，涉及全市20多个区县，改扩建乡村公路达1.7万余公里，满足了数百万农民的安全顺利出行，打破了大部分农村地区自然封闭的现状，促进了农村资源的合理开发，使城乡之间联系更为紧密，推动了城乡一体化进程。该行支持的重庆市农村县际联网公路工程建设项目，贷款金额41亿元，期限15年。目前项目已建成并投入使用，连接了全市约70%的乡镇，近2500万人受益，处置常年易滑坡路段150多处，常年病、险路段80多处，优化路线约125公里，全面打破了千百年来一直制约着渝东南等边远山区人民走出大山、奔向富裕生活的交通屏障。

4. 支持公共基础设施建设

这弥补了部分公共服务设施建设不足问题，推动了公共服务均等化。累计投放贷款1501亿元，支持项目1205个，期末贷款余额907亿元；支持新建或改扩建供排水设施7.4万个、污水处理厂312个、垃圾处理站285个，新增供暖面积1.5亿平方米。

湖北省十堰市是南水北调丹江口水库的主要淹没区和核心水源区，为确保“一江清水送北京”，湖北省农发行十堰市分行支持南水北调工程建设和库区移民安居乐业工程项目46个，累计投放贷款53亿元，支持库区从源头污染治理，到新建库区移民居住新区、办“绿色产业”，为确保南水北调中线清水长流发挥政策性金融的支撑作用。该行已对4个污水处理项目投放贷款1.7亿元，年处理污水3100万吨。其中，郧县城关污水处理厂是丹江口库区水污染防治规划中的一个重点项目，农发行十堰市分行发放专项贷款6000万元支持项目建设，该污水处理厂占地50亩，日处理2.5吨污水，于2009年11月建成，2010年11月通过湖北省环保厅验收。目前，沿汉江库区有 19 个污水处理厂正在兴建和筹建之中，工程全部完工后，将有效解决南水北调污水处理难题，为一江清水设立了一道道“过滤网”。

5. 支持农业生态环境建设

农发行积极发挥政策性银行在支持节能环保、低碳经济和循环经济中的作用，致力开展绿色信贷，在信贷项目评审中严格实行环保“一票”否决制，重点支持节能环保、再生能源、水污染治理、水资源节约等项目。大力支持农村人居环境建设，支持农业生产环境综合治理，控制面源污染，促进农村生态环境改善。截至 2013 年末，累计投入贷款 683 亿元，支持项目 568 个，期末贷款余额 413 亿元；支持改造中低产田 251 万亩，新增林地 807 万亩，湿地保护 33 万亩，治理荒漠化石漠化 86 万亩。2013 年投放支持环保和节能减排贷款 156 亿元，年末贷款余额 650. 11 亿元，其中支持生态及生活环境改善的贷款 511. 81 亿元、占比为 78. 73%，能源综合利用改造项目 110. 18 亿元、占比 16. 95%，循环经济试点 9. 85 亿元、占比 1. 51%，废弃物资源利用、节能减排技改项目等 18. 27 亿元、占比 2. 81%。

江西省会昌县境内河网密布，川谷溪涧多，全县共有大小河流 319 条，水利资源极为丰富。农发行于 2009 年 7 月和 12 月累计发放贷款 1 亿元，支持会昌县白鹅峡水电站项目建设，积极推进资源优势转变为经济优势。自 2011 年 1 月发电以来，三年总共发 2 万度电，发电产值约 7100 万元，上缴税收 500 多万元。水电建设项目的综合利用，改善了农村能源结构，保护了一方绿水青山，促进了生态良性循环，直接解决了当地 6000 多户农户生活生产用电，当地农民基本上实现了“薪改电”“煤改电”的燃料应用改造，每年将减少薪柴消耗 14 万吨，保护森林植被面积约 40 万亩，减少二氧化碳排放 9 万吨。同时，白鹅峡水电站属于可再生能源发电项目，符合清洁发展机制（CDM 项目）范畴，项目所发电力将有效替代部分电网电力，可以避免相应的温室气体排放，为当地的可持续发展做出贡献。

（三）积极支持农业产业化经营，促进现代农业发展

适应农业现代化发展要求，农发行以粮棉油生产、加工和流通等环节为重点，大力支持农业产业化龙头加工企业、农业科技开发和农村流通设施建设，促进农业产业化经营，积极支持农业小微企业发展。

1. 支持产业化龙头企业和加工企业

重点支持一批符合国家政策导向、产业关联度高、行业带动力强、就业吸纳力大、成长性好的产业化龙头企业和加工企业，将信贷支持延伸至生产、加工和销售环节，覆盖至种粮大户、家庭农场、农民合作社等新型生产经营主体，实现多方共赢。2004～2013 年，累放粮棉油产业化龙头企业和加工企业贷款 11274 亿元，支持企业 3454 个，支持龙头企业发挥辐射带动作用、促进了农民增收，有效地解决了龙头企业贷款难问题。与此同时，支持非粮棉油产业龙头企业发展，贷款范围涵盖林业、水果、茶业、中药材、园艺和其他类行业，拓展农民就业和增收渠道。累计发放非粮棉油产业化龙头企业贷款 1557. 26 亿元，目前支持企业 1062 家，年均带动辐射农户 346 万户，新增就业机会 76. 3 万个，户均增收 9334 元。

2. 促进农业科技创新

科技是农业提质增效的重要支撑。《国家中长期科学和技术发展规划纲要(2006－2020 年)》明确提出，“中国农业发展银行对农业科技成果转化和产业化实施倾斜支持政策”；2012 年中央一号文件中又明确提出“支持农业发展银行加大对农业科技的贷款力度”。农发行积极承担起支持农业科技创新的职责，2006 年获批开办农业科技贷款业务，并于 2008 年 7 月与科技部联合发布了《关于进一步加强金融与科技合作大力推进农业科技成果转化和产业化的通知》，探索并逐步建立“科技部门推荐、银行独立审贷、双方联合监管”的工作机制，共同建立了农业科技贷款项目库。围绕提高农业综合生产能力，农发行切实加大对农林牧渔等领域的新品种、新技术、新设备、新产品等信贷支持力度，重点支持优良品种、节水灌溉、农产品加工、农业机械等方面的科技成果转化和产业化，助推农业产业转型升级。创新信贷运行模式，制定倾斜信贷支持政策，积极推动农业科技贷款与涉农产业基金、金融租赁及融资担保业务对接。既支持了像隆平高科等一批农业产业化重点龙头企业，同时培育和扶持了包括大禹节水、史坦利化肥等一大批中小科技型企业。2013 年累计投放农业科技贷款 455 亿元。

3. 推动农村流通体系建设

市场化是农业现代化的必由之路。自 2007 年获批农村流通体系建设贷款以来，农发行紧紧围绕适应现代农业发展要求的大市场大流通，以农产品批发市场、农产品物流仓储配送中心及农村日用消费品配送项目为重点，大力支持农村流通基础设施建设、现代流通方式和新型流通业态发展。充分发挥龙头企业的资源整合和辐射带动作用，提高农村流通的组织化和集约化程度；立足体现区域特色和产业特色，重点支持实现工业品下乡、农产品进城的双向流通体系；优先支持有关国家部委和地方党政积极推广的项目。农发行已经贷款支持了一批在行业中影响力较强的企业，例如江苏南京农副产品物流配送中心有限公司、江苏连云港农副产品批发市场有限公司、山西太原市河西农产品有限公司等，这些企业在农发行的贷款额度均超过 2 亿元。截至 2013 年末，累放农村流通体系建设贷款 502 亿元，支持客户 544 家。其中，农业部“农产品批发市场升级改造工程”项目 21 个，商务部“双百市场工程”“万村千乡市场工程”项目 65 个。

4. 积极支持农业小微企业发展

小微企业融资是世界性难题，支持小微企业是金融机构共同的社会责任。农发行坚持将支持小微企业与履行政策性支农功能相结合，不断强化支农支小功能，积极支持农村小微企业发展。一是积极对小微企业进行信贷支持。从事粮棉油全产业链业务绝大部分是小微企业，农发行以支持收购为切入点，切出专门规模，保障资金供应，将支持范围逐步从收购环节扩展到生产、加工、销售环节，从粮棉油领域扩展到农林牧渔领域。二是针对小微企业特点，不断创新和改进金融服务。适当下放小微企业贷款审批权限、减少审批层级，对续贷实行无缝对接，打通绿色办贷通道。开展创新经营业主联户担保、经济联合担保、经营权质押等各类新型担保方式，在经营网点少的地区推出“商业银行推荐优质小企业客户并提供存单质押担保、农发行承贷”等信贷模式，搭建融资担保与联合增信平台。三是对小微企业实行优惠措施。对小微企业实行优惠利率。在银行同业大幅上调小微企业贷款利率的情况下，农发行对 99% 的小微企业执行基准利率或下浮利率。与国家林业局、国家农业综合开发办等部门合作，争取贷款贴息。规范服务收费，严禁对小微企业收取咨询顾问费、贷款承诺费、资金管理费以及附加不合理条件等，降低企业财务成本。2013 年累放贷款 2846. 7 亿元支持小微企业，年末贷款余额 6455. 8 亿元、占全部贷款的 25%，支持小微企业 12968 户、占客户总数的 49. 43%，不仅有效缓解了小微企业融资难题，也带动了各地就业和农民增收。

（四）积极支持扶贫开发，促进贫困地区加快发展

农发行认真落实中央扶贫开发纲要，根据新阶段扶贫开发有关政策要求，重点支持贫困地区的粮棉油收储、基础设施建设和特色优势涉农产业。对贫困地区申报项目，给以办贷优先、规模倾斜、利率优惠、期限延长等扶持政策，真扶贫、扶真贫，提高支持扶贫开发的精准性，促进贫困地区经济社会发展。据不完全统计，2011～2013 年，在全国 758 个国家级贫困县中（不含西藏），农发行对其中 715 个县累计投放贷款 3084.1 亿元，期末贷款余额 1970.5 亿元。

1. 坚定不移支持粮棉油收储调销

2011～2013 年，农发行累计投放粮棉油收储调销贷款 1608.4 亿元，期末贷款余额 830.2 亿元，支持企业 1190 家，当年支持收储粮食 458.9 亿斤，支持粮食调销 2.03 亿斤；支持棉花收购 359.04 万担，对实现贫困地区农民种植收益、维护区域粮棉安全发挥了重要作用。

2. 大力支持农业农村基础设施建设

2011～2013 年，农发行累放农业农村基础设施建设贷款 656.8 亿元，期末贷款余额 777.8 亿元，支持项目 1346 个，主要投向农村土地整治、农村交通、水利建设、高标准农田建设、移民搬迁、教育医疗等方面，对改善贫困地区农业农村生产生活条件，促进贫困人口脱贫致富发挥了重要的基础性、先导性作用。比如，土地整治方面，甘肃省会宁县支行投放 1.2 亿元贷款支持该县农业产业园区建设。园区建成后，招商入驻北京铜牛服装、祁连雪淀粉等企业 54 家，解决贫困人口就业 2300 人。农村交通方面，四川省宣汉县支行贷款 7000 万元，支持该县红峰乡等 10 条共计 180.3 公里的通乡油路改建工程，缓解了当地农民的“行路难”问题。水利建设方面，云南省文山州分行营业部投放贷款 9200 万元，支持马关县达号水库建设，实现年供水 1800 多万立方米，其中农业灌溉供水 1300 万立方米，工业供水 200 万立方米，有效解决了当地农业灌溉、工业生产和居民生活的工程性缺水问题。高标准农田建设方面，甘肃省分行贷款 3500 万元，支持了条山农场 1.5 万亩高标准农田建设，每亩灌溉用水由 540 立方米降至 210 立方米，亩均增效 530 多元。移民搬迁方面，四川省屏山县支行贷款 2 亿元，支持完成 6 万多山区贫困人口顺利搬迁等等。

3. 积极支持以特色优势产业为重点的农业产业化经营

2011~2013 年，农发行累计投放贷款 748.6 亿元，期末贷款余额 315.2 亿元，共支持农业产业化龙头企业和加工企业 1195 家；加大力度支持农业科技和农村流通体系建设，累计投放贷款 70.3 亿元，期末贷款余额 47.3 亿元，当年支持客户 111 家，对提高农业综合生产能力、加快农业现代化和生产组织方式创新发挥了重要作用。比如，农发行在国定贫困县安徽省霍山县支持龙华竹业有限公司发展竹制品加工业务，全县毛竹基地由 30 万亩扩展到 45 万亩，形成了毛竹种植、砍伐、削片、压片和产成品加工的完整产业链，产品远销欧美，农户种植毛竹收入由 2000 元增长到 7000 元。

（五）积极开展投资业务、中间业务和国际业务，进一步拓宽支农领域

1. 关于投资业务

农发行近几年积极探索发展投资业务，开展多元化、综合化经营，探索将财政资金和银行资金以及社会资金整合起来以多种投资支农的新方式。参与发起设立的中国农业产业发展基金、现代种业发展基金和北京先农投资管理有限公司正式投入运营，已投资项目 7 个，投资额超过 10 亿元，带动财政、社会资金 24 亿元投向“三农”领域。2013 年 9 月 25 日首期发放信贷资产支持证券 12.74 亿元，是国内第一只以公开招标方式成功发行的信贷资产证券化产品，银监会将其作为 2013 年度创新支农的工作亮点。另外，农发行对股权投融资顾问、金融租赁、对公理财、融资担保等业务进行了积极探索。

2. 关于中间业务

2004 年以来，农发行立足完善金融服务功能，更好满足客户需要，依托主体业务，充分利用现有网络优势，先后开办了保险代理、代收代付、委托贷款、保函业务等中间业务。农发行的中间业务也体现出政策性银行让利于农的特点，收费标准大大低于商业银行。2013 年，农发行中间业务收入 10.5 亿元，保持了十年持续增长的良好势头。

3. 关于国际业务

为满足开户企业的国际业务产品和金融服务需求，农发行于 2006 年组织开办国际业务。除发行或者代理发行股票以外的外币有价证券业务之外，其他业务均已开

办，其中外汇信贷、跨境人民币结算、对外融资性保函、出口信用保险融资、境内外币支付等业务取得较快发展。截至 2013 年末，在全球建立了 513 家代理行，覆盖 65 个国家和地区；全年累计办理国际结算业务 51220 笔，金额 95.17 亿美元；发放外汇贷款 10091 万美元；办理贸易融资业务 1694 笔，金额 18.53 亿美元。

（六）农发行信贷支农的主要特点

作为农业政策性银行，农发行的信贷支农具有以下特点。

1. 坚持把执行政策放在首位，始终根据党中央、国务院有关“三农”的战略部署和政策要求确定信贷支持重点

农发行认真贯彻落实国家粮食安全战略和强农惠农富农政策，坚定不移履行好支持粮棉油收储的职责，充分发挥了收购资金供应主渠道的作用，保证了每年粮棉油收储工作的顺利进行。同时根据城乡统筹和城乡发展一体化要求，不断加大对水利和新农村建设等重点领域和薄弱环节的支持力度，成为支持农业农村基础设施建设的骨干力量。

2. 坚守服务“三农”职责，信贷资金全部投向农业农村

农发行的信贷支持始终不离“三农”领域，不突破监管部门批准的业务范围，牢牢扎根“三农”，支持农业农村经济社会发展。

3. 充分发挥政策性金融的扶持和引导作用

农发行支持的许多项目都是商业银行不愿意做，而地方政府想做又一时无力做的；一些项目为商业银行进入创造条件，弥补了市场缺陷和地方财力不足，突出解决瓶颈制约问题，发挥了雪中送炭、铺路架桥的作用。

4. 始终保持信贷净投放

农发行没有在农村地区吸收公众存款，而是通过发行债券、吸收企事业单位存款等多种形式广泛筹集社会资金回流农业农村，成为城市支持农村、工业反哺农业的一条重要渠道。2004～2013 年末，农发行共发行政策性金融债券 2.9 万亿元，金融债券余额由 408 亿元上升到 1.8 万亿元，企事业等存款余额由 756 亿元增加到 4111 亿元，筹集来的资金全部用于信贷支农，发挥了向农业农村“输血”的功能。

5. 实行优惠支农、让利于农

在商业银行和农村信用社支农贷款利率普遍大幅上浮的情况下，作为政策性银

行，农发行执行基准利率的贷款一直在 90% 以上，很多项目还下浮了利率，利率上浮的不足 1%，实行利率上浮贷款的定价也明显低于当地商业银行同类项目利率水平。

6. 注重在结合上做文章

农发行坚持把中央的政策要求与地方的支农重点相结合，政策性信贷资金和财政支农资金相结合，产业发展和农民增收相结合，新农村建设和城乡发展一体化相结合，增强支农效果。

7. 防控信贷风险

在确保落实国家政策的前提下防控信贷风险，特别是在粮棉油收储信贷业务方面，农发行坚持在不打“白条”的前提下防控风险，把执行国家政策、保护农民利益放在第一位，同时切实加强贷款管理，不断创新管理手段，严格落实各种管控措施，坚守不发生系统性区域性金融风险底线。

三、内部综合改革重点及成效

2004 年国务院第 57 次常务会议对农发行改革发展提出了明确要求：坚持做好粮棉油储备贷款的供应和封闭运行管理；严格区分政策性业务与商业性业务；要深化改革，精简机构，减少行政色彩，按照现代银行要求加强内部管理，建立严格的内控机制，降低财务成本，提高效益，防范化解风险。10 年来，新一届农发行党委认真落实这一会议精神，深入推进内部综合改革，确定了按现代银行要求打造农发行的基本思路，提出了建设现代农业政策性银行的战略目标，启动研究组织体系和三项制度、经营机制、内控机制、科技支撑、企业文化建设等六大改革专题，制定实施《中国农业发展银行 2005 ~ 2007 年内部综合改革纲要》，先后出台数十项改革创新举措，建章立制达 300 多件，初步建立了现代银行框架体系，向建设一流现代农业政策性银行目标迈出了坚实步伐。

（一）及时调整发展战略，不断强化支农职能

10 年来，农发行坚持政策性银行方向不动摇，及时根据中央政策要求调整业务发展战略，不断提升服务“三农”的能力。“十一五”期间，牢牢抓住中央强

农惠农富农和建设新农村的重大历史机遇，积极拓展支农领域，确定了“一体两翼”的业务发展战略，由过去单一支持粮棉油收储业务，转变为以粮棉油收储信贷业务为主体，以农业产业化经营和农业农村中长期信贷业务为两翼，以中间业务为补充的多方位、宽领域的支农格局。在谋划“十二五”时期改革发展过程中，结合农村金融服务形势的新变化、党和国家对“三农”工作的新要求，将业务发展战略适时调整为“两轮驱动”，即着力发展粮棉油全产业链信贷业务，着力发展农业农村基础设施建设中长期信贷业务，并针对农村直接融资不足的问题开办了投资业务。由于业务发展战略紧扣中央政策要求、符合银行办行规律，农发行的支农功能不断加强，支农成效日益显著，取得了良好的社会效益和经济效益，在维护国家粮食安全、发展现代农业、保护农民利益、改善农业农村生产生活条件等方面作出了重要贡献。

（二）深化组织体系和三项制度改革，为长远发展奠定组织基础

大力推进组织体系改革，在总行和省级分行设立贷款审查、财务审查、资产保全、内部监督等专门委员会，不断提高科学决策水平；整合各级行内设机构，完善经营管理职能，形成了分工合理、有效制衡、精简效能的部门组织架构；打造二级分行经营管理基础平台，强化县级支行业务经营职能，建立分支机构动态管理机制。

改革干部人事管理，全面提升队伍素质。坚持干部队伍“四化”方针和德才兼备标准，深入开展“四好”领导班子创建活动，选好配强各级行领导班子，加大培养使用年轻干部力度，班子结构明显改善，治行理政能力明显提高。实施人才强行战略，建立专业人才库，通过高管轮训、境外培训、党校培训等多种方式，开展全方位、大规模、多层次的现代银行知识和操作技能培训，加强人才培养和使用，提高干部队伍整体素质。推进干部制度、用工制度和收入分配制度改革，建立公开选拔、竞争上岗为主的竞争性选人用人机制，推行管理岗位、业务岗位双线运行的新的职位管理体系；新招聘员工采取市场化运作，实行全员聘用合同制管理和员工持证上岗；建立全行统一的薪酬制度，推行岗位绩效考核和业务岗位管理，初步实现了员工能进能出、干部能上能下、收入能多能少，极大调动了广大干部员工的积极性和创造性。

（三）深化经营机制改革，建立有效的激励约束机制

为既执行好国家政策，又能提高经营效益、实现可持续发展，农发行不断深化经营机制改革，完善经营绩效考评机制和与之相挂钩的资源分配机制。2005 年以来，农发行从政策性银行办行规律和经营特点出发，建立了以效益和质量为主体的经营绩效考评办法，以资产利润率、收入成本率、不良贷款率、人均存款等七项经营指标为主体对各级行的经营绩效进行考评，客观公正地评判各行的经营成果。同时，建立与绩效考评结果挂钩的资源配置机制，以效益为出发点，实行信贷计划、财务资源、工资总额与绩效考评结果挂钩的分配机制，优化经营资源配置，强化激励约束，调动了各级行发展业务、改善经营、讲求核算、提高效益的积极性，经营业绩连创新高。

建立市场化筹资机制，大力筹集社会资金回流农业农村，改变了过去单纯依靠人民银行再贷款的局面，形成了以市场发债为主、对公存款和同业拆借为补充的多元化筹资模式，为加大支农力度提供了坚强后盾。目前，农发行已跃居全国银行间市场第三大发债主体，总体发行量占全国银行间市场债券发行总量的 8.46%，占政策性金融债券的 23.46%。自 2012 年首次赴港发债以来，已在境外筹集资金 90 亿元。采取多种方式加大低成本存款组织力度，先后开办了信用拆借、票据交易、同业存款存出和现券买卖等业务，构建短期流动性的二级储备体系，对调剂头寸余缺发挥了重要作用。

完善财会制度，加强精细化管理。农发行始终坚持艰苦奋斗、勤俭办行，从紧从严管理财务资源，深挖管理潜力，提高资源使用效率。推行财务公开，财务公示和大额支出集体审议等制度已经全面落实，推行了县支行费用开支报账制。财务费用配置逐步由保障型转向激励约束型，在保人员工资、保开门营业的基础上，逐年加大挂钩奖励力度。规范固定资产管理，全面清理核查划转财产、租赁资产、账外资产等，摸清固定资产底数，将账外资产纳入账内核算；完善集中采购制度，推行招标采购模式，实行前、后台相互制约，既有效提高了资金使用效益，又防范了道德风险。

（四）深化内控机制改革，有效防控信贷风险

构建审贷分离的信贷管理组织架构体系和前后台制约的风险管理组织体系，

2005 年在总、省、地层面设立了信贷和风险管理部门，为充分发挥职能作用奠定了组织基础。完善治贷制度，实行审贷分离、前后台制约，建立贷前调查评估、贷中审查审议、贷后监测清收三个中心，健全贷审会制度，建立信贷准入和退出机制；建立严格的一级法人体制下的授权管理体制，实施差别授权、特别授权并实行动态管理，下放了二级分行商业性流动资金贷款审批权限，上收县级支行贷款审批权，对商业性贷款客户全面推行授信管理。落实涉农贷款和中小企业贷款税前全额拨备损失准备金政策，大幅度提高风险拨备覆盖水平等。

创新内审体制。2005 年初，建立了“垂直为主、分级为辅”的一级法人垂直管理的内审管理体制，实行审计特派制度，按区域设立 6 个内审特派办，作为总行派出机构，对片区内外分支机构开展审计，增强了审计的权威性和有效性。强化总行内审管理职责，强化一级法人对全系统的监督，总行直审力度明显加大，审计质量明显提高。

完善内控评价和监督体系。制定了内控评价办法、评价标准和评价工具，建立由内部控制环境、风险识别与评估、内部控制措施、监督评价与纠正、评价结果运用等方面的全面内控评价体系，填补了农发行内控评价的空白。在全行营业机构实行坐班主任制度，对网点日常业务进行审批、授权和监督。全面实施综合柜员制，推行财会主管委派制，由省级分行向二级分行委派财会主管，强化条线垂直管理。推广会计远程监控系统，通过网络对营业机构柜面情况进行实时监控和事后抽查。

充分发挥纪检监察和巡视工作的监督职能。初步构建了具有农发行特色的巡视工作体制机制。建立分片区巡视制度，推进“四无”创建活动，实行廉洁办贷“十不准”，建立银企廉政共建机制，出台一系列违规违纪处理办法和经济处罚规定，严格责任追究。

（五）建立全新的科技支撑体系，信息化建设实现跨越发展

当代金融发展离不开信息科技做支撑，银行现代化离不开信息科技的现代化。农发行坚持实施科技兴行战略，紧密结合自身业务特点，学习借鉴同业先进经验，推动信息化建设实现了跨越式发展。

2005 年，农发行综合业务系统成功上线，实现了全行数据的集中、应用的集中和 IT 基础架构的集中，并先后通过两次升级改造，形成了以综合业务系统为账务处

理核心、综合前置系统为应用系统接入核心、数据交换平台为数据处理核心的系统架构。2006 年，引进工商银行 CM 系统，经客户化改造成为农发行 CM2006 系统，信贷管理由手工作业跨入信息化行列。初步建成信息安全保障体系，形成包括总行数据中心、同城灾备和珠海异地灾备的“两地三中心”的容灾系统格局，搭建了具有农发行特色的信息安全保障架构。建立了管理信息和决策支持平台，统计集中管理系统、网络视频会议系统、人力资源管理系统等大型软件项目的成功研发上线。牡丹金山卡、网上银行等现代支付结算手段大范围推广应用。

（六）加强企业文化建设，着力构建和谐银行

企业文化是内在凝聚力的核心，更是改革发展的强大精神力量。2004 年以来，新一届农发行党委高度重视企业文化建设，坚持把先进的企业文化作为兴行之魂，着力构建具有农发行特色的企业文化。全行先后两次召开全行企业文化会议，专门组织人员开展专题研究，集中全行智慧，不断丰富和完善农发行价值体系，确定了“中国农业发展银行，建设新农村的银行”的历史使命和宣传语，提炼出“至诚服务、有效发展、以人为本、构建和谐”的核心理念，大力弘扬“尽职、务实、创新、自强”的农发行精神，明确了“建设一流现代农业政策性银行”的共同愿景。

规范形象识别系统塑造视觉文化。聘请专业公司设计 VI 系统并印发 VI 手册，首次形成了完整统一的视觉形象。在全行各级机构统一行徽标识及标准色，规范办公广告宣传品制作，美化营业场所和办公环境；统一窗口员工着装，实行挂牌上岗，悬挂文化展板和名言警句等，向社会展示了全新的视觉形象。

大力推进专业文化、制度文化、行为文化建设，促使企业文化落地生根。各级行精心提炼专业文化理念，编发专业文化手册，制定岗位工作指引，初步形成了既体现现代银行要求又具有农发行特色的客户服务、信贷、风险、内控、廉政等专业文化体系。切实抓好制度文化建设，成立制度委员会，整合出台基本信贷制度、编制操作手册等，使柔性的价值观得到刚性的制度保障，各级行认真学习落实各项制度，实现制度与文化理念的对接，靠制度管人、按制度办事正在成为大家的自觉行为。扎实推进行为文化建设，培养员工规范的职业行为，将企业文化的价值内涵落实到工作实践和员工的行为上，“人人都是农发行形象”的责任意识不断增强，价值理念深入人心。

通过深入推进内部综合改革，农发行初步构建了现代银行框架体系，体制机制发生了根本性变化，经营绩效大幅提高，可持续发展能力显著增强；金融服务功能全面提升，资产质量明显改善，风险防控能力显著增强；充分调动了广大干部员工的积极性和创造性，队伍的凝聚力、战斗力显著增强，全行面貌发生了脱胎换骨、翻天覆地的变化，在国家没有增加注资、没有剥离不良资产的情况下，实现了内生性可持续发展。整体实力的大幅提升，也使农发行在外部评价中屡创佳绩，社会影响力日益增强。在财政部对中管八大银行绩效考评中，农发行由原来的排名末位到近两年连续跻身第 3 名；入选 2013 年中国企业 500 强第 96 位；进入 2014 年财富世界 500 强企业，排名第 491 位。

四、农发行支农与改革发展的主要启示

（一）经验总结与发展启示

如何在社会主义市场经济条件下办好农业政策性银行，没有成熟的模式和现成的经验可供借鉴，历任农发行领导班子团结带领全体员工对此进行了不懈探索，走出了一条有中国特色的现代农业政策性银行的新路子。透过农发行 20 年的改革发展实践，可以给我们带来以下启示。

第一，农发行在农村金融体系中的重要作用不可替代。弥补市场缺陷是政策性银行产生和发展的基本理论依据。我国农业农村基础薄弱、历史欠账多，是全面建成小康社会的重点和难点，缩小城乡差距、消除城乡二元结构，离不开农村金融的支持。然而长期以来，我国农村金融体系不完善，商业性金融由于逐利性很多领域不愿意介入，仅靠商业性金融难以满足“三农”领域旺盛的资金需求。政策性金融的属性和功能恰恰决定了其能够在弥补市场缺陷方面很好地发挥作用，通过政策性金融的先期介入来建立和完善市场，今后越是强调发挥市场在资源配置中的决定性作用，越需要强化农业政策性银行政府调控、政策导向、扶持引领、信用保障等功能。实践证明，农发行自成立以来，紧紧围绕支持粮棉油收储、农村基础设施建设、农业产业化经营、扶贫开发、农业科技等市场发育不足的领域，积极开展信贷支持，充分发挥了政策性银行的职能作用。一方面从社会广泛筹集支农资金，成为引导资

金回流农业农村的重要平台，坚持执行基准利率，有效缓解了“三农”领域融资难、融资贵的问题，真正发挥了“反哺”和“输血”的作用，促进了农业农村发展；另一方面，通过完善农村金融市场，为商业性金融的介入创造了条件，对改善农村金融服务起到了重要的促进作用。

第二，农发行在执行国家政策、服务国家战略方面发挥了重要作用。农发行作为政府的银行和国家宏观调控的工具，贯彻执行好国家有关政策是其根本任务。农发行成立以来，始终坚持把执行政策、服务国家战略放在首位，及时根据国家政策要求调整业务范围和信贷产品。特别是近十年来，不断强化支农功能，加大信贷投放力度，有力地促进了中央“三农”政策的执行和落实。比如，坚决贯彻中央有关粮棉油储备政策，积极配合国家粮棉油储备计划的实施，保证中央和地方储备企业收储、轮换、进出口、仓储设施建设等各项方面的合理资金需要；在国家启动最低收购价和临储政策后，大力支持最低收购价和临储收购，从根本上解决了困扰各级党政多年的“打白条”问题，在维护国家粮食安全和重要农产品有效供给、保护农民利益方面发挥了不可替代的作用。根据党的十七届三中全会精神和历年中央一号文件要求，不断加大对水利、新农村、农业科技等农业农村中长期基础设施贷款的投放，在推动城乡发展一体化方面发挥了积极作用。

第三，政策性银行需要正确处理好社会效益与经济效益之间的关系。政策性银行必须把社会效益放在首位，但在有效执行政策的前提下也要追求自身经营效益，实现可持续发展。只有保持合理的盈利水平，满足财务可持续和改革发展需要，才能打牢履行职能的基础，减轻国家财政负担。如果不讲核算，不计成本，长期经营亏损，连生存都会有问题，更谈不上履行政策性职能。农发行讲求自身盈利但并不是以追求利润最大化为目标，按照国家的总体部署，站在全局角度扶持弱势产业和落后地区的产业发展，坚持执行贷款基准利率，对惠农强农的涉农企业和项目，适当下调利率，坚持让利于企业和农民，取得了良好的社会效益；同时，通过拓宽支农领域、挖掘经营管理潜力、坚持勤俭办行，实现了自身盈利和财务可持续。农发行发展实践证明，政策性银行要树立正确的效益观，必须把执行国家政策、追求社会效益作为最高准则，在此前提下追求自身经济效益，实现两个效益有机统一。

第四，改革创新是推动农发行可持续发展的根本动力。农发行诞生于改革大潮中，也是在改革创新中发展壮大的。我国农业农村形势不断发展变化、国家“三农”政策不断调整变化、农村金融服务需求不断发生变化，针对新形势新情况新任务，农发行不断加强改革创新，及时调整业务发展战略和经营策略，较好地履行了农业政策性银行职责。特别是国务院第 57 次常务会议以来，农发行坚持解放思想、转变观念，不断推进和深化内部综合改革，通过产品创新、管理创新、科技创新、体制机制创新等一系列改革创新举措，不断解决发展中的矛盾和问题，调动了广大员工的积极性和创造性，推动农发行发生了脱胎换骨的变化。可以说，改革创新是农发行近十年来最鲜明的特征，没有改革创新就没有农发行的今天。

第五，自强不息的拼搏精神和有效发展理念使农发行走上了内生性可持续发展道路。国外许多政策性银行需要依靠财政补贴才能维持财务平衡。农发行一度面临历史包袱沉重、业务经营萎缩等困境，而且资本金不足、所享受的财税支持政策甚至还比不上一些商业银行，在这种情况下，农发行没有“等靠要”、没有畏缩止步，而是坚持自力更生、迎难而上，坚持稳健经营、有效发展，坚持勤俭办行、挖潜增效，通过推进内部综合改革深挖经营管理潜力，实现了速度、结构、质量和效益相统一，在国家没有注资、没有剥离不良的情况下，实现了由主要依靠财政补贴向内生性可持续发展的转变。

第六，人才强行战略为农发行可持续发展提供了坚强的人才保障。人才是企业发展的第一要素。农发行始终坚持“两手抓、两手都要硬”，坚持以人为本、构建和谐，注重发挥人力资源的保障作用，把干部队伍建设当做一项紧要任务来抓。特别是 2004 年以来，坚持抓班子、带队伍，选好配强领导班子，提高治行理政能力；深化干部、用工和收入分配三项制度改革，建立了有利于人才脱颖而出的机制，充分调动广大干部员工的积极性和创造性；加强企业文化建设和廉政建设，广泛开展职业培训，不断提高员工队伍素质。同样还是原来那支队伍，但精神面貌和凝聚力、战斗力却发生了质的变化，形成了“风正、气顺、心齐、劲足、绩优”的良好局面，推动农发行实现了跨越式发展。

（二）改革发展面临的困难问题及努力方向

近十年来，农发行在国家既定的政策制度框架内，就推进自身改革发展做了大量工作，也取得了显著成效。但现行体制机制与国家政策要求、与可持续发展不相适应的问题仍很突出，亟待通过推进外部配套改革加以解决。

第一，关于支农业务范围和业务分类问题。各有关方面对农发行的业务范围、政策性业务和自营性业务划分普遍存在分歧，管得过多、控得过死，束缚了农发行进一步拓宽支农领域、加大支农力度的手脚。根据政策性银行的本质属性，农发行开办的各项业务，只要限定在“三农”领域，只要符合国家“三农”扶持政策，有利于改善农村生产生活条件，有利于提高农业综合生产能力和现代农业发展，有利于促进农民增收，体现了对农村重点领域和薄弱环节的支持，都应该允许支持并确定为政策性业务。

第二，法人治理结构问题。目前，农发行实行党委领导下的行长负责制，运行情况总体是好的。不足之处主要是与政府部门政策协调难度大、效率低，不利于高级管理层集中精力抓业务经营和内部管理；高级管理层集决策权和执行权于一身，缺乏相互制衡和支持，面临着较大的决策压力和决策风险。应尽快构建符合我国国情农情和现代银行办行规律的法人治理结构。

第三，资本金补充机制问题。目前监管部门对系统重要性银行和非系统重要性银行的资本充足率要求分别为不低于 11.5% 和 10.5%，国外农业政策性银行的资本充足率通常都在 10% ~15% 之间。而 2012 年末农发行资本充足率仅为 5.79%，资本金缺口很大，急需建立有效的资本金补充机制。

第四，绩效考评和差别监管问题。政策性银行与商业银行的本质属性不同、目标取向不同，因此在绩效考评和监管上应区别对待，实行差别考核和监管。但当前，我国没有专门针对政策性银行的绩效考评和监管办法，在准入政策、合规经营、风险管控、财税货币政策等方面主要比照商业银行执行，不能充分体现出政策性银行与商业性银行的差异性，不利于政策性金融的持续健康发展。

第五，外部激励约束机制问题。农发行工资总额实行指令性计划管理，工资水平与支农业绩、经营绩效没有挂钩，员工收入水平与商业银行差距越拉越大，人才流失日趋严重，也很难引进急需的高端人才，面临着员工队伍老化、部分机构人员短缺、青黄不接的严重局面，在很大程度上制约着农发行可持续发展。

第六，立法问题。目前，我国缺乏专门针对农业政策性银行的法律法规，既不利于农发行依法合规经营，也不利于监管部门依法监管。现有的农发行章程自颁布以来也从未修订，一些内容已经过时、跟不上发展需要，亟待修订完善。

第15章

供销合作系统拓展金融服务的探索与实践

一、农村金融发展现状概述

2013年6月，银监会主席尚福林表示，当前，我国农村“多层次农村金融组织体系基本形成”。央行在2013年4月发布的《中国农村金融服务报告2012》中也指出，“通过多年努力，我国正在形成由银行业金融机构、非银行业金融机构和其他组织共同组成的多层次、广覆盖，功能互补、相互协作、适度竞争的农村金融服务体系。农村金融服务的可获得性进一步提升”。

当前，我国农村地区的主要涉农金融机构有农村信用社、农村合作银行、农村商业银行、村镇银行、小额贷款公司和农村资金互助社，这些机构成为当下涉农的金融主力军。

截至2013年末，全国共组建以县（市）为单位的统一法人农村信用社1690家，农村合作银行122家，农村商业银行468家，村镇银行1071家，贷款公司14家，小额贷款公司7839家，资金互助社49家（见图15.1）。

此外，受巨大的农村金融市场吸引以及国家相关政策的推动，国内一些大中型商业银行近年来也开始积极探索服务“三农”的路径，并形成一些有效的创新模式。一是组建微小信贷专业部门，逐渐实现客户群体的下移。例如，中国银行小企业融资的“中银信贷工厂”服务模式；农业发展银行的小企业贷款模式；农业银行的“三农”金融事业部模式；邮政储蓄银行的北京大兴模式。二是构建向小额信贷

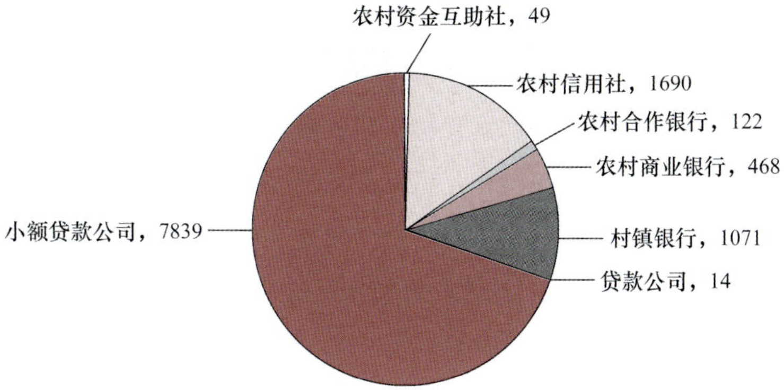

图 15.1　主要涉农机构组成结构（家）

机构提供批发贷款的机制。最具代表性的机构如国家开发银行、农业银行等，以满足部分资金不足的农村金融机构（如村镇银行、小额贷款公司等）的需求。三是投资兴办村镇银行、贷款公司，由村镇银行、贷款公司去发放小额贷款，或者去投资参股、兼并、收购欠发达地区的农村金融机构。四是对小型金融机构提供能力建设支持，特别是 IT 技术、治理结构完善、财务辅导和业务培训等支持，增强它们提供小额贷款的能力。如兴业银行近来与农村金融机构开展的“银银合作”。五是创新金融产品和业务操作方式。例如，农业银行的惠农卡，国家开发银行的“国家开发银行 + 协会 + 企业（农户）”的贷款新模式等。

农村金融领域近几年的另一个重要变化是农业保险的快速发展。目前，农业保险已由试点初期的 5 个省（自治区、直辖市）覆盖到全国。从保险品种看，中央财政补贴的品种已达到 15 个。从风险保障能力看，我国农业保险在实现基本覆盖农、林、牧、渔各主要农业产业的同时，在农业产业链前后都有了新的延伸。数据显示，2012 年，我国开展农业保险业务的保险公司已由试点初期的 6 家增至 25 家，适度竞争的市场环境正逐步形成。

与此同时，金融机构向“三农”的贷款投入也不断增加。据银监会数据显示：2013 年末，银行业金融机构涉农贷款（不含票据融资）余额为 20.9 万亿元，占各项贷款的比重为 27.3%，比年初增加 3.4 万亿元，同比多增 3895 亿元，同比增长 18.5%，比全部贷款（不含票据融资）增速高 4.0 个百分点，实现“两个不低于”目标。

十年来，我国农村金融的改革与发展已取得不菲成绩，但是，农村金融仍然是我国金融体系的薄弱环节，农民贷款难等问题依然突出。

（一）多元化的农村金融组织体系尚未建立

尽管农村金融改革的目标一直强调初步建成商业金融、合作金融、政策性金融“三位一体”的功能互补、相互协作、适度竞争的农村金融组织体系，但实际上，上一轮农村金融改革的结局是形成了商业性金融为主体的农村金融机构体系，政策性金融不足，合作性金融消失。一是农村信用社去“合作”而成为商业性金融机构。农村信用社原本是“农村信用合作社”，现已删除“合作”；原本农村信用社升级的两种方式是农村商业银行和农村合作银行，现也逐步将农村合作银行引导为农村商业银行；原改革时形成了代表合作性质的资格股和代表股份性质的投资股，现也要求在2015年前全部转为投资股。另外，农村信用社在部分农村地区处于垄断地位，贷款利率高，绝大部分贷款利率是在贷款基准利率基础上上浮60%～80%，甚至部分贷款利率上浮到顶，引起了“农民贷款贵”的新问题。二是农村资金互助社微不足道。截至2013年末，获得银监会金融许可证的农村资金互助社只有49家，实收资本2.06亿元，贷款余额7.9亿元。三是政策性金融难以发挥作用。近年来，农业发展银行在做好粮棉油储备贷款业务的同时，更多开展商业性业务，改进贫困地区金融服务和加大农村重大基础项目的政策性金融支持等问题几乎没有实质性推进。扶贫贴息贷款也已改为招投标制，任何一家有资质的商业银行都可以通过招投标获得。另外，从主要发达国家看，现代农业发展都离不开合作金融和政策性金融的支持。合作金融不以盈利为目标，较为适应信贷农业的生产经营方式，能够把更多农业产业收益保留在生产经营者手中，有利于加速促进农业现代化。国际上，政策性金融在支持农业现代化过程中扮演重要角色，在支持农田水利、农机和农技等中长期信贷需求中发挥不可或缺的作用，但目前我国农业发展银行政策性金融业务范围还较窄，与农业现代化政策性金融需求存在较大差距。

（二）适度竞争的农村金融市场尚未形成

农村金融市场仍旧是门槛高、难以进入的垄断市场。2008年底，银监会推出了三类新型金融机构，似乎为降低农村金融准入条件打开了一扇门，但实际上，农村金融准入条件依旧不低，民营资本或社会资本仍难进入，竞争性市场仍未建立起来。一是村镇银行设立条件中的主发起行问题。新型农村金融机构准入还不够充分，村镇银行受到必须由银行发起设立和投资者较低持股比例规定的限制，设立村镇银行需要一家商业银行作为主发起行，并占有 15% 的股本，这在一定程度上阻碍了村镇银行的发展脚步。二是小额贷款公司仍未明确身份性质。截至 2013 年末，已有 7839 家小额贷款公司经地方政府批准，或在工商、民政部门注册登记，其是否作为金融机构尚未确定，小额贷款公司转村镇银行比新设一家村镇银行还复杂。三是非正规的合作金融组织层出不穷。目前，依托农民专业合作社设立的信用合作组织和由各地扶贫机构设立的贫困村互助资金社以及农民自愿入股设立的农村信用合作组织有近 5 万家，发起资金规模 300 多亿元，可贷资金规模达 700 多亿元，但这些组织难以获得合法身份，难以被纳入业务指导和金融监管体系。

（三）差别化的农村金融监管制度尚未确立

农村金融是否有别于城市金融，在于差别化监管制度的建立，但目前这一制度尚未确立。一是没有明确对存款类金融机构的金融监管是否区别对待；二是没有明确对涉农金融机构（如农村信用社和商业银行）的监管是否区别对待；三是没有明确金融机构中涉农业务与非农业务之间的监管是否区别对待。另外，整个金融体系中尚未建立优胜劣汰的激励机制和退出机制，难以存活的农村金融机构无退出方式可选。

（四）传统农村金融机构发展理念尚未改变

农村金融改革总是建立在农村金融“高成本、风险大”的传统观点之上，于是，往往强调以政策补贴来留住涉农金融机构和以抵押来鼓励涉农信贷发放。一是忽视了供应链金融在农村金融中的重要作用。从田间到餐桌，产业的前中后段利润差异较大，如果把前后端分离，将附加值低、利润薄的部分留给农村金融，而附件值高利润厚的部分给城市金融，那么，农村金融就难以为继。二是忽略了对新兴农村信贷技术和制度的引进。目前，为解决农村金融的弱势地位，人们往往多注重利差和补贴，而忽略对非抵押放款方式（如依托信用放款、依托现金流放款等）的探索，也忽略了对不良资产处置和资金盘活方面的探索。三是忽视现代科技在农村金融中的应用。手机银行、网上支付已打破了物理网点和时间区间的约束。我国有大量农民拥有手机，大部分乡镇政府都有网络宣传教育系统，但借助现代通讯发展农村金融的探索还不多，建网点、设柜台等传统做法仍是主流。

二、我国农村合作金融发展现状概述

农村合作金融是指在农村地域范围内，弱小的农户或中小企业为了获取资金融服务或经济利益，按照自愿入股、平等互利、民主管理的原则成立金融组织。该组织的建立，以自愿和开放为基础，管理上强调以社员的经济参与、自主、自立以及民主为核心，经营上，以社区和社员为优先服务对象，资本金以参与者的股本金为主。

（一）发展现状

目前，我国的农村信用社尽管在名义上保留了合作金融的称谓，但已离合作金融的本质渐行渐远。同时，我国农村地区在发展实践中逐步出现了多种形式的、具有草根性质与合作金融特征的农村信用合作组织，在弥补正规金融服务空白、缓解农民贷款难、促进农业生产和信用合作发展、提升会员外部融资能力和创新扶贫资金支农模式等方面发挥了积极作用。这些具有合作金融特征的农村信用合作组织大致可以分为四类：由银监会审批的、拥有金融许可证的农村资金互助社；依托农民专业合作社开展信用合作活动或相对独立的信用合作组织；以中央和地方各级财政扶贫资金为引导，由村民自愿入股设立的贫困村互助资金社（扶贫互助社）；农民自发或由其他外部资金推动的农村信用合作组织。

总体而言，农村信用合作组织具有以下特征。

1. 农村信用合作组织发展已具备一定规模

截至2009年末，全国30个省（自治区、直辖市）各类农村信用合作组织大约5.6万家。其中，在工商或民政部门登记注册的有6573家；发起资金共计352.47亿元，可贷资金规模达706.34亿元，贷款余额为649.59亿元。

2. 在可贷资金来源构成中，农户出资占主导地位

各类资金来源中，农户出资占比达76.14%，来源于小企业、财政扶贫资金、金融机构贷款的比例分别为3.64%、2.96%和2.60%。其中，在银监会审批的农村资金互助社中，农户出资占比高达90.71%，其余是来自小企业和金融机构拆借等资金；在依托农民专业合作社的农村信用合作组织中，农户出资占比为70.12%，其余分别是小企业、财政扶贫资金、捐赠资金等；扶贫性质的资金互助社的可贷资金主要来源

于财政扶贫资金，占比 59.34%，其次是农户出资，占比为 32.08%，金融机构贷款资金占比为 4.82%；在农民自发或其他外部资金推动的农村信用合作组织中，农户出资占比高达 86.08%，此外，还存在少量的小企业出资、财政资金、捐赠资金以及金融机构贷款等，占比分别为 1.75%、1.16%、1.59% 和 4.47%（见图 15.2）。

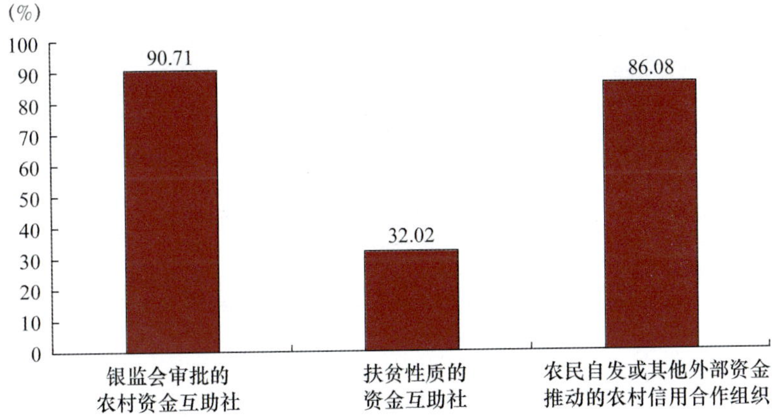

图 15.2　新型农村信用合作组织的农户出资比重

3. 信用贷款和联保贷款是资金的主要运用方式

调查显示，总体而言，56.06% 的资金采用信用贷款模式，29.01% 的资金采用联保贷款模式。其中，依托农民专业合作社的农村信用合作组织以信用贷款为主，占比为 67.83%，其次为联保贷款，占比为 27.66%；贫困村互助资金社以农户联保贷款为主，占比为 83%，而信用贷款的比例为 13.12%；在农民自发或其他外部资金推动的农村信用合作组织中，信用贷款和联保贷款的占比分别为 43.17% 和 28.41%（见图 15.3）。

4. 贷款期限主要集中在 1 年以内

调查显示，信用合作组织 1 年期以内的贷款占比为 85.92%。其中，6 个月以内的占比为 39.22%，6 个月至 1 年期贷款的占比为 46.7%。分类别来看，依托农民专业合作社的农村信用合作组织 6 个月以内的贷款占比为 60.34%，6 个月至 1 年期的贷款占比为 28.94%；贫困村互助资金社 6 个月以内的贷款占比为 20.49%，6 个月至 1 年期贷款占比为 61.99%；农民自发或其他外部资金推动的农村信用合作组织 6 个月以内的贷款占比为 13.21%，6 个月至 1 年期的贷款占比为 68.58%，一年以上为 18.21%（见图 15.4）。

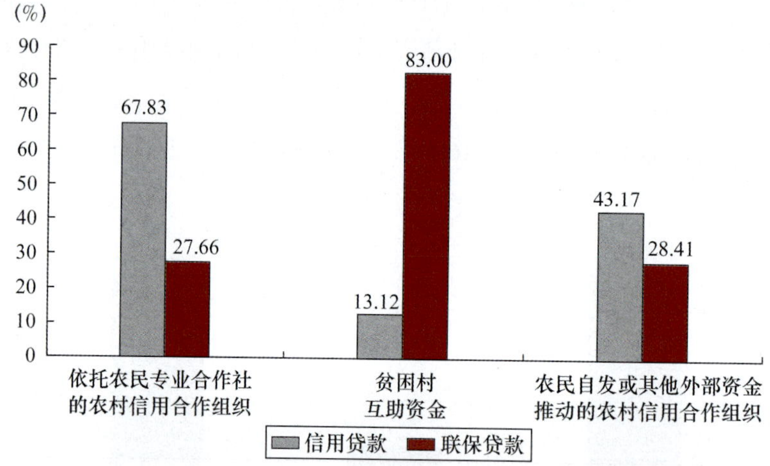

图 15.3　新型农村信用合作组织的贷款结构

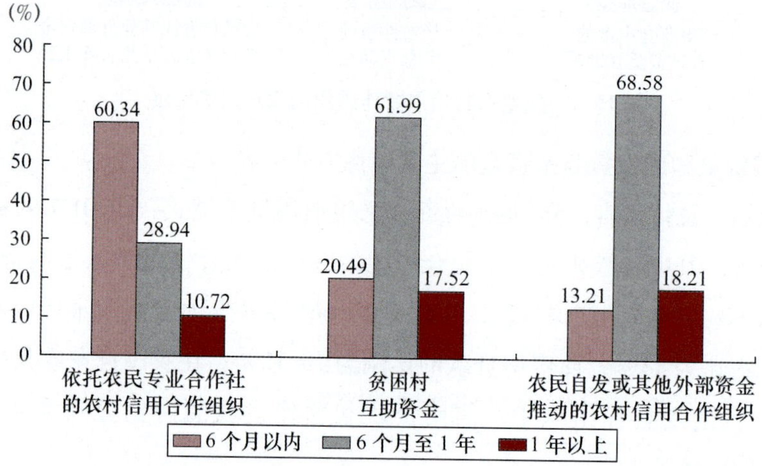

图 15.4　新型农村信用合作组织的贷款期限结构

5. 资金主要用于农业生产和商贸、手工业

在各类农村信用合作组织的资金用途中，59. 33% 的资金用于农业生产，23. 14% 的资金用于商贸和手工业，用于子女教育、医疗、建房的资金分别为 1. 57%、0. 66% 和 1. 50%。其中，农村资金互助社的用于农业生产和商贸、手工业的贷款占比分别为 46. 12% 和 44. 22%；依托于农民专业合作社的农村信用合作组织用于农业生产和商贸、手工业的占比分别为 77. 62% 和 2. 68%；贫困村互助资金社用于两者的比例分别为 88. 94% 和 6. 47%；农民自发或其他外部资金推动的农村信

用合作组织用于两者的比例则分别为 34.63% 和 49.96%（见图 15.5）。

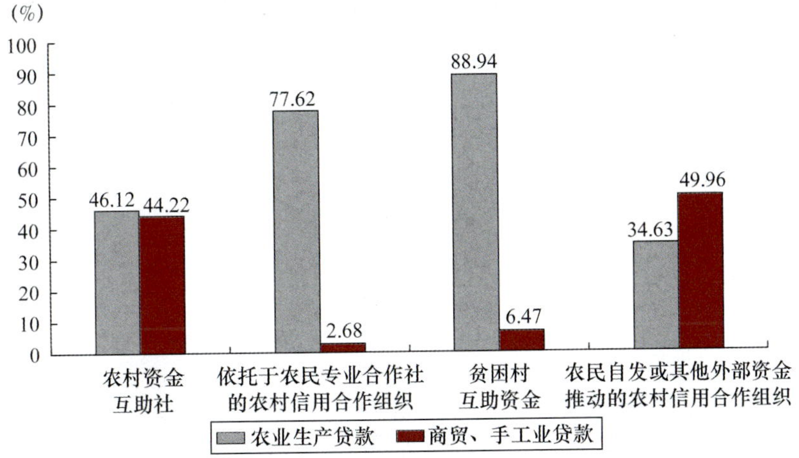

图 15.5 新型农村信用合作组织的贷款用途结构

6. 农村信用合作组织主要向内部社员发放小额贷款

调查显示，77.92% 的农村信用合作组织仅在社员内部发放贷款，只有 22.08% 的组织既对社员放贷，也向非社员放贷。调查显示，各类农村信用合作组织户均贷款余额为 1.49 万元，笔均贷款额为 1.81 万元。其中，依托农民专业合作社的农村信用合作组织的户均贷款余额和笔均贷款额分别为 1.31 万元和 1.57 万元，财政扶贫性质的贫困村资金互助组分别为 0.37 万元和 0.95 万元，农民自发或其他外部资金推动的农村信用合作组织分别为 2.09 万元和 2.6 万元（见表 15.1）。

表 15.1 各类农村信用合作组织户均和笔均贷款 单位：万元

农村信用合作组织类型	户均贷款额	累计笔均贷款额
银监会审批的农村资金互助社	6.54	5.98
依托农民专业合作社的农村信用合作组织	1.31	1.57
财政扶贫性质的贫困村资金互助组	0.37	0.95
农民自发或其他外部资金推动组建的农村信用合作组织	2.09	2.60
合计	1.49	1.81

7. 除贫困村互助资金外，净利润主要用于分红和追加股本

调查发现，各类农村信用合作组织将盈利的 42.75% 用于分红，32.78% 用于追加股本金，其余用于公用事业等相关项目。其中，依托农民专业合作社的农村信用

合作组织 53.7% 的净利润用于分红，18.7% 用于追加股本金；财政扶贫性质的贫困村互助资金用于追加股本的比例为 65.8%，用于分红的比例为 26.7%；农民自发或其他外部资金推动的农村信用合作组织用于分红和追加股本的比例分别为 41.19% 和 34.09%（见图 15.6）。

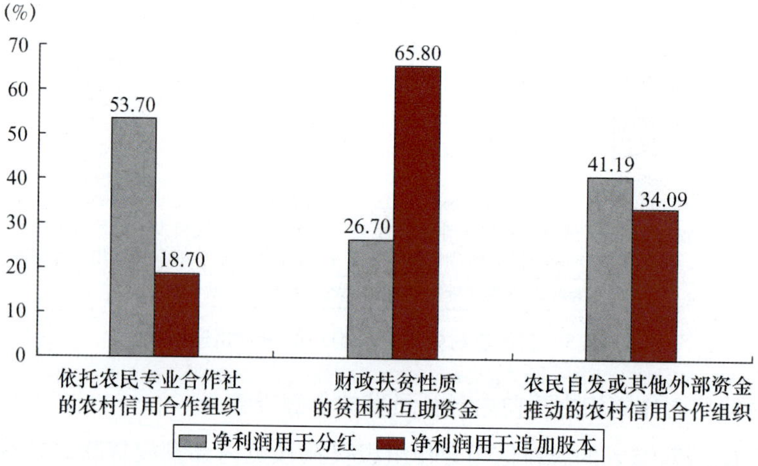

图 15.6　新型农村信用合作组织的利润分配

8. 不同组织之间具有较大差异

从社员人数看，有的合作组织的社员高达 11700 个，有的仅有 5 个；从发起资金规模看，有的高达 6100 万元，有的仅有 500 元；从单个农民持股金额看，有的高达 2000 万元，有的仅有 1 元；从贷款规模看，有的高达 4200 万元，有的仅有 2000 多元；从单笔贷款看，有的高达 480 万元，有的仅有 200 元；从贷款利率（资金占用费率）看，月利率有的高达 18‰，有的仅为 0.03‰。

9. 农村信用合作组织对正规金融具有替代和互补等多重影响

一方面，部分农村地区由于正规金融机构的网点少、获得正规金融服务的农户比例较低，农村信用合作组织利用熟人社会信息优势，通过资金互助的平台为农户提供较低成本的金融服务。调查显示，农村信用合作组织的贷款规模与获得正规金融机构服务的农户比例之间呈弱的负相关性。另一方面，部分农村信用合作组织在功能上实现了与农村信用社等正规金融机构的有效衔接，将正规金融与小企业和农户连接起来，在大资金和小客户之间发挥桥梁作用。调查显示，31.75% 的农村信用合作组织或以整体信用从正规金融机构获得贷款再将贷款分贷给社员，或为社员从正规金融机构获得贷款提供担保。

（二）存在的问题

1. 农村信用合作组织性质不明，监管缺失

目前，除银监会批设的农村资金互助社外，其他类型农村信用合作组织法律属性不明，绝大部分农村信用合作组织无明确的管理部门。外部监管的缺失严重影响了农村信用合作组织的健康发展。与此同时，注册登记问题是农村信用合作组织发展面临的一大难题。目前，大部分农村信用合作组织没有登记，调查显示，仅有11.74%的农村信用合作组织在工商或民政部门登记注册，还有一些农村信用合作组织借用农民专业合作社或个人名义登记。

2. 农村信用合作组织内部管理不健全

尽管不宜以正规金融机构的标准来衡量农村信用合作组织，但其健康发展需要一套相对健全的内部管理框架和制度。目前，有的农村信用合作组织缺乏基本的组织管理机制，有的制度办法形式完备但缺乏有效落实，有的农村信用合作组织管理人员的分工和职责不明，财务管理不规范，贷款风险的防范主要依靠社区内社员的乡村民俗和自律意识，难以适应组织和自身资金规模不断扩大的需求。与此同时，部分地区存在个别农村信用合作组织由龙头企业或少数强势社员操纵，以及以集体财产为基础组建并强制要求社员入社等现象。

3. 个别农村信用合作组织存在存款化股金现象

个别农村信用合作组织存在吸收存款按约定利率支付资金占用费，以及吸收具有固定回报的投资股等变相吸收存款的现象。同时，极个别地区的信用合作组织设立多家分社和互助中心，进行跨区域吸储和放贷，存在一定风险隐患。

4. 贫困村互助资金社的可持续性有待于进一步提高

贫困村互助资金社的组建初衷和发展目标定位于扶贫和开发，但主要选择在国家级或省级的贫困村试点，目前覆盖面较小，且处于试点初期，存在资金规模较小、互助范围较窄、借款期限较短等问题，难以满足所有社员农户的资金需求。部分互助资金社的经营成本较高，财务的可持续性还有待于进一步改善。

（三）政策建议

任何金融形式的发展均依托于外在的市场条件和内在的融资需求。带有民间性

质的农村信用合作组织的产生和兴起，是对我国农村金融服务空白的弥补，更是对我国真正意义上的合作金融长期缺位的理性反应。在农村信用社离合作金融道路渐行渐远之际，能否以此为新的起点重构我国的农村合作金融体系，无疑是我国经济社会发展中的一次重大选择。为防止重蹈农村合作基金会的覆辙，更好地发挥农村信用合作组织在促进农村经济发展中的积极作用，我国应在防范风险的前提下，引导农村信用合作组织健康有序发展，在此基础上重构我国的农村合作金融体系。

1. 关于农村信用合作组织的定性

一是明确农村信用合作组织为非金融机构。为确保农村信用组织的合作性质，除第一类银监会审批设立的农村资金互助社外，可考虑对其他类型的农村信用合作组织提出设立的"四大原则"和"四条红线"。"四大原则"为设立自愿、合作互助、运作规范、风险自担；"四条红线"是不吸收存款，只吸收成员股金；不对外放贷，只对成员发放贷款；不对成员支付固定回报，只视盈利状况分红；不跨区经营和超规模发展。同时，允许达到监管部门审批设立标准的农村信用合作组织转制为持有金融许可证的农村资金互助社，然后才准许吸收会员存款。

二是明确注册登记的基本条件和主管部门。制定出台农村信用合作组织的登记办法。依托农民专业合作社设立的农村信用合作组织在工商部门登记；由各级扶贫办主导和组建的贫困村互助资金社在民政登记；其他由农民自发成立或由外部资金推动设立的在工商部门登记。对现有已登记的农村信用合作组织，加强登记规范管理；对没有登记的，补办相关登记手续。

三是在适当的时候可考虑修改完善《中华人民共和国农民专业合作社法》。将农民信用合作组织正式纳入《农民专业合作社法》范畴，给予农村信用合作组织正式的法律地位。

2. 关于农村信用合作组织的定位

一是与农村正规金融机构错位发展。能借助正规金融机构解决农民贷款和金融服务的地区，不必鼓励发展农村信用合作；对正规金融机构难以满足大部分农户金融需求的地区，也可以考虑采用转贷、联合贷款、委托贷款、批发贷款等多种方式，打通正规金融机构和农村资金互助组织的资金通道，建立正规金融机构——农村信用合作组织的纵向互联机制，实现农村资金批发——零售渠道。

二是大力支持依托农民专业合作社基础上的农村信用合作组织，以及由各级扶贫办主导的贫困村互助社（资金互助社）发展。对依托农民专业合作社的信用合作方式，应加以引导和规范，防止变相吸储、大规模放贷和高杠杆率的担保融资；对扶贫性质的贫困村资金互助社，应强调其扶贫组织指导职能和财政资金的引导作用。同时，对其中能达到监管标准的农村信用合作组织，应放宽准入，允许持有金融牌照；另外，对由农民自发的和外部资金推动的农村信用合作组织，应允许其以产业为依托和以资金互助为目的、在一定的社区范围如自然村或行政村进行探索和发展，但不准吸储或非法集资；以营利为目的的纯粹资金合作应严格加以限制，必要时予以取缔。

3. 关于监管和风险防范

明确由地方政府负责农村信用合作组织监管职责。可考虑参照小额贷款公司的监管模式，由省级政府制定一个部门具体负责，出台因地制宜的实施意见、扶持政策和培训指导，并由省级政府引导市、县级政府具体细化和落实监管职责，并对信用合作组织的理事、监事和会计等管理人员，加强金融会计知识培训和业务指导。各省区人民政府负责承担最终风险处置的责任和义务。

4. 关于内部治理和财务可持续性问题

一是引导农村信用合作组织建立规范的组织（法人）治理结构。要确定设立章程、成立理事会和监事会，明确分工，加强社员监督，防止内部人控制。二是建立内部风险防范机制。建立贷款审批和财务管理制度，规范财务和会计行为。要明确合理的农民贷款利率，防止高利率放贷，增加农民负担。要建立风险拨备制度，避免将盈余全部分红，应建立财务上的可持续发展机制。

5. 关于政府扶持问题

鉴于农村信用合作组织具有合作性质和“贷款额小、期短和社员共享及生产合作”等草根金融特征，建议各级政府从税费优惠、资金扶持等方面加大政策扶持力度。一是促进农村信用合作组织改善治理结构，加强社员监督，建立内部风险防范机制。二是允许正规金融机构按照商业化原则加大对农村信用合作组织的支持力度，促其扩大信贷投放。三是鼓励各级政府对满足一定条件的农村信用合作组织实施适当的财税优惠政策。

三、供销合作社开展农村金融服务的情况

供销合作社有遍布全国的经营网络和业务网点，业务内容与农民的生产、生活息息相关，60 年的发展历程，也和农民建立了深厚的感情和信任，发展农村合作金融有可贵的基础和独特的优势。随着我国全面深化改革步伐进一步加快，供销合作社也面临着新一轮机制体制改革。参与农村合作金融，发展农村生产、流通、信用三者互相结合、互为促进的新型合作经济组织，是供销合作社正在探讨的经营模式。党中央、国务院对供销合作社开展农村合作金融，也给予明确指示。2014 年中央 1 号文件明确提出，在管理民主、运行规范、带动力强的农民合作社和供销合作社基础上，培育发展农村合作金融，不断丰富农村地区金融机构类型。这些年，供销合作社已经探索出来的参与农村金融的途径和方法主要包括以下几个方面（见图 15.7）。

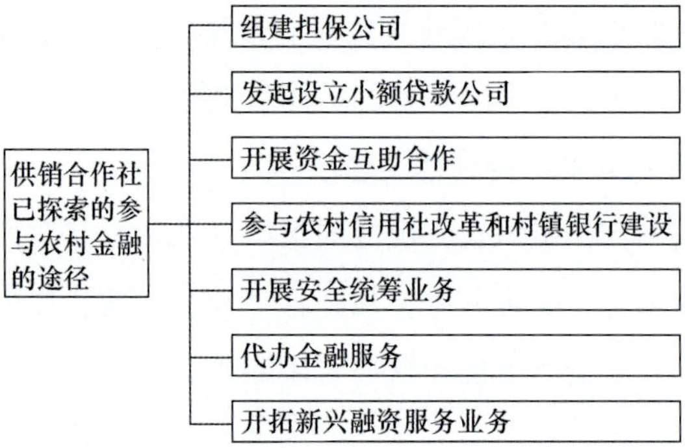

图 15.7　供销合作社参与农村金融服务的途径

（一）组建担保公司

担保公司是供销合作社系统参与农村金融服务较普遍的形式之一，主要致力于解决农民及涉农小微企业贷款难、抵押品不足等问题。目前有三种形式：一是由供销合作社整合系统资源，与社会资本联合成立融资性担保公司。通过与银行合作，为农户、农民专业合作社、农业产业化建设项目从银行取得贷款提供担保。二是供销合作社与政府财政部门共同出资，设立政策性农信担保公司。运作方式与融资性

担保公司一致：担保公司把注册资金存入银行或信用社，以此为担保金，获得3～10倍于担保金的授信额度；银行或信用社对担保公司推荐的专业合作社和农户给予融资服务，政府每年提取一定的风险基金补偿公司担保损失。这种方式需要得到当地政府的支持，目前主要集中在浙江、江苏等地。三是在专业合作社内部资金互助基础上组建担保公司，为专业合作社之间、专业合作社和涉农企业之间的资金互助提供担保。此类担保公司多为非融资性担保公司，担保倍数无法放大，融资担保能力有限（见图 15. 8）。

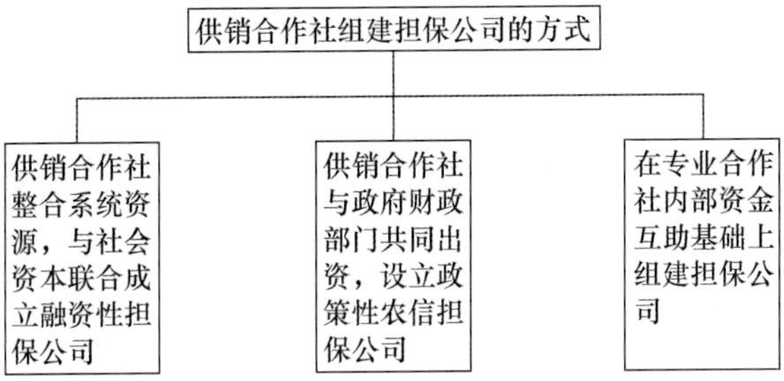

图 15. 8　供销合作社组建担保公司的主要方式

以浙江为例，截至 2013 年 5 月末，浙江全省供销合作社系统已注册登记成立农信担保公司 39 家，注册资本总额 10. 14 亿元，其中，社有资本 6. 15 亿元，占 60. 65%。在 39 家中，注册资本金达到 2000 万元以上，并经省中小企业局审核批准领取经营许可证的有 31 家。其中，注册资本 1 亿元以上的分别为湖州市农信担保公司、茗发农信担保公司（福士达控股）、义乌市农信担保公司；5000 万元以上的是杭州农信担保公司（余杭）和富阳市农信担保公司；3000 万元以上的是杭州供销农信担保公司、淳安县农信担保公司、宁波市农信担保公司，其余 23 家注册资金均为 2000 万元。39 家农信担保公司分布情况：省属 1 家、杭州市 5 家、宁波市 1 家、温州市 9 家、湖州市 2 家、嘉兴市 5 家、金华市 7 家、衢州市 2 家、舟山市 1 家、台州市 4 家、丽水市 2 家。截至 2013 年 5 月末，浙江省供销合作社系统农信担保公司累计提供担保 19742 笔，担保额 104. 71 亿元。其中 2012 年度提供担保 4470 笔，担保额 27. 62 亿元。2013 年 1～5 月提供担保 1844 笔，担保额 11. 05 亿元，其中，为涉农企业担保额 3. 24 亿元，合作社担保额 1. 59 亿元，农户担保额 1. 42 亿元，其他企业（含供销合作社系统企业）4. 8 亿元。

江苏省供销合作社系统的农信担保业务开展也比较成熟。以兴化市社控股的兴化市银桥信用担保有限公司为例，该公司注册资本 12080 万元，自 2006 年 4 月成立以来，利用供销合作社遍布农村的流通网络，积极为农业产业化龙头企业、农民合作社、农资连锁龙头企业和种植、养殖业大户提供担保，每年担保监管总额达到 10 亿元，其中 90% 以上为农村中小企业担保，65% 以上为涉农企业及农户担保。昆山市社与市国资创投公司共同投资成立的全省供销合作社首家小额贷款担保公司，至今已为全市超万农户提供创业小额贷款担保 9 亿元，到期还款率 100%，无一笔坏账，年业务总额始终保持两位数增长，仅 2012 年一年，完成担保业务 4.2 亿元，其中小额贷款担保 3.1 亿元，惠及农户 2700 户。海门中合嘉信农村小额贷款公司作为以供销合作社为主创办的农村小额贷款公司，始终牢记服务宗旨，积极为辖区内的涉农企业、农民经纪人、个体工商户提供贷款，做到农民经纪人优先、农村种植养殖大户优先、涉农企业优先，截至 2013 年 6 月末，已为小企业和农户提供贷款 552 笔，累计发放贷款额 5.19 亿元。

（二）发起设立小额贷款公司

小额贷款公司采取“只贷不存”的运行机制，不吸收公众存款，利用自身资本金经营小额贷款业务；贷款方式多样化，以信用贷款为主，担保贷款、抵押贷款和质押贷款为辅，主要向农户和中小企业、个体经营者提供短期信贷服务，贷款利率由借贷双方自由协商。由于其进入的门槛相对较低，许多地方供销合作社都在积极探索。目前以中华全国供销合作总社社有企业中合联投资有限公司发起的“中合小贷”和安徽省供销合作社发起的“德善小贷”发展最为迅速。

合肥德善小额贷款股份有限公司是由安徽省供销商业总公司主发起，联合有意愿且符合条件的省社投资企业、市县供销合作社及其投资企业、社会自然人共同出资组建的小额贷款公司。公司于 2009 年 9 月 23 日正式成立，初始注册资金 1.1 亿元人民币，2011 年 3 月增资至 1.65 亿元人民币。2013 年，合肥德善再次入选“中国小额贷款行业竞争力 100 强”，被中国小额信贷联席会认定为“中国五星级小额贷款公司”，再次被合肥市人民政府授予“小贷、担保行业支持地方经济发展一等奖”。同年，马鞍山德善首次入选“中国小微金融最具发展潜力奖”，广德德善也受到当地政府和客户的广泛好评。合肥德善 2013 年共发放贷款 7.74 亿元，回收贷款 5.32 亿元，年末在贷余额约 4.99 亿元，平均单笔贷款余额约 147 万元。自开业至

2013 年末，已累计发放贷款 25.45 亿元，回收贷款 20.46 亿元。

此外，在浙江省供销合作社系统也有几家比较成熟的小额贷款公司。浙江省供销合作社系统部分小额贷款公司情况如表 15.2。

表 15.2　　浙江省供销合作社系统部分小额贷款公司情况

公司名称	注册资本金（亿元）	供销社股份情况（%）
桐庐县富汇小额贷款股份有限公司	4	23
嘉兴南湖区银丰小额贷款公司	1.5	30
浙江林业小额贷款股份有限公司	1	10

浙江省社有企业浙江新大集团公司所属子公司桐庐富春江织造有限公司作为主发起人组建了桐庐县富汇小额贷款股份有限公司，注册资本金 4 亿元，公司出资 9200 万元，占比 23%。2012 年提供贷款 1239 笔，贷款总额 15.4 亿元，比上年增加 1.59 亿元，实现利润 7482 万元。其成立以来，累计提供贷款 4718 笔，累计贷款总额 60.92 亿元。嘉兴市供销合作社牵头组建的嘉兴南湖区银丰小额贷款公司，注册资本金 1.5 亿元，供销合作社股本 0.45 亿元，占比 30%。2012 年提供贷款 467 笔，贷款总额 5.5 亿元，其中，涉农贷款额 0.89 亿元。其成立以来，累计贷款 709 笔，贷款总额 9.17 亿元，其中，涉农贷款额 1.34 亿元。浙江林业小额贷款股份有限公司成立于 2011 年 12 月，公司由浙江信林担保有限公司作为主发起人，注册资本 1 亿元，浙江新大三源控股有限公司参与入股 1000 万元，2012 年末贷款余额 1.1 亿元。上虞大通小额贷款股份有限公司成立于 2013 年 5 月，公司由上虞市供销合作社所属绍兴大通购物中心有限公司作为主发起人，省惠多利农资有限公司、崧厦供销社等 6 家企业和 11 个自然人共同发起设立，注册资金 3 亿元。

（三）开展资金互助合作

主要由供销合作社引导和推动农民合作经济组织开展资金互助合作，解决社员的融资问题。有两种方式：一是成立农村资金互助社，为社员提供存款贷款服务。由于需要银监会批准且成立条件较高，目前全国只批准了 49 家，供销合作社占 8 家。二是合作社内部资金互助，在社员之间办理短期小额资金互助业务。目前，山东省已有 53 个县（市、区）供销合作社开展资金互助，发展资金互助组织 600 余家，融资总额 37 亿元，其中互助资金额 12 亿元，为基层和普通农户发展提供了有力支撑。

以山东济宁为例，从 2010 年起，济宁市供销合作社系统在鱼台、曲阜、邹城、金乡、嘉祥、梁山 6 个县市区依托专业合作社陆续组建了农村资金互助社。截至 2013 年 6 月底，已建成并正式挂牌运营的资金互助社 24 个，年累计为农民社员和合作社经济组织提供资金互助、投资担保总额 1.44 亿元。从目前运营情况看，运行良好，发挥了短、平、快的优势，多数资金规模在 300 万元左右，个别达到了 1000 万元。已挂牌资金互助社分县市区情况如表 15.3。

表 15.3　济宁市供销合作社系统组建农村资金互助社情况

地　名	资金互助社数量（家）	为农民提供互助金额（万元）
邹　城	4	6000
鱼　台	6	5312
曲　阜	3	1120
金　乡	4	700
嘉　祥	3	800
梁　山	4	700

具体来看，邹城：组建金利达、大束汇金源、张庄农友、农村合作经济组织资金互助联合社 4 家资金互助社，为农民提供互助金额 6000 万元。鱼台：在罗屯鑫联大蒜种植专业合作社、老砦鱼农稻谷种植专业合作社、谷亭马成养猪专业合作社、唐马农联小麦种植专业合作社、广丰农机作业专业合作社、富民木耳种植专业合作社内部组建 6 个资金互助社，互助金额 5312 万元。曲阜：在曲阜市圣鲁源粮食种植专业合作社、金满屯果蔬专业合作社、吴村供销社益民农机服务专业合作社内部组建 3 个资金互助社，互助金额 1120 万元。金乡：组建羊山农民资金互助社、方兴农民资金互助社、京信有机大蒜专业合作社资金互助部、百信种植专业合作社资金互助社 4 个资金互助合作社，互助金额 700 万。嘉祥：在联润农作物种植专业合作社、仲山供销合作社、大地养殖专业合作社内部组建 3 个资金互助社，互助金额 800 万元。梁山：在黄河蔬菜种植专业合作社、徐集南湖优质小麦种植专业合作社、韩垓天力农机专业合作社、韩垓运河粮食专业合作社内部组建 4 个资金互助社，互助金额 700 万元。

济宁市农民专业合作社内部资金互助社的发展运营，初步建立了县联社引导监管、社员自愿发起、依章程入社、入股融资、健全制度、规范运作的良好运营管理机制，采取“两头扎死、内部互助、封闭运行”的办法进行规范运作，不吸收社会存款，不对合作社外放贷，资金在合作社内部封闭运行。农民专业合作社社员如需用资金首先要向互助社提出申请，并由入社股东作担保。理事会和监事会全体成员组成信用评估小组，合理核定每个社员最高贷款额度，社员应在最高资金使用额度之内申请所需资金。根据工作需要，互助社事先拟订支出计划，报理事长签字同意后，再由经办人按规定办理借支手续。要求借款人夫妻双方和担保人现场签约。社员使用资金的时间一般掌握在 1 ~3 个月，最长不超过 6 个月。目前，全部资金互助社运营情况良好，取得很好的经济和社会效益。

资金互助社在江苏也有探索，江苏全省供销合作社系统共有资金互助合作社 11 家。资金互助合作社遵循自愿互助、互惠互利原则吸纳股金，按照服务本镇区域内农户发展生产、生活所需部分流动资金的投放条件，积极开展农户之间的资金互助业务，促进了农业产业化企业、专业合作社的快速发展。截至 2013 年 6 月底，东台市范公供销合作社农民资金互助合作社已吸收入社社员 2719 户，吸收社员股及互助金 3507 万元。自 2010 年 7 月至今，已累计投放互助金 1.7 亿元，赢得了社会的信任，有力地支持了当地新农村建设。

（四）参与农村信用社改革和村镇银行建设

目前，各地供销合作社参与农信社改革的有 10 家，持股比例普遍较低，最高 8.7%，最低的只有 0.1%。村镇银行由于设立门槛较高，社会资本持股比例受限等原因，各地供销合作社参与的积极性不高，目前参与设立的村镇银行有 10 家，进入董事会、监事会的 7 家，平均持股比例 6.1%。

江苏省南通市社通过参股南通农村商业银行，以服务“三农”市场为重点，加大了对涉农企业的信贷支持力度，同时提供助农惠农、关爱民生的配套性金融服务。截至 2012 年末，累计发放农户贷款 32.04 亿元，中小企业贷款 154.81 亿元，有力促进了南通地区的新农村建设。昆山市社 2004 年通过投资 1500 万元入股昆山市农村信用合作社，共同组建昆山市农村商业银行，随着市农商行经营业绩的不断攀升，经过多次增资扩股，该社当初的原始股已升值 5 倍，注册资本也近翻番，2012 年回报率达到43%。

浙江全省供销合作社系统参与组建的村镇银行的有3家，分别为：慈溪市供销合作社出资入股民生银行发起组建的慈溪民生村镇银行，注册资本金1亿元，供销合作社股本900万元；省供销合作社社有企业兴合集团公司出资入股浙江长兴联合村镇银行股份有限公司，注册资本金2亿元，供销合作社股本450万元；浙江新大集团公司所属子公司桐庐富春江织造有限公司出资入股参与组建桐庐县恒丰村镇银行股份有限公司，注册资本金2亿元，供销合作社股本1700万元。

（五）开展安全统筹业务

早在20世纪80年代末，为了提高自身财产的安全性，部分供销合作社在本地区和系统内，按照“集中使用、分级管理、比例上缴、统一赔付”的原则，探索开展了带有财产保险性质的财产安全统筹业务。1999年以后，随着全国保险业的清理、整顿和规范，其中一部分供销合作社的安全统筹业务，通过加强与保险公司合作，发展为保险代理、分保或再保险业务。目前，在有效规避业务风险的基础上，河北、黑龙江、山东、河南、四川、贵州等省供销合作社，继续在系统内开展财产安全统筹等行业自保业务，有的地方还以此为依托，介入了种养业保险领域。

以河北省石家庄市供销合作社为例，近年来，石家庄市供销合作社在市财政的大力扶持下，扎实推进安全统筹特色农业保险，为该市特色种养农业的发展撑起一把“保护伞”。经过近6年的探索，石家庄市社已经逐步开发了大棚作物、烟叶、果树、林木、肉牛、肉羊等十多个种植、养殖险种，先后为200多家农民合作社提供风险保障9882万元，先后赔付146个合作社的受灾农户1067多万元，有效解决了农民的后顾之忧，为入保农民撑起了保护伞。

根据这项工作的特殊性和供销合作社实际，石家庄供销合作社坚持“低费率、低保障、小范围、少险种”和“农户交得起、政府补得起、保险保得起”的承保原则，主要以供销合作社领办的农民合作社为载体，向合作社社员提供保障。通过先试点后推广，旨在建立一个由政府主导，财政支持，以供销合作社为依托，以安全统筹为平台，专为农民合作经济组织提供风险保障，社会效益与经济效益相统一的安全统筹特色农业保险模式。通过缜密筛选，2008年，石家庄市社率先在鹿泉、辛集、灵寿、行唐、深泽、赞皇、井陉、赵县 8 个县（市）的 9 个农民合作社，开展了涉及 9 个不同险种的农业保险试办工作。根据开办险种，开发设计了相应的保险条款、厘定了费率。同时，结合农民收入低、高额保费难以接受的实际情况，对承保农户实行政策优惠，即农户应缴保费的 50% 由财政补贴，有条件的合作社为社员提供一定比例的保险费。在取得一定经验的基础上，2011 年，又增加了晋州、栾城、元氏、矿区等 6 个县（市）和养貂、肉牛、肉羊、养鸡、甘薯等 6 个险种，覆盖面到达了 14 个县（市）43 个专业合作社的近 6000 个农户。2013 年，安全统筹特色农险覆盖全市 17 个县（市）区，承保特色种植、养殖品种 15 个，为农民提供风险保障 4074 多万元。2014 市财政拨付资金 350 万元，计划为全市特色种植、养殖专业合作社提供风险保障 5000 万元。

（六）代办金融服务

各地供销合作社密切与金融机构合作，发挥社银优势，共同研究开发大型商业银行与供销合作社有效对接、服务“三农”的金融产品，使大型商业银行通过供销合作社的渠道和平台将金融产品和服务延伸到农村。由供销合作社与金融机构合作，在基层经营服务网点安装转账电话、POS 终端、ATM 机，为农民提供小额取款、刷卡消费、转账和查询等便民服务。如江西省供销合作社与中国工商银行江西省分行共同推进的农村金融服务网络建设工程，就是选择供销合作社基层网点，开展自助银行合作、助农取款服务终端合作（POS 机）和中小商户消费转账终端合作。目前，浙江供销合作社系统把为农融资服务作为基层供销合作社经营服务的重要功能，引导和鼓励有条件的基层社，通过经营服务综合体建设，开展合作社账户托管、资金委托结算等服务，领办、参办资金互助组织，全省系统 520 家基层社和 273 家经营服务综合体中，具有为农融资服务功能的达到了近 1/3。

（七）开拓新兴融资服务业务

围绕经营结构升级和服务功能提升，积极拓展发展思路，探索典当拍卖、融资租赁、动产监管、信托理财等业务，多渠道、多方式为产业发展提供融资服务（见图 15.9）。

典当业务除了全国供销合作社社有企业中合联有开展之外，在浙江也有部分供

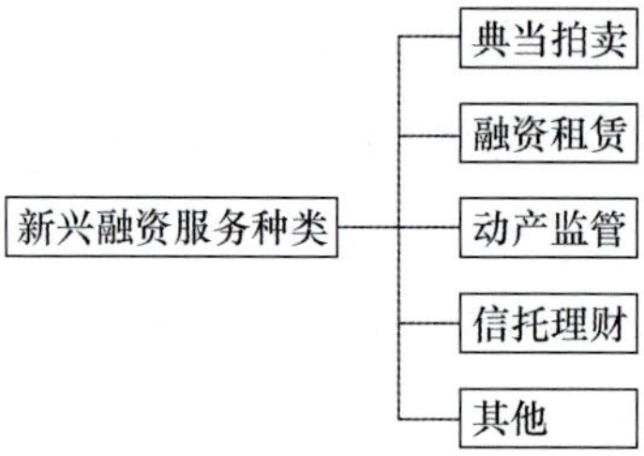

图 15.9　新兴融资服务

销合作社涉足，目前浙江省供销合作社系统建立的典当行有 4 家：一是杭州滨盛典当有限责任公司，成立于 2005 年，注册资金 3000 万元；二是湖州星汇岛典当有限责任公司，成立于 2009 年，注册资金 1000 万元，湖州市供销合作社投资 150 万元，占比 15%；三是湖州信立典当有限责任公司，成立于 2011 年，注册资金 5000 万元，湖州市供销合作社投资 50 万元；四是浙江丰源典当有限责任公司，成立于 1992 年，注册资金本 2010 万元，湖州市供销合作社投资 44.60 万元。

四、当前供销合作社系统从事农村金融的环境及问题分析

自 2005 年以来，我国金融业改革逐步深化，社会资本越来越多地进入农村金融领域。2006 年 12 月，银监会印发《关于调整放宽农村地区银行业金融机构准入政策更好支持社会主义新农村建设的若干意见》，鼓励设立村镇银行、贷款公司和农村资金互助社等新型农村金融机构。2008 年 5 月，银监会和中国人民银行联合发布《关于小额贷款公司试点的指导意见》。2010 年国务院下发了《关于鼓励和引导民间投资健康发展的若干意见》，进一步明确支持民间资本以更多形式、更大力度进入农村金融市场。2012 年 5 月，银监会出台实施细则，支持民间资本与其他资本按同等条件进入银行业。

虽然大环境在不断改善，但在具体实施过程中还是存在着不小的困难。《融资性担保公司管理暂行办法》实施后，担保公司政策开展收紧，担保业由备案制向经营许可制转变，门槛要求大幅提高，所有已设立和新设立的融资性担保公司都要申请批准。“只贷不存”的规定使小额贷款公司只能以非金融企业身份从事金融活动，因企业性质不明无法享受各种金融支持政策。农民合作经济组织从事互助金融业务

仍处于初级阶段，能够获得银监部门金融业务经营许可的农村资金互助社数量极其有限。受大型商业银行批量化发起设立村镇银行政策的影响，社会资本进入村镇银行的占比进一步降低。符合条件的小额贷款公司改制为村镇银行的工作进展缓慢。必须由已确定符合条件的银行业金融机构作为村镇银行主发起人的规定，使作为小额贷款公司大股东的社会企业主实际上处于从属地位，影响其积极性。

从目前的政策环境和供销合作社自身条件，可以看出以下几点。

一是村镇银行和需要银监会批准的农村资金互助社条件限制较多。据银监会相关负责人介绍，村镇银行的非银行类股东持股比例不超过 10% 的政策短期内不会突破，即不允许一股独大，也不希望股东太分散。同时，《村镇银行管理暂行规定》要求“不得向关系人发放信用贷款；向关系人发放担保贷款的条件不得优于其他借款人同类贷款的条件”，供销合作社及其企业作为参股单位或关联单位无法从中享受到优惠的贷款条件，只能作为一般性投资参与其中。

二是小额贷款公司、担保公司是目前供销合作社普遍采用的类金融服务方式。由于进入门槛相对较低，无须银监部门批准，审批监督管理权限多在省里，发展势头相对乐观，且或多或少也享受到了国家有关政策的支持，只要运作规范就具有一定的发展前景。

三是合作社内部资金互助具有很好的总结、规范和推广价值，应成为近期供销合作社发展合作金融的重点。内部资金互助由于服务对象是社员，地缘特点明显，社员间关系紧密，借款一般多为小额、急用，资金用途和农户信用状况等信息透明，较少因信息不对称而造成资金风险。合作社资金互助直接为农民提供金融服务，适应了当前农村信用特点，有利于解决社员生产资金需求及其他生活应急的需要。供销合作社应当积极引导和支持合作社开展内部资金互助，构建基于农民互助的合作金融服务体系。

第16章

扎根农村、普惠民生，打造“三农”金融服务生力军
——中国邮政储蓄银行分报告

农业、农村、农民问题关系党和国家事业发展全局，关乎社情民心，历来是党和国家的工作重心。党的十八大报告中明确指出，解决好农业农村农民问题是全党工作重中之重。中央1号文件连续11年聚焦“三农”问题，更充分显示了党中央、国务院做好“三农”工作的决心。农村金融是现代农村经济的核心，要实现农业发展、农村繁荣和农民增收，离不开金融的强有力支持。中国邮政储蓄银行（以下简称“邮储银行”）作为我国农村金融服务体系的重要组成部分和推动我国农业农村发展的一支重要力量，秉承“普之城乡、惠之于民”理念，坚持服务“三农”战略定位，扎根农村、服务农业、贴近农民，努力填补农村地区金融服务空白，不断探索农村金融服务创新，持续加大对“三农”领域的金融支持力度，增强“造血”功能，在稳增长、惠民生、支持实体经济发展中发挥了重要作用，初步探索出了一条大型零售商业银行服务“三农”的特色发展之路。

一、践行服务“三农”是邮储银行的历史使命

经过30多年的改革发展，我国农村经济已步入由传统农业向现代农业转变、农村经济结构加速调整、城镇化建设深入推进和各项产业协调发展的重要时期，总体上已进入以工促农、以城带乡、工农互惠、城乡一体的发展新阶段。新的发展阶段

对农村金融服务工作提出了新要求。近年来，金融部门积极开展农村金融产品和服务方式创新创优，不断加大农村扶弱力度，金融扶弱在推动农村金融基础服务快速健康发展、缓解微观主体贷款难和解决“三农”融资难问题等方面取得了初步成效。但是，与新时期“三农”事业发展的要求相比，农村金融服务仍然是我国金融体系中最薄弱的环节。

农业的弱质性客观上决定了“三农”金融业务面临的风险较大、成本较高、回报率相对较低，对金融机构盈利性要求构成挑战，难以形成商业可持续发展。商业银行要深度参与农村金融体系建设，必须结合自身特性，认清自己的优劣势，只有这样，才能真正在确保自身可持续发展的前提下，为农村金融体系贡献力量。因此，在新的历史时期，做好深化“三农”金融服务工作，关键在于找准市场战略定位。从邮储银行成立 7 年来的实践看，坚持“三农”战略定位不仅符合自身特点，体现政治担当，履行社会责任，更可发挥自身比较优势并实现商业可持续发展。

首先，服务“三农”是邮储银行响应党中央、国务院号召的需要。中国邮政储蓄银行的前身是邮政储蓄，最早可以上溯到 1919 年开办的邮政储金业务和专设的邮政储金汇业局，至今已有近百年历史。自 1986 年恢复开办业务以来，经历了邮电分营、邮政政企分开，2007 年 3 月，根据国务院金融体制改革的总体安排，在改革原有邮政储蓄管理体制基础上，中国邮政储蓄银行正式成立。在转制之初，邮储银行就被赋予了服务“三农”、服务城乡居民的责任与使命。2007 年中共中央国务院“一号文件”提出，要“引导邮政储蓄资金返还农村，大力发展农村小额贷款”。2008 年《中共中央关于推进农村改革发展若干重大问题的决定》要求“扩大邮政储蓄银行涉农业务范围”。2012 年，中国人民银行在农村金融改革试点中，将邮储银行列为支持改革的主要金融机构之一。2014 年，国务院又把“鼓励邮政储蓄银行拓展农村金融业务”写入中央 1 号文件。肩负责任与使命的邮储银行，积极响应党中央和国务院的号召，始终把“三农”金融服务工作放在改革发展的首要位置，充分发挥覆盖城乡的网络优势、规模庞大的资金优势和百年邮政的品牌优势，深入研究服务“三农”的有效途径，不断优化农村金融环境，为广大城乡居民提供基础金融服务。

其次，服务“三农”是邮储银行履行社会责任的需要。纵观世界各国，无论是在发达国家还是在发展中国家，政府都努力通过各种途径对商业银行服务“三农”

进行一些强制性的政策或监管约束，以保证“三农”获得金融支持。金融行业作为一种特许牌照行业，是社会资源再分配的重要手段，也是农村经济发展的核心。当前，我国已进入全面建设小康社会的关键时期和深化改革、加快转变经济发展方式的攻坚阶段，这对“三农”工作提出了更高的要求，商业银行理应承担起促进金融平衡发展和经济均衡发展的社会责任。自觉把服务“三农”作为履行企业社会责任的重点领域和优先顺序，引导资金合理回流农村，努力解决农村金融供给不足、城乡金融服务差距大的难题。邮储银行作为一家大型国有商业银行，更是要体现国有资本的意志，充分发挥覆盖城乡的网络优势，主动融入地方经济发展，积极投身到推动城乡发展一体化大潮之中，进一步增强做好“三农”金融服务工作的敏锐性和自觉性，积极反哺农村，努力成为农村经济发展的“蓄水池”和“灌溉渠”。

最后，服务“三农”是邮储银行实现差异化经营的需要。近年来，在国家一系列支农惠农政策的支持下，农村经济整体实力增强，新型农业生产经营体制初步创立，农业专业合作组织不断增加，县域财政收入连年增长，农村经济日益繁荣。十八大报告更对发展县域经济、发展小城镇，推动城乡一体化等提出了更高要求。农村经济的这些新发展、新变化，催生了“三农”客户对金融服务需求的新变化、新期盼，金融需求的规模有了明显扩大，范围有了明显扩展，层次有了明显提升，由此衍生出广阔的市场空间。当前，在城市金融同质化竞争压力日益加大的背景下，农村金融却迎来了如此难得的历史发展机遇，这不仅为商业银行开展差异化经营创造了条件，更为实现农村金融商业可持续发展奠定了基础。邮储银行作为全国网点规模最大、网点覆盖面最广、客户最多的金融服务机构，在服务“三农”方面具有先天禀赋，在当前全国 3.9 万多个营业网点中，70% 以上分布在县及县以下地区，特别是在一些边远地区，邮储银行更是当地唯一的金融服务渠道。与其他商业银行相比，这些先天比较优势在实践中已逐渐转变为邮储银行服务“三农”方面的竞争优势。

目前，邮储银行已经成为全国网点规模最大、网点覆盖面最广、客户最多的金融服务机构。截至 2013 年末，邮储银行拥有营业网点近 4 万个，ATM 机 5.6 万多台，提供电话银行、手机银行、电视银行等电子服务渠道，服务触角遍布城乡；拥有本外币账户数逾 12 亿户，客户总数近 6 亿人，本外币存款余额超过 5.2 万亿元，居全国银行业第 5 位；资产总规模突破 5.58 万亿，居全国银行业第 7 位，资产质量良好。

二、实施“三农”金融服务转型升级战略

（一）坚持商业可持续发展理念

在我国，农业基础薄弱，农村发展滞后，农民增收困难的问题始终存在，农村金融如何更好地服务和支持“三农”将是一个长期而又艰巨的挑战。要想真正做好农村金融，就必须坚持好商业可持续的原则。

邮储银行在开办小额贷款业务之前，研究和准备了很长时间。自 2004 年，就先后向孟加拉格莱珉银行、印尼人民银行（BRI）、富国银行等在小微企业贷款领域取得卓越成就的金融机构取经，学习其先进理念。邮储银行以世界一流的信贷理念、技术、决策为学习研究的目标，结合国情行情，实事求是，因地制宜，大力推进小微企业贷款业务发展，形成了一套适合其自身发展的零售信贷产品设计理念。

坚持商业可持续原则是发展零售信贷业务的基本前提。邮储银行充分吸取国内外金融机构前期扶贫性小额贷款失败的教训，坚定地认为实现“商业可持续”是发展零售贷款的经营原则。在业务发展过程中，邮储银行尊重信贷规律，综合考虑机构能力和市场需求，科学制定业务发展规划。尤其在小额贷款经营上，始终坚持“小额、分散、流动”的原则。在管理过程中，按照“下管一级，监控到底”的原则，加强对分支机构的业务监测工作；借助计算机系统，持续开展远程监控、档案抽查、客户回访等工作，全面掌握了业务发展详情，有效提高了监管效率。

（二）坚持大行“小”贷经营管理模式

邮储银行充分运用网点、资金等比较优势，确定了服务“三农”的市场定位。作为一家大型零售商业银行，邮储银行支持农业、关注农村、关心农民，成功专注“小”贷款，创新零售信贷工作方法，通过精细化管理，做好“三农”金融服务。

1. 建立严格的机构管理机制

（1）严控机构准入与退出。邮储银行对零售贷款业务实行系统内的准入与退出管理，各级机构必须经总行核准授权后方可开办业务，对资产质量较差的小额贷款经办机构暂停其业务办理权限，实行退出管理，待问题得到解决、整改达标后，再

予以恢复开办。准入退出机制提高了经办机构的积极性，对提高机构管理能力、提升人员素质、规范业务发展，提到了积极作用。

（2）推广营业机构“下沉”。业务开办初期，邮储银行首先在县域设立信贷营业机构，随着业务范围的不断扩大，邮储银行开始组织推进信贷营业机构与人员“下沉”到中心区域乡镇，辐射周边，提升了服务深度与市场渗透力，提高了业务处理效率。

（3）推进“零售信贷示范行”建设。自 2009 年 5 月起，邮储银行开始推广城市零售信贷示范行建设与评比活动。示范行活动通过示范、带动方式，探索城市零售信贷业务发展经验。

2. 建立完善的人员管理机制

（1）强化信贷技术，重视培训与交流。邮储银行始终高度重视零售贷款从业人员对于信贷技术的掌握及相关管理层管理能力的提升，逐步建立了规范性的培训体系。培训内容上，针对不同业务岗位，设置了针对性的培训课程，全面覆盖前、中、后台从业人员及各级管理人员。培训方式上，采取课堂培训、实践培训、远程培训相结合的模式。培训阶段上，通过岗前培训，确保掌握上岗的业务知识及技能，还结合不同阶段，开展了大量的专题培训、提高培训、“回炉再造”等后续培训。培训组织上，建立了“总行——一级分行——二级分行”的三级培训实施体系，推行上岗资格考试与审查审批人员资格考试机制，实现持证上岗。

（2）加强专业化人员队伍建设。邮储银行高度重视零售信贷人员队伍管理，努力打造专职、专业化的信贷员、产品经理和检查人员队伍。坚持对小额贷款信贷员队伍实施按规定准入退出的动态管理，保障小额贷款队伍的综合素质。自 2010 年 5 月起，邮储银行开始在各级机构逐步成立资产保全部门，专职负责不良贷款清收等保全工作，使业务部门有更多时间和精力投入到发展及管理，促进零售信贷业务的稳健发展。

（3）强化作风建设，严格工作纪律。邮储银行坚持强化优质的服务、廉洁的信贷纪律、阳光的信贷理念，积极引导建立优秀的信贷文化，着力加强对从业人员的职业道德教育，对道德风险零容忍。各级信贷人员在工作中严格遵守各项规章制度，坚守“八不准”工作原则，执行阳光信贷政策。通过业务宣传单、宣传站点、营业网点等渠道对外公布总行 95580 客服电话、各分行业务举报电话、举报信箱等，以全面接受社会监督。

3. 建立强大的计算机支撑体系

邮储银行开发了全国大集中模式的个人信贷系统、公司信贷系统，实现了贷款业务交易、资金调拨、会计核算和信息管理的电子化和网络化，贷款运作流程标准统一，贷款要素可灵活设置。系统具备实时监控和自动预警功能，通过信贷系统，总行可以实时地监控每笔业务的具体情况，了解各地业务的发展数据。系统不仅能很好地满足目前零售信贷产品的需要，也具有良好的可扩展性，大大提升邮储银行零售信贷业务的服务水平和风险管理能力，为邮储银行零售信贷业务的持续健康发展提供有力的技术支撑和保障。

4. 建立零售贷款的风险控制机制

相对于城市地区的企业客户，农村地区的个人客户具有经营规模小、缺乏抵质押物、抗风险能力差的特点。如何做好风险防控成为推动“三农”金融服务发展的关键。邮储银行坚持“三农”金融业务全面风险管理理念，零售信贷、授信、风险、审计、人力、计财等部门通力合作，不断从产品、审查审批、业务管理、机构与人员管理等维度完善风险管理机制，构建立体化的风险管理体系。业务管理制度建设遵循专营专职的原则，强调各流程的规范化、标准化作业，注重质量控制和效率控制；强调树立“合规第一”的经营意识，建立健全约束机制。机构和人员管理制度建设，始终把好人员准入关，落实人员退出机制，持续加强人员学习与培训，实现管好人；将信贷业务资产质量作为重要的绩效考核指标，避免重授信轻支用、重发展轻管理的误区，实现管好机构。

（三）坚持创新产品与服务

1. 创新零售信贷产品与服务

（1）遵循“小额、分散、流动”的经营原则。邮储银行以“小额、分散、流动”的经营原则进行产品设计。例如，邮储银行的联保贷款由 3 ~ 5 户农户或 3 户商户在自愿基础上组成联保小组，保证贷款由 1 ~ 2 位自然人提供保证，联保小组成员或保证人对贷款承担连带保证责任，从而有效分散的还款责任。农户贷款上限一般为 10 万元，商户贷款上限一般为 20 万元，为适应客户需求，部分地区小额贷款最高可到 50 万元。还款方式则以等额本息和阶段性等额本息还款法为主，也有一次性还本付息方式；其中等额本息与阶段性等额本息的还款方式反向约束了借款人的现金流控制，有效降低了违约风险。

（2）采用弱担保方式提高产品可获得性。首先，如何为普通农户和微小企业主提供方便快捷的信贷服务，一直以来是困扰商业银行的一大难题。为了既解决县域和农村市场客户普遍缺乏有效抵、质押物的问题，又有效控制风险，增加第二还款来源，邮储银行推出了农户联保贷款、农户保证贷款、商户联保贷款和商户保证贷款四个全国性产品。服务对象主要为县域内的广大农户、个体工商户和私营企业主等经济主体。其次，为顺应现代农业的发展趋势，做好对新型农业经营主体的贷款服务，邮储银行按照人民银行《关于做好家庭农场等新型农业经营主体金融服务的指导意见》的要求，加强在产品利率、期限、额度、流程、风险控制等方面的创新。主动探索拓宽新型农业经营主体抵质押担保范围，从农业产业链开发的角度，尝试引入“公司＋新型农业经营主体”贷款模式，通过农业龙头企业为新型农业经营主体担保，增强其风险抵御能力；同时，积极尝试将大型农机具、大额农业订单、涉农直补资金、土地流转收益、设施大棚、水域滩涂使用权等纳入抵质押物的范围。

（3）针对新型农业经营主体设计专项产品。2014 年，邮储银行将新型农业经营主体贷款列为年度三农贷款产品研发的首要工作，坚持“宜场则场、宜户则户、宜企则企、宜社则社”的原则，灵活确定承贷主体，重点支持新型农业经营主体在购买农业生产资料、购置农机具、从事农田水利、大棚等基础设施建设维修等农业生产用途方面的资金需求。

目前，邮储银行已拟定了《中国邮政储蓄银行农民专业合作社贷款管理办法》《中国邮政储蓄银行家庭农场（专业大户）贷款管理办法》和《中国邮政储蓄银行公司＋农户（商户）贷款管理办法》等业务制度，并开展了业务试点。

在试点过程中，邮储银行坚持“支持重点、确保突破”的原则，将重点产品投向重点区域、重点行业中的重点客户。

一是按照农民专业合作社数量多、资金需求强烈、管理规范的标准，在辽宁、吉林、河南、浙江、江苏、北京 6 家分行试点农民专业合作社贷款，并专门下发了《关于北京分行等 6 家一级分行试点开办农民专业合作社贷款业务的通知》。

二是结合山东省家庭农场等新型农业经营主体发展较好的实际情况，在山东分行试点新型农业经营主体贷款，专门下发了《关于同意山东省分行试点开办新型农业经营主体贷款业务的批复》。

三是结合安徽金寨县作为全国农村金融综合改革试点县、安徽南陵县作为国家现代农业示范区的政策优势，以及当地现代农业发展的实际情况，下发了《关于建立安徽省金寨县和南陵县“三农”贷款创新实验区的通知》，在安徽建立新型农业经营主体贷款试验区，力争在风险可控的前提下，创新一批符合新型农业经营主体实际需求的区域性特色贷款产品。

（4）创新阳光、快捷、高效的服务模式。邮储银行将放款速度快、产品灵活方便、服务态度好作为竞争的核心，制定了信贷人员“八不准”的纪律，只要符合条件，就能获得贷款，贷款除了利息没有任何其他成本。邮储银行以高效的办理速度、严格的队伍管理、透明的信贷文化，迅速培育了一批忠实客户，以良好的口碑打造中国邮政储蓄银行小额贷款“好借好还”的品牌形象。很多客户称邮储银行小额贷款是“及时雨”。

2. 创新风险管理模式

从成立开始，邮储银行就努力建立健全内部控制制度，优化业务流程，妥善处理效率与内部控制之间的关系。

（1）一套模式：打造“连锁店 + 信贷作坊”模式。小微金融服务成本高、信息不透明等一直是融资难的主要原因。邮储银行充分发挥遍布城乡、贴近农村的网络优势，探索出了“连锁店 + 信贷作坊”模式的小微金融服务模式。“作坊”有两方面含义：一是邮储银行小微贷款主要依靠人工采集信息，属于劳动密集型业务。因为农户、个体工商户、小微企业主等小微贷款客户普遍没有标准化、规范化的财务报告，其财务信息和非财务信息均需要信贷人员收集、判断、编制。二是邮储银行的信贷基层组织比较分散，不是集中的信贷中心，而是每个县、每个地方都有，贷款的申请、审批、发放都在当地，这样更贴近、了解客户，也能加快贷款发放的效率。之所以说“连锁”，是因为邮储银行的信贷产品、信贷技术是标准化、全国统一的（尽管有少数区域性的产品），总行通过全国集中的计算机系统和科学的产品设计来保证贷前、贷中、贷后各环节的控制，加强监督的及时性。例如，邮储银行对客户的利率优惠，是借鉴印尼人民银行经验，通过计算机系统自动对按时还款的客户或老客户给予利息优惠，如按时还款五期免一期利息，为国内首创，而不是以信贷员人为判断来调整利率，既避免信贷人员的“寻租”，也能促进客户信用意识的提高。

（2）双向机制："机构 + 人员双向严格管控"。首先，在机构管理方面，邮储银行秉承"下管一级、监控到底"的原则，总行和分行依靠先进的全国大集中的信贷管理系统和信贷审计系统，开展非现场检查，通过在系统中筛选具有风险特征的客户信息进行风险排查和现场检查，做到了业务检查有的放矢。同时，借鉴印尼人民银行的经验，邮储银行在二级分行设置了业务检查员岗位，分片负责对支行业务进行定期的现场与非现场检查、指导，进一步保证了业务的发展质量，在全行上下树立并强化风险合规意识。另一方面，不断完善制度建设和内控建设。为确保小微企业贷款可持续发展，邮储银行不断加强制度建设与内控建设，在信贷产品、客户评级、绩效考核、责任追究、贷款核销等方面建立了较为系统的制度。同时，结合小微企业金融服务新形势和新特点，修订完善原有各项制度，在此过程中优化产品要素、调整业务流程，推进信贷人员轮岗、派驻等内部控制，更好地契合了小微企业客户的实际需求，也更具有操作性。

在人员管理方面，一是建立科学合理的激励机制。对信贷从业人员进行全面考核，综合考虑其客户营销、业务操作、管户金额、利润收入、贷款回收等工作量与工作成绩，并根据不同时期的管理需要进行动态调整。二是高度重视人员培训。小微企业贷款是劳动密集型业务，需要大量的人员。我们以内部培训师队伍建设为前提，以培训课程开发为基础，以系统化、标准化、规范化实施培训计划为内容，以保证上岗培训和在岗培训的质量为要求，逐步搭建和完善信贷培训体系。通过抓好内部培训师、信贷经理、审查审批人员、信贷产品经理等岗位的培训和资格考核认证工作，信贷人员的专业水平和综合素质得到大幅提升。

3. 发展成绩

作为全国金融服务网点最多的商业银行，邮储银行发挥网络优势，扎实做好农村地区基础金融服务，构建"延伸城乡金融服务最后一公里"的金融机构。截至 2013 年末，小额贷款累计发放 1314 万笔、8117 亿元，结余 231 万笔、1237 亿元。

通过 7 年来的实践，邮储银行初步探索出一条突破小微金融服务"瓶颈"，促进实体经济发展的有效路径。邮储银行取得的成绩也获得了政府和监管机构以及社会各界的广泛认可。2010 年 6 月，"邮政储蓄银行小额信贷与零售银行业务项目"从全球 120 多个国家的 2200 多个项目中脱颖而出，荣获"GTZ 国际合作项目最高成就奖”。

2013 年 9 月 26～27 日，邮储银行承办了“第十六届世界储蓄与零售银行协会邮政储蓄银行论坛”，来自世界储蓄与零售银行协会、世界银行扶贫协商小组等国际性组织以及来自全球 18 个国家和地区的政府、金融等机构代表，共同来探讨“商业可持续的普惠金融”。

中国人民银行刘士余副行长在发言中对邮储银行成立以来践行“普惠金融”理念，在服务“三农”、服务社区、服务中小企业方面取得的成绩予以充分肯定，并指出邮储银行具有金融稳定当中的系统重要性以及促进包容性增长方面的服务重要性。

中国小额信贷机构联席会会长刘克崮会长则表示，邮储银行是中国草根金融体系建设的主力军。

三、打造普惠金融的“邮储银行模式”

普惠金融（Inclusive Financial System）是指一个能有效为社会所有阶层和群体提供服务的金融体系。鉴于大中型企业和富裕人群已经拥有了金融服务的机会，建立普惠型金融的主要任务就是让广大低收入群体获得金融服务，为传统金融机构服务不到的小微企业、农户以及贫困人群提供金融服务的机会。在中国，农村土地面积占国土面积的九成以上，发展普惠金融根在农村，“三农”金融是普惠金融的重要组成部分，做好农村金融对于发展普惠金融意义重大。

邮储银行延承百年邮政金融“人嫌细微，我宁繁琐；不争大利，但求稳妥”的经营方针，自成立之初即以“不嫌贫爱富”作为业务拓展的基础，遵循“普之城乡，惠之于民”的承诺，坚持服务“三农”、服务社区、服务中小企业的市场定位，按照“创造共享价值”理念，将企业核心竞争力建立在为社会创造共享价值的基础上，以商业可持续的原则在国内率先实践普惠金融。邮储银行普惠金融主要立足于三个方面：一是致力于提供基础性、标准化的金融服务，在切实有效改善民生的同时，也依靠规模效应降低了单笔作业成本；二是致力于服务“三农”，推动城乡统筹发展；三是致力于服务中小企业，支持实体经济健康发展。邮储银行践行普惠金融理念，缩小城乡金融服务差异，支持鼓励百姓创富，让金融服务的阳光洒遍城乡、覆盖广大中小企业。

在金融普惠实践中，邮储银行紧密结合中国国情和银行实际，积极承担起广泛服务城乡的社会责任，从金融服务最薄弱的小额贷款业务做起，努力缓解农户、小微企业等的融资服务难题，形成了多层次、广覆盖的普惠金融服务体系，有效解决了普惠金融服务普遍面临的信息不对称、服务成本高、风险补偿弱、专业人才缺的问题，不仅取得了良好的经济效益，也创造了良好的社会效益，摸索出了一条符合实际的普惠金融商业可持续发展道路。

（一）"一小一大、以大促小"的经营格局

在发展路径上，邮储银行结合自身优势和竞争格局，从可持续发展角度，进行了科学设计。首先是实施"两头突破"，一头是坚持从"小"处和"底层"入手，充分发挥深入县域、扎根农村的独特优势，将小额贷款作为长期、核心的战略业务，逐步发展出小额、个商、小企业贷款等三大小微产品系列，迅速在这一市场确立了地位；从农民工、社保老人、社区居民、小企业主等客户入手，稳扎稳打、逐步扩大领域。其次从"大"处和"高端"突破，积极向"大"处挺进，抢占金融竞争制高点。通过资金集中统一运用，积极参与各地大型项目建设、大企业发展，依托公司金融和金融市场两类批发业务，形成"批零联动"的发展格局，从财务支撑角度带动零售金融、普惠金融健康可持续发展，逐步形成以零售业务为主体、公司和金融市场业务为两翼的"一体两翼"发展格局。

（二）"三个定位、四大特色"的业务布局

"三农"、社区、中小企业，是我国经济转型的三大重点，也是银行业服务相对薄弱的领域。邮储银行结合自身优势，坚持服务"三农"、服务社区、服务中小企业的战略定位。将这三个定位作为"差异化"战略的着力点，在普惠金融领域形成了四大特色。

一是小微贷款发展的主力军。邮储银行结合自身战略定位，将"小微客户"作为支持实体经济和推动自身转型的突破口。先后研发出小额贷款、个人商务贷款、小企业贷款 3 大系列数十种产品。截至目前，邮储银行累计发放小额贷款 8300 多亿元，发放小微企业贷款 1.7 万亿元，有效解决了 800 多万农户，1200 万户小微企业的经营资金短缺困难。

大力发展小额贷款。近年来，邮储银行大力推进单笔贷款金额 10 万元以下的小额贷款，成为银行业的一大亮点。截至 2013 年底，已累计发放小额贷款 1314 万笔、金额达 8117 多亿元，笔均约 6.18 万元。在国际小贷组织成员机构之中，名列前茅。

支持小微企业发展。本行积极与工业与信息化部、共青团中央、中小企业协会、个体私营企业协会、中小企业促进中心等政府部门、协会组织进行对接，搭建小微企业金融服务平台，争取专项资金扶持，创新产品形式，有效控制风险，减少客户融资成本，更好地服务小微企业发展。截至 2013 年底，邮储银行各一级分行已与全国 35 个省、自治区、直辖市及计划单列市个体私营企业协会实现金融服务对接。

二是基层财政的公共服务主平台。邮储银行凭借广覆盖的服务渠道、先进的计算机系统以及规范的管理和内控体系，成为各地财政公共服务落地的主平台。在城乡统筹养老金发放、家电下乡补贴、种粮补贴等众多面向基层的财政转移支付资金，邮储银行都是客户认可度最高的服务机构之一。在汶川地震、玉树地震等灾害中，邮储银行也是提供基础金融服务、公众捐赠汇款的主要服务机构之一。在邮储银行代理新农保的一些地区，农民只要“跑一趟路、对一个窗口、填一张表”，就可以完成新农保账户开立。财政拨付的资金，在当天就可以达到哪怕最偏远山区的农民账户，真正做到政府放心、百姓满意、社会认可。

三是城乡金融服务一体化的主渠道。邮储银行的服务网点遍布城乡、覆盖面最广，发挥邮政点多面广的优势，有效地利用邮政网点提供基础性金融服务，扩大了邮储银行普惠金融服务的能力。通过技术升级和服务改进，正在向“存款不出村、贷款送上门、理财送下乡、资金通天下、服务全天候”的目标迈进。邮储银行结合农村经济发展特点和农村客户需求，推出了代收水费、烟叶收购款，代发粮食直补款、最低保障金等十几项惠农代收代付服务，服务触角遍及我国广袤城乡。2013 年全年，代收业务交易笔数达 5.12 亿笔，交易金额为 6460 亿元；代发业务交易笔数达 12.76 亿笔，交易金额突破 14017 亿元。截至 2013 年底，除 3.9 万个物理网点外，已建设助农取款服务点 10.87 万个，在村里就可以进行小额取款，累计交易笔数 609.84 万笔、累计交易金额超 14 亿元。邮储银行积极开展“信贷县县通、信贷下乡行”等活动，坚持阳光信贷、上门服务的宗旨；利用自身渠道，将稳健型理财产品送进县城、社区。

四是普惠金融服务的资源整合者。在普惠金融领域，邮储银行注重整合多方资源，打造良好的金融生态环境。邮储银行主动将金融服务与政策资源平台有机结合，自 2010 年以来连续四年举办创富大赛活动，搭建了政府、银行、媒体、学术界四方参与的平台，吸引了数十万人参与，已成为集“融资服务、创业指导、商业模式交流、品牌宣传”于一体的小微企业创业创富综合助力平台。创富大赛在社会上营造鼓励中小微企业创业、创富的良好环境，有效带动和扩大了社会就业，为推动国家经济转型升级和城乡经济统筹发展作出应有的贡献。目前，累计为小微企业提供贷款近万亿元，支持近 1000 万户实现创业创富梦想，累计带动就业近 3000 多万人。2014 年，邮储银行又积极投身于中国互联网协会主办的“邮储银行杯第六届全国大学生网络商务创新应用大赛”，吸引了全国 2200 所高校 16 万人参与，为展示互联网时代大学生创业成果提供了舞台，为我国发展电子商务培养了新生力量。

（三）全面的风险管理体系

为有效解决普惠金融发展风险高、风险难以管理的问题，邮储银行秉承“研究风险先于业务开办，实现风险管理与业务发展的平行推进”的指导思想，从文化建设、信贷技术、人员管理、合规建设、系统支撑以及社会金融生态环境建设等方面，全面做好普惠金融的风险控制。

一是培养良好的合规文化。从业务条线、风险合规条线、审计条线等多个条线和维度开展了丰富多样的内控合规文化建设活动。例如业务条线相继开展了“信贷业务管理年”、“信贷业务发展管理质量年”等活动，制定并落实信贷员“八不准”，打造了“阳光、快捷、高效”的信贷文化。

二是探索研究信贷技术。在信贷技术上，邮储银行不仅借鉴了国内外先进的信贷技术，还结合自身的试点经验，创造性地提出了符合邮储银行实际的“五法”“五 P”微贷技术。在信贷调查中通过“看、拍、问、听、要”的“五法”，发挥五种调查方法的有效作用，注重企业及企业主软信息，了解企业经营状况的第一手资料，手工编制企业财务报表方式；在授信审批时，做到关注借款人（People）、融资用途（Purpose）、还款能力（Payment）、担保（Protection）和借款人展望（Perspective）“五 P”，确保风险可控。

三是加强人员管理。邮储银行积极推进关键人员岗位轮换管控风险，通过实施审批人员派驻、审查岗、信贷员轮岗等制度，强化岗位制约，从机制上遏制人员内部道德风险，既保护了信贷队伍，也确保资产质量保持在良好水平。例如，在小额信贷业务开办初期，通过受理与调查相分离及双人调查的岗位设置，有效防范业务办理风险。

四是完善内部控制体系建设。邮储银行从建行之初就确立了“风险为本、内控优先”的发展理念，在完善公司治理架构的基础上，建立“三道防线”联动的内控管理思路。其中，各级业务经营机构、业务管理部门和每个员工是第一道防线，风险合规部门为第二道防线，内部审计等部门为第三道防线。通过“三道防线”有效联动，强化“全机构、全人员、全业务、全流程”的全面风险管理体系建设，有效管理风险。

五是强化系统支撑作用。信息系统建设是强化普惠金融发展风险管理的有效手段，邮储银行高度重视信息系统建设，不断加大信息科技投入力度。目前建立了较为完善的信用风险管理系统体系，包括信贷风险管理系统、信贷管理系统、资产分类系统、统一授信管理系统等，将信用评级模型、敞口管理工具、限额管理等功能集成入信贷系统，实现了授信业务流程、业务发展监测、风险预警发起、信贷业务管理、报表数据分析等综合功能，在同业处于较为领先的地位。

六是优化农村信用生态环境。针对当前我国农村经济生活中的信用需求不足、农村信用体系不完善、农村信用制度不健全等问题，邮储银行通过广泛开展送贷下乡、建立“三农”服务站、建设信用村镇等活动，加大在农村地区的金融基础知识宣传力度，协助完善农村征信、评估体系，建立正向激励和惩戒机制，推动农村金融生态系统的良性循环。目前，邮储银行已在黑龙江等农业大省评选信用村镇 3000 余个，评选信用农户数十万名；在山东等分行还在有条件的乡镇、农村等广泛建设小额贷款“三农”服务站，信贷服务站点的数量已达 1000 余个，填补了偏远农村信贷服务的空白。

（四）创新型人才培养机制

金融行业既属于资本密集型行业，也是智力密集行业，需要复合型、创新性、接地气的专业人才。邮储银行注重专业人才队伍的建设和培养，从三个方面着手，将人才培养作为全行的战略发展重点来抓。

一是基于原有队伍的转型和专业化提升。针对普惠金融发展风险高的特点，邮储银行尤其注重普惠金融人才队伍的专业化建设工作。邮储银行的员工队伍长期扎根社区、县城、乡镇，熟悉周边客户群体，了解当地产业特色。通过代发工资、代发社保金、粮食补贴等各类基础金融服务，在当地树立了良好的服务口碑。邮储银行配备和培养了近 4 万人的零售信贷员队伍，约占全行员工人数的 1/4。同时，邮储银行按照“整体规划、分类分层”的思路，开展干部员工培训工作，逐步建立常态化的培训机制，并充分利用国内外、系统内外的优质资源，有计划、有重点地实施了干部员工队伍的培训工作，建立了符合邮储银行工作实际的内训师资队伍和课程教材体系。

二是基于业务定位的特色化人才招聘。金融人才是金融事业发展的第一资源，发展农村金融离不开大量了解农业、理解农民、熟悉农村的应用型金融专业人才。2009 年起，邮储银行率先建立了大学生“村官”人才培养新机制，选拔、招聘任期届满的大学生村官。通过“邮储银行 + 大学生村官 + 农户”的工作模式，积极探索大学生“村官”人才培养新机制，最大限度发挥这些村官熟悉农村情况、了解农民金融需求和信用状况的优势，将他们在基层的宝贵经验继续贡献于新农村建设，提升农村金融服务水平，改善农村金融环境。截至 2013 年底，邮储银行累计招聘“村官”近 3400 余人，遍布全国 25 家分行，成为全国招聘“村官”时间最早、数量最多的金融机构。

三是基于可持续发展的干部队伍管理。邮储银行有计划、有步骤推进干部横向和纵向交流工作。对于基本素质好、发展潜力大但任职经历单一、缺乏基层工作经历的年轻干部和后备干部，着眼于多岗位历练干部，重点实施培养型交流，提高干部驾驭复杂局面、解决实际问题的能力；对关键岗位任职时间较长，长期“不动窝”的干部，立足于关心爱护干部，实施任期制交流，以新环境激发干部新作为，带来工作新气象。

（五）线上线下一体化的电子渠道布局

普惠金融发展的好不好，关键是看能否在实现服务广覆盖的同时，有效降低营运成本。互联网金融具有交易成本低、覆盖范围广、服务效率高等先天优势，与发展普惠金融高度契合。为此，邮储银行近年来一直在加速推进电子银行应用，极力构建线上线下一体化的普惠金融服务网络，努力提升普惠金融服务的普及性和便捷性。目前，邮储银行建立了丰富的服务渠道，开办了个人网银、手机银行、网上银行、电视银行、微信银行等业务，可以办理支付结算、保险理财产品销售，提供农业政策和农产品市场交易信息，为客户提供全天候的便捷服务。

截至 2013 年底，邮储银行电子银行交易笔数达 42 亿笔，同比增长 31%，交易金额达 4.6 万亿元，同比增长 48%；电子银行交易替代率超过 50%，较 2012 年年末提高 10.9 个百分点，电子渠道让更多地人群有机会享受现代金融的成果。

四、当前面临的新形势、新挑战

(一)“三农”金融服务面临的新形势

一是政府重视带来的政策机遇。2014 年，国家更加重视“三农”和新型城镇化工作，农业现代化、新型城镇化、农村土地制度改革等工作正加速推进。土地制度改革的启动，使农业由原来的以农户为主的经营模式，向规模化、集约化、产业化方向在转变，土地在向职业农民、新型农业经营主体流转，国家政策对农村改革支持的力度在加大。一方面，政府积极构建农村信用体系建设。另一方面，主动出台一系列风险担保政策，加大对农业保险的重视，通过建立政府风险补偿金鼓励商业银行发展“三农”金融业务。商业银行利用第三方“隐性担保”作用，提高客户违约门槛，降低业务风险敞口，有利于降低涉农信贷作业成本、提升风险防控能力。土地制度的改革，还带来农村地区抵质押物的丰富化。以前农村贷款难，银行难贷款，难在没有抵质押物。2014 年中央 1 号文件要求有关部门要抓紧研究提出规范的实施办法，建立配套的抵押资产处置机制，推动修订相关法律法规；抓紧提出完善农村宅基地管理的试点方案等，把土地承包经营权分离出来，通过确权、颁证、评估、交易，实现农村土地承包经营权的抵质押，农房宅基地抵押也在稳步推进，实际上降低了商业银行在农村地区贷款的风险，为邮储银行发展带来机遇。

二是现代农业带来的市场机遇。随着现代农业的发展，部分地区逐渐出现农场主、林场主，广大农村地区在经营主体上出现规模化、集约化，融资需求由过去的散、小，向集中、大额转变，市场的发育和完善增加了金融机构开展“三农”业务盈利的可能性，同时也降低了银行的经营成本。把农村地区的农场主、农民专业合作社、小企业、中型企业都纳入到邮储银行的金融服务体系，“三农”金融服务的广度和深度不断拓展。由过去为分散农户提供小额贷款产品，到通过把农业产品前中后端的工业企业都吸引过来，提供包括大型公司结算、融资、中小企业特色服务、农业产业化特色服务在内的综合性金融服务，给邮储银行提供了转型升级的难得机遇。

（二）“三农”金融服务面临的新挑战

一是配套政策落地需要一个过程。目前，对于土地承包经营权的确权确地问题依旧缺乏法律上的支撑。对于农村宅基地管理方面，1 号文件在保障农户宅基地用益物权前提下，选择若干试点，慎重稳妥推进农民住房财产权抵押、担保、转让。十二届全国人大二次会议提到：土地流转中不能搞“大跃进”，不能搞强迫命令，要有序流转。因此，可以预计农村土地流转必定是循序渐进的。

二是农业本身的风险特点。农业是弱势产业，整体效益比较低，受自然环境（如自然灾害、疫情等）的影响大，而目前与农业相适应的农业保险体系、农业风险补偿体系、农业担保体系尚未完全建立，使农业及其产业化经营的弱质性显得尤为突出。

三是农业发展与市场需求尚未完全对接。种养殖行业最易受市场价格周期性波动的影响，容易造成产能过剩，种、养作物卖不出去积压的情况，导致客户还款时与贷款申请时经营状况差异较大，出现逾期。

四是部分地区农户诚信意识不足。信息不对称也是发展“三农”贷款的一大挑战。少数地区尚未纳入人民银行征信系统，无法查询客户信用状况，而县及县以下地区“三农”层面人员的信用意识整体较模糊，缺乏诚信观念，甚至集体拒绝偿还银行贷款。

五、未来发展前景及思路

农村金融仍然是整个金融改革发展最为薄弱的环节。改革开放以来，特别是中共中央、国务院自 2004 年连续以 11 个 1 号文件聚焦“三农”问题以来，我国农村经济社会发展取得了长足的进步，社会主义新农村和城镇化建设迎来了崭新的发展阶段。农村金融作为农村经济的核心，也经历了一个起点低、速度快、成效大的发展历程，处在一个重要的转折时期，日益呈现出崭新的发展形势。在新形势下邮储银行农村金融服务的转型升级思路。

（一）坚定服务“三农”的战略定位

邮储银行的主阵地在农村，在服务农村及县域市场中不断发展壮大，与农村经济社会发展有内在的互相促进作用。在农村金融发展新的历史机遇下，邮储银行仍将坚持服务三农、服务社区、服务小微企业的战略定位，在人员配置、资源分配上其倾斜，继续践行商业化普惠金融之路。邮储银行提出，未来 5 年内，在“三农”领域的信贷投放超过 3 万亿元，成为“三农”金融服务的生力军。

（二）强化农村金融重点领域支持

其一，重点支持经营管理规范的新型农业经营主体。在现代农业示范区、农村金融改革示范区、农村产权制度改革示范区等地区，开展摸底调查工作，为新型农业经营主体量身订制金融产品和服务。

其二，重点支持农村及县域小微企业发展。充分发挥邮储银行网点布局优势，通过搭建政银企合作平台、专营机构建设、产品创新推动、创建信贷工厂、集群授信营销、开辟绿色通道、增加信贷投放、商业模式升级、完善综合金融服务产品体系等一系列方式，借助小微企业的物流、信息流和资金流，构建多层次、广覆盖、易获取的小微企业金融服务体系，支持小微企业发展壮大。

其三，重点支持农业产业化龙头企业。以“批发带动零售、零售撬动批发”为思路，以农业产业化龙头企业为中心，实现总对总对接，通过“银行 + 企业 + 农户”的方式，为龙头企业及其上下游的企业或农户提供供应链融资、订单融资、现金管理等综合金融服务。

其四，重点支持新型城镇化建设金融需求。新型城镇化建设在地域上连接着农村和城镇，在产业上连接着农业和工业，在经济上连接着投资和消费，带来了大量的金融需求和广阔的市场空间。邮储银行将通过资源倾斜等方式，针对性强化满足农民创业的经营贷款支持、生活水平升级的住房贷款等消费贷款支持以及城镇基础设施的配套资金支持。

（三）持续创新金融产品和服务

一是量身订制融资产品。按照“栅栏”原则、量体裁衣方式，在继续积极发展传统的农村小额贷款之外，积极试点推广农村土地承包经营权抵押贷款，稳妥开展农民住房财产权抵押贷款试点，积极研发面向农村新型生产经营主体的融资产品体系。

二是研发综合化金融产品。积极研发推广适合农村金融消费者的理财、存款、结算等新的基础性的金融产品和工具，满足其日益个性化、多元化的金融需求。

三是创新服务方式。充分利用现代信息技术，加强机制创新、管理创新、技术创新，积极探索农村金融“信贷工厂”模式，通过强化 IT 系统支撑和大数据管理，减少人力资本制约，提升人均劳产率。

（四）不断完善农村金融服务渠道

一是继续优化物理网点覆盖，延伸农村金融服务最后一公里。通过网点迁址、建立服务点等方式，有效解决部分县域或村镇金融服务空白问题；通过网点装修、功能分区、性能优化等方式，改善农村金融服务硬件条件。

二是着力完善农村地区电子银行服务体系。积极宣传引导网上银行、ATM 机、手机银行、电视银行、电话银行、微博银行、微信银行等电子银行渠道在农村的普及力度，有效延伸金融服务范围。

附件 1

邮储银行零售贷款业务发展情况

2007 年 3 月，根据国务院金融体制改革的总体安排，在改革原有邮政储蓄管理体制基础上，中国邮政储蓄银行有限责任公司正式成立。2012 年 1 月 21 日，经国务院同意并经中国银行业监督管理委员会批准，中国邮政储蓄银行有限责任公司依法整体变更为中国邮政储蓄银行股份有限公司。

2007 年，在经历了对小额贷款三年多的理论学习及在存单小额质押贷款上的实践之后，邮储银行在河南省长垣县试点开办面向农户、个体工商户及小微企业主发放的无抵押小额贷款业务，大力发展农村小额贷款。通过坚持“小额、分散”的理念，采取联保及保证等担保方式，打造标准化产品，极大地满足了目标客户群体的生产融资需求。

2008 年，邮储银行全国 36 家一级分行相继揭牌成立；9 月底，全国分支机构完成挂牌，机构组建工作顺利完成。在机构改革的同时，邮储银行不断创新担保方式，实现产品体系丰富化，在北京试点开办以房产为主要担保方式的个人商务贷款，采取额度循环授信，极大地满足了小微企业资金需求“短、小、频、急”的特点。同年，邮储银行和德国技术合作公司（GTZ）共同启动了“邮政储蓄银行小额信贷与零售银行业务项目”，由 GTZ 聘请小额信贷专家对银行的信贷从业人员进行培训，打造专业的信贷员队伍，全方位支持小额贷款业务的发展。

2009 年，邮储银行在河北保定成立全行第一家小企业信贷中心。同年正式开始办理公司自营贷款业务。零售信贷业务快速发展，当年小额贷款业务累计发放突破 1000 亿元，个人零售贷款余额突破 1000 亿元。

2010 年，邮储银行继续在标准化产品基础上推进“一行一品”，秉承“进步与您同步”的理念，逐步实现“以产品为核心”向“以客户为核心”过渡。为不断适应市场需求，邮储银行实行产品要素差异化，在贷款期限、还款方式、贷款额度、利率等多方面实行了差异化管理。同年，邮储银行与人社部门合作，开办了再就业小额担保贷款，积极服务下岗再就业人群；邮储银行探索出独家代理“新农保”的特色业务模式。

2011 年，为更好地提高服务小微企业的能力，邮储银行产品创新方式由以前的“点”式、“面”式，转变为“链”式开发，提出了“一行一式”工程，即加强商业模式开发、围绕核心产业链条开发小微企业信贷产品。小额贷款业务开展创新，试点土地经营权抵押贷款。同年，邮储银行个人消费贷款余额突破 1000 亿元。

2012 年，邮储银行小微贷款累计发放金额突破 1 万亿元。小额贷款产品增加到 11 个，从保证类贷款延伸至抵质押类贷款，从商业性贷款延伸至政策类贷款，从全国统一标准化产品向地域化特色化转变。消费贷款产品从购房类贷款延伸至非购房类贷款，从抵押类贷款扩展至信用贷款，从自营贷款扩大到委托贷款。小企业贷款产品增加到 32 个，从强抵押贷款向弱抵押贷款延伸。邮储银行客户精细化、差异化服务能力显著增强。

2013 年，邮储银行开展机构改革，进一步完善了公司治理架构，引入独立董事和外部监事，在总行和 36 家一级分行组建“三农金融部”。邮储银行自上而下设立了三农金融服务机构，加快转型发展，集中精力解决农业、农村、农民等整个“三农”金融服务问题。邮储银行一如既往积极响应党中央号召，落实一号文件精神，强化服务种养殖大户、家庭农场和农民专业合作社等新型农业经营主体的力度，推出家庭农场贷款、合作社贷款等创新产品。重点围绕烟草、茶叶等特色行业，将服务范围由单一种养殖环节稳步向运销流通、深加工、特色服务等环节拓展。大力推进“公司 + 农户”贷款，与伊利、蒙牛、新希望等涉农龙头企业合作，共同带动农业产业链上、下游农户的发展，提高农产品附加值。打通第三方平台合作渠道，与农业部、扶贫办、畜牧局等政府部门联动，共同提升“三农”综合金融服务能力。截至 2013 年末，邮储银行累计发放小额贷款 8000 亿元，其中涉农贷款累计达 6119 亿元。

2014 年，邮储银行继续深化改革，加快创新，积极为现代农业提供金融支持，重点加大对新型农业经营主体的支持力度。5 月 15 日，中国邮政储蓄银行“三农”金融服务工作会议在江西南昌召开，标志着邮储银行全面服务“三农”迈入了新阶段。会议就创新金融服务促进现代农业发展、进一步加强“三农”金融服务工作作出了部署。邮储银行李国华董事长指出，未来一段时期，邮储银行“三农”金融服务的指导思想是：牢固坚持服务“三农”的战略定位，加快创新，积极为现代农业提供金融支持；巩固优势，进一步提升农村基础金融服务能力；加大投入，努力提高“三农”金融服务水平；强化管理，实现普惠金融的可持续发展，为推动我国农村改革发展提供有力支撑。总体目标是：未来五年内，在“三农”领域的信贷投放超过3万亿元，成为“三农”金融服务的生力军。9月，邮储银行与农业部正式签署《金融服务和支持现代农业发展合作协议》，双方就共同探索财政资金与信贷资金结合使用的具体路径和方法达成一致，致力于积极支持现代农业发展的金融需求。10月，农业部与邮储银行联合下发了《关于邮政储蓄资金支持现代农业示范区建设的意见》，进一步加大对现代农业示范区建设的金融支持力度。

附件 2

河南焦作"蒙牛公司 + 奶站 + 奶农"小额贷款

一、产品要素

（一）贷款额度

单个奶站最高授信额度为 150 万元；单户奶农最高授信额度为 15 万元；单个奶站中的奶农贷款总和最高为 100 万元；单个奶站与其中的全部奶农的授信总额度不得超过 250 万元，且不超过该奶站年度供奶款金额的 50%。

（二）贷款期限

奶站客户贷款最长期限不得超过 24 个月，奶农客户贷款最长期限不得超过 18 个月。

（三）贷款利率

中国人民银行同期同档次基准利率上浮 30%。

（四）担保方式

（1）对于奶站客户，以奶站客户贷款期限内的供奶应收账款提供质押担保，并办理质押登记手续。蒙牛（焦作）公司和奶站客户在邮储银行开立资金账户，供奶应收账款须通过奶站客户在邮储银行开立的账户进行结算，待邮储银行扣划还款额后，奶站客户可支用余款。

（2）对于奶农客户，由其所属的奶站提供连带责任保证担保。

（3）原则上，客户应购买奶牛保险，投保范围包括奶牛各项主要疫情风险、生产及引起的伤亡，并将邮储银行设为第一保险受益人。

（五）还款方式

（1）奶站客户，按月等额本息还款法。

（2）奶农客户，阶段性等额本息还款法，且宽限期不得超过 4 个月。

（六）主要风险控制措施

（1）应收账款质押。

（2）蒙牛公司提供关键信息支持。一是蒙牛公司向邮储银行推荐符合条件的奶站，出具推荐函和供奶款历史明细；二是蒙牛公司在每月供奶款到账日通知邮储银行，并提供奶站当月供奶款明细；三是蒙牛公司通过自身技术员等协助监督奶站及奶农资金使用及日常经营管理情况，提供奶站全部资料和信息，协助邮储银行开展逾期清收。

（3）奶站与奶农的基本准入条件，强调其与蒙牛公司合作的稳定性，如合作年限、供奶规模等。

（4）严格操作。贷款申请，通过奶站提供担保函来验证推荐的真实性，并从其他奶农进行交叉验证；贷款调查，通过奶站提供的每天采奶记录，交叉验证奶牛头数、采奶量、回款额，确保采奶记录和奶牛头数真实性，并从其他奶农进行交叉验证；贷款审查，通过奶站提供的每天采奶记录，现场清点奶牛头数匹配度，并做好电话回访，关注奶农个人征信中贷款记录；贷款审批，落实邮储银行放款日应选在借款人每月奶资款进账之后；贷后管理，关注奶农奶牛规模变化，注意突发疫情以及贷款挪用及奶站后期采奶记录变化验证奶农是否购进奶牛；贷款回收，经办支行做好奶站奶资结算账户的监管，奶资款入账后即做止付。

二、业务发展基本情况

（一）业务开办时间

2013 年 11 月。

（二）业务规模及资产质量

截至 2013 年 12 月 31 日，尚未形成贷款发放，主要原因是与蒙牛（焦作）公司、奶站的三方合作协议要经蒙牛总公司法律部门审核，现在蒙牛总公司还在审。客户已经储备了 15 户。

（三）开办范围

焦作市全市。

（四）发展空间

预计 2014 年可实现放款 3000 万元。

三、市场推广方法

通过蒙牛焦作公司，召集焦作地区与蒙牛合作的 32 家奶站集中召开现场推介，同时指定信贷员对所辖区域内的奶站逐个走访，进一步达成贷款意向。

附件 3

陕西果业仓储（冷库抵押）小额贷款

一、产品要素

（一）贷款额度

单笔贷款最高金额不超过 50 万元。

（二）贷款期限

贷款期限最长为 12 个月。

（三）贷款利率

年利率最低执行 10.5% 的固定利率。

（四）担保方式

采用联保/保证的担保方式和苹果、猕猴桃等水果冷库抵押担保。冷库的准入条件包括：一是经营 2 年内以上，拥有正规的国有土地证和房产证等证件的冷库，可进行正规的抵质押登记。二是冷库经营 2 年以上，其建设用地属于集体土地，无法取得可分割的集体土地证或无法办理抵押登记的冷库，将抵押合同和抵押行为进行公证，并在县域范围内公示。

（五）还款方式

最高期限 6 个月的一次性还本付息还款法；宽限期最长 8 个月的阶段性等额本息还款法；按月/季还息，到期一次性还本付息还款法。

（六）主要风险控制措施

一是抵押担保增信措施。要求果库主提供果库动产抵押，或由总行审核准入、在当地有经营权限的担保公司提供担保。

二是防范抵押物变现难。由于自建冷库不易变现，因此在客户准入时要加强调查，选择资产实力雄厚、资信良好的冷库主进行授信。对于在集体土地上自建的冷库，要综合考虑其地理位置、规模、可变现情况等进行综合授信。

三是市场风险防范措施。果品价格受市场因素影响波动较大，通过加强市场监测工作，及时把握果品价格的涨跌情况。对于跌价超过 5% 的及时通知客户进行销售处理。同时正确引导果品收购商控制销售节奏，避免采取较高风险的销售策略。

四是意外事故风险防范措施。果库在经营过程中最大的风险就是火灾，其次就是由于技术问题导致果库温度没有控制好，果品变质。在客户选择方面，将客户从业年限、行业经验、设备先进性、采取的意外防范措施等作为准入的重要条件。

二、业务发展基本情况

（一）业务开办时间

2013 年 7 月。

（二）业务规模及资产质量

截至 2013 年 12 月 31 日，贷款累计发放 44055 万元，2855 笔；贷款结余 38295 万元，2642 笔。该项业务的逾期率为 0。

（三）开办范围

目前该产品已在西安、渭南、咸阳、宝鸡 4 家分行的 18 个县支行开办。

（四）发展空间

2014 年计划向果业种植大市榆林、延安和铜川进行推广，预计全年贷款投放规模将达到 6 亿元。

三、市场推广方法

第一，与当地农业部门取得联系，了解当地果业发展情况，了解当地果库主、果业仓储户的联系方式和信息等，并介绍邮储银行果业仓储小额贷款业务，取得当地农业部门的支持。

第二，到当地密集的果业仓储地区对果业仓储、果业收购户上门宣传邮储银行果业仓储小额贷款业务，另外在当地召开产品推介会、授信会等加强果业仓储小额贷款业务的宣传。

第三，与当地知名果业企业主联系，宣传邮储银行果业仓储小额贷款产品，并利用知名果业企业这一渠道积极为下游收购客户宣传邮储银行果业仓储小额贷款产品。

附件 4

吉林土地收益保证贷款

一、产品要素

（一）贷款额度

单笔贷款额度上限为 5 万元。

（二）贷款期限

根据贷款用途，合理确定贷款期限，最长不超过 5 年。一次性还本付息还款方式的贷款期限，最长为 16 个月。按年等额本息还款方式的贷款期限，最长为 5 年。采用定日还款方式。

（三）贷款利率

贷款年利率为人民银行同期公布的同档次贷款基准利率上浮 30%。

（四）担保方式

以土地承包经营权流转收益和物权融资公司提供连带责任担保作为贷款担保。借款人将土地承包经营权转让给物权融资公司，物权公司为借款人提供连带责任担保。

（五）还款方式

土地收益保证贷款可以采取如下两种还款方式：一是一次性还本付息法，即到期一次性偿还贷款本息；二是按年等额本息还款法，即定日还款，第一期非整年。

（六）主要风险控制措施

第一，建立严格的土地收益保证贷款的内部控制制度，规范流程操作，贯彻“阳光信贷”政策，严禁通过土地收益保证贷款要素发放其他农户小额贷款。

第二，银行经调查确定贷款农户后，由物权融资公司根据银行提供的需贷款农户名单，出具农户具备直补资格的确认书，财政部门确保该确认书记载的内容真实、准确。

第三，贷款到期前 15 日内，应通知借款人及物权融资公司筹集资金还款。贷款逾期后（不得超过 7 日），银行应立即向借款人及“物权融资公司”下发逾期催收通知书。物权融资公司按照合同约定进行挂牌发包，发包所得优先偿还银行贷款本息，不足部分由物权融资公司运用信贷周转保障基金偿还。

第四，严格按照邮储小额贷款贷后管理要求进行贷后管理工作。在贷款发放落实到位后，物权融资公司成立了“贷款催收工作组”，由市、乡镇经管站、村、组负责人组成，邮储银行负责每组跟派一人，定期对贷款农场了解他们的资金用途、收入状况、家庭成员变动等情况，提早防范和化解贷款风险，使土地收益保证贷款试点工作能够顺利进行。

二、业务操作模式

（一）政府方面

由政府组织，设立物权融资农业发展有限责任公司（以下简称“物权公司”），在县金融办加挂牌子，非营利机构，专为金融机构和农民提供相关服务。

（二）农民与政府之间

农民将其土地承包经营权流转给物权公司，同时农民向金融机构申请贷款。当农民正常归还金融机构借款后，物权公司与农民达成的土地流转合同自动解除。当农民没有按时偿还金融机构贷款时，物权公司将获得的农民土地另行发包，通过转包土地流转收益偿还银行贷款，履行物权公司的保证责任。

（三）政府与金融机构之间

农民将土地承包经营权转让物权公司后，物权公司与金融机构签署保证合同，物权公司有权力将未按期还款农民土地的承包经营权公开挂牌转包，并将转包收益用于归还金融贷款及相关费用。

另外，吉林省政府设立吉林省惠农信贷周转保障基金，采取省、市（州）、县（市、区）共同出资的方式。借款人发生逾期在达到 90 天尚不能由土地挂牌出让金偿还的，先由保证资金偿还贷款本息及其他费用。

（四）金融机构与农民之间

金融机构按照政府的方案设计信贷产品，自主与满足条件的农民签订借款合同，并发放贷款资金。

三、业务发展基本情况

（一）业务开办时间

2013 年初开办。

（二）业务规模及资产质量

截至 2013 年 12 月 31 日，贷款累计发放 1798.5 万元，主要是延边州分行发放的，其放款金额为 1115.2 万元；贷款结余金额 1691 万元。该项业务的逾期率为 0。

（三）开办范围

目前，有榆树市、梨树县、东丰县、靖宇县、乾安县、敦化市、珲春市、龙井市、汪清县、安图县和龙市，共计 11 家一级支行开办了此项业务。

（四）发展空间

预计 2014 年的业务规模与发展范围，2014 年净增 3000 万元，开办范围可达 20～30 个一级支行。

References 参考文献

[1] Acha Ikechukwu A. , 2012, Microfinance Banking in Nigeria: Problems and Prospects, International Journal of Finance and Accounting, 1 (5): 106 ~111.

[2] Adams, DW, Graham, DH and von Pischke, JD (eds.), 1984, Undermining Rural Development withCheap Credit, Boulder, Colorado: Westview Press.

[3] AFRACA, 2004, Financial Sector Reforms, Central Banks and Rural Finance.

[4] Aryeetey, E. , 2005, Informal Finance for Private Sector Development in Sub-Saharan Africa, Journal of Microfinance, Vol. 7, No. 1.

[5] Banik, A. , 2003, Evolution of Rural Informal Financial Institutions in South Asia, Savings and Development, Issue no. 4.

[6] Beck, T and de la Torre, A, 2007, The basic analytics of access to financial services, PolicyResearch Working Paper Series, Washington, The World Bank.

[7] Beck, T, Demirguc-Kunt, A and Maksimovic, V, Bank Competition, 2004, Financing and Accessto Credit, Journal of Money, Credit and Banking 36: 627 ~648.

[8] Benjamin, MP, Yaron, J and Piprek, GL, 1997, Rura Finance: Issues, Design, and Best Practices, Washington, D. C. : World Bank.

[9] Besley, 1994, How do market failures justify interventions in rural credit markets, The world Bank Research Observer, 1: 27 ~48.

[10] Birdar, RR and Jayasheela, 2000, Rural finance : A village study, Kurukshetra 48: 19 ~25.

[11] Boucher S. , 2008, Risk Rationing and Wealth Effects in Credit Markets: Theory and Implications for Agricultural Development, American Journal of Agricultural Economics, 90 (2): 409 ~423.

[12] Bright Helms and Xavier Reille, 2004, Interest Rate Ceilings and Microfinance: The Story So Far, CGAP, Focus Note No. 9.

[13] Buchenrieder, G. & Heidhues, F. , 1998, Transformation and Rural Finance, CERT Working Paper No. 98/12.

[14] Burgess, R. & Pande, R., 2004, Do Rural Banks Matter? Evidence from theIndian Social Banking Experiment, CEPR Discussion Paper No. 4211.

[15] CGAP., 2010, Financial Access 2010, http: //www. cgap. org/p/site/c/template. rc/1. 9. 47743/.

[16] David Porteous, 2006, Competition and Microcredite Interest Rate, CGAP, Focus Note No. 33.

[17] DESA and UNCDF, 2005, Building Inclusive Financial Sectors for Development.

[18] Diagne, A. & Zeller, M., 2001, Access to Credit and its Impact on Welfare inMalawi, Washington, DC: IFPRI.

[19] Dominik Egli, 2004, Progressive Lending as an Enforcement Mechanism in Microfinance Programs, Review of Development Economics, Vol. 8, No. 4, pp. 505 ~ 520.

[20] Dorward, A., Kydd, J., Moyo, S. & Coetzee, G., 2001, Seasonal Finance forStaple Crop Production: Problems and Potential for Rural Livelihoods in SubSaharan Africa, Wye College, Agricultural Economics, Agrarian DevelopmentUnit.

[21] Dowla, A. U. & Alamgir, D., 2003, From microcredit to microfinance: evolutionof savings products by MFIs in Bangladesh, Journal of InternationalDevelopment, Vol. 15, No. 8, pp. 969 ~ 988.

[22] Duong, P. & Izumida, Y., 2003, Rural Development Finance in Vietnam: AMicroeconometric Analysis of Household Surveys, World Development 30, no. 2: 319 – 35.

[23] Duquet, S., 2006, Improving MFI Performance in Competitive and SaturatedEnvironment, Planet Finance.

[24] Egger, R., 2003, Rural Finance: What is so Special About it?, Intercooperation: Organisation for Cooperation and Development.

[25] European Association of Co-operative Banks, 2010, European co-operative banks in the financial and economic turmoil: First assessments.

[26] Fuentes, 1996, The use of village agents in rural credit delivery, The Journal of Development Studies, 12: 188 ~ 209.

[27] Gine X., 2005, Access to Capital in Rural Thailand: An Estimated Model of Formal vs. Informal Credit, Policy Research Working Paper 350。

[28] Gonzalez-Vega, C, Cheap Agricultural Credit: Redistribution in Reverse, In W. Adams, D, Graham, DH and Pischke, JDV (eds), 1984, Undermining Rural Development with Cheap Credit, Boulder, Colo: Westview Press.

[29] Gonzalez-Vega, C. 2003, Lessons for Rural Finance from the MicrofinanceRevolution, Promising Practices in Rural Finance: Experiences from LatinAmerica and the Caribbean, Mark D. Wenner et al. (eds.), pp. 53 ~ 66.

[30] Groeneveld, H., 2011, The value of European Cooperative banks for the future financial system.

[31] Gulli H., 1998, Microfinance: Questioning the Conventional Wisdom, International American Development Bank, New York.

[32] Gurgand, M.; Pederson, G. & Yaron, J., 1996, Rural Finance Institutions inSub-Saharan Africa: Their Outreach and Sustainability, Savings andDevelopment 20, no. 2: 133 ~ 69.

[33] Hartarska, V., 2002, Three essays on finance for the poor, OSU Rural FinanceProgram.

[34] Hasan, M. E., 2003, Implications of Financial Innovations for the Poorest of thePoor in the Rural Area: Experi-

ence from Northern Bangladesh, ESR Review, vol. 5, no. 2, winter.

[35] Heidhues, F. ; Davis, J. R. & Buchenrieder, G. , 1997, Agricultural Transformationand Implications for Designing Rural Financial Policies in Romania, CERTDiscussion Paper No. 97/22.

[36] Heiko Hesse and Martin ? ihák, 2007, Cooperative Banks and Financial Stability, IMF Working Paper, WP/07/2.

[37] Hine, S. & Thilmany, D. , 1998, Rural Financial Trends: How Are Lenders andInterest Rates Changing?, Department of Agricultural and Resource Economics, Fort Collins.

[38] Hoff, K, Braverman, A and Stiglitz, JE, 1993, the Economics of Rural Organization: Theory, Practice and Policy, New York: Published for the World Bank by Oxford University Press.

[39] Hoff, K. & Stiglitz, J. E. , 1998, Moneylenders and bankers: price-increasingsubsidies in a monopolistically competitive market, Journal of DevelopmentEconomics, Volume 55, Issue 2, April 1998, Pages 485 ~ 518.

[40] Jain, 1998, The interaction of formal and informal credit markets in developing countries: symbiosis versus crowding out, Journal of Development Economics, 59: 419 ~ 444.

[41] Kadale Consultants, 2012, Study on Informal and Non-formal Rural Financial Services.

[42] Kilkenny, M. & Jolly, R. W. , 2006, Are Rural Credit Markets Competitive? IsThere Room for Competition in Rural Credit Markets?, Staff General ResearchPapers 12634, Iowa State University, Department of Economics.

[43] Kon Y. , Storey D. , 2003, A Theory of Discouraged Borrowers, Small Business Economics, 21 (1): 37 ~ 49.

[44] Kotaiah, P. , 1995, A Review of Rural Finance, National Bank News Review, 11 (3): 11 ~ 14.

[45] Lamberte, M. B. ; Vogel, R. C. ; Moyes, R. T. & Fernando, N. A. , 2006, BeyondMicrofinance: Building Inclusive Rural Financial Markets in Central Asia, ADB.

[46] Lina Sonnie, 2010, Financing pro-poor entrepreneur-based innovation: A review ofexisting literature, United Nations University, Working paper, 2010.

[47] Lydia Prieg et al. , 2013, Co-operative Banks: International evidence, New Economic Foundation, EACB event.

[48] Manfred Zeller, 2004, Models of Rural Financial Institution, Theme: Rural Finance Institutions and Systems, Paving the Way Forward for Rural FinanceAn International Conference on Best Practices.

[49] Meyer, RL and Alicbusan, AP, 1984, Farm-Household Heterogeneity and Rural FinancialMarkets: Insights from Thailand, In W. Adams, D, Graham, DH and Pischke, JDV (eds) Undermining Rural Development with Cheap Credit. Boulder, Colo: Westview Press.

[50] Navajas, Schreiner, Meyer, 2000, Microcredit and the poorest of the poor: theory and evidence from Bolivia, World Development, Vol. 28, Issue 2, pp. 333 ~ 346.

[51] Pal S. , 2002, Household Sectoral Choice and Effective Demand for Rural Credit in India, Applied Econometrics, 34 (14): 1743 ~ 1755.

[52] Peachey, S and Roe, A, 2006, Access to finance, measuring the contribution of savings banks, Working Paper, World Savings Bank Institute.

[53] Petrick M. , 2004, A Micro Econometric Analysis of Credit Rationing in the Polish Farm Sector, European Review of Agriculture Economics, 31 (1): 77 ~ 101.

[54] Pham Bao Duong, 2013, Reviewing the Development of Rural Finance in Vietnam, Journal of Economics and De-

velopment, Vol. 15, No. 1, 2013, pp. 121 ~ 136.

[55] QIan, Cao and Pu, 2011, Discussion on Rural Finance Problems from the perspective of Theory of Constrain, Aisan Agricultural Research, 3 (7): 95 ~ 97.

[56] Richard Rosenberg, Scott Gaul, William Ford, and Olga Tomilova, 2013, Microcredit Interest Rates and Their Determinants, 2004 ~ 2011, Reports by CGAP and Its Partners, No. 7.

[57] Robinson, MS, 2001, The microfinance revolution. Washington, D. C, . World Bank ; Open Society Institute.

[58] Seibel, H. D. , 2000, Informal Finance: Origins, Evolutionary Trends and DonorOptions, IFAD.

[59] Sharma, M. & Zeller, M. , 2000, Informal markets: What lessons can we learnfrom them?, IFPRI, Rural Financial Policies for Food Security of the Poor, PolicyBrief No. 8.

[60] Stiglitz J. , Weiss A. , 1981, Credit Ratioining in Rural markets with Imperfect Information, Amercian Economic Review, 71 (7): 393 ~ 410.

[61] Straub, S. , 2005, Informal Sector: The Credit Market Channel, Journal ofDevelopment Economics, 78 (2): 299 ~ 321.

[62] Von Pischke, JD, Adams, DW and Donald, G, 1983, Rural financial markets in developing countries: their use and abuse, . Baltimore; London: Published for the Economic DevelopmentInstitute of the World Bank by the Johns Hopkins University Press.

[63] Von Pischke, JD, Finance at the Frontier: Debt Capacity and the Role of Credit in the PrivateEconomy, Washington D. C. : The World Bank, 1991.

[64] Wenner, M. & Proenza, F. J. & IABD. , 2001, Rural finance in Latin America andthe Caribbean: challenges and opportunities.

[65] Wenner, M. , 2004, Issue Brief on Rural Finance, SEEP Network, Handoutduring Innovations in Rural Finance Training.

[66] Yadav, S. ; Otsuka, K. & David, C. C. , 1992, Segmentation in Rural FinancialMarkets: The Case of Nepal, World Development 20 (3): 423 ~ 436.

[67] 曹协和. 农村金融理论研究进展及评述. 南方金融, 2007 (12)

[68] 陶珍生, 邓亚平, 高文丽. 国外农村金融发展理论与实证研究综述. 武汉金融, 2013 (11)

[69] 张慧茹. 国外农村金融市场研究进展. 财政金融, 2006 (5)

[70] 张伟. 现代农村金融理论及我国农村金融制度模式的演进探索. 现代财经, 2010 (10)

[71] 国务院农村综合改革工作小组课题组. 建立现代农村金融制度问题研究. 北京: 中国财政经济出版社, 2011

[72] 曹协和. 农村金融理论发展主要阶段评述. 财经科学, 2008 (11)

[73] 姚耀军. 农村金融理论的演变及其在我国的实践. 金融教学与研究, 2005 (5)

[74] 朱文, 王芳. 农村金融理论的政策主张评述及对我国的指导作用. 乡镇经济, 2005 (10)

[75] 焦瑾璞. 农村金融理论发展的脉络分析. 金融纵横, 2008 (1)

[76] 张伟. 现代农村金融理论及我国农村金融制度模式的演进探索. 现代财经, 2010 (10)

[77] 郭兴平. 在实践中创新发展农村金融理论. 中国金融, 2012 (14)

[78] Avishay Braverman and Monika Huppi. "Improving Rural Finance in Developing Countries".

[79] Finance & Development 28, no. 1 (March 1991): 42 ~ 44.

[80] [日] 速水佑次郎，[美] 弗农·拉坦．农业发展的国际分析．北京：中国社会科学出版社，1986
[81] Shaw，Edward S.，1973，Financial Deepening in Economic Development. New York：Oxford University Press.
[82] McKinnon，Ronald I.，1973，Money and Capital in Economic Development. Washington D. C.：Brookings Institute.
[83] Thomas Hellmann，Kevin Murdock，Joseph Stiglitz，1997，Financial Restraint：Towards a New Paradigm，Published in The Role of Government in East Asian Economic DevelopmentComparative Institutional Analysis，M. Aoki，H-K. Kim & M. Okuno-Fujiwara，eds.，Clarendon Press：Oxford，pp. 163～207.
[84] 马勇，陈雨露．农村金融中的政府角色：理论诠释与中国的选择．经济体制改革，2009（4）
[85] 谢平．中国农村信用合作社体制改革的争论．金融研究，2001（1）
[86] 何广文．从农村居民资金借贷行为看农村金融抑制与金融深化．中国农村经济，1999（10）
[87] 张维迎．市场的逻辑．上海：上海人民出版社，2012
[88] 易纲．中国的货币化进程．北京：商务印书馆，2004
[89] 周小川．关于农村金融改革的几点思路．经济学动态，2004（8）
[90] 周小川．我国金融改革中自下而上的组成部分——国际金融论坛上的讲话．中国总会计师，2013（2）
[91] 王峰虎，谢小平．农村金融发展中的市场失灵、政府失灵与财政对策．软科学，2010（5）
[92] 胡帮勇．政府在农村金融市场重构中的功能与定位．经济理论与管理，2010（10）
[93] 王曙光，乔郁．农村金融学．北京：北京大学出版社，2008
[94] 陆磊．以行政资源和市场资源重塑三层次农村金融服务体系．金融研究，2003（6）
[95] 潘里权，姚先霞，包青．我国农村金融“双失灵”及其矫正路径．经济问题，2008（4）
[96] 林毅夫．新结构经济学——反思经济发展与政策的理论框架．北京：北京大学出版社，2012
[97] 谢琳．农村金融市场中政府定位以及介入路径选择分析．农村金融研究，2014（6）
[98] 王贵，胡朋朋．贫困地区农村金融发展中的市场失灵、政府失灵与对策探讨——基于贵州省335个基础金融服务薄弱乡镇的调查研究．西南金融，2011（4）
[99] 张宇润．政府在中国农村金融创新中的地位和作用．安徽大学学报（哲学社会科学版），2008（6）
[100] 周小川．深化农村金融改革 进一步提升农村信用社资本及其质量．投资研究，2012（1）
[101] 谢平．当前我国农村金融研究综述．第三届中国金融论坛论文集，2004
[102] 谢平，徐忠．新世纪以来的农村金融改革研究．北京：中国金融出版社，2013
[103] 谢平，徐忠，沈明高．农村信用社改革绩效评价．金融研究，2006（1）
[104] 焦瑾璞，周诚君．发展我国农村金融市场的八大理论争论．河南金融管理干部学院学报，2004（3）
[105] 温湛滨．我国农村金融成长中政府定位问题探析．南方农村，2005（2）
[106] 朱超．农村金融体系发展中的政府干预——以印度为例．经济与管理研究，2007（1）
[107] 陈雪飞．合作制与股份制：不同经济背景下农村信用社的制度选择．金融研究，2003（6）
[108] 汲长虹，刘仲生，田国强．合作制：满足农村弱势群体融资需求的制度保证．金融研究，2003（12）
[109] 周脉伏，稽景涛．农村信用社合作制规范的博弈分析．中国农村经济，2004（5）
[110] 何勇，罗骏．合作制与农村信用社改革问题研究．价格理论与实践，2005（8）
[111] 匡远配，李瑞芬．合作制与我国农村信用社的改革研究．北京农学院学报，2004（10）
[112] 王雨舟，张翔，徐书杰．合作制——农村信用社改革的方向．金融理论与实践，2001（1）
[113] 应宜逊．农村信用社要坚持走合作制道路．浙江金融，2000（1）

[114] 孙昌兴，温云爱．农村信用社何去何从：合作制还是商业化？．时代经贸（下旬刊），2007（6）

[115] 殷孟波，翁舟杰．从交易费用看农村信用社的制度选择——为合作制正名．财经科学，2005（5）

[116] 杜晓山．农村金融体系框架、农村信用社改革和小额信贷．中国农村经济，2002（8）

[117] 杜晓山．中国农村金融体系及农村信用社改革的有关问题．中国农村信用合作，2004（5）

[118] 凌涛．探索农村金融改革新思路——也谈我国农村信用合作社体制改革的争论．金融研究，2001（7）

[119] 王芳．我国农村金融需求与农村金融制度：一个理论框架．金融研究，2005（4）

[120] 何锦．金融约束：政府扶持农村金融发展的一种视角．云南财经大学学报（社会科学版），2008（4）

[121] 徐忠，程恩江．利率政策、农村金融机构行为与农村信贷短缺．金融研究，2004（12）

[122] Stiglitz, J. E. and Weiss, A., 1981, Credit Rationing in Markets With Imperfect Information, American Economic Review.

[123] 孟建华．金融企业性质、法人治理与贷款定价——对农村信用社贷款利率浮动政策执行效果的实证分析．金融研究，2006（4）

[124] 陈鹏，刘锡良．当前农村金融利率机制是有效的吗？．中国农村经济，2009（11）

[125] 任常青．农村金融利率市场化问题探讨，中国农村信用合作．2007（7）

[126] 廖文义．关于农村信用社行业管理改革与发展的若干思考．南方金融，2002（12）

[127] 何广文．农村信用社制度创新不存在最优模式．金融时报，2003 年 6 月 9 日

[128] 杨羽飞，梁山．深化农村信用社改革若干问题的探讨．金融研究，2005（3）

[129] 祝晓平．论省联社行业管理下的农信社法人治理．金融研究，2005（10）

[130] 高峰．省联社管理模式的误区和影响——穿市场的鞋走计划的路．银行家，2006（10）

[131] 安翔．当前农村信用社改革绩效及评价指标研究．社会科学家，2007（7）

[132] 曹军新．省联社模式：让农信社改革买来“旧体制”．中国改革，2006（9）

[133] 沈明高．省联社垄断酝酿道德风险．金融信息参考，2004（11）

[134] 周素彦，周文平．论农村信用社“省联社”模式——理论依据、缺陷及实施建议．2007（5）

[135] 中国人民银行海口中心支行课题组．“省联社”模式：理论基础、制度缺陷与改革建议．海南金融，2008（10）

[136] 赵明．省联社管理农信社注定是一种过渡安排．中国农村信用合作，2005（6）

[137] 阮红新．农村信用社省联社制度选择探讨．金融理论与实践，2006（12）

[138] 周鸿卫，彭建刚．我国农村信用社省联社发展模式的终极选择．上海金融，2008（2）

[139] 吴盛光．“省联社”模式制度重构：农村信用社管理体制改革探析．南方金融，2011（5）

[140] 赵洁，金晓春．发达地区省联社改组为农村金融控股集团研究．金融纵横，2009（3）

[141] 徐新．股份制商业银行是省联社改革的必然选择．决策与信息，2006（11）

[142] 陈福成，曹京芝，尹程，李子刚．农村信用社法人治理结构研究．金融研究，2005（1）

[143] 杨子强．股东选择与权利实现：农村信用社改革的基础性问题．金融研究，2005（2）

[144] 王进诚，辛树人．发达地区农信社历史包袱的解决方案探讨．金融研究，2002（11）

[145] 徐新．农信社历史包袱化解问题探讨．武汉金融，2008（2）

[146] 洪正．新型农村金融机构改革可行吗？——基于监督效率视角的分析．经济研究，2011（2）

[147] 王曙光．新型农村金融机构运行绩效与机制创新．中共中央党校学报，2008（2）

[148] 沈杰，马九杰．我国新型农村金融机构发展状况调查．经济纵横，2010（6）

[149] 年志远，马宁．我国新型农村金融机构制度安排的缺陷及其完善．经济纵横，2009（9）
[150] 纪瑞朴．新型农村金融机构降低准入门槛带来的隐患．红旗文稿，2008（2）
[151] 梁静雅，王修华，杨刚．农村金融增量改革实施效果研究．农业经济问题，2012（3）
[152] 马丽华，宋雅楠．新型农村金融机构可持续发展问题探析．特区经济，2010（5）
[153] 钟笑寒，汤荔．农村金融机构收缩的经济影响：对中国的实证研究．经济评论，2005（1）
[154] 刘渝阳．农村金融的模式选择与运营绩效——中国首家村镇银行试点情况调查．西南金融，2007（10）
[155] 人行昭通中支课题组．国有商业银行机构撤并对县域金融服务的影响分析．云南金融，2003（3）
[156] 张满红．合理撤并机构网点 促进国有商业银行改革——对陇南地区国有商业银行分支机构市场退出情况的调查与思考．甘肃金融，2002（7）
[157] 褚凤山，浦强．“一刀切”撤并县以下机构七大负面影响不容忽视．中国房地产金融，2007（3）
[158] 熊远，蒋远胜．中国农业银行三农金融事业部改革成效及问题分析——以四川省为例．农业经济问题，2013（2）
[159] 叶兵，张艳萍．农业银行三农金融事业部改革成效评析——以成都市为例．西安金融，2011（10）
[160] 程绍杰．论农行三农金融事业部改革的制约因素．吉林金融研究，2012（1）
[161] 王成昆．“三农”金融事业部制改革应关注的问题．金融发展研究，2011（1）
[162] 胡章灿．“三农金融事业部”在经济较发达地区改革成效及优化路径选择——以江苏省扬州市为例．海南金融，2011（1）
[163] 田卫民．社会主义新农村建设与农村金融改革．江西财经大学学报，2007（4）
[164] 唐成．中国的政策性金融和邮政储蓄的关系研究．经济研究，2002（11）
[165] 陆磊．以行政资源和市场资源重塑三层次农村金融服务体系．金融研究，2003（6）
[166] 马晓河．统筹城乡发展要解决五大失衡问题．宏观经济研究，2004（4）
[167] 肖君，唐青生．我国邮政储蓄银行支农发展现状、问题与对策研究．时代金融，2010（8）
[168] 李军．农业保险的性质、立法原则及发展思路．中国农村经济，1996（1）
[169] 庹国柱，王国军．中国农业保险与农村社会保障制度研究．北京：首都经贸大学出版社，2002
[170] 冯文丽．我国农业保险市场失灵与制度供给．金融研究，2004（4）
[171] 冯文丽，林保清．我国农业保险短缺的经济分析．福建论坛（经济社会版），2003（6）
[172] 杜彦坤．农业政策性保险体系构建的基本思路与模式选择．农业经济问题，2006（1）
[173] 张祖荣．农业保险的价格构成与保费补贴比例的确定．财政研究，2012（10）
[174] 邢鹂，黄昆．政策性农业保险保费补贴对政府财政支出和农民收入的模拟分析．农业技术经济，2007（3）
[175] 孟春，陈昌盛．公共财政支持农业保险发展：途径、标准与规模．财政与发展，2006（11）
[176] 王海青．我国农业保险补贴初探．山西财政税务专科学校学报，2005（8）
[177] 庹国柱．论政策性农业保险中的道德风险及其防范．2012 中国保险与风险管理国际年会论文集，2012
[178] 左平良，余光辉．土地承包经营权抵押与农村金融担保制度创新．学术论坛，2005（8）
[179] 张庆君．关于农村金融创新中土地抵押贷款模式的思考——基于辽宁省法库县农村金融创新试点的实证观察．农村经济，2011（11）
[180] 王蓉．深化农村金融创新积极推进林权抵押贷款．河南林业科技，2010（6）
[181] 林乐芬，赵倩．推进农村土地金融制度创新——基于农村土地承包经营权抵押贷款．学海，2009（5）

[182] 刘贵珍. 推行农村土地承包经营权抵押贷款的可行性研究. 金融理论与实践, 2008 (10)
[183] 黎翠梅. 农村土地承包经营权抵押贷款制度探讨. 软科学, 2008 (2)
[184] 汪小亚. 关于农村土地经营权抵押贷款问题的研究. 中国金融, 2009 (9)
[185] 宋丽萍. 土地承包经营权抵押贷款问题初探. 农村经济, 2010 (8)
[186] 韩立达, 王静, 李华. 中国林权抵押贷款制度中的问题及对策研究. 林业经济问题, 2009 (6)
[187] 李剑平. 当前影响林权抵押贷款制约因素及对策. 浙江金融, 2007 (5)
[188] 孟全省. 我国农户房屋抵押贷款融资方式的探讨. 农业经济问题, 2006 (11)
[189] 王昌林. 开展农户房屋抵押的实践与思考. 金融时报, 2014 年 7 月 7 日
[190] 刁其怀. 城乡统筹背景下的农房抵押——以四川省成都市为例. 农村经济, 2010 (12)
[191] 万伟, 郑小丽. 我国农房抵押融资障碍的破解及制度的构建. 安徽农业科学, 2011 (26)
[192] 杜静粉, 吕德宏. 农户生物资产抵押融资运行模式、存在问题及对策. 华南农业大学学报 (社会科学版), 2013 (2)
[193] 高文丽. 农村规模养殖户动物活体抵押融资的探索与思考. 华中农业大学学报 (社会科学版), 2012 (2)
[194] 湖北荆门银监分局调研组. 活物抵押贷款调查——基于湖北省京山县联社的创新样本. 中国农村金融, 2011 (6)
[195] 潘纬. 订单农业贷款运作模式及其功能拓展研究——以安徽省霍邱柳编订单农业贷款为案例. 金融纵横, 2013 (8)
[196] 陈敏安, 刘旭华, 郑卓瑞, 马涛. 订单农业贷款的实践与启示. 西部金融, 2012 (11)
[197] 丁斌, 何平. 对旬阳县 "订单农业 + 信贷" 运作模式的调查. 西部金融, 2009 (12)
[198] 刘峰, 许永辉, 何田. 农户联保贷款的制度缺陷与行为扭曲: 黑龙江个案. 金融研究, 2006 (9)
[199] 杨峰. 我国农户联保贷款的制度缺陷与优化. 农村经济, 2011 (10)
[200] 赵岩青, 何广文. 农户联保贷款有效性问题研究. 金融研究, 2007 (7)
[201] 唐红娟, 李树杰. 农户联保贷款的运行机制及其实践分析. 金融理论与实践, 2008 (6)
[202] 李文高, 罗尔豪. 农户小额贷款保险发展中存在的问题和对策——对豫西南某县小额贷款保险运行情况的调查. 金融理论与实践, 2010 (2)
[203] 李琼, 张冬瑜, 夏盛萍. 关于农村小额贷款保险发展困境的思考——基于农村小额信贷机构自身风险控制的视角. 上海保险, 2012 (4)
[204] 周强. 农户小额贷款保证保险问题探析. 中国保险, 2011 (6)
[205] 郝博雯, 郭心义. 宁波市小额贷款保证保险试点经验与启示. 北京农学院学报, 2013 (1)
[206] 联合国开发计划署蓝皮书, "建设普惠金融体系", 2006 年
[207] Brigit Helms, "Access for All—Building Inclusive Financial Systems", published by CGAP, The World Bank, 2006.
[208] MIX 网站 (www. themix. org)
[209] 穆罕默德 · 尤努斯等. 企业的未来 - 构建社会企业的创想. 北京: 中信出版社, 2011
[210] 穆罕默德 · 尤努斯. 世界应以消除贫困为目的重建经济和金融体系. 2009
[211] 杜晓山. 农村金融体系框架、农村信用社改革和小额信贷. 中国农村经济, 2002 (8)
[212] 杜晓山. 小额信贷的发展与普惠金融体系框架. 中国农村经济, 2006 (8)

[213] 杜晓山．普惠金融体系与小额信贷蓝海的形成．小额信贷蓝海战略．北京：中国金融出版社，2009
[214] 杜晓山．普惠金融与和谐社会及社会主义新农村建设．小额信贷蓝海战略．北京：中国金融出版社，2009
[215] 杜晓山．小额信贷与普惠金融体系．中国金融，2010（10）
[216] 杜晓山．对当前小额信贷及相关热点问题的思辨．金融时报，2013 年 3 月 4 日
[217] 杜晓山．中国小额信贷和普惠金融的发展现状及挑战"，博鳌观察，2013（10）
[218] 项俊波．重视弱势金融体系的构建，着力推动社会主义和谐社会建设．2006 年 12 月 26 日在"2006 年中国金融论坛"上的演讲
[219] 项俊波．创建农村金融普惠基金完善普惠农村金融体系．农业银行，2010 年 11 月 15 日
[220] 王曙光等．普惠金融—中国农村金融重建中的制度创新与法律框架．北京：北京大学出版社，2013
[221] 焦瑾璞，陈瑾．建设中国普惠金融体系．北京：中国金融出版社，2009
[222] 焦瑾璞．微型金融学．北京：中国金融出版社，2013
[223] 中国农行与西南财大．"中国家庭金融调查"项目，2013
[224] 陈志武．从依赖亲情和友情转变到依赖市场后，中国的钱当然更多．证券市场周刊，2007 年 7 月 14 日
[225] 费孝通．乡土中国．北京：人民出版社，2008
[226] 何广文．农村信用社制度创新不存在最优模式．金融时报，2003 年 6 月 9 日
[227] 何广文．农村信用社制度变异过程及其动因探析．银行家，2006（2）
[228] 何广文．联社控制与完善法人治理机制的矛盾与冲突．银行家，2005（1）
[229] 何广文．农村信用社制度变迁：困境及其路径选择．经济与管理研究，2009（1）
[230] 蒋定之．有效解决农村信用社体制机制和效率问题．中国金融，2007（23）
[231] 尚明．新中国金融 50 年．北京：中国财政经济出版社，2000
[232] 谢平．中国农村信用合作社体制改革的争论．金融研究，2001（1）
[233] 曾康霖．我国农村金融模式的选择．金融研究，2003（10）
[234] 郑醒尘．我国第二轮农村信用社改革进展和经验．中国经济时报，2012 年 10 月 15 日
[235] 王勇．财政支持江西新农村建设的效应研究．南昌大学博士论文，2011
[236] 吴玉宇．村镇银行社会网络资本形成与作用机制研究．中南大学博士学位论文，2009
[237] 闫芳．中国农村合作经济组织的演进逻辑研究．上海交通大学博士学位论文，2013
[238] 苏彤．合作金融发展路径研究．辽宁大学博士学位论文，2009
[239] 李军峰．基于信息不对称的农村金融组织研究．河北农业大学博士学位论文，2009
[240] 张庆．论德国银行监管体制与结构模式．西南财经大学博士学位论文，2008
[241] 范静．农村合作金融产权制度创新研究．吉林农业大学博士学位论文，2005
[242] 杨迪航．农户融资困境问题研究．湖南农业大学博士学位论文，2010